근현대 사회사상가 101

근현대 사회사상가 101

초판 1쇄 발행 1996년 12월 10일
초판 3쇄 발행 2012년 6월 25일

엮은이 이마무라 히도시
역 자 안 효 상외
발행인 이 미 숙
C T P 진흥프로세스
디자인 EG 디자인
인 쇄 새한인쇄사
제 본 다원문화사
발행처 **새길** 아카데미
주 소 서울특별시 마포구 서강로 11-24
주문처 02-325-5966 FAX 02-324-6799

이마무라 히도시 엮음 ● 안 효 상 외 옮김

편자 서문

다가오는 시대의 사상적 맹아를 탐구한다

이 책은 20세기 말을 맞이하여 여러 장르에서 금세기를 만들었던 중요한 인물들을 모은 것이다. 이 사람들은 대략 세 부루로 구분된다. 이전 세기에 자기 형성을 하여 20세기를 준비하였던 인물들, 20세기의 골격을 만들었던 인물들, 그리고 20세기로부터 다음 세기로의 이행을 준비하는 인물들.

사상가와 중요 인물을 선택하는 경우에는 어느 정도 시대의 기호와 동향이 반영된다. 특정한 영역에서는 매우 중요한 인물일지라도 일반적으로는 알려지지 않은 경우에는 인명 사전에밖에 수록되지 않을 것이며, 일반 독자를 위한 책자에는 수록되기 어렵다. 반대로 어떤 시대 상황에서는 무시되고 경시되었던 인물일지라도 다른 시대에 일약 각광을 받거나 재평가되기도 한다. 이러한 사태는 20~30년이라는 짧은 기간 동안에도 자주 일어나는 일이다. 또한 정치 이데올로기 때문에 일반적으로는 언급을 피하며 특정한 사회체제 속에서 생겨났기 때문에 무시되는 것도 있을 것이다. 과학적 연구의 경우에는 거의 없지만, 정치사상이나 정치행동의 경우에는 매우 자주 일어나는 일이다. 이것은 이데올로기 효과의 문제인데, 이러한 것도 고려에 넣으면서 인물을 선택해야만 한다. 따라서 누구라도 인정할 수 있는 선택기준을 세우는 것은 곤란하지만, 어쨌든 이것만은 누락시키지 않는다는 중요성을 기준으로 하여 이 책을 편집하였다.

중요성을 어떻게 볼 것인가라는 점에서 다르게 생각할 수 있을 것이다. 여기에서 편자의 관점을 약간 밝혀 이 책의 성격을 드러내고자 한다.

최근 30년 동안의 세계의 사상 상황은 급격하게 변화하였다. 몇 가지 점에서 사상, 정치, 경제, 문화를 보는 시선 속에서 단절선이 생겼다고 본다.

(1) 1968년의 세계적 규모에서의 저항과 반란운동은 광의의 문화혁명이라고 할 정도로 심각한 영향을 끼쳤다. 70년 전후에는 그 변동의 각인을 확인하기 어려웠지만, 그후의 역사 속에서는 이 격동의 흔적이 남아있다. 사상가는 68년 이후에, 이전과 같은 방식으로 말할 수 없게 되었다. 정치적 행동과 발상의 경우에도 마찬가지라고 말할 수 있을 것이다. 이러한 맥락에서 60년대와 70년대에 활약했던 사람들의 작업은 이 책에서도 중요하게 다루어질 것이다.

(2) 89년의 동구혁명과 91년의 소련 및 유고의 붕괴, 혹은 그것과 맞물린 냉전체제의 붕괴는 직접적으로는 정치적 사건이지만 간접적으로는 사상과 문화의 틀을 결정하였고, 검토되는 문제도 이전과 다른 것으로 만들었다. 사회사상, 정치사상, 경제사상에 대해서 60년대까지 지배적이었던 이데올로기적 입장을 취하는 것은 불가능하게 되었다. 이것도 인물 선택에 간접적으로 영향을 미쳤을 것이다.

(3) 68년 이후에는 이전에는 볼 수 없었던 새로운 사회운동이 등장하였다. 예를 들어 페미니즘, 반핵운동 등은 지구 환경의 파괴에 관한 위기 의식과 함께 광의의 에콜리지운동을 형성하고 있다. 이것을 고려하지 않고서는 현대의 사상을 말할 수 없을 정도로 중요성을 가지고 있다.

최근 30년 사이에 모든 영역에서 19~20세기형 사상의 가능성이 거의 다 나왔으며, 그것과 동시에 그것에 대한 자기 반성의 운동이 일어났다. 어떤 의미에서 이 시기는 이 200년의 이해방식이 해체되고, 다음 시대의 사상적 맹아가 싹텄다고 말할 수 있다. 오래간만에 세계사적 전환이라고 말할 수 있을 것이다. 이 사실을 무시하고 사상에 관한 소책자를 만드는 것은 불가능하다. 따라서 이 책에서는 60년대부터 현재까지 등장하여 세계적으로 화제가 되었던 인물들이 균형을 잃을 정도로 중요하게 취급되었다. 이 시기는 말하자면 프랑스의 시대였기 때문에 프랑스의 현대 사상가들이 많이 등장하는 것은 당연한 일이다.

많은 재능 있는 인물들이 활약하였으며, 지금도 존재한다. 그들 속에서 원래의 목적을 놓치지 않으면서 큰 항목의 101인, 작은 항목의 33인을 골라내는 것은 매우 어려운 일이다. 이 책은 많은 책에서 여러 번 등장한 인물은 가능한 한 피했으며, 지금까지 충분히 언급되지 않은 인물들과, 젊은 세대의 인물을 주로 다루고 있다. 물론 옛 시대의 사람일지라도 20세기에 빠져서는 안되는 인물들을 취급하였다.

끝으로 이 기획에 필자로 참가한 모든 사람들에게 감사한다.

1994년 8월

이마무라 히도시(今村仁司)

■ 역자 서문

이렇게 번역을 끝마치고 나니 사상의 소요돌이 속에 들어갔다 나온 기분이 든다. 감히 말하자면 20세기만큼 다채롭다 못해 어지러울 정도로 다양한 사상이 꽃핀 때가 있었을까? 반대로 20세기만큼 인간이 야만과 공포에 사로잡혀 살아가던 때가 있었을까?

두 차례에 걸친 세계대전, 대공황, 인류를 절멸의 위기감에 빠져들게 한 원자폭탄, 파시즘, 민족들 사이의 분규, 종교적인 갈등, 기아에 시달리는 수많은 인류, 생존을 걱정하게 만들고 있는 생태계 파괴 등등. 이처럼 20세기에 인류는 이성, 과학, 진보라는 이름으로 이룩하였던 19세기의 모든 성과가 무로 돌려지는 듯한 경험을 해왔다. 하지만 이 속에서 20세기 사상들은 꽃피었고, 꽃필 수 있었다. 이런 의미에서 이 책은 현대의 문제들에 대해 정면으로 도전하여 집요하게 성찰한 사람들을 다루고 있다.

물론 그러한 도전과 성찰은 이미 19세기에 시작되었다. 흔히 '회의의 대가들'이라고 하는 맑스, 니체, 프로이트가 그 대표적인 인물이다. 그들은 자본과 진보의 시대 한복판에서 이미 그것의 은폐된 모순을 드러내고자 하였다. 이런 의미에서 이들은 20세기를 선취한 인물들이었다. 이들에 의해 열린 시대에 대한 도전은 소쉬르, 훗설, 하이데거, 비트겐슈타인 등에 의해 심화되었고 이후에 현상학, 구조주의, 비판 이론 등 현대 사상을 꽃피우는 밑거름이 되었다.

하지만 세기말이라고 해서 우리가 20세기를 수놓은 다양한 사상들에 관심을 돌리는 것은 아니다. 우리가 다양한 사상들에 주목하게 된 것은 직접적으로 1989~91년의 효과 때문일 것이다. 70년대 이후 한편으로 급속한 자본주의 발전과, 다른 한편으로 파시즘적 정치체제 속에서 살았던 우리는 해결의 실마리를 '과학적 맑스(레닌)주의'에서 구하였다. 하지만 80년대 후반 격동의 시간이 지난 후, 그리고 89~91년 '동구의 붕괴'라는 세계사적 격동의 시간이 지난 후 우리의 그러한 시도는 더이상 올바르지도 충분하지도 않은 것임이 드러났다. 그후 우리는 마치 지진아가 지나간 세월을 따라잡으려는 것처럼 맑스주의 외부를 탐색하였다. 라캉, 푸코, 들뢰즈, 데리다 등등 이른바 프랑스 사상가들이 그 앞자리를 차지하게 되었으며, 그에 따라 맑스, 니체, 프로이트, 소쉬르 등등이 새롭게 독해되었다. 이것은 노동과 소유, 그리고 그것에 기초한 계급 적대를 중심적인 문제틀로 하던 것에서 현대라는 시대 자체로 우리의 초점을 옮겼다는 것을 말한다. 그리고 그 현대가 과거처럼 하나의 큰 이론으로 설명될 수 있을지조차 분명하지 않다는 것을 말한다. 정말로 우리는 모색의 시대를 살고 있다고 말할 수 있지 않을까?

이렇게 본다면 이 책의 편자가 최근 30년간 사상의 변화 속에서 나타났다고 말한 몇 개의 절단선이 우리 사고의 변화와 잇닿아 있음을 알 수 있다. 89년의 동구혁명과 91년의 소련 및 유고의 붕괴, 광의의 문화혁명이라고 할 수 있는 저항의 68년, 그 이후 등장한 페미니즘, 에콜로지운동 등등 새로운 사회운동은 우리로 하여금 현대라는 괴물에 맞서 다방면에서 투쟁하고 성찰할 것을 요구하고 있다. 그리고 우리는 이 속에서 정말로 '다가오는 시대의 사상적 맹아'를 발견하기를 희망하고 있다.

이 책을 번역하면서 느꼈던 한 가지 안타까움은 다루는 사상가들의 주요 저작 중에서 번역되어 있지 않은 것이 많다는 점이었다. 20세기가 한편으로 대중의 시대이고 변화는 정말로 그들로부터만 나올 수 있다고 한다면 지금과 같은 지적 상황은 별로 바람직하지 못하다는 것은 너무나 당연한 일이다. 우리 모두의 분발이 있기를 바랄 뿐이다. 끝으로 이 책이 현실에 대한 분노와 비판 작업을 하고자 하는 사람들에게 '참고 자료' 가 되었으면 한다.

1996년 10월

역자 대표 안효상

차례

101인의 사상가

Plus 33인

장르별 분류 목차

plus 33인의 사상가

101인의 사상가

가다머

Hans-Georg Gadamer(1900~)

마르부르크에서 출생한 가다머는 마르부르크대학에서 철학을 공부했으며, 1937년 마르부르크대학, 1939년 라이프치히대학, 1947년 프랑크푸르트대학, 1949년부터는 하이델베르크대학의 교수를 지냈다. 그는 독일에서 철학이 계속해서 지적 생활의 중심적인 위치를 차지하고 있었던 최후의 시대를 꿋꿋이 살았던, 말하자면 20세기 독일 철학의 산 증인이며 철학적 해석학의 대표자이다. 당초 마르부르크의 신칸트학파의 영향을 받았지만, 다양한 표상을 가지고 있는 의식이 대상에 어떻게 도달하는가라는 인식론의 문제설정 자체에서 문제점을 발견했던 훗설의 현상학으로부터 영향을 받는다. 그러나 결정적인 영향을 받은 것은 뭐니뭐니 해도, 훗설의 엄밀한 사고를 시대의 커다란 문제와 결합시켰던 하이데거의 『존재와 시간』(1927년)이 준 충격이다.

플라톤에 관한 저작으로 교수자격을 획득하였으며 나치 아래에서 대학교수가 되었지만, 강압적인 체제에 경도되지 않았으며 또한 전후에 일관해서 자유주의적인 태도를 견지했기 때문에, 하이데거의 경우처럼 나치와의 관계로 규탄받거나 논쟁의 대상이 되지는 않았다. 전후에 아도르노가 프랑크푸르트대학에 복귀하는 것을 도와주었다는 이야기도 있다.

하버마스가 아도르노의 『부정의 변증법』과 나란히 전후 독일의 커다란 두 개의 철학적 성과로 들었던 가다머의 대작 『진리와 방법』(1960년)은 **철학적 해석학**의 토대를 만들려는 시도였는데, 여기서 가다머는 하이데거의 영향을 받아 역사에서 인간 지식의 기본적 상태를 현상학의 기술방법을 가지고 논하고 있다. 역사주의는 과거를 객관적으로 재구성할 수 있다는 믿음을 가지면서도, 또한 모든 과거는 역사적으로 상대적인 것이라고 주장한다. 거기에는 각 시대의 독자적인 가치가 존중되는 측면이 있지간, 그와 동시에 현대의 인식도 역사적으로 상대적인 것이 되며, 역사와 관련하여 실천과 결부된 지식은 존재하지 않게 된다. 『존재와 시간』의 후반부에서도 문제로 삼고 있는 이러한 사태, 다시 말하면 딜타이적인 정신과학은 결국 취미와 교양과 쾌락의 재료로밖에는 제공할 수 없다는 막다른 골목으로부터의 탈출이 목표이다. 그러므로 책의 앞머리에서 인문주의의 전통 속에서 과거의 텍스트와 관련된 지식은 현대의 실천을 가능케 하는 문화적인 공통지식의 획득을 목표로 한다는 것이 비코의 공통감각론과 헤겔의 교양론을 통해서 분명하게 드러나 있다. 더 나아가 그는 예술과 미에 관한 논의가 18세기 이래로 근대적인 주체-객체 도식 속에서 왜곡되어왔다고 말한다. 예술 체험이라는 개념과 천재 미학(天才美學)이 18세기의 산물이며, 예술에 접했을 때 주체와 객체 사이에 일어나는 것을 '체험'이라고 한다면, 예술이라는 것 자체가 협소화되어버린다는 것을 자세히 기술한 후, 그 대신 **유희**(遊戱)라는 개념을 제안하고 있다.

이 책의 중심인 제2부에서 가다머는 유희 개념과 역사를 결합시켜서 작용영향사(作用影響史)를 구상하고 있다. 가다머에 따르면, 슐라이어마하와 딜타이의 19세기 해석학은 천재 미학과 "예술은 체험의 대상이다"라는 사고방식의 산물이며, 결국은 저자의 혼(魂)에 몸(身)을 가지고 들어가는, 다시 말해서 저자의 입장이 되어본다는 심리주의에 지나지 않는다. 그것은 현대의 실천과 결합할 수 없다. 해석은 현대의 해석자가 텍스트 속에서 자신들의 문제에 대한 해답을 그때그때 독해하는 현실성(actuality)을 띠지 않으면 안된다. 다만 자신들의 문제라 해도, 그 자신이 과거의 텍스트와의 대결 속에서 구성된다는 것을 망각해서는 안된다(여기서는 과거의 복원에 의한 미래에 대한 결단이라는 하이데거의 모티브가 모습을 바꾸어 나타난다). 그렇다면 현대에서 자신들의 현실적인(actual) 문제라는 것도 사실은 과거 혹은 전통의 구조 속에서 생겨나며, 거기에 대한 해답 역시 더욱더 그러하게 된다. 그러한 '선입견'이야말로 인식을 가능케 하는 것이며, '선입견의 복권'(復權)이 꾀해진다. 선입견의 구조 속에서 미래를 향해 텍스트를 해석하는 것, 게다가 그러한 해석은 철저하게 역사의 영향을 받고 있음을 자각하는 것, 이러한 것이 바로 **작용영향사적 의식**이 된다. 반면에 역사주의에서 보여지는 객관주의는 "스스로가 그 속에서 구성되고 있는 작용영향사적 의식을 은폐시키고 말았다"는 것이다.

그때그때의 연관 속에서 **실천적인 현명한 고려**에 기초하고 있었던 해석학적 이해는 결코 반계몽주의도, 이성의 보편성에 대한 무시도 아니다. 정확하게 그것은 언어와 이성의 관계와 동일하다. 각각의 언어는 그때그때의 문화와 결합되어 있으며, 그대로의 편향을 지닌다. "그렇다고 하더라도, 이해와 해석의 노력은 항상 유의미하다. 거기에서는 거개의 주어진 언어적인 상태의 근원을 이성이 초월하기 위한 보다 고차원적인 보편성이 보여지고 있기 때문이다." 다시 말해서 과거 그대로의 편향을 지닌 텍스트를 현대의 현실성에 맞추어서 '선입견'의 구조 속에서 독해하는 작업은 그대로 각각의 편향을 초월한 이성이 명확하게 되는 방법인 것이다. 그러나 그것은 또한 서구의 철학과 사고가 걸어왔던 방법이기도 하다. 전통적인 것은 최종적으로는 서구의 사상을 떠받치고 있는 언어였기 때문이다. "이해되는 존재란 언어이다." 다시 말해서, 우리들은 언어의 유희성 속에 있는 것이다. 그러한 의미에서 하이데거의 '존재의 역사'를, 보다 운명적인 것이 아니라 열려진 형태로 한 구절에 같은 조건의 다른 구절을 붙여 읽고 그대로 적용하는 것이 작용영향사이다.

원래 문헌 해석의 기법이었던 해석학은, "해석은 어떻게 해야 하는가?"라고 하는 쉴라이어마하와 딜타이 등의 반성을 더욱 발전시켰던 가다머에 와서 최종적으로 학문 일반에서 해석에 관한 철학적 반성이 되었다. 해석의 적절성과 방법에 관해서 이야기해보면, 자연히 해석에 관한 메타차원에서의 반성이 필요하게 된다는 것, 다시 말해서 해석하는 것은 그대로 철학을 향한 운동을 은폐시켜 보이지 않게 하고 있는 것, 또한 반대로 해석에 관한 철학적 반성이 유럽사상사로 향하게 된다면, 그것은 과거 그대로의 텍스트 해석이 된다고 하는 상호 연관, 다시 말해 문헌학과 철학의 차이에 의거한 양자의 융합이 —— 이것도 역사의 논리로서 —— 일어나고 있다는 것이 명백해진다. 가다머의 작업은 이론이 선호되었던 60년대 후반부터 70년대 전반까지의 서독에서 풍미했다. 거기에서 고전적 정신과학으로부터의 탈출을 가능케 한 참신함을 독해한 자도 있었고, 또한 하버마스처럼 사회과학의 방법에서의 일정한 의미를 평가하면서, 전체로서 어떤 보수적인 분위기, 해석학이 보편성을 가진다고 하는 가다머의 강한 주장을 비판하는 입장도 있다.

▣ 주요 저작

『진리와 방법』

가르시아 마르케스

Gabriel Garcia Márquez(1928~)

가르시아 마르케스는 1928년에 콜롬비아의 카리브해 연안 도시 아라카타카에서 태어났다. 보고타대학 법학부를 중퇴하고 저널리즘으로 생계를 유지하면서 소설을 썼다. 기자로 파견된 것을 기화로 1955년부터 3년간 유럽을 떠돌다가 소련 · 동구에까지 발을 내딛게 된다. 그후 베네주엘라의 한 잡지사에 근무하게 되었고, 혁명 쿠바를 방문한 후 『프렌사 라티나』(중남미 통신)를 위해 활동하지만, 구공산당원의 관료주의에 반발하여 뉴욕 특파원직을 사임한다. 멕시코시티로 이사하여 영화 시나리오를 쓰기도 했지만 좌절하고 다시 소설로 복귀한다. 1967년에 『백 년 동안의 고독』이 엄청난 베스트셀러가 되어 국제적인 명성을 얻는다. 이후 라틴 아메리카에서는 매우 드문 전업작가로서 『족장의 가을』(1975년), 『예고된 살인기록』(1981년), 『콜레라 시대의 사랑』(1985년), 『미궁의 장군』(1989년) 등의 화제작을 계속해서 발표한다. 또한 카스트로, 미테랑 등 전세계 수뇌들과 친분을 맺었으며, 그의 정치적 발언은 항상 주목받고 있다. 1982년에 노벨 문학상을 수상했다.

가르시아 마르케스는 학창시절에 『집』이라는 장편소설을 집필했다. 이것은 뒤에 마콘도라는 가상의 마을을 무대로 전개되는 『낙엽』과 『백 년 동안의 고독』의 맹아라고도 할 수 있는 것으로서, 모계 일족의 연대기로 구성된 것이었다. 그 습작 단편은 오늘날 『저널리즘 작품집』에 수록되어 있는데, 문학적인 저널리즘을 쓰고자 노력하고 있었던 이 시기는 그의 작품 세계의 방향을 잡는 데 결정적인 시기였다. 당시 보수당의 압제 하에 있던 저널리즘은 정치적인 것을 다룰 수 없었고, 그 때문에 그는 뉴스성이 희박한 소재인 가십과 민간전승을 많이 채집하였다. 민속지(民俗誌) 학자를 연상시키는 이러한 현장작업으로부터 생겨났던 것이 '대단히 불가사의한 이야기' 혹은 **'마술적 저**

널리즘' 작품들로도 불릴 수 있는 기사로서, 이것들은 소설로 재구성되어 그의 대단히 풍요로운 이야기 세계를 구성하게 된다. 시골 읍에서 일어났던 복수극을 일대 스펙터클로 묘사했던 『예고된 살인의 기록』과 납골당 해체 현장의 취재와 할머니로부터 들었던 설화를 결합시켰다는 『사랑과 그밖의 악마들에 대하여』(1994년) 등은 확실히 '마술적 저널리즘'으로부터 생겨난 작품이라 할 수 있을 것이다.

한편 이러한 것은 그의 픽션이 결코 황당무계한 것이 아니라는 것을 의미한다. 예를 들면 『백 년 동안의 고독』 속의 아리따운 소녀의 승천의 일화는 딸이 실종된 일가가 그것을 변명하여 합리화했던 사례에 기초하고 있으며, 등장인물에게 나비가 착 달라붙었다고 하는 일화는 카리브해 지방에서 실제로 일어난 사실에 기초하고 있다고 한다. 또한 바나나 농장의 노동자 대학살 사건은 사실이며 그때의 생존자도 실재한다. 이 사건은 여러 명의 작가들에 의해서 소설화되었지만, 마르케스와의 차이점은 그 문체일 것이다. 즉 콜롬비아 내전에 의한 폭력적인 상황을 묘사했던 많은 작품들이 르포 문학인 데 반해, 가르시아 마르케스의 작품은 바르가스 료사가 지적하는 것처럼, 리얼리즘이라고 불리어지면서도 환상적인 분위기를 풍긴다.

이러한 리얼리즘이 흔히 말하는 그의 '마술적 리얼리즘'이지만, 옥타비오 파스는 오히려 이것을 '신화적 리얼리즘'이라고 부르고 있다. 확실히 가르시아 마르케스가 말하고 있는 일화는 그것이 변형된다 하더라도 핵심이 되는 현실을 가지고 있다. 그 핵심을 신화소(神話素)라고 부를 수 있을 것이다. 그리고 변형의 방법을 사용하면서도 레이나르드 아레나스의 『어지러운 세계』처럼 개인의 소망에 기초하고 있다기보다는 민중의 소망, 집합적 무의식에 기초하고 있다는 것이 특징이다. 이러한 것이 바로 그의 작품의 환상성에서 독특한 무게, 반응이 느껴지는 이유이다. 한편 이러한 환상적인 성격은 쿠바의 앙골라 파병에 관한 르포인 『카를로타 작전』(1977년)과 칠레의 망명 영화감독의 증언에 기초한 『계엄령 하 칠레 잠입기』(1968년)에서도 느낄 수 있다. 이것 역시 문체에 의한 것이지만, 그러한 의미에서 그의 픽션과 저널리즘은 탁월한 이야기 전개라는 동일한 뿌리를 가지고 있다고 할 수 있을 것이다.

그러나 그는 그러한 천부적인 재능에만 의지하는 작가가 아니다. 그것은 작품마다 수법이 다른 것에서도 알 수 있다. 실존주의적 참여를 느낄 수 있는

『나쁜 시간』(1972년)에서 보여지는 직선적인 진행의 스타일은 『백 년 동안의 고독』에서는 마지막에 이야기가 반전하는 형태로 타파되어 비코적인 역사관을 부상시키는 한편, 『족장의 가을』에서는 직선적인 구조에서 나선형적인 구조로 변환된다. 또한 『백 년 동안의 고독』이 일종의 메타 소설이며 작자가 등장하는 등 자기 언급성을 지니고 있다는 점에서 그는 세르반테스의 재현이라고 불리는 한편, 포스트모던 작가로 간주되기도 한다. 실제로 『족장의 가을』과 『콜레라 시대의 사랑』에서도 다양한 말장난과 다른 작가의 작품이 인용되는 등 유희성은 유머와 함께, 그의 픽션은 처음부터 르포에서도 중요한 특징이 되고 있다. 여기서 인용 및 유형 · 무형의 영향관계에 시선을 돌릴 때 거기에는 그리스 비극과 라블레, 스페인 황금시대의 문학에서부터, 플로베르, 카프카, 사르트르, 카뮈, 포크너, 카포티 혹은 라틴 아메리카의 작가 등 실로 다채로운 이름들이 떠오른다. 이러한 문학적 **이종 혼교성**(異種混交性)과 카리브해 지역의 문화적 이종 혼교성이 포개어진 것이 가르시아 마르케스의 문학이다. 또한 거기에 사용된 것은 혼교 언어로서의 스페인어이며, 개인적인 언어임과 동시에 식민지적인 체험을 겪으면서 단련된 집단적인 언어라는 성격을 지닌 또 하나의 스페인어이다.

게다가 덧붙이지 않으면 안되는 것은 버지니아 울프와 그의 『댈러웨이 부인』일 것이다. 카프카 체험과 함께 그가 자주 언급하고 있는 것이 울프 체험으로, 폐허로 변한 런던의 환상이라는 아이디어는 그의 시간 감각을 변화시키고 말았다고 한다. 게다가 권력자의 고독과 비참함이라는 모티브도 그러한 체험에 크게 의존한 것임을 그는 명확히 하고 있다. '마콘도'의 소멸, 족장 혹은 시몬 볼리바르의 실각과 붕괴는 그의 작품 대다수에 공통된 모티브인데, 그것이 본래 라틴 아메리카의 현실의 관찰과 분석에서부터 얻어졌다는 것은 말할 필요도 없다. 현실 혹은 역사의 시적인 해석, 따라서 작품은 여러 가지 알레고리의 형태를 취하는데, 그것이 가르시아 마르케스의 방법이며 그의 문학에 보편성을 부여하고 있는 것이다.

■ 주요 저작

『백 년 동안의 고독』(청목사), 『족장의 가을』

간디

Mohandas Kharamchand Gandhi(1869~1948)

현대 인도를 대표하는 지도적인 사상가로, 정치가의 자질과 성자의 신비성을 전례 없는 형태로 통합했던 묵시록적인 인물이다. 간디는 인도 서부의 카치아발반도에서 태어났다. 아버지는 이 지역의 포르반달왕국의 수상을 지냈으며, 어머니는 이러한 아버지의 네번째 부인으로서 경건한 힌두교도였다. 열세 살 때 같은 카스트 출신 상인의 딸인 카스톨바이와 결혼했다. 19세 때(1888년) 장남인 하리라루가 태어났지만, 이 해에 영국에 단신으로 유학하여, 런던의 이너템플 법학원에서 공부하고 변호사 자격을 획득하여 22세 때 귀국했다.

식민지 인도에서는 직업을 구할 수 없었던 간디는 24세가 되자 남아프리카로 건너갔는데, 거기서 인도인 이민자들이 차별받고 있는 상황을 접하게 된다. 즉각 인종차별에 반대하는 운동을 조직하였으며, 그 과정에서 **사티아그라하**(진리의 실현)라는 이름의 **비폭력 투쟁방식**을 고안해냈다. 그것을 통해서 인도 이민자들 사이에 강고한 연대를 형성함과 동시에, 식민지 정부로 하여금 차별법을 일부 철회토록 하는 데 성공하였다. 간디는 1915년 22년만에 조국으로 돌아왔는데, 그때가 46세였다. 그 무렵 영국의 식민지였던 인도에서는 '국민회의파'를 중심으로 독립운동 조직이 결성되고 있었는데, 남아프리카에서의 실적을 인정받은 간디는 그 운동을 지도하게 되었다. 그의 비폭력 사상에 기초한 저항운동은 한편으로는 인도의 정치적 독립을, 다른 한편으로는 적과 아군의 정신적 정화(淨化)를 지향하는 것이기 때문에 교섭상대인 영국 당국을 당황하게 하였을 뿐만 아니라 '국민회의파'의 지도자들에게도 회의감을 안겨주어 우여곡절을 겪게 되었다. 간디의 충실한 제자이며, 나중에 간디의 정치적 후계자가 되는 네루조차도 종종 그의 비폭력 투쟁방식을 비판할 정도였다. 그러나 인도 대중은 그러한 간디의 투쟁 자세에 공감하여 강력한 지지를 보내게 되었고, 그리하여 1920년대와 30년대에는 운동이 크게 고양되었다. 그러나 그는 국민회의파의 지도자와 함께 여러 차례 투옥되었으며, 그때마다 운동은 부득이하게 중단될 수밖에 없었다.

그러나 제2차 세계대전의 발발과 함께 국면이 전환되었다. 전선의 확대에 따라 독립운동도 더욱 격렬해져, 영국은 전쟁 이후를 생각하여 인도로부터 철수를 모색하게 된다. 마침내 1947년 세계대전의 종결을 계기로 인도는 독립하고 네루가 인도연방의 초대 수상에 취임했다. 그러나 그렇게 독립이 되었어도 힌두교와 이슬람교의 종교대립이 해결되지 않아, 결국 힌두교도를 중심으로 하는 인도와 이슬람교도를 중심으로 하는 파키스탄으로 나뉘어 독립하게 되었다. 이러한 정치노선을 받아들였던 것은 네루를 필두로 한 국민회의파의 지도자들이었는데, 간디는 이들에 반대하다가 끝내는 정계에서 은퇴했다. 독립 직전 그는 힌두교도와 이슬람교도 사이에 무차별적인 살해사건이 일어나고 있던 동벵갈로 가 비장한 각오로 사태를 진정시켰으며 단결을 이루어내기 위해 헌신하였고, 결국 성공하였다. 그러나 인도가 독립한 다음해(1948년) 수도인 델리에서 기도를 위한 집회에 참석하였던 간디는 극우 힌두교도에 의해 암살당한다. 그때 간디 나이 79세였다.

간디의 비폭력 사상은, 그의 단식이라는 실천운동과 절대로 분리해서 생각할 수 없다. 그는 일상적으로 단식을 행함으로써 심신의 건강을 유지하려고 했을 뿐만 아니라, 동시에 정치적인 비폭력 저항을 성공시키기 위해서는 자기 억제에 기초한 금욕적인 자세가 필수적이라는 신념을 가지고 있었다. 단식은 그것을 보여주는 상징적인 주체적 행동이었다. 그는 인도의 정치적 위기에 즈음하여, 29회에 가까운 공식적인 단식을 실시했는데, 그것에 의해서 교섭상대에게 정치적 양보를 얻어내기도 하고, 종교대립을 해결하고 폭력적 항쟁을 진정시키기도 하였다. 또한 그는 영국 제국주의를 남성적인 폭력으로 간주하였고, 따라서 인도 민중의 저항운동은 여성적인 비폭력에 근거한 것이어야 한다고 생각했다. 그는 비폭력의 목적이 남성이라는 성(gender)을 극복하는 것에서 실현된다고 생각했던 것이며, 그것을 위해 일생 동안 두 개의 실험을 하였다. 하나는 남아프리카에서 차별 반대투쟁을 지도하고 있던 37세 때(1906년)로 부인인 카스툴바이와 브라후마챠리야(禁慾)의 맹세를 하고 성적인 관계를 끊었다. 부부라는 관계를 청산하고 비폭력운동에서의 동지라는 관계를 새롭게 수립하고자 했던 것이다. 왜냐하면 정치적 비폭력은 신체적(성적) 비폭력과 연결되어야 한다고 생각했기 때문이었다.

다른 하나의 실험은 만년에 들어섰을 때의 것으로, 독립 전야에 발생했던 힌두교도와 이슬람교도의 살해 사건을 진정시키기 위해 동벵갈에 갔을 때의 일이다. 그의 부인은 3년 전에 옥중에서 숨을 거두었지만, 그때 그녀의 조카인 마누벵이라는 아가씨의 양육을 남편에게 부탁했다. 간디는 이러한 부인의 유언을, 그 아가씨의 실질적인 어머니가 되는 것이라고 생각하고 항상 그 아가씨와 동행하였다. 평화를 설득하기 위해 동벵갈로 여행중에 억지로 그 아가씨와 잠자리를 함께 하였고, 그러한 사실을 부끄러워하지 않고 공표했다. 그는 단지 친어머니를 대신하고자 했던 것은 아니었다. 그것을 초월해서, 자기를 '어머니' 그 자체와 동일화시키고자 했던 것이며, 그것은 성의 극복을 통해서 비폭력을 달성하기 위한 필수적인 실험이었다. 이러한 마누벵과의 동침은 세간과 메스컴으로부터 스캔들을 불러일으켰으며, 그의 진의를 파악했던 사람은 거의 없었다. 이러한 것만 보더라도 간디의 비폭력 사상이 단순히 인도적인 평화주의의 범주에만 머물고 있는 것이 아님을 알 수 있다. 그것은 그에게 명백히 성차별, 인종 · 계급차별, 국가분단 등을 극복하는 과제를 깊이 내포하는 것이었다. 또한 그가 생애의 사업으로 간주했던 것에는 **언터처블**(인도의 천민)의 **해방**운동이 있는데, 이는 피차별민을 하리장(신의 아들)이라고 명명하고, 그것을 통해서 악명높은 카스트사회를 개조하고자 했던 또하나의 비폭력적인 변혁의 시도였다. 그러나 이러한 간디 사상의 본질은 너무나도 상식을 초월하는 표현방법 때문에 진정한 이해를 받지 못하였으며, 그는 결국 고독 속에서 세상을 떠나지 않으면 안되었다. 그는 부처가 설교했던 **불살생**(不殺生)의 원리를 유연한 말로 현대인에게 전해주었지만, 현대 사회에 만연한 종교적 이기주의와 자민족중심주의의 희생물이 되어, 예수 그리스도처럼 십자가 위에서 죽고 말았다.

괴델

Kurt Gödel(1906~78)

수학의 핵심적인 한 분야로 위치하는 정리(定理)는 보통의 언어를 통한 설명을 기대하는 것이다. 심오한 정리의 증명은 새로운 영역을 출현시켜 일상적인 생활형태에 생각하지도 않은 변화를 초래하는 일이 되기 때문이다. 이같은 심오한 결과의 하나로 괴델의 **불완전성의 정리**(1931년)가 있다. 이 정리는 고전 수학(특히 19세기 실해석〔實解析〕)의 증명을 행하는 사고과정이 기호체계로 대상화되고 (부분적으로는) 기계처리로 대행 가능하게 되는 과정에서 증명되었다(사고과정이란 고전 수학의 논증하는 사유의 움직임이라는 의미로 사용한다). 아래에서는 제1 불완전성의 정리에 한정하여, 기술적 증명을 끝낸 철학적 고찰(존재론 · 인식론)을 중지한 이후에도 여전히 염두에 떠오르는 사항에 관해서 기술하겠다.

정리의 간략한 의미는 다음과 같이 표현될 것이다. "자연수론을 포함한 어떠한 **형식적 체계** P에 대해서도, 만약 P가 무모순이라면 P의 공리와 추론규칙을 사용하는 한 긍정도 부정도 증명할 수 없는 (자연수에 관한) 폐(閉)논리식 G를 구성할 수 있다." 이 문장에서, 어떤 어구가 다른 어구에 의한 치환을 허락하지 않을 만큼 불완전성의 발생에 본질적인 것일까?

임의의 논리식 Φ에 대해서, 그 긍정 Φ가 증명되든지, 혹은 그 부정 −Φ가 증명되든지 어느 쪽이든 한쪽이 성립될 때, 형식적 체계는 완전하다고 말한다. 형식적 체계가 완전하지 않을 때, 불완전하다고 말한다. 또한 Φ와 −Φ 모두가 증명될 때, 그와 같은 형식적 체계는 모순된다고 말한다. 모순되는 체계는 **고전 논리**를 채용하는 한, 임의의 논리식을 증명 가능하게 한다. 완전성은 무모순적인 이론으로만 정의되기 때문에, 모순되는 체계는 처음부터 고찰에서 배제되고 있다(무모순성을 형식적 체계의 내부에서 어떠한 논리식에 의해 표현하는가라는 문제는 남는다).

자연수론을 포함한다는 조건은 확장할 수도 제한할 수도 있다. 중요한 것은 불완전성 현상을 이끄는 논법이 그 체계 내에서 수행 가능할 정도로 표현력이 있다면 좋다는 것이다. 형식적 체계가 수학적으로 의미있는 이론을 표현할 수 있을 정도로 표현력을 가지고 있다면, 불완전 현상이 발생할 수밖에 없다고 하는 점이 파악된다면 좋다(불완전성을 야기하는 최소의 형식적 체계가 구체적으로 어떤 것인가에 관한 연구가 다 끝났다고는 말할 수 없다).

논리식 G의 긍정과 부정의 증명 불가능성을 보여줄 때, **자기 언급**이 본질적이라고 생각할지도 모른다. 기술적으로는 대입(代入) 대신에, 기호의 병접(倂接, concatination)을 사용하여 불완전성 현상을 체계적으로 발생시킬 수 있다. 불완전성으로 이끄는 자기 순환은 오히려 형식적 체계를 외부에서 고찰할 때, 형식적 세계 내에 그 고찰과정 자체가 대상으로서 사출(寫出)되는 것에서 유래한다. 증명을 하는 사고의 움직임이 형식적 체계 속에서 강제로 고정되고 기호언어로 대상화되는 것으로부터 자기 언급이 파생한다.

나머지 어구는 논리식, 폐논리식, 긍정, 부정, 공리, 추론규칙, 증명 등이다. 이것들 모두는 형식적 체계를 정의하는 과정에서 도입되었기 때문에 형식적 체계 자체의 유래에 관해 해명해야 한다. 형식적 체계를 도입하는 원인(遠因)은, 고전 수학의 분방한 논법(reasoning, 사고과정)에 대한 반성에서 요구된다. 고전 수학의 사고양식 중의 하나의 예는 듀 부아-레이몽(du Bois-Reymond)의 저작(1882년)에서 나타나고 있다. 여기에서 이성은 보편적이기 때문에 화성인이 실해석을 전개한다면, 우리와 마찬가지의 해석학(解析學)을 전개할 것임에 틀림없다는 식으로 고전 수학의 보편성에 대한 신념이 표명되고 있다. 이러한 단계에서는, 사고과정의 보편성은 당연한 것으로 전제되며 어떠한 논증을 하고 있을까라는 의식적인 반성은 보여지지 않는다. 사고과정에 관해서 새삼스럽게 반성하지 않고, 당연한 것으로 행하고 있었다고 말할 수 있을 것이다. 추론과정을 정확하게 이해하고 싶은 바램이 생겨나는 것은 다음 단계이다. 고전 수학의 증명을 비약이 없는 엄밀한 이상(理想) 언어로 표기하기 위해, 기호언어가 프레게에 도입되었다. 사유의 움직임을 명확한 대상으로서 포착되는 것으로 고정할 때, 사고과정을 기술하는 이상화된 기호언어가 도입된다.

고전 실해석의 병리현상, 더욱이 패러독스의 발생으로 고전 수학의 논증에 의혹이 생긴다면, 추론과정의 대상화는 한층 가속화되어 힐버트 증명론에서 하나의 정점에 도달한다. 고전 수학의 논증과정은 형식적 체계의 구축에 의해, 그 속의 기호열 변형의 규칙으로서 대상화되는 것이다. 1920년대 전반의 힐버트에서 메타 수학의 논의(예를 들면 논리식의 확정)에서는 오히려 **직관적 구성**(anschauliche Konstruktion)이 요청되고 있었다. 이러한 요청을 수학의 논의 내에서 제외하고, 논리식의 판정에는 기호열 변형을 행하는 기계조작 정도로 충분하다는 것을 깨달은 것은 1927년의 J. 폰 노이만이었다. 무한집합의 규정에 얽매인 직관적 구성을 메타 수학에서 제거할 때, 새로운 대행기능으로 노이만이 도입한 것이 **기계적 지령**(mechanische Vorschrift)이다. 사고과정의 대상화는 기계라는 형태로 일단 완료되었다.

그런데 노이만은 체계 내의 정리의 집합이 기계적으로 판정 불가능한 것을 보고 있었지만, 불가능성을 증명하는 수단은 발견하지 못했다. 이미 대상화를 완료하고 있는 형식적 체계 속의 기호열에 새롭게 자연수를 한결같이 대응시켜, 기호열에서의 메타 수학의 논의를 자연수의 논의로 전사(轉寫)시켜, 오히려 그것을 형식적 체계의 내부에서 다시 표현한다고 하는 기술적으로 중요한 증명수단(표현정리)을 창출했던 것은 괴델이다.

고전 수학의 논증과정을 엄밀하게 포착하기 때문에 기호언어에 의해 추론이 대상화될 때, 형식적 체계가 성립한다. 이때 체계 내부에서 기호열 변형규칙으로서 고정되었던 사고과정은 형식적 체계를 밖에서 보는 메타 수학적 사고의 대상이 된다. 그런데 체계 자신에 관한 사고는 다시 그 체계 내에서 표현되기 때문에, 여기서 사고과정의 자기 순환이 발생하며 불완전성이 도출된다. 괴델의 정리 이후 형식적 체계라고 하는 기계 앞에 세워진 사고과정은 본래의 움직임을 상실한 기계적 기호조작으로서 자기의 움직임을 객관적으로 이해하는 보다 강제되는 것에 계속해서 당혹해하고 있다. 고전 실해석의 논증과정이 기호의 사용에 의해 대상화·기계화되는 과정에서 불완전성 정리의 증명수단은 예상 불가능했지만, 결과 자체는 예감되고 있었던 것이다.

굴드

Glenn H. Gould(1932~82)

굴드는 토론토에서 모피상을 경영하는 음악애호가 러셀 하버드 굴드의 슬하에서 1932년에 태어났다. 노르웨이의 작곡가 에드바르드 그리그의 먼 친척인 어머니 플로렌스 그리그 굴드에게서 초보적인 교육을 받은 후, 토론토의 음악원에서 오르간을 배웠으며, 1943년에 칠레 출신의 알베르트 게레로에게 피아노 교육을 받기 시작한다. 이 무렵 이미 바하의 〈평균율 클라비어곡집〉 제1권을 모두 연주하는 조숙함을 보여준다. 마침내 친숙해질 수 없었던 학교생활과 달리, 게레로의 지도는 굴드와 함께 **복수의 연주 해석**을 분석하고 검토하는 것이었다. 그는 1946년 피아니스트로서 데뷔하였고, 1947년에 최초의 공식 연주회를 개최하여 신동이라는 명성을 얻었다. 1948년 피아노 소나타를 작곡하였으며, 1950년에는 CBC방송국에서 최초의 라디오 연주회를 개최하여 **미디어**와의 행복한 만남을 이루어냈다.

1955년 워싱톤에서 미국에서의 첫 연주를 하게 되었으며, 구미 각지에서 굴드의 본격적인 연주활동이 시작된다. '바하의 재림', '부조니 이후 최대의 피아니스트' 등으로 칭찬받는 한편, 불안정한 건강상태에 위협받았기 때문에 다양한 자기 방위의 수단(옷을 엄청나게 껴입는다든지 편식, 몇가지의 약을 상용하는 등)과 '모글러' 라고 불리웠던 특이한 연주매너와 그것을 가능케 했던 키 작은 의자라는 소도구는 굴드에게 '괴짜' 라는 딱지를 부여한다. 콘서트 활동을 스펙터클로 원하고 있는 청중의 자세와, 그들에 부응하고자 했던 자신을 혐오했던 굴드는 1964년의 두 번의 연주회를 끝으로 토론토 시내의 고급 아파트에 틀어박혀, 업무 파트너가 되는 CBS 프로듀서 앤드류 커즈딘과 함께 레코딩 활동에 전념한다. 동시에 논문 「레코딩의 미래」(1966년) 등으로 자신의 입장을 정리하여, 사멸해가고 있는 콘서트를 대신해서 새로운 기술이 가져다준 레코딩이라는 감상형태의 가능성을 강하게 주장했다.

굴드는 콘서트 활동에서 은퇴한 후, 작곡에 전념할 작정이었으나, 활발한 집필활동에 비해서 그다지 성과를 올리지는 못하였다. 오히려 1967년의 〈북(北)의 이념〉에서 시작한 〈대위법적 라디오 다큐멘터리〉의 제작에 관심을 돌리게 된다. 〈북의 이념〉에서는 기차가 달리는 소리와 인터뷰를 편집한 다섯 사람의 목소리가 대위법적으로 연결되어 있으며, 캐나다 북부의 생활체험을 말해주고 있다. 고독을 생생한 체험의 메타포로 선택한 '북'(北)은 골드의 중요한 심상 풍경이며, 〈북의 이념〉은 〈늦게 온 사람들〉, 〈대지의 조용한 사람들〉과 함께 '고독 3부작'으로 불리운다. 이와 같이 음악으로서의 라디오라는 개념에 기초하여 라디오에 음악 형식을 도입했던 〈대위법적 라디오 다큐멘터리〉는 유럽 작곡가들의 동일한 시도에 비견될 만큼 대담한 것으로서, 이 외에도 쇤베르크, 슈트라우스 등의 음악가의 다큐멘터리와 함께 전부 7권에 달한다.

1970년 굴드는 라디오 〈글렌 굴드, 마침내 쇼팽을 연주하다〉에서, "자신의 편견의 본질을 검증할 기회"라고 말하면서, 비판적이었던 작곡가를 과감하게 문제삼아, 멘델스존의 〈무언가〉와 쇼팽의 〈소나타 제3번〉을 프로로서 처음으로 연주한다. 그러나 그 구조만이 부각된 냉랭한 연주는 더욱더 고고한 경지에 있는 굴드의 심정을 나타내주고 있었다.

굴드의 고독은 1975년의 어머니의 죽음으로 더욱더 깊어졌으며, 1977년에는 두팔의 장애로 피아노를 연주할 수 없게 되고 만다. 50세가 되면서 지휘자로 변신하였고 바하의 <미사곡 b단조>를 통해 자신의 음악 활동의 결말을 볼 작정으로, 80년대에 들어오자마자 새로운 길을 모색하기 시작했다. 1981년에 바하의 〈골드베르크 변주곡〉을 녹음하였는데, 이것은 굴드에게는 드문 재녹음이었다. 1982년 만 50세 생일 이틀 뒤에 뇌졸중으로 쓰러져, 〈골드베르크 변주곡〉의 다 카포의 아리아가 흐르는 가운데 추도식이 성대하게 행해졌다.

콘서트 활동에서 물러나 레코딩에 전념하는 행위는 당초 그 기교만이 강조되었고, 굴드의 언어전략에 의해 더욱더 불명예스런 이미지가 강해졌다. 그러나 콤팩트 디스크(CD)와 워크맨이라는 새로운 미디어의 등장에 의해 엄청나게 변화를 겪게 된 현대의 음악적인 상황은 표층적인 이미지에 덮혀 감추어졌던 그의 안목이 확실했다는 것을 증명하는 것이다. 「레코딩의 장래」에서 굴드는 레코드가 "콘서트 체험을 판 위에 복제하는 시도"가 아니라, 음악 활동에 새로운 지평을 열어서 모든 예술 활동에 이르는 가치관을 근본적으로 변화시키고 말 것이라고 언급하고 있다. 그 중에서도 특히 복수의 연주해석에 주목하여 스튜디오에 참가하는, 편집자로서의 연주자와 편집자 사이의 공동제작에 의해 레코드가 만들어지는 것, 그와 같은 이상적인 상태가 듣는 사람에게도 창작 활동에 참가할 계기를 부여한다는 지적은 매우 중요하다. 기술의 발전에 의해 편집자의 기능도 갖추게 된 듣는 사람은 음악 작품을 예술로서가 아니라 환경으로서 받아들이게 되었다. 위협받는 것은 콘서트만이 아니다. 콘서트의 특징인 일회성이라는 사실에 의해서 의미를 가졌던 오리지널 지향 자체가 위협받는 것이다.

굴드는 레코드가 콘서트를 대체하는 상황을 예측했지만, 스타의 연주를 듣기 위해 극장과 홀에 쇄도하는 관중은 막을 수 없으며, 굴드의 은퇴 이전의 연주를 회고적으로 요구하는 현상이 있다. 말하자면, 굴드의 콘서트 대 미디어라는 이항대립의 도식 자체가 모순을 가지고 있는 것이다. 마치 레코드가 공동제작물이면서도 굴드의 작품인 것을 명백하게 주장하고 있는 것과 같은 형태가 그것이다. 그러나 그와 같은 모순 자체가 20세기적인 문제의식을 반영하고 있다고 말할 수 있을 것이다.

그람시

Antonio Gramsci(1891～1937)

안토니오 그람시는 이탈리아의 사르디니아섬의 칼리아르에서 태어났다. 어린 시절의 사고로 인해 평생 불구자로 지냈으며, 더욱이 가정이 빈곤하여 초등학교를 졸업한 후부터는 어쩔 수 없이 일을 해야만 했다. 토리노대학에 진학한 후에도 장학금과 아르바이트로 생활을 영위했지만, 교사 · 친구들과의 교제를 통해서 사회에 대한 인식도 급속하게 발전시켜 나갔다. 그것을 결정적으로 도모했던 것은 바로 제1차 세계대전과 러시아혁명의 발발이었다. 전후에 동료들과 『오르디네 누보』를 창간하여 공장평의회운동의 기관지로 삼았다. 이탈리아 공산당의 결성에 참가하였으며, 1922년부터 1년여 동안 코민테른의 집행위원으로 모스크바에 체제하였고, 귀국 후 당 서기장으로서 이미 권력을 잡고 있던 파시즘과 정면으로 대결하게 된다. 그러나 1926년에 체포되어, 11년 남짓 옥고를 치르었다. 그 때문에 건강이 손상되었으며, 석방된 후 곧 죽음을 맞이하게 된다. 당시 46세였다. 옥중에서 쓴 『노트』는, 그가 이론적 측면에서 성취한 최대의 업적으로서, 오늘날 '사회주의 붕괴' 이후에도 더욱더 많이 인용 · 언급되고 있다.

그의 사상은 3개의 구성요소로 이루어져 있다.

그 하나는 **이탈리아 역사의 재고**(再考)이다. 이탈리아를 대표하는 사상가인 크로체의 영향을 받았던 그는 역사에 대해 강한 관심을 보였고, 맑스 이후의 맑스주의자 안에서 비견할 만한 인물이 없을 정도로 깊은 교양을 지니고 있었다. 그의 역사관은 무엇보다도 인간주의였으며, 역사를 정신적 · 지적 생활의 총체로서 사회관계의 생성 · 발전과정으로 받아들였다는 점에 특징이 있다. 러시아혁명의 발발을 "인간사회의 새로운 역사이며, 인간 정신의 역사의 새로운 실험이 시작되었다"고 기대하였으며, 그로부터 10여 년 후, 『옥중수고』에서 "인간성이란 일정한 역사적인 사회관계의 총체이다"라고 쓰고 있는 것도 그 때문이었다. 그리하여 파시즘에 대한 투쟁도 이탈리아의 경제, 정치, 문화 구조 전체와의 관계로서 받아들여, 파시즘을 이탈리아 역사에서 단순한 우발적인 사건으로 보는 구세대와 대립하였다. 그렇지만 그람시의 이탈리아 역사의 재고는 아카데믹한 '통사적' 연구는 아니다. 이탈리아 역사에서 혁명적 시기, 즉 르네상스와 리소르지멘토(1815~61년에 걸친 이탈리아 통일운동)를 그의 시대와 연결지었으며, 더 나아가 전유럽적인 시야에서 시대성과 혁명의 주체의 교착 속에서 이탈리아 역사를 묘사하여 당면한 파시즘과의 투쟁에 돌입하자고 했던 것이었다. 이러한 그의 역사적 · 문화적 교양의 특이한 깊이와 폭이 그를 맑스주의자 안에서 특이한 존재로 부각시키고 있는 것이다.

그람시 사상의 두번째 구성요소는 **새로운 자본주의**이다. 이전 세기 말부터 금세기 초에 걸쳐 세계자본주의로의 기본적인 이동이 시작되고 있었다. 그리고 제1차 세계대전에 의해 자본주의 역사의 새로운 국면이 시작되어, 의회주의 · 자유주의 · 민주주의 등의 새로운 운동들과 함께, 확대된 국가와 새로운 생산조직이 출현했다. 그 속에서 그의 관점은 협소한 사르디니아주의에서 국민적인 것으로, 더욱이 동방에서 서방으로 이동하고 있었으며 1929년 공황을 계기로 결정적인 비약을 이루게 되었다. 세계경제의 중심이 유럽에서 아메리카로 옮겨가고, 유럽과의 관계에서 자본주의 미국의 헤게모니를 응시하게 된다. 그에 따르면 이러한 유럽/미국이라는 테마는 대전 후의 세계체제로서의 자본주의 고도화과정에 대한 통찰의 기본축이었다. 그의 미국 자본주의에 대한 관심은 공장평의회운동 시절부터 생겨났다. 성산세계에서 시작되고 있는 전환과 정치 및 시민사회에서 생겨나고 있는 변화의 관계를 중심으로 새로운 시대의 도래를 고찰하게 되었던 그는 옥중에서 집필을 허락받은 『노트』의 제1페이지에 연구테마의 한 항목으로서 처음부터 '아메리카니즘과 포디즘'을 언급했다. 이것이야말로 이전 세기 말에서 금세기에 걸친 자본주의의 역사적 시대성을 단적으로 표현하는 것이었다. 그렇지만 그의 이러한 사고방식이 세계적으로 주목받게 된 것은 겨우 60년대에 이르러서 포디즘과 포스트포디즘이 논의되면서부터였다.

그람시 사상의 세번째 구성요소는 **맑스주의**이며, 그것은 그의 사상 전체를 관통하고 있다. 당시의 맑스주의는 실증주의의 영향을 받아, 제2인터내셔널

뿐 아니라 제3인터내셔널도 기계적 숙명론과 경제결정론이 지배적이었다. 그람시의 맑스주의가 형성된 것은 이러한 경향과의 투쟁을 통해서였다. 옥중에서 그는 맑스의 『포이에르바하에 관한 테제』에 들어 있는 "철학자들은 세계를 단지 다양하게 해석해왔을 뿐이다. 그러나 중요한 것은 세계를 변화시키는 것이다"라는 문장에 매료되었다. 또한 이탈리아에서 처음으로 맑스주의를 도입했던 라브리올라로부터 맑스주의를 **실천철학**으로 표현한 것의 의미를 연구했다. 그후 『노트』 속에서 맑스주의를 '실천철학'이라는 말로 바꾸고, 실천철학은 역사와 사회 속에 존재하는 모순들의 평화적 해결을 지향하는 것이 아니라, 그 반대로 그와 같은 모순들의 이론 자체이며, 따라서 상황에 개입할 수 있는 철학이라고 생각하였다. 거기서부터 실천철학은 대중의 사고방식으로 존재하는 문화로서, 맑스주의에 관한 당시까지의 협소한 개념의 외연을 확대하고 수정하여 그 내용의 풍부화를 목표로 하게 된다. 마찬가지로 그는 지식인이라는 개념을 맑스보다도 훨씬 넓은 의미에서 사용했다. 맑스뿐 아니라 그람시도 시민사회라는 개념을 헤겔로부터 받아들였다. 그러나 맑스는 시민사회라는 표현을 경제적 관계들의 총체를 의미하는 것으로 사용했던 것에 대하여, 그람시의 **시민사회**는 문화의 전영역에서 모든 조직과 기술적 수단을 지칭하고 있다. 이처럼 그람시는 맑스에 근거하면서도, 맑스주의의 전통적 구조에 사로잡히지 않고, 거기에 새로운 것을 첨가하거나 그것을 수정하는 데 주저하지 않았다.

이러한 그람시의 사로잡히지 않는 방법이, 오늘날 그의 재발견을 가져온 이유일 것이다.

■ 주요 저작

『옥중 수고 1, 2』(거름), 『그람시와 함께 읽는 문화』(새물결)

긴즈부르그

Carlo Ginzburg(1939~)

카를로 긴즈부르

그는 1966년, 20대 중반에 『베난단티들 —— 16세기부터 17세기에 걸친 시기의 마술과 농경신앙에 관한 연구』를 세상에 내놓은 이후, 주로 이단(異端)재판소의 기록에 남아 있는 민간신앙에서 소재를 취한 문화사적 연구분야에 속하는, 그리고 인접한 종교학과 인류학뿐 아니라, 철학과 문학비평의 최신 성과도 이용하면서 여러 가지 방법적인 실험을 하고 있는 역사가이다. 1939년 이탈리아의 토리노에서 태어나 1964년에 피사 고등사범학교의 전수과정을 수료했으며, 현재는 볼로냐대학과 캘리포니아대학 로스앤젤레스 분교에서 교수로 재직중이다.

이 역사가가 지금까지 시도해왔던 실험은 참으로 다방면에 걸쳐 있다. 게다가 그 모든 것이 역사인식과 역사서술의 근본에 관계된 것뿐이다. 그러나 그 중에서도 특기할만한 것이 있다고 한다면 그것은 뭐니뭐니 해도 최초의 저작인 『베난단티들』과, 더욱더 자각적인 것으로는 그로부터 10년 뒤인 1976년에 출간된 『치즈와 구더기 —— 16세기의 가루 파는 어느 가게의 우주』에서 실천되고 있는 **징후해독적인 텍스트 독해방법**일 것이다.

위의 두 저서에서 긴즈부르그가 해명하고자 했던 것은 근세 초기 유럽 농민사회의 심성(心性)이다. 이단재판소의 기록을 이용하여 이것을 해명하고자 했던 것이다. 그런데 그러한 긴즈부르그 앞에는 대우 어려운 문제 하나가 가로막고 있었던 것으로 추측된다. 이제까지 민중이 읽기와 쓰기를 몰랐으며, 설사 『치즈와 구더기』에서 거론되고 있는 가루가게의 메노키오가 그랬던 것처럼 읽기와 쓰기가 가능했던 경우에도, 자신의 체험을 문자로 함부로 표현할 수 없었던 시대에는, 재판기록이야말로 민중 자신의 목소리가 글로 남아 있는 얼마 안되는 자료 중의 하나임은 엄연한 사실이지만, 그러나 또한 재판이라는 것의 성격상 자료의 기술내용에는 억압한 쪽과 억압받는 쪽 쌍방에 의한 엄청난 왜곡과 은폐가 발생하고 있었던 것은 틀림없는 것이다.

그런데 이러한 어려운 문제에 직면해서, 긴즈부르그는 우선 텍스트 자체를 세심한 주의를 기울여 읽는 것으로부터 시작했다. "신은 세부(細部)에 머물고 있다"(아비 바르부르크)고 하는 의미인 것이다. 그리고 이단재판관들의 질문과 베난단티라고 부르는 정체불명의 피고들의 대답, 혹은 메노키오의 경우에는 그가 읽었다고 증언하고 있는 서적의 서술 내용과 그 자신이 읽고 이해한 것 사이에서 보여지는 해석의 차이, 그것도 대개는 미세한 차이에 주목하면서, 이것이야말로 징후해독적이라고 부르기에 합당한 텍스트 독해방법에 의해 난점을 극복하고자 했던 것이다.

역사 연구는 프랑스의 아날학파에서 전형적으로 보여지는 것처럼, 20세기에 들어와서부터는 특히 사회과학과 대담하게 제휴하면서 발전할 수 있었다. 그러나 갈릴레오적인 학문 이념에 그 원형이 있는 근대 사회과학의 합리주의적인 방식 자체가 이제 곧 전반적인 위기를 맞이하는 것처럼 보이는 오늘날, 긴즈부르그에 의해 시도된 독해법의 학문적 의의는, 그 자신도 1979년에 알도 가르가니가 편집한 『이성의 위기 —— 지식과 인간적 활동의 관계에 대한 새로운 모델들』에 빗대어 언급했던 「증적(證跡) —— 징후해독형 패러다임의 근원들」이라는 논문에서 역설하고 있는 것처럼 매우 의의가 크다고 해도 좋을 것이다.

다음으로 1989년에 출간한 『밤의 역사 —— 사바트를 해독한다』 속에서 보고되고 있는 **'어머니들의 나라'** 로의 여행.

'어머니들의 나라' 라는 것은 괴테의 『파우스트』에 나오는 나라이며, 저자가 악마인 메피스토펠레스로 언급하고 있는 바에 의하면, 이 세계에 존재하는 형상있는 것이 당연히 거기에서 형태지어지는 바의 근원적인 형성의 장(場)이 있다고 한다. 그리고 거기에는 장소도 없다면 시간도 없다.

그처럼, 장소도 없다면 시간도 없는 역사 이전의 나라로의 여행을 『밤의 역사』의 긴즈부르그는 감행하고 있는 것이다. 사바트(악마의 참석 아래에 전개되는 악녀들의 밤의 잔치)를 둘러싼 전설의 민속학(folklore)적인 근원을 찾고자 하는 것이다. 그것도, 다른 한편에서는 인간 존재의 근원적인 시간성과 그러한 시간의 불가역성에 관한, 정말로 투철한 역사인식을 견지하면서 말이다.

그리고 이렇게 분명히 역사가의 영역을 일탈했던 여행을 안내하고, 지향하는 근원이 인간 정신의 자연본성적인 본연의 자세, 그 중에서도 영도(零度)의 신체적 경험인 죽음을 상징의 형식으로까지 완성하고자 하는 인간 정신에서 생득적인 범주(카테고리) 활동 속에 있는 것을 밝혀냄과 동시에, 다른 입장에서는 역사인식의 한계에 관한 심도높은 성찰로 이끌려 들어가고 있다는 것이다. 이것도 확실히 인식하고 우리들 자신의 학문론적 반성에 마땅히 이바지해야 하는 실험이라고 말해도 좋을 것이다. 이와 관련하여 긴즈부르그는 이러한 실험의 성공을 토대로 하여, 이번에는 국왕(國王)의 초상(肖像)을 소재로 삼아 옛날부터 유럽인들에게 있어서의 이미지 형성에 관한 연구를 진행하고 있다.

또한 긴즈부르그는 1984년에 나탈리 Z. 데이비스가 『말탄 게르의 귀환』의 이탈리아어 번역으로 「증거와 가능성」이라는 제목을 붙인 발문(跋文)을 쓸 즈음부터, 『메타 역사』(1973년)에 의해 **표상의 역사학**이라고 총칭할 수 있는 역사 연구의 새로운 조류의 형성에 적잖은 공헌을 하게 된 헤이든 화이트를 비판의 주된 상대로 하여, 역사 연구에서 진실이라든지 증거라는 개념이 갖는 의미를 둘러싼 논쟁을 대대적으로 전개하기 시작한다. 1990년 봄 긴즈부르그가 있는 캘리포니아대학 로스엔젤레스 분교에서 개최되었던 〈'최종해결'과 표상의 한계〉를 주제로 한 연구회의에서 화이트와 함께 참가해서 행한 보고인 「단 하나의 목격자」 등에서 엿보이는 것처럼, 정치적으로도 지극히 실제적이고도 급진적인 문제를 갖고 있는 논쟁이었고, 이후 어떠한 진전을 보여줄지가 크게 주목된다.

■ 주요 저작

『베난단티들』, 『치즈와 구더기』, 『재판관과 역사가』

니담

Joseph Needham(1900~)

조셉 니담은 대작 『중국의 과학과 문명』으로 명성이 높지만, 30대 중반까지 그는 중국과 전혀 상관없는 생화학자로서 전도양양한 길을 걷고 있었다.

1900년 12월, 니담은 의사인 아버지와 음악가인 어머니 사이에 외아들로 런던에서 태어났다. 1차대전이 끝날 즈음인 1918년, 케임브리지대학에 입학하여 일찍이 혈액순환론의 제창자였던 윌리암 하비가 공부했던 유서깊은 곤빌 앤드 키즈 컬리지에 들어갔다. 아버지와 마찬가지로 외과 의사가 되기 위해 처음에는 해부학, 생리학, 동물학 등을 공부했지만, 교수의 추천과 또한 영국 생화학의 원조로 이후에 노벨상을 받게 되는 홉킨스(Sir Frederick G. Hopkins, 1861~1947)의 영향을 받아 생화학을 전공하게 되었다. 당시의 케임브리지의 과학 연구는 물리학 방면에서 러더포드가 이끄는 캐번디시 연구소와 홉킨스가 이끄는 생화학 실험실에 의해 국제적인 명성을 얻고 있었다. 니담은 1921년에 졸업하고, 24년에 박사학위 취득으로 순조로운 연구생활을 시작한다. 1924년은 그의 인생에서 하나의 전환점으로 키즈 컬리지의 특별연구원으로 추천되었고, 또 생화학 실험실의 동료인 도로시 모일(Dorothy M. Moyle 1898~1987)과 결혼도 했다. 도로시 부인은 근육 생화학을 연구하여, 부부가 함께 영국 학술원 회원으로 추대된 뛰어난 과학자였다. 그의 연구 주제는 배(胚)의 발생에 대한 생화학의 응용으로, 1931년 『화학적 발생학』 3권에 그 성과를 담아 그의 이름이 국제적으로 알려지게 되었고, 1933년 케임브리지대학의 생화학 차석교수가 되었다. 또한 그후 형태형성 호르몬의 화학적 성질, 생리적 기능을 연구하여 1942년에 『생화학과 형태형성』을 출판했다.

그런데 일대전환이 1937년에 발생했다. 3명이 중국인이 케임브리지 생화학 실험실에 나타났던 것이다. 이것이 중국과의 만남이다. 그들 중국인 유학생과 교제하면서, 그들의 사고방식이 자신과 같다는 것을 느껴 중국 문화에 관심을 가지게 되었다. 그 중에서도 특히 노계진(魯桂珍, 1904~91)은 그에게 가장 많은 영향을 주었으며, 그후 연구협력자로서, 또한 도로시 부인의 사망 이후에는 니담 부인으로서 평생 그의 임무를 후원하였다. 그래서 그는 빨리 중국어 공부를 시작하였다. 2차대전중인 1942년 9월, 그는 처음으로 중국 대륙에 발을 내딛었다. 외교관으로 일본사의 대가인 샌섬(Sansom)의 제창으로 일본군에게 침략당한 중국의 지식인을 고무하기 위한 문화사절로서 그리스 철학자인 돗즈와 함께 중경(重慶)에 파견되었다. 그후 그는 중영(中英) 과학합작관을 설립하여 중국의 과학자 · 기술자에 대한 과학기자재를 원조하고 운반하는 일에 부인과 함께 종사하면서 1946년 3월까지 3년 반을 중국에서 보냈다. 2차대전 후에는 유네스코 초대 사무총장인 줄리언 헉슬리의 요청에 따라 1946년부터 2년 동안 파리에서 초창기 유네스코의 과학부장으로서 과학의 국제연대 사업에 매달렸다.

그는 1948년 케임브리지에 돌아오자마자 『중국의 과학과 문명』(전7권)의 집필에 본격적으로 몰두하기 시작했다. 제1권 총론이 1954년에 출판되었고, 이후 3년 주기로 제2권 과학사상사, 제3권 수학 · 천문학 · 지구과학, 제4권 1분책 물리학이 출판되었으며, 이후 2년 간격으로 각 분책이 출판되어 지금까지 15책 정도가 출판되었다. 각권의 분책수가 늘어나서 최종적으로는 25책이 넘을 것이라고 한다. 1966년 모교인 키즈 컬리지의 학장이 되기까지, 생화학 강의를 계속하면서도 대작을 집필하였던 사실은 경탄할 만한 것이다.

니담에 대한 비판 중의 하나는, 그가 중국어 텍스트를 너무 깊게 파고든다는 것이다. 그러나 역으로 거기에서 지금까지 지적되지 않은 그의 독자적인 발상을 읽어낼 수 있다. 예를 들면 주자(朱子) 등의 송학(宋學)의 이(理)를 유기체 조직의 유형으로 보는 점이다. 젊었을 때 화이트헤드의 철학에 영향을 받았던 그로서는 아무래도 유기체 철학으로 경도되어 있었다. 그러나 중국 문명을 공부하기 이전에 벌써 과학자로서 확고하게 서 있었던 그는 근대 과학의 기계론적인 성격을 부정하지는 않았다. 높은 수준의 중국 과학이라는 새로운 영역을 발견한 그는 이슬람과 인도 등의 문명권에도 마찬가지의 과학이 존재할 것이라는 것을 의심하지 않았다. 그러한 과학들이 포섭되고 진화의 단계들을 경과하여 보편적 · 세계적(ecumenical) 과학이 형성되기에 앞서

'근대' 과학의 성립을 그는 보려 하였던 것이다.

니담의 중국 과학사의 특징은 도가(道家)의 역할을 강조했다는 것이다. 중국의 관료제와 결합했던 유학(儒學)은 관개 등 수리공학과 역법 · 천문학 등 국가과학을 추진하기는 했으나 전체적으로는 과학의 발전을 억제하는 것이었음에 반해서, 비엘리트의 과학인 도가는 화학 · 광물학 · 식물학 등의 분야에서 탁월하였으며 마술적인 비정통적인 전통에서 유래하는 실험과학에 출중하여 과학의 발전을 촉진시켰다. 그의 도가에 대한 공감은 중국 이름 이약금(李約琵) 이외에도, 도가의 연단술(煉丹術)을 떠오르게 하는 글자인 '단요'(丹耀)와, '십숙도인'(十宿道人)이라는 호를 사용하였으며, 또한 가명으로 썼던 소설에서 자신을 '명예도가'로 부르는 것에도 반영되고 있다. 역으로 유가적인 과학이 관료제에 의해 지속되어 정통적인 과학을 보존하고 후세에 전달했다는 점과, 유학과 도가라고 하는 이항대립에서는 파악되지 않는 부분이 있는 점 등을 지적하는 것도 가능하지만, 지금까지 간과되어왔던 도가 사상과 과학의 관계에 초점을 맞추었던 시각은 신선하다 하겠다.

니담은 중국 과학사 연구에 몰두하기 시작한지 얼마 안되어, "왜 과학혁명이 중국에서 일어나지 않았을까"라는 의문에 사로잡혔다고 한다. 3대발명을 위시해서 14세기까지는 중국쪽이 유럽보다 과학기술면에서 훨씬 앞서 있었다는 것이 확실히 판명나자, 그는 이것을 한층 더 문제로 삼았다. 이러한 '니담의 어려운 문제'는 "왜 근대 과학은 서구에서만 탄생하였는가"라는 과학사 연구의 커다란 문제로 바꿔 이해할 수 있다. 그 자신의 답은 사회경제적 배경을 다루고 있는 마지막 권인 제7권에서 다루어질 예정이다. 1930년대 홀덴, 버날, 호그벤 등과 함께 사회주의에 공감했던 자칭 '비정통적 맑스주의자'의 관점에서의 독특한 분석이 나올 것 같아 출간이 기다려진다.

90세가 넘어 이제는 휠체어에 의존하는 생활을 하고 있지만 시간을 아껴서 집필과 교정에 힘쓰며 하루를 보낸다고 한다. 그것은 토인비의 저작에 버금가는 역사적인 대작이 될 것임에 틀림없는 『중국의 과학과 문명』을 완결짓기까지 얼마남지 않은 시간과의 격투인 것이다.

■ 주요 저작

『중국의 과학과 문명』(을유문화사)

니체

Friedrich Wilhelm Nietzche(1844~1900)

1844년에 목사의 아들로 태어난 니체는 본대학과 라이프치히대학에서 고전문헌학을 공부하였고, 1869년 24세의 젊은 나이로 바젤대학의 교수가 되었다. 일찍부터 바그너에 심취했으며 바이로이트 축제극장의 실현을 목표로 한 운동에 참가했다. 그것을 위해 니체가 썼던 『비극의 탄생』은 학계로부터는 무시당했다. 그러나 바그너의 계획이 1876년에 실현되었을 때, 그 천박한 속물스러움에 놀라 그와 결별했다. 이 무렵부터 『인간적인, 너무나 인간적인』으로 시작하는 아포리즘을 집필한다. 1878년에는 대학교수직을 사임하고 여기저기를 돌아다니는 방랑생활을 하였다. 만년에 썼던 『짜라투스트라는 이렇게 말했다』, 『선악을 넘어서』, 『도덕의 계보』 등에서 기존 가치의 해체와 새로운 가치의 창출을 계획한다. 그러한 과정에서 '신의 죽음', '권력의지', '니힐리즘', '영겁회귀' 등의 사상이 생겨났다. 1889년 1월에 북이탈리아의 토리노에서 발작을 일으킨 니체는 1900년에 자신의 명성이 높아진 것도 모른 채 사망하였다.

『비극의 탄생』에서는 그리스 비극의 성립과 전개가 아폴로와 디오니소스의 투쟁의 역사로 묘사하고 있다. 꿈을 관장하는 아폴로는 빛과 형태의 신이고, 주신인 디오니소스는 도취와 광란을, 생명의 본능적 충동을 의미한다. 그리스의 비극은 목동들이 부르던 디오니소스의 노래로부터 시작되며, 무대 위에서의 춤은 합창단이 보는 꿈의 형상이라고 니체는 해석한다. 그것은 쇼펜하우어의 도식이었다. 다시 말해서, 현상 세계의 밑바탕에 자신이 의지인 것에 괴로워하는 원(原)의지가 있으며, 세계는 이러한 의지가 꿈꾸고 있는 꿈의 형태에 지나지 않는다. 따라서 당연하게 이러한 형상을 아름다운 예술의 가상(假象)이게 함으로써, 예술의 '태양의 눈'에 의한 의지의 구원을 꾀해야만 한다는 것이 쇼펜하우어의 구원의 철학이었다. 그것은 또한 여가를 즐기는 것으로 전락했던 예술의 본연의 모습을 넘어서 생활의 구석구석에까지 예술의 원리를 관철시키고자 하는 독일 관념론과 낭만주의 이후의 예술사상의 실현을 목표로 한 것이기도 했다. 종합예술이라는 것은 그러한 사상이었다. "세계는 미적인 현상으로서만 정당하게 된다." 이러한 사회적 통합으로서의 예술 본연의 모습이 아티카 비극에서 실현되었다고 니체는 생각하고 있었다. 거기에는 디오니소스와 아폴로가 풍부하게 결합되어 있었다. 그런데 그것을 파괴했던 것이 소크라테스이다. 이성(理性)에 의해서 아폴로는 오로지 계산적인 이성으로 왜소화되었고, 디오니소스는 욕망의 방종한 만족, 흉폭한 폭력으로 퇴화되고 말았다. 그 이후의 서구의 역사는 진부한 합리성과 억제되지 않는 폭력이 공존하게 되었다. 따라서 필요한 것은 바그너의 악극에 의한 그리스 정신의 재생이라고 주장하고 있다.

1876년, 바그너와 사이가 멀어질 무렵부터 날카로운 아포리즘을 대량으로 쓰기 시작한다. 그것은 그가 애독했던 프랑스 모럴리스트의 영향 때문이기도 했지만, 사상을 체계화하지 못했던 시대의 표현형식으로 그것을 의식적으로 선택했던 때문이기도 하다. "체계에 대한 의지는 성실의 결여이다." 그러한 것들을 집대성했던 작품이 『인간적인, 너무나 인간적인』, 『서광』, 『즐거운 지식』 등이다. 그 속에서는 종교, 예술, 철학, 학문이라고 말했던 이상이 우리들의 생에 관계되는 것들로서 철저하게 해체된다. 또한 독일의 문화와 생활에 대한 혐오감도 그 다음으로 강하게 표현되고 있다. 이러한 아포리즘들에서 **권력의지**, **영원회귀**, **가치의 전환**이라고 말했던 사상이 조금씩 형성되어간다. 20세기에 어두운 그림자를 드리우는 이러한 사상과 대결하지 않고는 현대에서 철학하는 것은 어렵다.

기독교의 가치, 그리스의 이상주의, 그러한 것들은 이 세계의 쾌락에 물들지 않은 사람들이 설립했던 것에 지나지 않는다. 권력의지가 원한(ressentiment)이라는 형태를 초래했던 것이다. 또한 근대 과학에 의한 자연의 지배, 그것을 이용했던 사회적 지배관계, 이 모두 권력의지의 산물이다. 지배하고자 하는 욕망만이 역사를 만들 수 있었던 것이다. 지배욕에 의한 현실의 해석이 가치를 갖는 것을 만들었을 뿐이고, 현실이라는 텍스트에는 권력의지라는 무의미가 섞여서 짜여져 있을 뿐이다. 유럽은 이데아인 신의 나라이며 원래 존재하지도 않는 것을 만들어왔던 이상, 그것들은 무(無) 위에 세워져 있는 것이며, 유럽의 역사는 그러한 의미에서 잠재적인 니힐리즘이 현재화(顯在化)하는 역사가 된다. 현재화되는 것은 기독교가 만들어낸 가치, 다시 말해 지적 성실성이다. 그것이 자기자신으로 향해진 것에 의해, 자기가 무의 기반에 서 있다는 것이 명확하게 된다. 이것은 이성에 대한 신뢰에 의거한 계몽을 극복했고, 계몽의 계몽, 다시 말해 이성에 의한 이성의 자기 고발이기도 하다.

이러한 모든 역사가 권력의지에 불과하다고 한다면, 그것은 자연도 포함한 모든 존재자에 꼭 들어맞는 것은 아닐까 하고 니체는 생각하여 이 세계의 무의미라고 하는 지옥이 영원히 계속될 것이라고 했다. 그러나 그것이 지속되는 방식은 유한한 자연이 무한한 시간 속에서 계속되는 한 똑같은 배치, 똑같은 편성이 끝없이 계속되고 반복되는 것이다. 다시 말해서 영원회귀라는 방식으로이다. 그리고 그러한 것을 긍정하는 것이야말로 인간의 진정한 위대함이 초인으로의 길을 여는 것이라고 니체는 주장한다. 이 세계의 약자, 다시 말해 혐오해야만 하는 기독교도가 그들의 노예 도덕과 함께 회귀하는 것에도 견딜 수 있는 강함 그 자체가 인간의 자기 극복이라는 것이다. 그러기 위해서는 강자의 도덕이, 다시 말해 역사의 실제 상태에 상응하는 도덕이 수립되지 않으면 안된다는 것이다. 이러한 말년의 사상에는 사회적 도태를 긍정하는 듯이 보이는 발언도 많이 보인다. 그러나 니체의 텍스트는 19세기 후반의 사회적 폐쇄상태 속에서의 인간의 강렬한 자기 경험의 가능성에 관한 탐구이기도 했다. 그리고 1890년대에 이른바 세기말의 예술가와 문학자들은 그러한 점을 확실하게 받아 들였다. 불행하게도 그후 니체의 사상은 한편으로 정치화되고, 다른 한편으로 하이데거 등에 의해서 서구 형이상학의 역사의 하나로 편입되고마는 그러한 상태의 철학화를 수용하고 말았으며, 그의 텍스트의 다면적인 색다름을 맛볼 기회를 상실하고 말았다. 그러나 안전(安全)이라는 표지에 둘러싸인 일상생활과 관습적인 사고를 조소하는 그의 문장의 색다른 취향과 역전이야말로 저항의 형식으로서 오늘날 여전히 귀중한 것이라 할 수 있다.

▣ 주요 저작

『니체 전집』(전10권, 청하)

더글라스

Mary Tew Douglas(1921~)

메리 더글라스는 1921년에 이탈리아에서 태어나, 런던의 세이크리드 하트 수도회에서 교육을 받았다. 그곳을 졸업한 후, 옥스포드대학에서 철학과 정치학을 공부하고, 영국 식민성에 취직한다. 식민성에서의 임무 및 거기서의 인류학자와의 교분을 통해 인류학과 아프리카에 대해 흥미를 가지기 시작하였으며, 옥스포드대학에 되돌아가 에반즈 프리처드와 F. 슈타이너 밑에서 인류학을 공부했다. 젊어서 죽은 스승인 슈타이너로부터 더글라스는 연구 주제와 방법 모두에서 영향을 받았다. 졸업 후 옥스포드 인류학 연구소에 적을 두고, 1949년부터 50년에 걸쳐 벨기에령 콩고(현재 자이레공화국)에서 최초의 현지조사를 하였으며, 1951년에 옥스포드대학에서 박사학위를 취득했다. 1953년에 재차 벨기에령 콩고의 렐레인 사회를 현지조사하였고, 귀국 후에는 런던대학의 강사직을 거쳐서, 1970년에 런던대학의 사회인류학 교수가 되었다.

그 사이 1963년에 렐레 사회의 민속지인 『카사이의 렐레인』을 출판하였고, 1966년에는 더글라스의 명성이 널리 알려지게 했던 불결함에 대한 인류학적 연구인 『더러움과 금기』를 간행하였으며, 1970년에는 『상징으로서의 신체』, 1975년에는 논문집인 『암흑의 의미』를 출판했다. 그리고 1977년에 러셀 정치기금의 문화조사부 이사로 초빙되어 미국으로 건너갔으며, 그후에도 1988년까지 미국에서 노스웨스턴대학 교수와 프린스턴대학의 객원교수 등을 역임하였고, 현재는 런던에 돌아와 있다. 저작활동도 정력적으로 계속하여 현대 사회의 환경오염의 위기에 대한 인식의 문화적 배경을 탐구한 저작인 『위험성과 문화』(1982년), 미국문화론, 음주문화에 관해서 공동집필하였고, 1992년에도 최신작인 『위험성과 비난』을 출판하였다.

더글라스의 저작 중에서 가장 많이 인용되어왔으며 여러 분야의 연구자에게 계속해서 영향과 자극을 주고 있는 저작은 『더러움과 금기』일 것이다. 이 저작은 어쩌면 세이크리드 하트 수도회에서의 교육 등으로 친숙해 있었던 구약성서의 세계와 현지조사에 의한 아프리카 렐레 사회의 사례로부터 얻어진 아이디어를 가지고 여러 문화의 심층에 잠재해 있는 '**불결**' 문제를 논했던 것이며, 이러한 연구에 의해서 더글라스는 아프리카 연구자로부터 일반적인 '문화론'을 탐구하는 세계적인 문화인류학자도 인정받게 되었으며, 동시에 E. 리치와 R. 니담의 뒤를 이어 영국 인류학계의 신구조주의학파의 중요한 인물의 한 사람이 되었던 것이다.

『더러움과 금기』에서 더글라스는 **불결**을 **분류체계**와의 관련 속에서 포착해야만 한다는 관점을 도입한다. 종래의 종교 연구에서 불결이라는 관념은 오로지 '미개' 사회의 종교와 원시 종교에서만 보여지는 관념으로 생각되어왔고, 기독교와 같은 문명 사회의 종교와 탈종교화된 현대 사회와는 상관없는 것으로서 취급되어왔지만, 더글라스는 그것을 비판하여 불결이란 분류체계에 잘 들어맞지 않는 것, 즉 질서 속에 적절하게 자리잡을 수 없는, **올바른 장소에 있지 않는 것**과 **경계적인 것**을 상징적으로 처리해서 분류체계의 질서를 적합한 것으로 만들기 위한 적극적인 기능을 가진다는 것을 보여준다. 그리고 문명 사회에서 종교와는 상관없는 더러움(dirt)도 분류체계에서 올바른 장소에 있지 않는 것이라고 하는 점에서 불결(pollution)과 본질적으로는 동일한 것이라고 지적했다. 예를 들면, 그릇 위의 케이크는 더러운 것이라고 생각되지 않지만, 옷에 묻은 케이크는 더러운 것이 된다. 타액(침)과 같은 체액도 입안이라는 '적절한 장소'에 있다면 더럽지 않지만, 입 밖으로 나온 타액은 더러운 것이 된다. 결국 현대 문명의 일상생활 속의 더러움의 관념이라든가 주술(呪術)=종교적인 불결함의 개념도 사물에 질서를 부여하는 분류체계가 만들어낸 것이며, 그러한 분류질서에 의해서 적절한 장소에서 벗어난 것을 더러운 것 혹은 불결한 것으로서 회피하거나 배제하는 것은 분류체계를 지키는 경험을 적합하게 하는 적극적인 역할이라고 한다.

더글라스는 분류질서로부터 벗어난 것과 경계에 있는 것이 불결하게 되는 예로 구약성서의 『레위기』에서 열거되고 있는 불결한 동물을 거론한다. 예를 들면, 거기서는 소와 산양, 양, 사슴과 같은 우제류(偶蹄類)이며 반추(反芻) 동물은 먹어도 되지만 낙타, 돼지, 산토끼, 너구리 등은 불결하기 때문에 기피해야 하는 동물이라 먹어서는 안되었다. 더글라스는 그 이유를 헤브라이인 사회에서는 가축이며 음식인 소와 산양, 양과 먹을 수 없는 야생동물 사이의 구분을 우제류이며 반추하는 가축/우제류가 아니며 반추하지 않는 야생동물이라는 기준에 의해 분류하고 질서를 부여하고 있는데, 낙타와 너구리와 산토끼는 반추하지만(반추하는 것처럼 보이는), 우제가 분리되어 있지 않고, 또한 돼지는 우제가 분리되어 있지만 반추하지 않는다는 점에서 이러한 분류구분의 질서로부터 벗어난 경계적인 것으로 불결한 것으로 분류된다고 기술하고 있다.

그리고 더글라스는 더럽혀진 무질서적인 것 · 경계적인 것에는, 위험함과 동시에 질서를 갱신하거나 재생하는 것과 같은 잠재적인 힘이 내재하게 된다고 한다. 그러한 것을 보여주는 예로서, 렐레 사회에서 천산갑(穿山甲 : 비늘로 덮여 있는 개미를 먹는 동물)이 인간사회에 풍요로움을 가져오는 동물이 된다고 하는 사례를 들고 있다. 즉 천산갑은 고기처럼 비늘을 가지고 있으면서 육지에 살며, 도마뱀과 흡사하지만 난생(卵生)이 아닌 포유류이고, 수풀에 사는 동물이면서 마을에 살 수 있으며, 또한 동물이면서 인간처럼 한번에 한마리 밖에 낳을 수 없다는 점에서 렐레의 분류체계의 경계를 침범하는 변칙적인 동물이므로 상징적으로 잠재적인 신비력이 있게 된다고 설명하고 있다.

이와 같은 더글라스의 가설에 대해서, 민속 분류체계에는 변칙적인 것을 낳지 않으려고 자신들을 변형시키는 유연성이 있으며, 분류체계가 더럽혀지게 되는 변칙적인 것 · 경계적인 것을 필연적으로 만들어낸다고는 말할 수 없다고 하는 단 스페벨의 비판과 경계적인 것 모두가 더럽혀지고 있다는 의미가 아니라, 더글라스의 가설에서는 그 속의 어떤 것이 더렵혀지거나 신비력이 있는 것이 되는 것인가가 설명될 수 없다 점을 고려해야 한다는 비판도 있다. 그렇지만 그러한 가설은 E. 리치와 야마구찌(山口昌男)의 **양의성**(兩義性) 이론 및 크리스테바의 아브젝시옹(abjection) 이론이라는 문화이론에 커다란 영향을 주고 있다.

■ 주요 저작

『뉴에이지운동』(한국 기독학생회 출판부), 『더러움과 금기』, 『상징으로서의 신체』, 『의례로서의 소비』

데리다

Jacques Derrida(1930~)

알리제 교외의 엘비아르에서 태어났다. 소르본느 일반철학 조수(60~65년), 고등사범학교 조교수(66~84년)를 거쳐 사회과학고등연구원 연구지도교수, 철학교육연구회(GREPH)의 결성(75년), 철학삼부회(哲學三部會)의 결성(79년), 국제철학원의 설립(83년)에 주도적으로 참가하여 초대 원장이 되었다. 그의 철학적 활동은 **해체**(déconstruction)라는 이름으로 알려졌다. 프랑스뿐 아니라 세계 각국으로부터의 초청에 응해서 정력적으로 활동하였으며, 1981년에는 체코슬로바키아(당시)의 프라하에서 정부 당국이 금지한 세미나에 참가하였다가 날조된 마약소지 혐의로 체포되었지만, 외교 문제화되어 무사히 석방되었다. 그의 사상은 세계적으로 영향력을 발휘했는데, 그 분야도 철학에 한정되지 않고 문학, 정신분석, 사회 이론, 역사학 등 다방면에 걸쳐 있다.

『목소리와 현상』, 『글쓰기와 차이』, 『그라마틀로지』 및 그것에 뒤이어 발표한 텍스트는 글쓰기 실천에 의한 글쓰기의 문제화라는 전략에 따라 고대 그리스 이후의 서양의 형이상학, 그리고 민속학과 언어학 등 근대의 인간과학을 관통하는 **음성-로고스-중심주의**를 파헤쳐서 그 폭력성(자민족중심주의)을 폭로하고 그 사상적인 한계들을 지적하면서 '철학'에 대해 새로운 다양한 가능성을 열어놓았다. 음성-로고스-중심주의에는 '표음문자'로 말하여지는 알파벳 문자의 다른 문자체계에 대한 우위, 따라서 언어의 다른 기호체계에 대한 우위라고 하는 가치평가가 수반된다. 그것은 알파벳이 소리와 로고스-사유에 제일 가까우며 그러한 운동을 제일 충실하게 반영한다는 예단에서 유래하며, 또한 음성언어는 발화됨과 동시에 소멸된다는 것에 의해서 사유를, 즉 의미되는 것(시니피앙)을 순수하게 현전(現前)시킨다는 예단에서 유래한다. 문자는 음성적인 시니피앙(의미하는 것)의 시니피앙이며, 시니피에에 대해서 이

중으로 종속적인 지위로 떨어진다. 그렇지만 '물' 과 의미의 로고스적 통일에서 현전(現前)→음성언어→문자라고 하는 가치의 서열이 뒤집히면 어떻게 될까? 의미의 현전으로부터 기호성이, 개념적 일의성으로부터 비유성이, 음성언어로부터 글쓰기의 구조가, '물' 의 현전으로부터 기호성이 환원될 수 없다(그것이 데리다가 증명하는 것이다)고 한다면, 전혀 다른 문제영역이 출현할 것이다. 이러한 점에서 데리다는 시니피앙뿐 아니라 시니피에도 **차이**의 (열려진) 체계라고 하는 소쉬르의 언어학을 받아들여서 시니피앙의 의식에 대한 우위를 설명하는 레비-스트로스의 인류학(라캉의 정신분석) 등의 인간과학에 전략적으로 기대고 있지만, 다른 한편에서는 그러한 연구도 자신이 비판하는 서양 철학의 전통과 동일한 전제를 가지고 있다는 것도 증명한다.

글쓰기가 '첫번째' 라고 한다면 "첫번째가 되는 것은 어떤 것인가"라는 문제 자체가 불가능하게 된다. 시니피앙뿐 아니라 시니피에도 다른 것과의 차이 관계 속에서만 존재한다(**텍스트성**). 음소뿐 아니라 시니피앙도 그것을 구성하는 차이가 한번 발생하면 결코 소멸되지 않고 남으며(**흔적성**), **반복 가능**하지 않으면 기능할 수 없다(파롤은 글쓰기이다). 이러한 '관계의 제1차성' 속에는 그 이상 분할할 수 없는 초월론적인 단위와 기원과 텔로스는 존재하지 않는다. 기원은 항상 기록되어왔으며 이미 대리 보충이다. 무의미하며 탈의미적인 표시(예를 들면, 콘/텍스트의 분할이라는 틀)는 의미의 통일의 (불)가능성의 조건이다. 차이의 관계와 그것이 불러일으키는 읽는 행위는 새로운 (시간)차이(공간)의 산출로서의 '**차연**'(差延)의 구성계기를 이룬다. 차연 속에서 일어나는 동일성은 **타자성** 없이는 있을 수 없고, 스스로 동일시하는 측면에서밖에 접근할 수 있는 타자도 그것 자체로서 존재하는 것은 아니다.

이러한 데리다의 개입은 오랫동안 (문자)언어 이론이라고 말해졌으며, 해체는 '철학' 과 '문학' 텍스트(책)에 틀어박혀 나오지 않는 아카데미즘이라는 비판 또는 비난을 받아왔었다. 그러나 세계의 정치상황에 대한 대응을 예로 들어도, 어떤 콘텍스트 속에 있는 현상(텍스트)을 읽고 최종적으로는 계산한 대로 끝까지 행동하는(기록하는) 것인 이상, 거기에는 텍스트와 동일한 구조가 움직이고 있다. 그렇지만 이것은 세계를, 신(神)이 저자인 커다란 책이라고 하는 근대 이전의 사고방식으로 되돌아가는 것을 의미하는 것은 아니다. '책'에는 통일체(범위)와 포화라는 이념이 들어 있지만, 텍스트는 통일체로는 환원될 수 없으며 (콘)텍스트가 포화되는 것도 아니다. 반복 가능성이란 다른 콘텍스트 속으로의 **인용** 가능성이다.

데리다는 하이데거, 푸코, 니체, 헤겔, 레비나스, 플라톤, 칸트, 루소, 소쉬르, 프로이트, 레비-스트로스, 라캉 등의 철학자, 인간과학자뿐 아니라, 아르토, 바타이유, 블랑쇼, 말라르메, 첼란, 퐁쥬, 쥬네 등의 작가에게서도 항상 텍스트 효과를 독해한다. 예를 들면, '공백'과 '마디'는 말라르메의 수많은 테마 중 단순히 하나의 테마가 아니라, 테마가 되는 것 일반의 가능성을 묘사하고 있는 것이다(『산종』). 이러한 데리다의 글쓰기는 "무엇을 말하고자 하는가"에 의해 포위될 수 없게 된다. 한편으로 헤겔의 절대지(Sa) 이후에 남아 있는 것의, 다른 한편으로 쥬네의 꽃말의 독해를, 다수의 엿보는 창이 끼어넣어진 두 책의 팔루스 모양의 기둥으로 이루어진 텍스트로서 전개되는 『조종(弔種)』은, gl, hegel, aigle, genet, galactique…… 아버지 없는 산종의 효과와 함께, 책으로 회수할 수 없는 텍스트 실천의 결정이다. 그 밖에도 데리다의 텍스트에서는 서간체(『우편엽서』)와, 회화체 등 다양한 스타일로, 다양한 톤으로, 장르를 가로질러서 차연이 움직이고 있다고 말할 수 있다.

서양 형이상학 전통의 파괴를 시도하는 하이데거의 '존재의 사유'를 높이 평가하면서도 그의 나치 협력을 독일정신에의 '그렇다'로부터 해체하여(『정신에 관하여』) 아파르트헤이트와 유럽의 관계를 분석하고, '상례의 작업'과 **망령**의 문제로부터 '메시아니즘'을 해체하면서 '메시아적'이라는 용어로 맑스에 대한 재독해를 선언하고 서술한 데리다는, 도래하는 타자에 대한 **정의**와 **책임**의 문제영역을 레비나스와는 다른 형태로 정리하였다. 교육, 미디어, 이민, 차별, 종교, 민족주의, 실업, 유럽, 민주주의 등, 데리다는 항상 사회-정치문제를 받아들이고(오히려 그것은 타자쪽에서 텍스트에 개입하여온다), 정치적 발언을 행하고 있다. 니체에서 출발하는 긍정 '**그렇다, 그렇다**'의 사유를 더욱 첨예화시킨 해체가 '이론'으로 만족하는 것은 있을 수 없는 일이다. 서양, 유럽의 전통적 · 근대적인 범주의 구조는 유럽의 내부와 주변에만 눈을 돌려도 사회-정치적으로 해체되고 있다는 것을 알 수 있다.

■ 주요 저작

『그라마톨로지』(민음사), 『해체』(문예출판사), 『맑스의 유령들』(한뜻)

뒤샹

Marcel Duchamp(1887 ~ 1968)

뒤샹은 1887년 프랑스의 노르망디 지방의 소도시인 브랑빌 근교에서 태어났다. 루앙의 리세(고등학교)를 졸업한 후 파리로 나가 아카데미 줄리앙에 다니게 된다. 인상파, 세잔느, 포우의 영향을 차례로 받았던 뒤샹은 두 명의 형들의 아틀리에를 드나들면서 큐비즘의 세례를 받는다. 그럼에도 불구하고 당시에 그렸던 유채화인 〈계단을 내려오는 나체 II〉는 큐비스트들의 반대에 부딪혔으며, 앙데팡당전에 출품하는 것을 포기할 수밖에 없었다. 이것은 1912년의 일이었다. 그렇지만 다음해 뉴욕의 '아모리 쇼'에 출품된 그 그림은 대단한 평판을 불러일으키게 된다.

같은 해인 1913년은 최초의 **레디 메이드** 〈자전거 바퀴〉가 시도되었던 해이기도 하다. 이것은 자전거 바퀴를 의자에 부착한 것이었다. 1914년에는 마찬가지로 레디 메이드인 〈빠른 건조기〉가 만들어졌다.

1915년 뉴욕에 이주하여 〈그녀의 독신자들에 의해 나체가 된 신부〉(통칭 〈큰 유리〉)의 제작에 본격적으로 착수한다. 이것은 이미 1912년경부터 구상하고 있었던 작품이다. 1917년 변기에 R. 마트라고 서명했던 레디 메이드인 〈천(泉)〉을 뉴욕의 제1회 앙데팡당전에 출품하지만 거부당한다. 같은 해 2개의 **다다이즘**적인 잡지인 『더 브라인드 맨』과 『롱 롱』을 발행한다. 1918년 최후의 유채화인 〈Tu m'〉을 제작한다. 같은 해 부에노스아이레스에 이주한다. 1919년 파리로 가서, 그 지방의 다다이즘 그룹과 교제한다. 〈모나리자〉의 복제판에 수염을 그렸던 〈L.H.O.O.Q〉를 제작했던 것도 바로 이 해이다. 1920년 뉴욕에 돌아와 전동(電動)작품인 〈회전유리판〉을 제작한다. 같은 해 여장한 모습을 만 레이에게 촬영시켜 로즈 세라비를 탄생시킨다. 로즈 세라비란 뒤샹의 여성의 분신에게 붙여졌던 이름이다. 1921년 만 레이와 함께 『뉴욕

다다』라는 잡지를 발행한다. 같은 해 프랑스로 돌아왔다가 1922년 다시 뉴욕으로 와서 〈큰 유리〉의 제작을 계속하지만, 1923년 결국 완성하지 않은 채 제작을 포기한다.

1923년 귀국하여, 파리를 활동의 거점으로 삼는다. 뒤샹이 예술활동을 중지했다는 소문이 퍼지기 시작한 것도 이 무렵부터이다. 1934년 〈큰 유리〉를 위한 메모, 사진, 스케치 복사물을 모은 것(보통 〈그린 박스〉)을 3백 부 정도 제작한다. 다음해인 1935년 자신의 작품의 축소판 복제물을 넣은 〈트렁크 상자〉의 제작에 착수하여 1941년에 완성시킨다. 1942년 뉴욕으로 옮겨간다(1955년 미국 시민권을 취득한다).

1946년, 〈(1)폭포 (2)조명용 가스〉(통칭 〈유작〉)의 제작에 착수한다. 제작은 이후 20년 동안에 걸쳐 비밀리에 계속되어 1966년에 완성을 보게 된다. 1968년 프랑스 체류중에 파리 교외의 누이이에서 죽음을 맞이한다.

뒤샹은 그러한 활동을 통해서, 혹은 그러한 인생 자체에 의해서 몇가지의 신화를 전도시켜버렸다. 혹은 똑같은 것이지만 몇가지의 것을 신화로서 매장시켜버렸다. 예를 들면 작가가 직접 만든다는 신화, 오리지널이라고 하는 신화, 완성작이라고 하는 신화, 예술가라고 하는 신화가 그것이다.

레디 메이드란 문자 그대로 기성품인 이상, 그것은 작자가 직접 만든 것은 아니다. 작가는 그것을 우선은 선택한 것이다. 그러나 그것만이 아니다. 레디 메이드인 〈천(泉)〉에 관해서 스스로 기술하고 있는 것처럼, "일용품을 가지고 새로운 제목과 관점에 의해 그 유용성을 잃어버린 것처럼, 그것을 두었다(설치했다) —— 다시 말해서 물건에 관한 새로운 사고를 창조했던 것이다."

손수 만든다는 신화는 오리지널을 하나 만든다고 하는 신화와 쉽게 결합한다. 그러나 예를 들면 〈트렁크 상자〉에서의 축소판 복제물처럼, 작자 자신이 자작의 복제물을 만들고, 그 위에 그러한 복제물을 여러 번 제작하게 된다면, 오리지널의 신화뿐 아니라, 나아가서는 오리지널/복사물이라는 판단의 경계선도 흐려지게 된다고 할 수 있다.

뒤샹의 〈큰 유리〉는 미완성인 채로 방치되었던 것이다. 그리고 그 구상단계의 자료집인 〈그린 박스〉에도 〈큰 유리〉와 동일하게 〈그녀의 독신자들에 의해 나체가 된 신부〉라는 제목을 붙였다. 이렇게 본다면 동일한 것의 다른 단계에 속하는 것이 모두 동일한 '작품'으로 간주되고 있을 뿐이다. 반대로 누군가가 〈그린 박스〉의 메모에 따라서 〈큰 유리〉에 무언가를 첨가한 작품을 만들었다고 해도, 그것은 또한 다른 단계의 동일한 '작품'으로 간주될 것이다.

어느 시기부터 뒤샹이 예술활동을 포기했다고 하는 소문이 퍼져나갔다. 그러한 소문을 무시하면서, 혹은 그러한 소문을 즐기면서 그는 만년의 20년 동안 〈유작〉을 비밀리에 만들어갔던 것이다. 예술가라고 하는 신화를 뒤샹은 스스로 소문을 포함한 이야기 속에 아무렇게나 처넣고서는 즐기고 있었던 것 같다. 또한 그러한 것을 즐기는 가운데는 예술가의 정체성의 파괴까지 포함되어 있다고 봐야 하지 않을까?

결국 뒤샹은 망막의 자극에 빠져들고 있던 예술에 사고의 중요성을, 이른바 나형(裸形)의 격렬함과 냉정함으로 들이대어 보았다. 뒤샹은 오늘날의 사람들에게, 더 나아가 이후의 사람들에게도 **망막보다는 사고를 선택하는** 사람의 것이다. 뒤샹을 하나의 신화로서 매장하고자 하는 자는 지금까지도 있었고, 앞으로도 끊임없이 있을 것이다. 그러나 그렇게 신화를 매장하려는 몸부림 자체가 이미 뒤샹적인 것이라는 점을 망각해서는 안될 것이다.

드 만

Paul de Man(1919～83)

금세기에 가장 영향력이 큰 미국 비평가 중의 한 사람인 폴 드 만은 안트워프에서 태어난 벨기에인으로, 미국으로 이주해서 몇몇 대학에서 공부한 후 코넬대학(1960～66), 조지 홉킨스대학(1967～70), 예일대학(1970～83) 등에서 교편을 잡았다. 이러한 동부의 대학들이 미국의 문학 연구에서 비평 이론의 전위가 되었던 것과 드 만의 발자취는 일치한다. 그것의 종점이 되었던 곳은 예일대학이었다.

드 만의 이론은 **해체**(deconstruction)와 결합되어 연상된다. 그러나 드 만의 독해는 잘 알려져 있는 바와 같이, 텍스트의 수사적인 성격에 철저하게 구애되고 있기 때문에 그것을 **레토릭 비판** 혹은 **수사적 독해**라고 불러야 할지 모른다. 텍스트의 수사성이 왜 문제인가? 방금 나는 "잘 알려져 있는 바와 같이"라는 삽입구를 사용한 하나의 문장을 썼다. 이러한 텍스트의 문자 그대로의 의미는 드 만의 독해가 텍스트의 수사성에 구애되고 있다는 것이다. 그러나 내가 이용한 수사적인 강조구인 "잘 알려져 있는 바와 같이"는 문자 그대로의 의미를 약화시키고 있다. 정말로 잘 알려져 있는 것이라면 미리 말할 필요가 없다. 나의 텍스트의 수사성이 독자에게 나의 불안, 시기와 의심, 허세를 알도록 하여, 나의 발언의 의도와 권위를 강조구에 의해서 강하게 하기는커녕 약하게 만드는 결과를 초래하여 나의 발언 내용의 잘 알려져 있음은 결정 불가능한 것이 된다.

이것을 드 만적으로 말하면 이렇게 될 것이다. 텍스트에는 문자 그대로의 의미와 문채적(文彩的) 의미가 있다. 이것은 텍스트가 초래하는 앎과 텍스트의 언어행위성의 대립으로, 혹은 텍스트의 '문법'과 수사성의 대립으로, 텍스트의 진술과 텍스트의 생기(生起)의 대립으로 치환된다. 어느 경우에도 양자는 일치하지 않는다. 의미는 불확정적이며 수렴하지 않는다.

텍스트를 코드와 구조와 '문법'으로 환원시키지 않고 텍스트의 문채(비유표현, 수사성)에 착안하여 그것이 텍스트의 의도를 맹렬히 공격하여 무너뜨리는 것을 엄밀하게 분석하는 점에서, 드 만은 **포스트구조주의자**이다. 이러한 관점에서 드 만은 (1)비유성과 수사성을 자각하는 텍스트를 드러내는 방향으로 나아간다. 문학에서 친숙한 텍스트의 비유성과 수사성은 철학적 텍스트의 권위와 의미의 통일성을 뒤흔드는 것이 된다. 만약 철학적 텍스트를 포함한 모든 텍스트가 앞에서 말했던 "잘 알려져 있는 바와 같이"라는 것의 확대판이라면, 텍스트의 진실성은 수사적인 힘만으로 지지되는 허세밖에 안된다. 이와 함께 (2)텍스트의 형식과 의미의 일치의 미학도 공격의 대상이 된다. 의미(인식)와 형식(표현)의 일치로 이상과 권위를 인식하는 전제(이것은 드 만의 사후에 출판된 논문집〔1992〕의 제목을 빌린다면 『미적 이데올로기』이다)는 텍스트의 수사성을 무시하든가 혹은 은폐하기 위한 허세에 지나지 않는다. 미적 이데올로기가 이상으로 삼는 것은 결코 달성될 수 없다. 드 만의 비평에는 이러한 의미에서 이데올로기 비판의 측면이 있다.

드 만의 첫번째 저작인 『사각(死角)과 명찰(名察)』(1971년)에서는 수사성이 사각이 되는 철학적 텍스트가 아니라, 수사성을 자각하는 문학적 텍스트가 밝혀진다(위의 〔1〕). 데리다가 해체한 루소의 텍스트는 문학적이며, 드 만에 따르면 자기 해체적이기도 하며, 데리다적인 비판점들을 모두 선취하고 있다. 첫번째 저작과 두번째 저작 『읽는 것의 알레고리』(1979년)를 매개하는 것은 드 만의 논문인 「시간성의 수사학」(1967년, 『사각과 명찰』의 증보판〔1983〕에 수록)이다. 상징을 인식과 형식이 일치하는 이상 형태로 보는 관점(앞의 〔2〕)에 도전하는 드 만은 알레고리의 의미를 중시한다. 알레고리에서는 인식과 형식은 마지막까지 융합되지 않는다. 그리고 이러한 알레고리는 더욱더 기원과의 일체화를 방해하는 '시간성' 의식으로, 대상과 융합하지 않는 환유로 치환된다.

첫번째 저작과 두번째 저작 사이에는 또한 언어론적인 전회가 존재한다. 첫번째 저작에서는 의식, 지향성, 시간성이라고 하는 현상학적(또한 은폐된 실존주의적) 관점이 지배적이었다. 두번째 저작에서는 수사적 · 비유적인 관점 그리고 언어행위론이 지배적이 되고, 언어론적인 범주에 의해서 텍스트의 의도와 권위를 결정 불가능하게 하는 수사성이 폭로되어, 현실을 반영하는 것이 아니라 현실을 조정(措定)하는 텍스트의 허세형성이 해명되며, 그리고 텍스트가 어떤 의미로 무의식 속에서 말하는 다른 양태의 이야기가 들추어진다(여전히 루소의 대표작을 제재로 하여 언어행위론적인 관점에서 재산, 민족국가, 법, 언어의 기원을 해체하는 제2부는 가장 이용가치가 인정되고 있다고 말할 수 있다).

세번째 저작 『이론에 대한 저항』(1986년)에서는 의미하는(더욱 자기 성찰, 자기 인식하는) 것이 아닌, 그러나 존재하는 것에 의해 힘을 갖는 텍스트의 비의미론적인 차원이 강조되고 언어의 물질성, 허세구성력이 현실과 치환되는 과정에도 관심이 두어진다. 또한 드 만에게는 1956년부터 1983년까지 쓴 논문을 모았던 『낭만주의의 레토릭』(1984년)이 있는데, 회복과 반복 불가능한 역사관에 기초한 문학사관을 제창하여 초기 낭만파에 대한 재평가에도 공헌했다.

── 회복 불가능한 역사. 충격과 파괴로서의 사건. 1987년, 제2차대전 중 독일점령 하의 벨기에에서 나치 협력자가 발간했던 신문에 드 만이 기고했던 서평과 문화평론이 발견되었다. 그 속에서 드 만은 나치를 지지하는 논의를 전개하고 있지는 않지만, 전체 179편 중 2편의 기사 속에서 유태인에 대한 차별 발언을 하고 있었다. 그리고 이것이 매스컴에 크게 실려 '드 만 사건'이 된다. 이에 대해서는 미국의 유태인 인맥에 의해서 과장된 불행한 사건이라는 변호도 가능하다. 또한 전체주의에 대한 저항이야말로 드 만의 그 이후의 해체 비평이라고 하는 제자들의 옹호론도 있다. 그러나 문제는 이러한 사건이 드 만의 이미지를 강화할지언정, 파괴하는 것은 아니었다는 것이다.

드 만의 논문들을 읽으면 그 예리한 분석과는 정반대로, 텍스트를 꼼꼼히 읽는다면 이론이라고 하는 실없는 소리는 무의미하게 된다고 하는 고풍스러운 인문주의가 스며들어 있다. 의미와 의도의 결정 불가능성은, 텍스트의 진실성에 대한 권위의 부정에도 불구하고 드 만 자신의 텍스트에는 의미의 확정성을 주장하는 전통적인 인문주의자에게 뒤지지 않는 자신과 확신과 권위성이 엿보인다. 거기에서 전체주의와의 불길한 관계(유대)가 예감될 수 있는 것이다. 문학 비평의 분야에서 해체는 이미 죽어 있다. 그러나 해체의 권위의 레토릭은 상대주의라는 이름의 전체주의로서 이후의 해명을 기다리고 있다.

■ **주요 저작**

『이론에의 저항』

Gilles Deleuze(1925～95)

들뢰즈는 1925년 파리에서 태어났다. 파리대학에서 철학을 공부하였다. 주요한 교수로는 페르디낭 알키에, 조르쥬 캉길렘, 모리스 드 캉디약 등이 있었다. 1953년 처녀작 『경험론과 주체성』을 간행하였다. 이 저작은 들뢰즈의 독자적인 관점에서 이루어진 흄에 대한 연구였다. 1950년대에 또하나의 중요한 논문 「베르크손에서 차이의 개념」이 1956년에 씌어졌다.

60년대에 들어와서 들뢰즈의 저작활동은 매우 활발해졌다. 철학자를 다룬 것으로서 1962년의 『니체와 철학』, 1963년의 『칸트의 비판철학』, 1966년의 『베르크손의 철학』, 1968년의 『스피노자와 표현의 문제』 등이 간행되었고, 또 문학자를 다룬 것으로서 1964년의 『프루스트와 기호』, 1967년의 『마조크와 사드』가 간행되었다. 1968년의 『차이와 반복』은 위와 같은 개별 연구들로부터 나온 들뢰즈의 독자적인 철학적 입장을 확립한 책으로 볼 수 있다. 1969년에는 『의미의 논리학』을 간행하였고, 같은 해에 파리 제8대학 교수가 되었다.

70년대에는 새로운 저작 스타일이 전개된다. 펠릭스 가타리와의 공동 저작활동이 그것이다. 특히 1972년의 『안티 오이디푸스』와 1980년의 『천 개의 고원』은 그러한 스타일을 대표하는 저작이라 할 수 있다. 1975년의 『카프카』도 가타리와의 공동 저작이다.

80년대가 되면 다시 독자적인 저작이 나오는데, 1981년에는 『감각의 논리 : 프란시스 베이컨』, 1983년에는 『영화 1 —— 운동 이미지』, 1985년 『영화 2 —— 시간 이미지』 등에서 이미지 문제를 다루고 있다. 또한 1986년에는 두 해 전에 사망한 푸코를 위해 『푸코』를 간행한다. 1987년 파리 제8대학에서 퇴임한 후 1988년 『접힘 —— 라이프니츠와 바로크』를 간행하였다. 1991년 가타리와의 마지막 공동 저작이 된 『철학이란 무엇인가』를 간행하였다.

들뢰즈가 개별 연구에서 다룬 대철학자들에게 공통되는 하나의 사실이 있다. 그것은 그들이 모두 자연을 중요한 대상으로 보았다는 것이다. 이 사실을 염두에 두고, 예를 들어 『안티 오이디푸스』를 읽어보면 모든 것을 기계라는 양상으로 보려고 하는 들뢰즈를 보고 기이한 느낌을 받게 된다. 따라서 기계와 자연의 대립을 무효화하는 것이 어쩌면 들뢰즈의 독자성의 하나이다.

그것과 유관하게 **차이와 반복**의 일체성을 주장하는 들뢰즈가 있다. 이 입장은 흄, 베르크손, 니체, 프루스트 연구를 통해 도달한 것이다. 흄의 현재 중심의 시간성의 종합, 베르크손의 과거 중심의 시간성의 종합, 니체의 미래 중심의 시간성의 종합이 차이와 반복이라는 관점으로부터, 그리고 차이와 반복의 일체성을 구하면서 독해되고 있다. 프루스트에 대해서도 대작 『잃어버린 시간을 찾아서』는 다양한 기호의 습득을 통해 예술의 기호에서의 차이와 반복의 일체성을 구하는 책으로 독해되고 있다. 그리고 어떻게 하여도 차이와 반복의 일체성은 미래 중심의 시간성의 종합에서조차 보증되지 않는다.

미래라는 시간성의 평가는 욕망의 평가로 통한다. 차이와 반복의 철학이 **기계주의**의 철학에 연접하는 것은 다름 아니라 이 욕망의 문제를 통해서이다. 이러한 것도 들뢰즈는 가타리와 함께 무의식을 **욕망 기계**로서 파악하기 때문이다.

욕망은 전통적으로 결여라고 이해되어왔다. 이것에 대해 들뢰즈와 가타리는 생산으로 이해한다. 그들이 정신분석을 비판하는 것은 그것이 욕망 생산을 발견하면서도 다시 결여의 이데올로기에 붙잡혀 있기 때문이다. 이렇게 정신분석은 무의식을 표상에 의해 벌충되는 극장으로 변화시켰지만, 들뢰즈와 가타리에 따르면 무의식은 욕망 생산으로 이루어진 공장에 다름 아니다. 차이와 반복의 일체성이 동일성과 부정성의 공범 관계에 대항하여 나온 것이라는 점을 생각하면, 들뢰즈의 철학적 입장이 욕망 생산을 결여라는 부정적인 것으로부터 구출하고자 하는 자세에도 관통하고 있다고 보여진다.

들뢰즈의 기계주의에서 욕망 기계와 사회 기계, 더 나아가 기술 기계와의 사이에 본성의 차이는 없다. 그러한 관점으로부터 들뢰즈와 가타리는 사회 기계에 대해 주목할 만한 전망을 열어놓았다. 야생, 야만, 문명이라는 서로 다른 세 가지 사회 기계를 대응시켜보자. 그것에 의하면 야생에는 영토 기계,

야만에는 전제군주 기계, 문명에는 자본주의 기계가 각각 대응하게 된다. 기계화가 행해지고 있는 심급으로서의 충실 신체도, 각각 대지의 신체, 전제군주의 신체, 자본의 신체라는 방식으로 다르다. 그리고 야생, 야만, 문명이라는 역사적 진전의 끝에 벌거벗은 충실 신체로서의 **기관 없는 신체**가 출현한다. 이러한 분열증적 신체를 들뢰즈는 욕망 기계가 강도가 다양하게 구성되어 있는 모태로서, 그리고 그 **다양성**과 함께 생산되는 하나의 전체로서 적극적으로 평가하려 한다.

부정성도 결여도 들어설 여지가 없는 철학이란 초월성을 배제하는 내재성의 철학이다. 내재성의 장이야말로 다수의 다양체가 거주하고 있는 육성되는 장이라면 각각의 다양체의 논리를 탐구하고 내재성의 장의 그림을 그리는 것이 철학의 임무가 될 것이다. 그렇기 때문에 개념을 창조하는 것에서 내재성의 장을 구성하게 된다. 이렇기 때문에 들뢰즈는 스피노자, 라이프니츠로부터 니체, 베르크손에 이르기까지 개념의 창시자들을 철학자로서 높게 평가하고 있으며, 스스로도 수많은 개념을 창조함으로써 이 시대에 조응하는 철학을 만들어내려 하는 것이다. 이 철학은 다양체의 논리임과 동시에 다양체의 육성과 새로운 것의 생산을 막는 것에 대해서는 강력한 무기가 된다.

▣ 주요 저작

『안티 오이디푸스』, 『칸트의 비판 철학』, 『감각의 논리』(이상 민음사), 『푸코』(새길), 『의미의 논리학』, 『니체와 철학』(인간사랑), 『카프카』(문학과지성사), 『차이와 반복』

라캉

Jacques Lacan(1901~81)

라캉은 1901년 파리에서 카톨릭적 전통의 색채가 짙은 가정에서 태어났다. 파리대학 의학부를 졸업한 후인 1927년, 인턴으로 상타뉴 병원에서 연수생활을 했는데, 주로 전통적인 신경학을 연구하면서 임상의(臨床醫)로서 출발했다. 그후 파라노이아에 관한 가설을 잡지에 발표한다든지, 프로이트의 「질투, 파라노이아, 동성애에 관한 몇가지 신경증적 기제에 대하여」 등을 번역하면서 정신분석학에 접근하게 된다. 1934년에 그는 파리 정신분석학회에 정식으로 가입하면서 레벤슈타인의 교육분석을 받아들여 본격적인 정신분석가로서의 길을 걷게 된다. 1936년 마리엔바트에서 개최된 제14회 국제 정신분석학회에서 이후의 자신의 학문적 방향을 결정했다고 해도 과언이 아닌 **거울상 단계** 이론을 발표하지만, 의장에게 발언을 저지당하는 사건이 발생하여 커다란 타격을 받게 되었다. 이후 그는 평생, 나중에 제창하게 될 '프로이트로 돌아가자!' 라는 슬로건하에 자신의 뜻을 굽히지 않고 정신분석의로서의 길을 걷게 된다.

제2차 세계대전 후 그는 학회에 복귀하지만 학회 내부는 내분이 계속되는 가운데 라캉 자신도 단순한 교육분석의 기법상의 문제를 비판당하게 되어 학회를 떠나지 않으면 안될 상황에 처하게 되었고, 결국 새로이 프랑스 정신분석학회를 창설한다. 그렇지만 이 학회도 국제 정신분석학회 가입 문제를 둘러싸고 내분이 일어나, 1963년 라캉은 파문이라는 형식으로 학회와 결별하게 되었다. 그는, 분석가라는 것을 인정하는 것은 자기자신일 뿐이기 때문에 욕망에 양보해서는 안된다고 주장하였으며, 교육분석을 하는 데 공식적인 과정 따위는 인정할 수 없다는 태도를 견지했다.

1964년 그는 새로이 파리 프로이트학파를 결성한다. 그러나 이 그룹도 분석가의 자격 문제 등으로 인해서 대립이 격화되었고, 결국 1980년에 라캉 자신이 직접 해산을 선언하는 사태에까지 이른다.

한편 정신분석학자로서의 라캉의 명성은 1966년에 출판된 『에크리』에 의해 점점 더 높아져서 그 난해함에도 불구하고 이 책은 베스트셀러가 된다. 동시에 라캉의 이름도 푸코, 알튀세르, 레비-스트로스와 나란히 구조주의의 4인방으로서 많은 사람들의 기억에 깊숙히 각인되게 되었다.

그의 사상의 특징은 라캉 자신이 기술하고 있는 것처럼, 프로이트에 대한 급진적인 해석 및 응용이었다. 그는 우선 프로이트의 무의식 이론을 탈중심화하는 방향에서, 이것을 독해하고 있다. 유명한 프로이트의 정식인 "에스(Es, 거시기)에서, 거기서 자아는 생겨난다"를 라캉은 '그것이 있는 곳, 그곳으로 나는 보내지지 않으면 안된다"라고 프랑스어로 번역하여, 인간이 그 존재의 근거를 자기자신의 내부에서는 결코 찾을 수 없음을 선언하고 있다.

생물학적으로 미성숙하고 무력하여 조절능력이 없는 어린아이는 욕동(欲動)의 무정부상태에 들어가게 되며, **분리된 신체**로 기분 나쁘게 받아들여진 존재에 지나지 않는다. 이렇게 통합되지 않은 덩어리에 전체적이고 통일적 통합을 부여하는 것이 거울 속에서 선취된 자기의 동일한 모습, 분신으로서의 이미지라고 라캉은 말한다.

이리하여 어린아이는 자신의 거울 이미지, 다시 말해서 자기의 외부에서 통합된 자기의 이미지를 찾고, 그 이미지와 동일시함으로써 조화를 회복하게 된다. 그러나 이러한 이미지가 지배하는 거울 이미지적 동일시의 세계란 원래 주인과 노예의 변증법에서 볼 수 있는 것처럼, 먹는가 먹히는가라는 시소적 관계 속에서, 통합이 아닌 주인성(主人性)을 둘러싸고 양자가 부딪혀서 합해지는 양자합 관계라는 특징을 가지는 세계이기도 하다. 거기서 주체는 마치 외적으로 선취된 신체의 시각적인 이미지 속에서 결합·통합해가는 것처럼 볼 수 있지만, 거울 이미지라는 유혹에 속아서 자기와는 다른 이미지를 중심으로 평생 신체에 얽매이게 되는 자아를, 타인으로밖에 환원되지 않는 형태로 소외로서 받아들이게 된다.

이러한 **상상계**의 불안정함으로 채색된 자기를 극복하도록 초청된 심급이야말로 절대 타자이며 **상징계**의 초월론적인 장(場)인 것이다. 절대 타자는 높은데서 금지의 말을 하며, **거세**를 선언함으로써 뫼비우스의 띠를 절단하고, 자기와 그 거울 이미지인 타자 사이의 투쟁에 종지부를 찍는다. 그런데 이렇게 가까스로 번번히 중단되는 자기란, 그 내부에서가 아니라 절대 타자가 되는 대문자 타자에 의해서 자기 외부로부터 그 존재근거를 부여받는 존재에 지나지 않는다. 말하자면 주체는 무매개로 직접적인 2자관계의 혼돈으로부터 일단 빠져 나가, 구조화된 세계에서 자신을 계속해서 고정하는 지점을 발견한다. 이것은 언제나 이미 거기에 있는 언어에서 보여지는 것과 같은 차이의 구조화이며, 이것에 의해 주체는 그러한 등질공간의 내부에서 언어에 의한 의사소통의 가능성을 획득하게 된다. 여기서 주체는 처음으로 **아버지라는 이름의 은유**에서 자기의 존재를 알리게 됨과 동시에, 자기를 상징이라는 시니피앙의 회로에 위임함으로써 상징적인 구조 속에서만 자신을 깨달을 수 있는 존재로 완성된다. 결국 말하는 주체로서의 우리들은 다른 초월론적인 절대 타자에 의해 언급되는 수신적(受身的)인 계기를 통해 비르소 그 존재를 깨닫게 될 뿐이다. 말하는 주체는 근원적인 수신적인 성질을 그 내부에 각인시켜, 말하는, 곧 말해지는 것으로 의미를 받아들여 존재를 깨닫게 되지만, 주체가 계속해서 말하지 않으면 안되는 것은 다시금 문제를 불러일으키게 된다. 그것이 60년대 이후 라캉이 항상 질문했던, 말할 수 없는 불가능한 영역으로서의 **현실계**의 문제기이도 하다.

현실계란 알 수 없는 것으로 제어하기 어렵고, 고풍스러운 어머니가 갖는 공포의 이미지와도 흡사한 장소이다. 그것은 '항상, 이미, 거기에서' 발견될 수 있지만, 상상적인 의미뿐 아니라 상징적인 의미로도 동일화가 가능한 타자를 가질 수 없기 때문에, 이야기와 이미지로서 그정될 수 없는 '완전히 한 사람으로 말하는' 영역이다. 또한 그것은 언어라고 하는 등질적인 장에서 포착되는 주체가, 말하지만 그런고로 그 필연적인 귀결로서 산출되는 빈 공간으로서 이야기해서 얻을 수 없는 불가능한 장소의 다른 이름이기도 하다.

이상에서처럼, 정신분석적인 주체를 인간의 내부로부터 철저하게 연결시켜, 소거된 기호로서의 **시니피앙**의 우위 아래에서 구성하자고 하는 라캉의 사상은 당시까지 애매한 것으로 여겨져왔던 언어에 의한 치료, 정신분석학 자체의 가능성을 새로이 열었다고 해도 과언이 아닐 것이다.

▣ 주요 저작

『욕망 이론』(문예출판사), 『에크리』

레닌

Vladimir Iliich Lenin(1870～1924)

본명이 블라디미르 일리치 울리아노프인 레닌은 러시아의 변경인 볼가강변의 인구 3만 명 정도의 심비르스크시에서 1870년 4월 10일에 태어났다. 레닌의 아버지는 레닌이 태어나기 전해에 그곳의 초등학교 장학관으로 부임했다. 레닌의 할아버지는 농노였는데, 국유지 농민이 되었다가 나중에 재단사 직인이 된 인물이었다. 얼마전의 조사에 의하면 처가 몽고계인 칼무크족이었기 때문에 그도 또한 칼무크족이든지 그 이외의 아시아계 민족일 것으로 추정되고 있다.

레닌의 아버지는 열성적인 교육자로서 심비르스크에 부임한지 5년 뒤에감독관(4급 공무원)이 되었고, 세습귀족의 자격을 획득했다. 레닌의 집안은 그 지역에서 상류에 속했고 자유스러운 생활을 영위하고 있었지만, 1886년 1월 아버지가 54세로 갑자기 세상을 떠났다. 게다가 1887년에 들어서자마자, 모스크바대학 이학부 학생이었던 형 알렉산더가 황제 암살 계획에 가담했다는 혐의로 체포 · 처형되는 사건이 일어났다. 이러한 형의 처형 그 자체가 레닌의 운명을 크게 바꾸어놓게 되었다.

당시까지 거의 정치적인 것에 관심이 없었던 청년은 형이 걸었던 길을 다시 걷게 된 것이다. 그것은 러시아 **자코뱅파** 혁명가로서의 출발이었다. 러시아 쟈코뱅파는 지적인 엘리트(**인텔리겐차**)를 혁명의 주체로 하여, 혁명당(**전위당**)에 의한 권력 탈취를 목표로 하는 단체이다. 그것은 19세기 후반에도 성인의 90% 이상이 문맹이었던 러시아라는 후진 국가에서 태어난 사명감을 가진 청년들의 특이한 혁명단체였고, 러시아에 수입된 **생시몽주의**를 배경으로 가진 집단이었다.

어쨌든 레닌은 1887년부터 1892년 무렵까지는 러시아 쟈코뱅주의자로서 활동했지만, 1895년 여름에 서유럽에 갔고 그때의 경험에 의해서 서구형의 사회민주주의자가 되었다. 자유주의자를 포함한 광범위한 계급의 단결에 의해서 사회주의는 승리한다는 확신은 1899년 무렵까지 계속되었다. 1899년경 레닌에게 사상적 전환기가 찾아온다. 당시 서유럽에서는 증가하는 지식층, 중간층을 둘러싸고 **제2인터내셔널** 내부에서 격렬한 논쟁이 발생했다. 아주 간단하게 말하자면 세기말의 독일 사회민주당의 **수정주의 논쟁**이란, 이들 새로운 사회집단을 노동자계급의 동맹자로서 인정하는가 거부하는가라는 것으로 집약되었다. 당연히 레닌도 이 논쟁에 큰 관심을 기울였다. 러시아에서도 1890년대에는 예전에 비해서 고등교육을 받은 사람의 수가 비약적으로 증대하고 있었기 때문이다. 이러한 새로운 사회층의 출현 속에서 대규모 학생 스트라이크가 발생하였고 변혁의 담당자로서 자기 주장을 하기 시작하였다. 또한 혁명가 중에서 노동자계급의 자주성을 강조하는 움직임이 생겨나고 있었다. 지적 엘리트의 주도에 의한 혁명노선에 동요가 생기기 시작했다. 레닌을 중심으로 하는 인텔리겐챠는 직업적 혁명가의 존재를 정당화하는 논리를 필요로 했던 것이다.

이러한 사정이 1902년에 발표된 『**무엇을 할 것인가**』라는 책의 배경이 되었다. 이 책에서 그는 사회주의 이론은 인텔리겐챠에 의해서 만들어지는 것이며, 노동자는 독자적으로 이론을 만들어낼 수 없기 때문에 외부로부터 혁명적인 의식을 주입받지 않으면 안된다고 말하고 있다. 그리고 혁명적 인텔리겐챠에 의해서 주도되는 비밀조직으로서의 전위당의 결성이라는 이론이 생겨나게 된다. 결국 여기서 레닌은 이전의 자코뱅파 내지 생시몽주의적인 전위주의자의 입장으로 복귀했던 것이다.

이러한 조직론을 둘러싸고, 러시아의 혁명운동은 두 개의 진영으로 분리된다. 레닌이 인솔하는 **볼셰비키**(다수파)와 서구형의 사회주의정당을 지향하는 마르토프 등의 **멘셰비키**(소수파)가 그것이다. 이후에 레닌의 오른팔이 되는 트**로츠키는** 이때 레닌의 조직론을 자코뱅주의의 재현이라고 격렬하게 비판하면서 멘셰비키의 입장에 섰다.

1905년 제1차 러시아혁명의 패배를 경과하면서 볼셰비키와 멘셰비키의 대립은 심화되었다. 멘셰비키는 지금은 부르주아혁명을 지향하고, 프롤레타리아혁명은 장기간의 부르주아적 발전 이후에 이루어져야 한다는 **플레하노프**의 '**비연속 2단계 혁명론**' 의 입장을 취했지만, 레닌은 프롤레타리아트와 농민의 임시혁명정부의 수립(부르주아혁명)으로부터 그것을 프롤레타리아혁명으로 전화시켜야 한다는 **연속적 2단계 혁명론**의 입장을 취했다. 그리고 1914년 여름의 제1차 세계대전의 발발로 인한 **제2인터내셔널의 붕괴**로 사회주의진영은 조국방위파와 반전국제주의자로 분열되었다. 레닌은 '**제국주의 전쟁을 내전으로!**' 라는 슬로건으로 국제 반전운동에 몰입하게 된다.

1917년 2월 혁명의 발발 후, 레닌은 스위스에서 독일군 점령지역을 밀봉열차를 타고 귀국한다. 그리고 그때 발표했던 **4월 테제**는 전쟁을 수행하고 있는 임시정부와의 대결을 선포하고, 노동자와 병사소비에트(평의회)에 의한 권력 장악을 주장했다. 그후 트로츠키와 손을 잡은 레닌의 주도 하에 동궁 습격으로 시작된 **10월 혁명**은 말하자면 볼셰비키에 의한 쿠데타라고 할 수 있는 것이었다.

레닌은 지적 엘리트에 의한 혁명을 지향했던 러시아 인텔리겐차의 전통 속에서 태어난 혁명가이며, 금욕적인 윤리의 체현자였다. 러시아혁명 후 레닌은 위로부터 주도되는 산업화를 지향하였으며, 서슴지 않고 테러주의를 도입하고, 권력을 유지하기 위해 반대파에 대해서 가혹한 탄압을 행했다. '**전체 이익 우선 하의 평등주의**' 라는 자코뱅주의는 젊은 시절부터 변하지 않았다고 할 수 있다. 또한 그는 19세기 말에서 20세기에 걸친 새로운 지적 조류를 이해할 수 없었다. 맑스를 자의적으로 해석할 뿐, 이론적으로 새로운 것을 제시하지는 못했다. 러시아혁명 이후 열강들의 포위망 속에서 전시 공산주의라는 강권적인 체제를 유지하지 않을 수 없었다고 하더라도, 결과적으로는 소비에트 연방이라는 거대한 **국가사회주의** 내지 **전체주의 국가**를 남겨놓았다. 그러한 의미에서, 농업의 집단화 · 공업화와 같은 위로부터 강제된 산업화를 목표로 해서, **수용소 국가**를 만들어낸 스탈린주의는 레닌주의의 연장선상에 있다고 할 수 있다.

▣ 주요 저작

『레닌 저작집』(전진), 『무엇을 할 것인가』(백두), 『제국주의론』(백산), 『국가와 혁명』, 『유물론과 경험비판론』(이상 돌베개), 『인민의 벗이란 무엇인가』(새길)

레비나스

Emmanuel Lévinas(1905～95)

레비나스는 리투아니아의 가우나스에서 태어났다. 어린 시절부터 히브리어 성경을 공부했다. 러시아 문학에 친숙했으며 리투아니아에서 혁명을 경험한다. 프랑스의 스트라스부르로 철학을 연구하기 위해 여행한다(1923년). 모리스 블랑쇼와 친교를 맺는다. 훗설, 하이데거가 있는 프랑크푸르트에서 유학(1928～29년)한 뒤에 완성한 박사논문 『훗설의 직관 이론』(1930년 간행)은 같은 세대의 사르트르, 메를로-퐁티 등을 현상학으로 이끈다. 1930년에 귀화한다. 징병되었다가(1939년) 독일에서 포로가 된다(1940년). 리투아니아에 있는 가족은 거의 전원이 나치에 살해당했다.

보편성을 수립하는 (그리스) 철학적인 로고스에, 로고스 이전의 또는 그 보편성을 초월하는 유태적인 경험을 개입시켜 존재의 자기 동일성을 **타자에 대한 윤리적 책임**으로 타파하는 과제를 일관되게 추구한다. 그것은 한편으로는 철학적인 담론으로서, 다른 한편으로는 유태교의 성서 해석인 **탈무드**의 전통을 현대 세계에 계승한 '탈무드 연구'로 나타나고 있다.

레비나스의 철학적인 사유는, 개인에게서건 사회에서건 악을 초래하는 **존재에 대한 집착**으로부터 윤리적 의미 · 책임으로의 탈출로 규정할 수 있다. 30년대부터의 모색은 『전체성과 무한』(1961년)으로 결실을 맺었다. 이것은 '주체성을 옹호하는', 곧 철학의 전통 속에서 망각되었던 경험을 불러일깨움으로써 주체성을 재정의하는 저작이다. 개념에 의한 존재의 전체화는 특이한 존재자를 용해시키며, 거기에서는 "존재는 전쟁으로 드러나게 된다." 전체화의 운동은 주검을 초월하여 나아가는 것이다. 특이한 존재자의 '자아 중심적'인 자기 실현도 마찬가지이다. 타자로부터의 호소에 귀를 닫고, 자기의 세계에 갇혀 있는 자기 보존은 타자에 대한 **폭력**으로 귀결된다.

존재에 대한 집착의 극한적인 것의 하나는 존재자 없는 존재, 무의미한 존재의 과잉 〈il y a〉이며, 그것은 공포로서 체험된다. 그러한 공포를 피하는 자기자신이라는 존재의 주인이 되는 주체, 자기를 중심으로 세계를 구축하는 주체의 원심적 · 구심적인 투기(投企)는 타자를 자기의 의미부여 하에 지배하려고 하는 '소외론'의 논리에 의해 전개된다. 그러나 이러한 투기는 신체적인 고통과 죽음에 의해서 그 유한성이 폭로된다. 거기서 주체인 나는 자기의 존재에 결정적으로 고정되게 되는 존재의 괴로움에 압도되어 궤멸당한다. 존재에 집착하는 주체에게는 존재로부터의 탈출구를 준비하는 것이 불가능하며, 이러한 존재의 고통, 존재의 악(순환)은 영원히 계속된다. 존재의 무구(無垢)한 폭력의 악-순환을 깨뜨리는 주체를 **무한**으로 열어제치는 것은, 존재자로서의 타자(타인)에 다름 아니다. **얼굴**에 공식적으로 나타나는 타자이다. 얼굴과 얼굴의 체면(體面) 상황 속에서 주체인 나를 응시하여 나에 관한(me regarder) 시선은 "그대 죽이지 말지어다"라고 호소한다. 그것은 나의 자유를 부정하는 또 하나의 자유가 아니라, 절대적 약함으로부터, 익사(溺死)의 밑바닥으로부터 나의 무고한 존재의 폭력성을 폭로하여, 내가 이해(利害)와 권력을 분리하고 적합한 타자를 윤리적으로 받아들일 것을 요청한다. 그러나 존재로부터의 탈출인 타자에 대한 이러한 책임은 평안함을 초래할 정도는 아니다. 자기존재의 이해-만족으로부터, 타자에게 봉사해야 하는지를 선택하고 있는 것(élection)으로부터 피할 수 없는 것 그 자체가 윤리적인 의미에서의 나의 주체성을 이룬다. 그러한 요소 자체가 바로 언어이다. 언어에서 처음부터 유한한 주체는 자신이 포함될 수 없는 **무한의 관념**(데카르트)을 끊임없이 실현하는 것이 된다.

그후의 레비나스의 철학적 행보는 지금까지의 사유를 한층 더 심화시켜가는 것이었다. 책임이란 '우리들'의 인간성이 아니라, 우월한 타자의 자유, 타자의 인간성을 실현하는 나의 인간성이라는 것을 해명하고 있는 『타자의 휴머니즘』(1972년). 특히 『존재와 다른 것 —— 본질 존재의 저편』(1974년)은 얼굴, 피부, 흔적, 상해(傷害) 가능성, 동시성, '말하기'(dire) 등 책임의 사유범주(?)를 순화시킴으로써 주체성을 감수성의 문제로서 전개시키고, 책임을 통한 타자에 대한 나의 결합을 존재 개념의 그 방향으로 움직이는 언어 스타일을 개발하는 의욕에 찬 저작이다('말하기'의 실천). 주도적인 문제는 어떻게 해서 **논리적으로는 불가능한** 책임이 있을 수 있을까가 된다. 윤리적 주체성이란 'sub-jectum(아래로 던져진 자) —— 우주의 무게 아래에서, 전적으로 책임있다'고 정식화한다. 그것은 '타-에 대한 〔=를 위한=를 대신한〕-1' (l' un-pour-l' autre)이며, '같은-의 중의-다른(l' autre-dans-le même)에 다름 아니다.

이러한 철학적 사유를 지탱하고 있는 것이 레비나스의 유태교 연구이며, 오랜 전통을 발굴하면서 현대의 문제들을 새로이 사고하는 일련의 탈무드적인 독해이다. 레비나스에게서 유태교의 본질은 신비주의적인 감동뿐 아니라 성스러운 것(le sacré)에 대한 열광과도 관계가 없으며, 엄격하게 윤리적인 것이라고 할 수 있다. 히브리어 성서의 자구를 해석하고, '합리적'인 토론을 높이 사는 탈무드의 전통 자체가 유태교의 본질을 이룬다. 레비나스의 탈무드 해석학은 보편과 특수의 변증법으로 관철되고 있다. 그것은 히브리 문자라는 특수한 요소에 머물면서도, 특수한 민족을 초월하여 전인류를 포괄하며 전인류가 이해할 수 있는 것으로 되어야만 하는 메시지를 탐구하는 것이다. 게다가 이러한 특수는 (그리스적인) 보편성의 방향으로 관철되는 것이다. 해석학은 특수한 문제상황 속에서 보편의 언어로 윤리를 깨닫는 것이지만, 도리에 적합한 윤리는 보편의 능력인 이성의 철학적 윤리를 초월하는 것이다. 히브리 문자에서 유래하는 다의성 모두를 풀어헤치는 탈무드의 전통에서야말로 문자는, 씌어진 법으로부터 도출될 수 있는 새로운 정신적인 의미로 개방되는 것이다. 신은 타인과 이 세계의 비참함으로부터 눈을 돌리지 못하는 곤란한 윤리적인 의식만이 구할 수 있다. 신에게 직접적으로 말할 정도로 근접하는 것은 불가능하다. 무한의 흔적 속에서 항상 타인에게 봉사하는 것만이 신에 대한 관계이다. 이러한 관계의 **청결함**(sainteté)은 성스러운 것에 대한 관계가 아니다. 마술적인 것이 꽃피는 바, 그것이 성스러운 것이며, 타인과의 체면과 정신적인 대화를 만들어내는 경험을 파괴한다. 거기에 대해서 청결함은 성스러운 것의 외관을 사방으로 흐트려뜨려서 지고한 윤리적 인간성의 순수함을 흐리게 하지 않는 태도이며, 지상에서 추구해야만 하는 것이다.

■ **주요 저작**

『시간과 타자』(문예출판사)

레비-스트로스

Claude Lévi-Strauss(1908～)

구조주의 인류학의 선구자로 알려진 레비-스트로스는 1908년 유태계 프랑스인인 부모가 체제하고 있던 벨기에의 브뤼셀에서 태어났지만, 생후 2개월만에 일가족이 파리로 옮긴다. 1927～31년에 파리대학에서 공부하였으며, 법학과 철학 분야의 학사학위를 취득하고, 1931년 교수자격 시험에 합격, 1932～34년에 리세에서 철학을 가르친다. 1935년에 브라질의 상파울로대학의 사회학 교수로 부임하였는데, 그 시기에 이미 민속학자가 되겠다는 뜻을 정하였고 대학의 방학중에는 중앙 브라질의 보로로족 사회 등을 방문했다.

1938년에 중앙 브라질의 남비콰라인 사회 등을 1년 동안 현지조사하지만, 1939년에 2차대전에 소집되어서 귀국한다. 1940년에 페탱 정권이 독일과 휴전하자마자 다시 리세의 교사가 되지만, 유태인이라는 이유로 해고당하자 1941년 미국으로 망명하여 뉴욕의 '사회조사를 위한 뉴 스쿨'에 초빙된다. 망명중에 F. 보아스, R. 로이, A. 글로버 등의 미국 문화인류학자 등과 교류했으며, 동시에 A. 브르통, M. 에른스트 등의 망명 초현실주의자들과 가깝게 지냈고, 1942년에는 언어학자인 R. 야콥슨과 만난다. 뉴욕은 그의 이후의 작업에 영향을 미치는 미국 문화인류학, 초현실주의, 일반언어학과의 만남의 장이 되었다. 1944～47년에 뉴욕의 공립도서관의 문헌으로 『친족의 기본 구조』를 완성하였고, 1947년 말에 귀국하여 이듬해 파리 인류학 박물관의 부관장에 취임하였으며 『친족의 기본 구조』로 박사학위를 취득한다.

『친족의 기본 구조』는 1949년에 간행되었는데, 1952년에 영국의 E. 리치의 「모계 교차 사촌혼의 구조적 의미」와 네덜란드의 J. P. B. 드 요세린-영의 『친족 및 결혼에 관한 레비-스트로스의 학설』이 출판되는 등, 세계의 인류학계에 커다란 반향을 일으켰다. 『친족의 기본 구조』의 중심적인 사상은 **근친혼**

의 금기가 사회를 만드는 호혜적인 **여성의 교환**을 촉진시켜 친족집단의 분절화를 행하기 위한 규범이었다는 것이다. 그것을 단적으로 보여주고 있는 것이 여러 사회에서 나타나고 있는 사촌혼 제도이다. 사촌에는 어머니의 형제자매의 자식인 모계 사촌과 아버지의 형제자매의 자식인 부계 사촌이 있으며, 더 나아가 그 형제자매관계가 이성동본(異姓同本)인 경우의 교차 사촌과 동성동본인 경우의 평행 사촌으로 나누어지지만, 남자쪽에서 보아 교차 사촌과의 결혼, 특히 모계 교차 사촌혼을 이상적인 결혼으로 간주하는 사회는 많으나, 평행 사촌과의 결혼은 모든 사회에서 금지되고 있다. 이것은 유전학적으로도, 심리학적으로도 설명이 안되는데, 레비-스트로스는 이러한 수수께끼를 친족집단 사이의 '여자의 교환'으로 설명한다. 다시 말해 평행 사촌과의 결혼은 자매와의 결혼과 마찬가지로 타집단과의 교환이 될 수 없지만, 교차 사촌혼의 경우에 모계 · 부계의 양쪽의 교차 사촌혼은 두 집단 사이의 교환(**한정 교환**)이 되며, **모계 교차 사촌혼**은 세 집단 이상 사이에 순환하는 교환(**일반 교환**)이 된다는 것을 밝혀냈다. 근친혼의 금기와 모계 교차 사촌혼과 같은 결혼의 규칙, 이원적 조직, 순환혼의 체계, 며느리의 교환관계 등, 지금까지 각각 부분적인 규범으로 생각되어왔던 제도들이 하나의 **구조**의 등가적 표현형태임을 보여주고 있는 것은 구조주의 인류학의 최초의 커다란 성과였다.

1950년에 파리 고등연구원의 종교 부문의 교수가 되었으며(1974년까지), 친족 연구에서 종교 · 신화 연구로 연구관심을 옮기게 된다. 1955년에 신화의 구조분석을 논증한 「신화의 구조적 연구」를 발표함과 동시에, 레비-스트로스의 명성을 드높인 민속지적 에세이 『슬픈 열대』를 출판하였다. 1959년에 최초의 논문집인 『구조인류학』을 간행하였고, 같은 해 콜레쥬 드 프랑스의 사회인류학 강좌의 초대교수로 선출된다. 1962년에 『오늘날의 토템이즘』과 『야생의 사고』를 출판하였다. 『야생의 사고』의 마지막 장에는 사르트르에 대한 비판도 들어 있어서 실존주의를 대신하여 60년대의 구조주의 붐을 일으키게 된다. 1964년부터 71년에 걸쳐서 신화의 구조분석적 연구를 집대성한 『신화논리학』 전4권을 간행하였고, 1973년에는 두번째 논문집인 『구조인류학 제2권』, 1975년에는 『가면의 길』을 간행한다. 1982년에 콜레쥬 드 프랑스의 교수를 퇴임한 후에도, 1983년에 논문집 『멀리서 보는 눈』, 1985년에 신화론 『질투심 많은 여도공』, 1991년에 신화론인 『커다란 야생 고양이의 전설』,

1993년에 예술론적 에세이인 『보기, 듣기, 읽기』를 간행하는 등, 80세를 넘어선 오늘날에도 왕성한 지적 탐구를 계속하고 있다.

레비-스트로스의 구조주의 인류학은 정태적인 질서로부터 누락되는 이중적인 것과 동태적인 현실을 무시한다는 오해를 받았지만, 그러한 '구조'는 **변환**에 의해 규정되기 때문에 현실을 반영한 자기완결적인 체계와는 다른 것이다. 구조는 **변환** 속에서만 존재한다는 점을 잘 표현하고 있는 것이 주저인 『신화논리학』을 필두로 한 신화 연구이다. 레비-스트로스는 신화를 자기완결적인 이야기로 파악하는 것이 아니라, 몇 개의 신화를 군(群)으로 파악하여 각각의 신화를 다른 신화와의 사이에서의 변환에 의한 것으로 본다. 예를 들면 "처가 숲속에서 처의 형제에게 범하여진 것을 안 남편이 남자를 살해한 후 처도 살해하고 매장한다"는 이야기와, "남자 오두막으로 가려고 하지 않는 손자의 얼굴 위에 할머니가 매일밤 방귀를 뀐다. 어느날 밤 자는 체하다가 그것을 알아차린 젊은이는 할머니를 살해하고 매장한다"라고 하는 신화 사이에는, 전자에서는 "숲 속에서 형제와 자매라는 수평관계로서, 남자가 능동적으로 몸에서 체액(정액)을 발산하고 여자가 수동적으로 아래의 혈(질)에서 받아들인다"라고 하는 근친상간이 말해지고 있고, 후자에서는 "밤의 오두막에서 할머니와 손자라고 하는 수직관계로서, 여자가 능동적으로 몸에서 기체(방귀)를 발산하고 남자가 수동적으로 위의 혈(코)로 받아들인다"라고 하는 근친상간의 **이항대립**의 코드가 각각 역전되고 있는 '변환'이 보여진다. 이러한 논리적인 변환에 의해 이 두 가지의 이야기는 동일한 '구조'의 상이한 표현형태라는 것이 규정되는 것이다. 이와 같은 변환은 대립과 모순을 처리하는 무의식의 작용이지만, 여기서 말하는 무의식이란 이전부터 어딘가에 존재하는 저장고와 같은 것이 아니라, 변환에 의해 만들어지는 인간 정신에 보편적인 **장**(場)인 것이다. 레비-스트로스의 구조주의는 문화의 다양한 구체성을 그대로 훼손함 없이 보편적인 장으로서 구조의 변환에 의한 것으로 파악하였으며, 이른바 상대주의적으로 열려진 보편주의가 되었다고 할 수 있다.

■ 주요 저작

『슬픈 열대』(삼성출판사), 『구조인류학』(종로서적), 『레비-스트로스의 미학에세이』(동아출판사), 『신화를 찾아서』(동인), 『야생의 사고』(한길사)

로렌츠

Konrad Lorenz(1903～89)

로렌츠는 1903년 빈에서 태어나, 의학 · 동물학을 공부하고, 빈대학에서 새의 비행에 관한 동물학 연구로 1933년에 학위를 취득했다. 빈대학 강사를 거쳐서 1940년에 쾨니히스베르크대학의 교수가 되었다. 1942년부터 44년까지 군의관으로 독일군에 종군하다가 소련군의 포로가 되어 4년간을 보냈다. 1948년에 오스트리아로 귀국하였으며, 1949년에 알덴베르크 비교행동학 연구소의 소장이 되었다. 1957년 막스 프랑크 행동생리학 연구소가 제비젠에 설립되어, 1973년까지 거기서 연구를 수행했다. 1973년에 틴버건, 폰 프리쉬와 함께 노벨 생리학 · 의학상을 수상했고, 그후 다시 알덴베르크로 돌아와서 1989년에 사망했다. 로렌츠는 동물행동으로 업적을 남겼을 뿐만 아니라, 진화론과 인간론 그리고 문명론에 관한 사상적 · 철학적인 발언도 하였다.

로렌츠는 어린 시절부터 동물과 접하는 것을 좋아했는데, 그것은 평생동안 계속되었다. 생물학에서 주류였던 실험실에서의 수량적인 방법에 반대하여, 야외에서의 관찰을 중시하였으며 또한 동물에 대한 공감을 기초로 한 직관도 중시해서, 의인주의(擬人主義)로 비판받을 정도였던 로렌츠의 방법론은 이같은 그의 성격에 기반을 두고 있으며, 그것은 **동물행동학**이라는 분야의 형성에도 기여했다. 1930년대부터 40년대에 걸쳐서 기러기 연구로 **'각인'** (imprinting) 이론을 만들었다. 그것은 조류의 갓태어난 새끼가 본능적으로 자신과 같은 종류의 무리를 인지하는 것이 아니라, 태어난 직후에 가까이에서 보이는 움직이는 것을 그들의 무리라고 생각하며 그것이 고정되어버린다는 것이다. 이러한 이론이 인간의 유아에게도 적용될 수 있는지를 둘러싸고 논쟁이 벌어졌다. 또한 동물의 본능적인 행동은 특정한 자극에 의해서, 그 중에서도 특히 동일한 종류의 다른 고체(固體)로브터의 **'해발인'** (解發因)에 의해야기된다는 것을 밝혀냈으며, 같은 종류의 조류 무리에 대한 독특한 행동, 그리고 눈에 보이는 날개의 색과 형태는 그러한 해발 기능과 관계있다고 한다. 이처럼 로렌츠의 동물행동은 전체적으로 보면 당시의 주류였던 행동주의 심리학 및 학습 이론 등의 환경결정론에 대해 유전결정론, 생물학적인 결정론이라고 간주되어 비판도 받았지만, 그러한 비판의 배후에는 제2차대전 이후 지배적이었던 근대적인 인간중심주의 사상으로부터 이루어진 반발이 있었다.

로렌츠는 초기에는 동물행동학의 자연과학적 연구에 자신을 한정하고 있었지만, 그후 인간과 문화의 문제를 자연과학적 문제설정과 방법론에 의해 다루게 되었다. 그는 동물행동학의 지식을 과감하게 인간에게 적용하였으며, 그로 인해 다양한 논쟁이 벌어졌다. 『공격성에 관하여』라는 저서에서 로렌츠는 동물과 인간이 가지고 있는 공격성에는 생득적인 기반이 있다고 주장한다. 그러나 동물의 경우에는 투쟁을 적당하게 중지시킬 수 있는 **의식화**(儀式化) 등과 같은 기제가 갖추어져 있는데 반해서, 인간의 경우에는 무기의 발달로 인해 그러한 기제가 작용하지 않으며 전쟁과 같은 대량살상이 자행되게 되었다고 한다. 또한 『문명인의 8가지 큰 죄』라는 저서에서는 그것을 한층 발전시켜 인구과잉 문제, 감성의 소멸, 유전적 퇴폐, 전통의 파괴, 핵무기 문제 등과 관련되어 전개된 문명의 발달로 인해 인간은 생물학적으로 보면 위험한 방향으로 치닫고 있다고 한다. 이러한 로렌츠의 주장은 많은 비판과 반론을 포함하여 다양한 논쟁을 불러일으켰다. 로렌츠에 대한 비판 중에는 로렌츠의 주장이 인종차별과 장애자차별을 정당화하는 위험한 것이라는 비판도 있으며, 게다가 그것을 그의 나치와의 관계와 연결시킨 비판도 있었다. 그가 전쟁중에 나치와 관계를 맺었다는 이유로 그의 노벨상 수상에 반대하는 의견도 당시에 나오고 있었다.

그러나 그러한 개인적 가담문제보다도 그의 주장이 제2차 세계대전 이후 이론적으로 보면 자명한 가치를 갖게 된 '이성'과 '인격'에 대한 비판을 포함하고 있다는 것이 사상적으로는 더 심각한 문제였다. 로렌츠 자신도 전후의 나치에 대한 부정으로 논쟁이 지나치게 역의 편향으로 나아갔다고 기술하고 있다. 그것은 인문사회과학의 영역을 생물학과 같은 자연과학으로부터 엄격히 구별하고, 생물학과 같은 자연과학적인 논의를 인간의 문제에 적용할 수 없다는 금기에서도 나타나고 있었다(그것은 이후의 1970년대의 사회생물학 논쟁에서도 문제가 된다). 로렌츠의 논의가 나올 무렵 점점 환경 문제 등에도 관심이 모아지게 되었고, 당시 막연하게 느끼고 있었던 논의를 그가 공공연히 행할 정도로 그 반향이 컸던 이유가 있었다고 할 수 있다. 이와 같은 논의는 많은 분야의 지식영역에 걸쳐 전문분야 내부의 각 연구과제와는 달리 확정적인 결론을 얻을 수 없으며, 또한 다양한 이데올로기적 비판의 대상이 되기 때문에, 자연과학자는 그러한 발언을 하지 않는 것이 보통이었다. 그렇지만 로렌츠는 과감하게 그러한 논의를 적극적으로 펼쳤으며, 거기에도 그의 개성이 나타나고 있다.

로렌츠는 그러한 인간론, 문명론과는 상대적으로 독립된 인식론 · 자연철학적인 논의를 전개시켰다. 『거울의 뒷면』과 『자연계와 인간의 운명』 등에서는 생물의 진화에서 목적성의 문제와 관련시켜, 생물의 적응이란 본질적으로 인식과정이자 지식획득이라는 이론을 전개하였고, 또한 진화의 과정에서는 이전에 완전한 존재가 아니었던 새로운 것이 등장하는 비약적인 현상이 있으며 그것을 '전광'(電光)' 이라고 불렀다. 이러한 논의를 「현대 생물학의 입장에서 본 칸트의 선험론」에서는 전통적인 철학적 인식론의 문제에도 적용했다. 그것은 캠벨, 포퍼의 논의와 함께 **진화론적인 인식론**으로 불리우는 철학적 논의로 발전하게 되었다.

그후 동물행동학의 영역에서는 사회생물학이 출현하여 새로운 전개를 보여주게 되고, 또한 인간론 · 문명론 · 자연철학의 영역에서도 인문사회과학과 자연과학을 횡단적으로 다루는 작업이 행해질 수 있게 되었다. 이상과 같은 로렌츠의 업적은 그러한 것들의 출발점이 되는 다양한 문제제기를 했다는 의의를 오늘날에도 가지고 있다.

■ 주요 저작

『공격성에 관하여』(이화여대 출판부), 『동물행동학』, 『자연계와 인간의 운명』, 『거울의 뒷면』, 『문명인의 8가지 큰 죄』

롤스

John Bordley Rawls(1921~)

1921년 2월 21일, 미국 메릴랜드주 볼티모어에서 태어난 롤스는, 1943년부터 3년 동안 병역을 마치고 프린스턴대학에서 공부하여, 1950년 철학 박사학위를 취득했다. 1950년부터 52년까지 모교의 철학 강사를 거친 후, 코넬대학 조교수를 지냈고, 1962년 하버드대학 철학 교수에 취임하여 현재에 이른다. 학생들로부터 '세인트 하버드' 라는 별명을 얻을 정도로 성실한 사람이다.

롤스의 주요한 저작인 『정의론』은 1971년에 출판되었다. 이 책의 목적은, 19세기 이후 영어권 나라들의 윤리학과 사회과학을 지배해왔던 '공리주의' 의 정의관에서 취하고 있던 사회정의에 대한 하나의 구상, 즉 '로크, 루소, 칸트로 대표되는 사회계약설' 을 현대적으로 재구성한 **공정함으로서의 정의**(justice as fairness)를 제창하는 것이었다. 그런데 이런 장대한 양의 고급 학술서는 60년대 후반 미국 사회의 격동이 많은 사람들에게 정의를 추구하는 정열을 불어넣은 직후에 간행되었기 때문인지 아카데미즘의 내외에서 미증유의 대반향을 일으켜 사회윤리학에 대한 관심을 다시 가열시키는 데 일조하였다.

롤스에게 있어서 '사회정의의 원리' 란, 사회의 기본적인 제도들의 권리·의무를 할당하고, 사회생활이 가져오는 편익과 부담의 적정한 분배를 정하는 것이다. 그러한 대표격이 '최대 다수의 최대 행복' 이라는 단일한 원리를 가지고 사회의 올바름을 평정(評定)하자고 했던 공리주의였지만, 이것은 단독적인 개인에 의한 합리적 선택 이론('효용 극대화')을 무매개적으로 사회적 의사결정에 확장시키고자 했던 것에 지나지 않으며, 개인의 복수성과 차이를 진지하게 받아들이지 않고, 그 사회에서 행복이 어떻게 함께 나눌 수 있는지를 정하는 분배 원리를 빠뜨리고 있다.

이와 같은 공리주의의 난점을 극복하기 위해서는, 사람들이 다양한 행복관을 가지고 있다는 것을 출발점으로 두고, 그들이 사회의 기본적인 계획을 철저하게 논의하여, 거기서 전원의 합의가 이루어진 사항만을 사회정의의 원리로 삼는다는 사회계약설의 발상으로 되돌아갈 수밖에 없다. 더군다나 거기에서 (연역적으로) 도출된 원리가 '생각있는 사람들에게 공유된 도덕적인 판단'과 저촉되지 않는지, 양자가 목적한 대로 균형을 유지하고 있는지의 여부를 끊임없이 (귀납적으로) 점검하지 않으면 안된다(논리와 경험의 피드백을 요하는 '반성적인 균형' 의 방법). 이렇게 생각했던 롤스는 다양한 선(善)을 실현하기 위한 만능의 수단인 **사회적 기본재** ——〈자유와 기회, 소득과 부, 삶의 보람의 기초〉 등 합리적인 개인이라면 누구나 소유하고 싶어하는 것——의 분배 원리의 정식화 자체가 사회정의론의 주요 과제가 된다고 생각했다.

그는 전통적인 사회계약설이 항상 '자연상태' 라고 불러왔던 것을, 〈자유롭고 평등한 인간들이 사회의 근본적인 상태를 미리 계약하기 위한 토론의 장〉으로 변화시켜 읽고, 이것을 **원초 상태**(original position)라고 명명한다. '원초 상태' 란, 말하자면 사회생활의 게임을 시작하기 전에, 필요한 규칙을 참가자 전원이 서로 의논해서 결정하는 장이며, 다양한 정의관('공정함으로서의 정의' 와 공리주의, 탁월주의, 직관주의 등)을 체현했던 원리가 거기에서 제안되지만, 다음에서 설명하는 '정의의 두 가지 원리 = '공정함으로서의 정의' 가 전원의 합의에 기초해서 승인된 것이라고 한다.

우선 첫번째로, 어떤 사회에서 어떤 지위에 오르든지, 각 개인이 '기본적인 자유' (정치적인 자유와 정신적 자유 등)라는 기본재를 평등하게 나누는 것이 무엇보다도 바람직하다는 원리가 만장일치로 채택된다. 다시 말해서 전원이 '평등한 자유' 를 타자의 자유와 충돌하지 않는 범위까지 최대한 향유할 수 있으며, 따라서 노예제도와 인종차별은 결코 허락되지 않는다 —— 이것이 제1원리(**평등한 자유의 원리**). 그러나 기본적인 자유 · 인권을 전원이 평등하게 나누어 가지고 사회생활을 시작해도, 결과적으로 사회적 · 경제적인 불평등(소득의 격차와 사회적 지위의 상이함)이 발생하는 것은 피할 수 없다. 이러한 불평등을 방치하지 않고, 그것을 어떻게 시정하면 좋겠는가가 다음의 의제로 토의되고, 두번째 원리가 역시 만장일치로 승인된다. 이 제2원리는 ——(1)불평등이 발생한다고 하더라도 전원에게 평등한 기회를 부여한 위에서 공정한 경쟁의 결과로 생긴 불평등인 것이다(**공정한 기회균등 원리**), (2)불평등이 남아있다고 하더라도, 사회에서 가장 불우한 생활을 강요당하고 있는 사람들의 경우를 당연히 개선해야 한다(**격차 원리**) —— 라는 2단구조의 형태를 취하고 있다. 결국 계약 당사자는 자신이 어느 정도의 생활수준에 위치하는가를 미리 알지 못하는('무지의 베일' 이라는 조건) 이상, 지위와 소득을 구해서 공정한 경쟁이 행해지는 것을 그들은 모두 똑같이 원할 것이고, 불평등의 나락에 떨어질 위험성이 있는 것을 모두가 똑같이 자각하고 있기 때문에, 최악의 사태를 최대한 개선한다고 하는 '맥시멈 룰'(불확실한 선택 상황 아래에서 위험을 회피하는 전략)에 의거하여, '격차 원리' 가 채택된다는 것이다.

'사회적 기본재' 의 분배를 축으로 하는 롤스의 정의론은, 그후 '칸트적 구성주의' 와 '정치적 자유주의' 라는 방향으로 궤도수정되어왔지만, '자유' 의 평등한 분배와 경제적 격차의 시정을 요구하는 자세는 일관되고 있다. 이것에 대해서는 철학자 R. 노직이 사유재산권과 시장기구를 옹호하는 '자유지상주의' 의 입장에서 비판을 했다. 롤스의 격차 원리는 자본주의의 도덕적인 기초를 위태롭게 하는 것이기 때문에, 정부에 의한 부당한 개입을 야기했다는 것이다. 또한 『정의론』의 심층에서 '평등한 배려와 존중에 대한 권리' 를 독해한 법리학자인 R. 드워킨은 이러한 권리를 보장해야 하고, 우애 원리에 기초한 '자원의 평등' 이라는 구상을 제출하고 있다. 더욱이 경제학자인 A. 센은 롤스의 소박한 공리주의 비판을 세련화하는 한편, 롤스와 드워킨 모두 '물(物)의 평등' 의 제창에 머물고 있고, 그러한 점에서 '물신숭배' 에 빠지고 있다는 것을 날카롭게 지적했다. 센 자신의 대안은 '기본적인 잠재능력의 평등'(이동, 의식주, 사회생활에 대한 참가와 같은 인간에 의해 기본적인 기능 충족을 가능하게 하는 능력의 평등화)이라는 구상이다. 이리하여 롤스의 정의론은 자유와 평등을 둘러싼 진지한 탐구의 준거틀을 의연하게 계속 제공하고 있다.

■ 주요 저작

『공정으로서의 정의』, 『사회정의론』(이상 서광사)

루만

Niklas Luhmann(1927~)

1927년에 북부 독일의 뤼네부르크에서 태어난 루만은 프랑크푸르트대학에서 법학을 공부했다. 사법관 시보로서의 연수를 마친 후, 1954년에 뤼네부르크 상급 행정재판소의 조사국에 취직하였고, 다음해 니더작센주 문교부의 의회담당관으로 자리를 옮겼다. 1960년에는 문교부를 휴직하고 하버드대학에 유학하여 파슨즈 밑에서 1년 동안 사회학 연구에 전념한다. 그후 슈파이야 행정대학의 연구원(1962년), 도르트문트 사회연구소의 부장(1965년)을 거쳐 1968년에 빌레펠트대학의 사회학 교수에 취임했다.

루만은 이론적 생산력이 지극히 높은 사회학자로 알려져 있으며, "루만의 이론은 그 개념화의 능력, 이론적 창조력 그리고 다양한 소재를 가공처리하는 역량에서 타의 추종을 불허한다"(하버마스)라고 할 정도의 평가를 받고 있다. 실제로 루만이 지금까지 다루어왔던 연구영역은 행정학, 법해석학, 법 이론, 국가론, 법사회학, 조직 이론, 계획론, 의사결정론, 정치 이론, 사회진화론, 사회분화론, 커뮤니케이션론, 권력 등의 미디어론, 종교, 교육, 예술, 신뢰, 사랑, 시간론, 지식사회학, 경제시스템과 과학시스템 이론, 근대성 분석, 에콜로지와 위험의 문제, 일반 체계 이론, 관찰 문제와 인식론 등 여러 분야에 걸쳐 있다. 루만의 이러한 모든 연구를 관통하고 있는 하나의 커다란 이론적 틀은 **기능주의적인 사회체계 이론**이다.

루만의 진단에 따르면, 현재의 사회학에는 사회학의 대상 전체를 기술할 만한 이론이 없다고 한다. 루만은 사회학의 이러한 이론적 위기를 의식하고, 체계 이론의 관점에서 사회적인 것 모두를 통일적 · 보편적으로 설명할 수 있는 사회학 이론의 확립을 지향해왔었다. 그의 연구영역이 다방면에 걸쳐 있다는 것도 사실은 이러한 의도에 기초하고 있는 것이다. 더욱이 중요한 것은

보편적인 이론의 요구를 내걸고 있는 이러한 이론이 자기의 이론도 그 대상에 포함시키지 않으면 안된다는 것이다. 이러한 의미에서 루만의 사회체계 이론은 보편성과 자기 언급성의 추구를 목표로 하고 있다.

그러한 보편적 이론의 기초작업은 두 가지의 병행하는 작업을 통해서 추진되었다. 즉 (1)베버와 파슨즈는 의미 개념을 깊이 파고 들어가지 않은 채 행위 개념을 사용하고 있다는 반성에 기초한 **의미 개념의 탐구**와 (2)파슨즈의 구조-기능 이론에 관해서 지적되어왔던 난점(인과적 설명 이론으로서의 적격성 및 주어진 제도 · 구조의 유지와 안정화라는 관점에서 기능을 따지기 때문에 발생하는 현상 긍정적이고 정태적인 성격)을 대자화한 기능 개념의 혁신이 그것이다. 의미 개념의 탐구에서는 특히 훗설의 현상학으로부터의 비판적 섭취가 커다란 역할을 담당하고 있다. 한편 **기능 개념의 혁신**에서는 어떤 것의 존립의 유지에 기여하는 작용으로 간주되어왔던 종래의 기능 개념이 뒷전으로 물러나고 있다. 그 대신에 기능은 비교의 지시의 관점, 좀더 자세히 말하면 '등가적인 여러 가지 것들의 작용의 비교영역을 조직하는 규제적인 의미도식' 으로서 다시 규정되었다.

이러한 기능 개념은 **복합성**, **우발성**(필연성과 불가능성 양쪽 모두를 부정함으로써 얻어지는 존재론적인 개념), **선택** 등의 개념과 친화관계를 갖는다. 그러므로 루만의 기능주의는 전통적인 존재론적 사고로부터의 탈출을 지향하는 것이다. 그 결과 이러한 기능주의에 의거한 루만의 사회체계 이론은 전통적인 주체 개념 및 그 기초가 되고 있는 인간주의와 결별하는 이론으로 구상되어 있다. 사회체계 이론은 동일성이 아니라 차이로부터 출발하며, 체계와 환경의 차이에 위치하는 이론이다. 이 이론에서 인간은 사회체계의 부분이 아니라 그 환경의 일부로 간주된다.

루만의 이러한 사회체계 이론에서 제기하는 가장 기본적인 물음은 "사회적 질서는 어떻게 해서 가능한가"라는 질문이다. 루만의 이론은 일상적인 세계의 전제라는 의미에서 생활세계를 문제삼아 거기서 인식된 질서를 주어진 것으로 두고, 오로지 거기에 결여되었다고 생각되는 것 · 있기를 바라는 것 · 결합이라는 것에만 주목하는 것은 아니었다. 그 이전에 무엇보다도 그 자체로는 없는 질서가 어떻게 해서 형성되는 것인가를 문제삼았던 것이다. 루만 자신은 질서 형성이라는 문제(바꾸어 말하면 **자기 언급적인 사회체계의 창출 문제**)를 파슨즈처럼 가치합의를 전제로 하는 것이 아니라, **이중의 우발성**을 자기 촉매로 하는 커뮤니케이션의 진행과정으로서의 **자기 선택과정**에 의해 설명하고자 한다.

따라서 루만에 따르면, 사회체계는 사람들 사이에서 커뮤니케이션이 이루어지자마자 발생하는 것이며, 사회체계는 **커뮤니케이션**이 된다. 다만 여기서 커뮤니케이션이 접속하기 위해서는 그것이 행위로 환원될 필요가 있다. 누가 누구와 무엇에 관해서 커뮤니케이션할 수 있는가라는 것은 이러한 환원에 의한 체계의 자기 단순화에 의해서이기 때문이다.

1980년대 이후 루만은 사회체계 요소의 이러한 접속 문제의 해명에서, 마투라나와 바렐라의 자동창조(Autopoiesis) 이론을 도입해 자기 언급적으로 폐쇄된 체계 이론을 전개하고 있다. 여기서 중심적인 문제는 체계의 자기 언급적인 폐쇄가 어떻게 환경에 대한 개방을 수반하는가 하는 문제이다.

그런데 사회체계는 체계와 환경의 경계가 어떠한 전제들 아래에서 설정되는가에 따라 상호행위, 조직, 사회라는 세 가지 유형으로 나뉘어진다. 루만의 사회 이론은 이들 각각의 유형의 내부 사정과 상호관계를 그 대상으로 하게 된다. 이중 사회의 이론에서는 커뮤니케이션, 사회진화, 사회분화라는 세 가지 문제가 주된 내용이다. 또한 현대 사회의 고찰에서는, 현대 사회가 경제, 정치, 법, 종교, 교육, 과학 등이 부분 체계로서 기능적으로 나누어지고 자립화되어 있기 때문에 중심도 정점도 없는 사회로서 포착되고 있다. 최근의 루만의 연구는 이러한 사회의 이론과 기능적 분화의 해명으로 향하고 있다.

■ 주요 저작

『사회체계 이론』, 『사회의 경제』, 『법사회학』, 『비판 이론과 사회체계 이론』, 『목적 개념과 체계 합리성』

루시디

Salman Rushdie(1947～)

루시디는 인도가 독립하던 해인 1947년에 봄베이의 부유한 실업가의 가정에서 태어났다. 루시디의 가정은 이슬람교 수니파에 속하는 모슬렘이었지만, 영국에 유학했던 적이 있는 부친은 개화적인 인물이어서 자식을 영어로 교육시키는 기독교 계통의 학교에서 공부시켰다. 그리고 1961년에는 영국의 공립학교로 유학보냈다. 그후 루시디 일가는 파키스탄의 카라치로 이주하지만, 루시디 자신은 부친과 마찬가지로 케임브리지대학의 킹즈 칼리지에서 역사학을 전공하면서 이슬람의 역사 · 사상을 공부한다. 졸업 후 1년 가량 직업적인 배우를 거쳐 광고대리점에서 카피라이터로 근무하면서 소설을 쓰게 된다. 1975년 12세기 페르시아의 수피교도의 전설시 『새들의 회의』를 본따서 북미 인디언이 세계창조자를 갈구하는 SF와 민화의 요소를 지닌 우화소설 『굴리마스』를 발표한다. 1981년 인도 독립일에 태어난 초능력자를 중심 인물로 한, 2대에 걸친 가족의 이야기 『한밤중의 아이들』을 출판하여 영국의 부커상을 받았으며, **'매직 리얼리즘'** 의 새로운 문필가로서 세계적인 주목을 받게 되지만, 인도에서는 출판이 금지되었다. 1984년 세번째의 장편인 『수치심』을 간행한다. 3명의 자매에서 태어난, 아버지 없는 남자 아이가 사회로부터 격리되어 성장하여 면역학(免疫學)의 권위자가 되는 한편, 파렴치한 행위를 일삼는다. 양면성을 갖춘 인물이 많이 등장하는 소설이었지만, 파키스탄에서 실제로 일어난 피비린내 나는 권력투쟁을 모델로 하고 있기 때문에, 결국 출판 금지처분을 받게 되었다. 게다가 1988년에 발표된 『악마의 시』는 이슬람교와 그 성전인 코란을 모독했다는 이유로 비난을 받아 분서 사건이 일어났을 뿐 아니라, 당시 이란의 최고지도자였던 호메이니에 의해서 사형선고가 내려지기에 이르렀고, 표현의 자유를 옹호하는 목소리가 드높아지는 한편, 일본의 번역자가 암살되는 등 세계적인 스캔달을 야기하였다. 그 때문에 가족과 이별하고, 재혼한 미국인 부인과도 별거를 강요당하면서 지금도 숨어지내면서 집필과 강연활동을 하고 있다. 그의 다른 소설로는 산디니스타 정권 하의 니카라과 기행을 엮은 『쟈가의 미소』(1987년)와 10년 동안의 에세이를 모은 『가상의 조국』(1991년) 등이 있으며, 이 모두가 논쟁적인 성격을 지니고 있다.

「영연방 문학은 존재하지 않는다」라는 에세이 속에서 루시디는 "라틴 아메리카의 매직 리얼리즘은 인도계 작가에 영향을 미치고 있다"라고 언급하고 있다. 거기에 그와 가르시아 마르케스의 관계가 포함되어 있다는 것은 말할 필요도 없다. 그런데 이러한 문학과 정치라는 관계에 관해서 적어도 공개되어 있는 사고방식에는 미묘한 차이가 있는 것 같다. 가르시아 마르케스는, 작가는 그 지위를 이용해서 정치적 발언을 해야 한다고 말한다. 그런데 문학에 정치를 도입하는 것에 대해서는 상당히 신중하다. 물론 제3세계의 문학이 좋든 싫든 간에 정치성을 띠지 않을 수 없다는 것에 관해서는 그도 자각하고 있지만, 예를 들면 루시디의 발언과 비교하면, 가르시아 마르케스의 말은 오히려 온건한 성격에 속한다고 할 수 있다. 「고래의 밖에서」라는 오웰론에서 루시디는 정치와 문학에 관해 기술하는데, 거기서 그는 『고래 속』과 『1984년』에서의 오웰을 비판하면서, "정치가 문학을 망치게 한다고 말하는 것은 진실에 반대되는 사실이다"라고 말하고 있다. 그리고 오웰의 수동성은 집단의 정점에 있는 인간을 이롭게 하는 것이며, 그것은 지배자에게만 유리한 사상을 대변하고 있음을 지적한다. 더욱이 "만약 저항이 무위로 돌아간다면, 본래 우리가 저항해야 하는 자들이 전능하게 되고 만다"고 하면서 그는 "오웰의 관조주의 대신에 난폭주의를 도입하고, 고래 대신에 항의의 울부짖음을 도입하자는 것은 아닌가?"라고 호소하는 것이다. 잘 지적되고 있는 것처럼, 이러한 사고방식은 확실히 사이드와 통하고 있다. 실제로 "루시디는 **상상력의 극한**이다"라고 사이드는 루시디를 옹호하는 글 속에서 쓰고 있다. 루시디의 작가론이 자극적인 이유는 비평의 기준으로서 자신과 똑같이 탈식민지 사상이 보여지고 있는가 혹은 부정되고 있는가라는 이분법을 사용하고 있기 때문일 것이다. 결국 그에게 영향을 미친 그라스에 관한 논문 속에서, 루시디는 "그라스가 문학에 관해서 쓸 때 그는 동시에 정치에 관해서 쓰고 있었으며, 그가 정치적 문제에 관해서 논의하고 있을 때 문학의 변덕스런 전망이 망라되고 있었다"

라고 말했지만, 이것은 모두 루시디에게 해당된다고 할 수 있다. 그리고 이러한 종류의 발언을 했기 때문에 그는 탈식민주의 이데올로그로 보여졌을 것이다.

특히 이러한 이분법은 그에게 있어서 양날의 칼일지도 모른다. 왜냐하면 그가 적절하게 지적하고 있는 것처럼, "그러한 분류에 들어간 예술가에게 협소한 틀을 씌우게 되고, 나아가 그 저작을 오독하는 결과를 초래하는" 분류법이 될지도 모르기 때문이다. 이분법은 그 자체를 비판할 수 없다. 더욱이 그 기준이 잘못되어 있다면 백해무익할 것이다. 밀란 쿤데라는 『악마의 시』가 이슬람을 모독하고 있다는 전제 그 자체를 부정한다. 이러한 잘못된 전제를 기성사실화한 뒤에 언론의 자유를 말하는 것은 우스꽝스럽다는 것이다. 쿤데라에 따르면, 『악마의 시』와 같은 끝없는 상대성의 카니발 속에서는 그 누구도 올바르지 못하며, 누구도 완전히 잘못되었다고 말할 수 없다는 것이다.

카를로스 펜테스는 바흐친을 원용하면서, "뛰어난 문학은 갈등하는 가치들의 수준까지 높인다"라고 하며, 루시디가 그 중요한 작품 모두에서 그것을 달성하고 있다는 것을 지적하고 있다. 그리고 이슬람 세계에서 그러한 갈등이 유태 기독교적인 전통 속에서도 나타날 수 있는 이상, 루시디의 문제는 자신들의 문제이기도 하다고 결론을 내린다.

따라서 『악마의 시』를 둘러싼 스캔달은, 서적에 국한된 갈등이 현실세계로 분출했다고 볼 수 있다. 쿤데라는 그러한 갈등을 모슬렘 사회가 생겨난 근대 이전의 시대와 루시디가 저술 활동을 하는 근대의 종말시대의 유럽의 충돌로 간주했다. 그러나 그것을 '문학적 자유'와 '종교적 광신주의'의 충돌로 보는 견해를 벤슬라마는 비판하고 있다. 그에 따르면, 루시디는 문학적 픽션에 의해서 이슬람의 '기원의 픽션'에 대항하는 위험을 무릅썼던 것이다.

■ 주요 저작

『무어의 마지막 한숨』(문학세계사), 『한밤중의 아이들』, 『수치심』, 『악마의 시』

루카치

György Lukács(1885 ~ 1971)

루카치는 오스트리아-헝가리제국의 부다페스트에서 태어났다. 유태계인 아버지는 은행의 중역으로 귀족작위를 받았다. 십대 후반부터 연극운동에 관계하여 입센, 스트린트베리 등의 연출을 맡았으며 집필활동도 시작했다. 1908년 『근대 연극발전사』(1911년 출판)로 헝가리에서 상을 받는다. 베를린 유학 시기에는 짐멜의 강의에 출석하는 한편, 에른스트 블로흐와도 만나서 알게 된다. 이 시기 수년 동안에 쓴 논문을 모은 『영혼과 형식』이 1910년에 헝가리어판으로, 다음해엔 독일어판으로 출판되어 주목을 받게 된다. 그후 부다페스트, 독일, 이탈리아 등을 돌아다녔고, 하이델베르크에서는 막스 베버의 서클에도 출입하는 한편, 헝가리에서는 벨러 바라쥬, 칼 만하임 등과 '일요 써클'에서 문화활동을 하였고, 또한 엘빈 사보로부터 생디칼리즘의 영향도 받았다. 1916년 도스토예프스키론의 서장으로서 구상되었던 『소설의 이론』을 잡지에 발표했다.

1917년 최종적으로 귀국한 다음, 1918년 막 결성된 공산당에 입당하여 주위를 놀라게 한다. 헝가리혁명에서는 급진 좌파로 참가하여 교육인민위원을 맡았기 때문에, 레테(평의회) 공화국의 패배 뒤에 망명, 1919년부터 30년까지 주로 빈에서 체재한다. 1923년에는 혁명 실천의 와중에서 썼던 8개의 논문으로 된 『역사와 계급의식』을 간행하였는데, 모스크바로부터 수정주의, 극좌편향으로 공격받았다. 1928년 비합법적인 헝가리 공산당의 지침을 위하여 기초했던 이르바 '블룸 테제'에서는 그것의 인민전선적인 주장이 비판을 받아, 일선 활동에서 몸을 뺀다. 1930년 모스크바에서 『맑스 · 엥겔스 전집』의 편집에 참가한다. 그후 베를린 등으로 가서 작가동맹의 지도에도 종사하지만, 1933년 이후에는 모스크바에서 문학잡지 편집 및 과학아카데미에서 연구를 주로 한다. 1933년에 발표했던 『표현주의의 '위대함과 퇴락'』은 표현주의의 방법이 파시즘과 관련된다는 점을 지적하였기 때문에 1937년의 **표현주의 논쟁**의 계기가 되었다. 이 시기 이후 맑스주의 미학에 입각하여 주로 19세기 리얼리즘 소설을 다룬 문학론을 다수 집필하였다. 숙청의 회오리 속에서 한때 체포당하기도 했지만, 상세한 사항은 알려지지 않고 있다.

2차대전 종전 뒤에 귀국하여 부다페스트대학에서 미학, 문화철학을 담당한다. 메를로-퐁티, 야스퍼스 등의 실존주의를 비합리주의로 비판하였으며, 1948년에 『청년 헤겔』, 1954년에 『이성의 파괴』 등을 간행하였다. 1949년에는 발자크, 톨스토이 등 19세기 리얼리즘 작가와 토마스 만을 과대평가하고 있다는 비난을 받아 자기 비판을 하게 된다.

1956년의 헝가리사태 때 나지 정권의 문화부장관으로 일해던 것 때문에 소련군에 의해 탄압받은 후, 루마니아 억류를 거쳐서 부다페스트에 은거한다. 만년에는 『미학』, 『사회적 존재의 존재론』, 논리학 등의 체계적인 저작에 몰두한다. 1971년 부다페스트에서 숨을 거둔다.

루카치의 이러한 행보는 모순으로 가득찼다고 말할 수 있다. 19세기적인 교양에 의해 자기 형성을 수행하였고 세기말의 탐미적인 감성을 키워가다가, 일거에 혁명운동에 투신하였으며, 또한 그후 25년에 걸친 망명생활에서는 조직과의 알력 속에서 진의를 은폐하고, 자기 비판을 되풀이함으로써 숙청을 피할 수밖에 없었기 때문이다.

그러나 **전체성과 개인**이라는 관점에서 수미일관했던 루카치상(像)을 묘사하는 것은 물론 가능할 것이다. 짐멜류의 '생의 철학'에 일찍이 깊이 심취되었던 『영혼과 형식』에서는 낭만파적인 동경과도 통하는 비합리적인 힘으로서의 '영혼'을 인식하면서, 그러한 생의 혼돈이 현실에서 발휘되는 것은 '형식'을 통해서 가능하다는 파악이 보여지고, 그 종합으로서 **전체성**이 희구되고 있었다. 이와 같은 기본태도가 그가 맑스주의자로서 나타났을 때에도 변하지 않고 있는 것은 확실하다.

그렇지만 이 책의 방법론이라고도 부를 수 있는 「에세이의 본질과 형식에 관하여」는 루돌프 카스너를 선구자로 하여 로베르트 무질이 제창했던 **에세이즘** 및 벤야민의 비평관과 유사한 내용을 담고 있으며, 아도르노의 '형식으로서의 에세이'에 이르는 흐름에 위치하고 있고, 현실의 생과 진실의 생, 존재와 의미 사이의 분열을 그대로 분열로서 나타내는 표현형식으로서, 작품도 논문도 아닌 비평적인 에세이를 적극적으로 받아들이고 있어서 전위당이라는 형식의 필연성과 사회와 작품 사이의 정합성을 구하는 이후의 논의와는 커다란 거리가 있다.

이어서 나온 『소설의 이론』은 소설을 현대의 서사시로 생각했던 헤겔을 계승하여, 초월과 내재, 전체와 개인, 인간과 자연이라는 대립을 알지 못했던 시대의 영웅서사시를 이상화하고, 여기에 대해 퇴락한 근대 세계의 모순을 표현하는 장르로서 소설의 위치를 생각하고 있었다. 이러한 예술형식의 변천에 대한 고찰은 벤야민의 이야기론, 복제예술론의 선구를 이룸과 동시에, 뤼시앙 골드만의 『소설의 사회학』을 거쳐서 크리스테바의 텍스트 이론에까지 이어진다고 할 수 있다.

루카치가 서사 형식에 입각하여 여기서 보여준 문화의 변천에 착안한 역사철학은, 막스 베버의 〈합리화-객관화〉에 관한 논의를 명확하게 답습하고 있다. 그리고 이것은 맑스주의적인 저작인 『역사와 계급의식』에서는 **사물화론**으로 표현되었다.

이 저작의 중심 논문인 「사물화와 프롤레타리아트의 의식」에서 루카치는 맑스가 『자본』에서 수행했던 **상품의 물신성** 분석에 기초하여 사물화된 전체 생산과정에 객체로서 끌려 들어가는 프롤레타리아트의 계급의식 자체가 사회를 전체로서 인식하며, 그 변혁을 요청하는 능동적인 주체가 될 수 있다고 주장한다. 게다가 프롤레타리아트의 계급의식을 선구적으로 포착한 전위당의 필연성을 주장한 것에서, 그후 그의 당에 대한 종속을 이미 정당화하고 있다. 자연변증법, 경제결정론을 상대시하고, 인간의 주체적 실천을 강조한 이 책의 논의는 **소외론**을 기본축으로 전개했던 **서구 맑스주의**의 한 원천을 이룬다.

그후 문학사가로서의 저술에서는 가치척도로서 리얼리즘, 변증법이라는 교조가 앞장서서, 『두 세기의 독일 문학』(1964년)에서 통합되었던 횔더린, 크라이스트, 아이헨도르프, 하이네, 켈러, 만 등을 다루었던 논고에서도, 그 가능성이 국한되었다. 또한 표현주의 비판에서도 알 수 있듯이, 너무 '형식'의 측면에 초점을 맞추었기 때문에 카프카, 베게트, 조이스 등 현대 작가에 대한 평가기준도 가지지 못하였다.

말리노프스키

Bronislaw K. Malinowski(1884～1942)

말리노프스키는 1884년, 당시 오스트리아제국령이었던 폴란드의 대학도시인 크라카우에서 태어났다. 크라카우대학에서 수학과 물리학 박사학위를 취득했지만, 프레이저의 『황금가지』의 영향을 받아 전공을 문화인류학으로 바꾸었으며, 라이프치히에서 민속심리학자인 빌헬름 분트에게 배운 후, 1910년에 영국으로 건너가서 런던경제대학(LSE)에 적을 두게 된다. 문화인류학의 중심지였던 영국에는 프레이저 이외에도 인류학의 거장들이 많이 있었는데, 말리노프스키는 LSE에서 C. G. 셀리그만과 핀란드 출신의 A. 웨스터마크에게 직접 배웠으며 케임브리지대학의 A. C. 하든과 W. H. R. 리바스 등에게서 직접적으로 영향을 받았다. 당시 영국 인류학계는 프레이저를 대표로 하는 진화론적 인류학과 '안락의자의 인류학' 으로부터의 탈피기였고, 인류학자 자신에 의한 **필드워크**(현장조사)가 성행하기 시작했다. 하든과 리바스에 의한 1898년의 케임브리지대학 토레스해협 원정대를 시작으로 하여, 웨스터마크의 모로코 현지조사, 셀리그만에 의한 남부 수단 현지조사, 그리고 리바스의 케임브리지대학의 제자로서, 말리노프스키와 함께 **기능주의** 인류학파의 창시자가 되는 A. 래드클리프-브라운의 안다만섬 현지조사 등이 진행되고 있었다. 인류학계의 주류는 이미 프레이저에서 하든과 리바스로 옮겨가고 있었으며, 말리노프스키가 LSE와 케임브리지에서 접했던 인류학자들은 모두 필드워크의 경험자들이었다.

말리노프스키도 셀리그만의 협조로 현지조사를 위한 장학금을 받아, 1914년에 오스트레일리아로 건너갔다. 때마침 제1차대전이 발발하여, 오스트리아 국적을 가지고 있던 말리노프스키는 적국 사람으로 구속되었지만, 오스트레일리아 정부를 설득하여 제1차 세계대전이 끝날 때까지, 동뉴기니아에 있는 여러 섬에서 3차례에 걸친 현지조사를 실시하게 되었다. 특히 1915년 6월부터 1916년 5월, 그리고 1917년 10월부터 1918년 10월까지 트로블리안드제도에서 이루어진 현지조사의 성과는 이후의 말리노프스키의 연구의 거의 유일한 기초가 되었다. 1921년에 간신히 런던으로 돌아온 말리노프스키는 LSE의 민속학 강사가 되며, 1922년에는 트로블리안드제도의 민속지인 『서태평양의 원양 항해자』를 출판한다. 같은 해에 제1차대전으로 출판이 지연되고 있었던 래드클리프-브라운의 『안다만섬의 사람』도 출판되었기 때문에 1922년은 인류학의 혁명의 해로 불리워졌다. 말리노프스키는 1924년에 런던대학에서 열린 사회인류학 강좌의 강사, 1927년에는 런던대학의 사회인류학 초대 주임교수가 되었으며, 런던대학과 LSE에서 R. 퍼스, E. E. 에반스 프리차드, M. 포테스 등을 교육시켜 영국 사회인류학의 기초를 구축했다.

그러나 만년의 말리노프스키는 몸소 육성했던 영국 사회인류학계에서 불우했다. 1930년대에 들어서자마자, 각자의 현지조사지역에서 돌아온 퍼스, 에반스 프리차드, 포테스 등 영국 사회인류학의 황금기를 장식한 쟁쟁한 제자들은 트로블리안드 자료 이외의 민속적인 데이타를 이용하지 않은 말리노프스키의 학설에 만족하지 않고, 1937년에 시카고대학에서 옥스포드대학에 신설된 사회인류학 주임교수로 의기양양하게 귀국한 래드클리프-브라운의 일반이론에 기초한 비교연구로 옮아갔다. 말리노프스키는 차츰 영국 사회인류학계에서 고립되어, 1938년에는 미국의 예일대학으로 자리를 옮겨서 1942년에 숨을 거둘 때까지 영국에 돌아오지 않았다.

현지조사에 의해 근대 인류학을 창시하여, 인류학에 혁명적인 전환을 이루었다고 하는 '말리노프스키의 신화'가 있지만, 앞에서 기술했던 것처럼, 말리노프스키가 영국에서 인류학자의 훈련을 받던 시기는 이미 '안락의자의 인류학자'의 시대는 지나가버리려 하고 있었으며, 말리노프스키의 조사방법의 규범으로서 들 수 있는 것, 즉 혼자서 마을 속에서 생활하며 주민들의 언어를 습득해서 우리의 분류에는 없는 그 자신의 관점에서 자료를 수집하는 방법은 이미 리바스에 의해서 정식화되고 있었다. 게다가 19세기의 민속지 학자들 중에는 고들린튼, 쥬노, 그리고 카싱거처럼 말리노프스키보다 훨씬 오랫동안 조사지역의 주민들 사이에 들어가서 민속지를 썼던 사람들도 있었다.

그럼에도 불구하고 말리노프스키의 업적이 혁명적이라고 할 수 있는 것은,

『서태평양의 원양 항해자』가 어떤 확산적인 사회적 현상을 그야말로 전체적인 하나의 체계로 포착하는 것에 기적적으로 성공했기 때문이다. 거기에는 수많은 섬들을 결합하는 '쿨라'(kula)라고 불리는 교환체계가 물질적 · 경제적인 활동과 의례 · 주술적인 활동 등의 여러 활동들을 유기적으로 통합하고 있다고 하는, 말하자면 사회적 현상의 기능주의적인 형태가 훌륭하게 묘사되고 있다. 그것은 모스의 **전체적인 급부체계**라는 사고에 시사점을 주었으며, **호혜성**이라는 개념을 레비-스트로스의 구조인류학에 부여했다.

이 민속지는 그 광대함과 비교 불가능성 때문에 그 뒤를 이은 민속지의 규범이 될 수 없었다. 영국 사회인류학의 민속지의 규범이 되었던 것은 에반스 프리챠드와 퍼스에 의한 『누아족』과 『우리들 티코피아인』인데, 이것은 일정한 민속집단에 한정하여 그 친족관계와 생태학적 배경을 밝히고 있으며, 개개의 데이타가 다른 민속지의 데이타와 비교 가능한 형태로 되어 있는 민속지였다. 그의 민속지도 그 자신과 마찬가지로 화려한 영광에 싸여 소외되고 있다. 그러나 말리노프스키의 소외감은 그 성공의 요인이었다고 말할 수 있다. 필드에서의 말리노프스키의 일기에는 현지주민과의 단절과 함께, 현지에 있던 영국인들과의 단절이 강하게 나타나 있다. 말리노프스키가 창시했던 필드워크 방법론은 **'참여관찰'**(participant observation)이라고 불리게 되지만, 현지사회에 '참여'하는 한편, 외부로부터 '관찰'한다는 모순된 실천을 기적적으로 성취할 수 있었던 것은, 말리노프스키가 필드에서뿐 아니라 영국에서도 이방인으로서 그 속에 존재하면서도 결코 융합하여 동화되지 못하는 소외감을 갖고 있었기 때문인지도 모른다.

▣ 주요 저작

『서태평양의 원양 항해자』, 『성 · 가족 · 사회』, 『미개인의 성생활』, 『바로마』

말콤 엑스

Malcolm X(1925～65)

흑인들의 융합이 커다란 사회적 테마였던 시대에, 민권운동을 부정하고 흑인대중에게 '백인 아메리카' 로부터의 단절을 호소했던 말콤 엑스는 어떤 의미에서 현대의 사상가로 불릴 수 있을까? 그의 연설 속에서는 흑인의 분리독립을 위한 구체적인 전망과 전략을 추구하면서도, 이렇다 할 독창적인 사고는 눈에 띄지 않는다. 그러나 그가 20세기 후반의 최고의 위대한 교육자 중의 한 사람이었다는 사실은 의심할 여지가 없다. 백인적 사고에 의해 규정되었던 흑인들의 자기 이미지를 타파하고, 민족의 자존심 위에서 '흑인' 의 눈으로 세계를 보고, '흑인' 으로서 사고하는 새로운 인간을 만들어내는 것, 바로 이러한 것에 말콤 엑스는 커다란 힘을 발휘할 수 있었다. 그가 죽은 지 30년이 지났지만 그러한 힘은 아직 소진되지 않았다.

그것은 케네디와 존 레논과도 공통점이 있는 미디어 시대의 카리스마로서의 힘이다. 자신을 영웅으로 만들어, 민족의 영웅을 필요로 하는 흑인 청소년에게 교묘하게 다가갔던 것이 말콤 엑스의 최대의 업적이었다고도 말할 수 있을 것이다. 이러한 의미에서 알렉스 헤일리에 의해 정리된『말콤 엑스의 자서전』은 커다란 중요성을 갖는다. 거기에서 말콤이 말하고 있는 것은 암흑 속에서 계시에 의해 광명을 찾았다는 것이다. 성서 속에 나오는 바울의 이야기의 현대판이라고도 할만한 이야기이다.

이야기는 단순하다. 아버지인 알 리틀은 침례교의 목사로서 1910년대부터 20년대 초반까지 흑인의 아프리카 귀환운동을 추진했던 마카스 가비에게 공감하였던 인물이었다. 흑인대중에게 민족의 자존심을 설교했던 아버지는 KKK단에 의해 끊임없이 박해를 받았고, 급기야는 린치를 당해 시가전철의 선로에 팽개쳐진 채 열차에 치여 살해당한다. 당국에서는 이것을 자살로 간주하여 보험금도 지급하지 않았고, 육아능력이 없다는 판결로 자식을 모두 다 빼앗긴 어머니는 정신병원에 수감되었다.

미시간주 메이콘의 백인 가정에 입양된 말콤은 학업성적이 우수했지만, 교사에게서 "흑인이 법률가가 된다는 것은 어림없다"는 말을 듣고나서 학교를 그만두고 보스톤으로 갔다. 거기서 댄스 홀의 구두닦이, 기차의 웨이터 등을 전전하였으며, 부유한 백인 가정의 아가씨를 연인으로 삼았고, 할렘에 나가면서는 범죄사회에 깊이 빠져들었고, 코카인에 중독되었으며, 절도단을 결성하여 절도를 하다가 체포당한다.

백인에게 학대를 받으면서도 은근히 백인을 동경하고 있었던 맹목적인 청년의 이야기는, 형무소에서의 '네이션 오브 이슬람'(블랙 모슬렘)과의 만남에 의해 극적인 전환을 맞이하게 된다. 학습에 의해 눈을 뜬 청년은 역사서 · 철학서을 독파하면서, 백인을 악마로 보는 '네이션'의 지도자인 이라이쟈 마호메트의 가르침이 올바르다는 것을 확신하게 된다. 1952년에 출소한 후 웅변적인 전도사가 되어 각지에서 포교에 전념하였으며, 귀의자를 비약적으로 증대시키는 활약을 한다.

1959년 CBS 특별기사에 의해 '네이션'의 존재가 미국 전체에 알려지게 되었고, 말콤은 그 대변인으로서 매스컴에서도 열변을 토하게 된다. 흑인대중의 분노를 부추기면서, 결연한 **분리주의**(흑백분리)를 설파했던 말콤의 말은 뜨거운 공감과 격렬한 논쟁을 일으켰다. 마틴 루터 킹 목사와 같은 '체제적인' 흑인지도자가 고상한 레토릭과 복음적 비약의 감성을 가지고 연설했던 것과는 대조적으로, 말콤은 비밥 재즈와 같은 업템포의 말을 내뱉는 스타일로 청중을 선동했다. 거리에서 단련된 그의 변론은 백인의 위선과, 백인과의 타협을 설교하는 흑인지도자의 기만을 폭로하는 강렬한 힘을 발휘했다.

그러나 단순히 '규탄'을 초월한, 해방의 전망을 그는 어디에다 결합시켰던 것일까? 1963년까지는 이라이쟈의 교의의 틀 내에서 신의 심판을 말로 언급하는 정도였다. "우리들 아프리카인의 납치와 강제노동은 사상 최대의 죄악이다. 그러한 죄로 인하여 백인이 신으로부터 심판받을 날이 멀지 않았다. 흑인이 해야 할 일은 백인을 적으로 해서 단결을 강화하는 것이다……." 그러나 1964년 초반(암살당하기 1년 전)에 '네이션'과 결별하고, '모슬렘 모스크 인코퍼레이티드'를 설립한 후에는 현실 사회에서의 투쟁으로 논의의 초점을 이동시켰다. 마지막에는 모국인 아프리카로 돌아가는 것이라고 하면서도, 우선은 게토를 정치적 · 경제적 · 문화적 · 정신적으로 지배하자는 호소는 블랙 팬더당 등 그의 사후에 조직된 민족해방운동의 투쟁에 결정적인 방향을 부여하게 되었다.

또한 메카를 순례하고, 게다가 아프리카 국가들을 방문하는 속에서 그의 발언은 점점 근대 식민지주의 전체를 파악하는 것으로 변화하고 있었다. 백인 전체를 '적'으로 돌리는 발언도 들을 수 없었고, 제3세계와의 연대 속에서 미국사회의 비인도성을 규탄하는 방향으로 강하게 나아갔다. 흉탄에 맞아 39세의 생애를 마감했던 것은 아프로-아메리카 통합기구를 조직하던 때의 일이었다.

죽음으로 인해 말콤은 문화적 아이콘으로서의 빛을 더했다. '혁명'을 외치는 소리가 희미해지고, 시대가 진정국면으로 접어들면서부터도, '영웅 말콤 엑스'의 이미지는 미국 흑인사회를 넘어서서 광범위하게 세계의 젊은이들에게 침투되고 있음을 볼 수 있었다. 90년대 초반에, 그의 초상은 '필요한 모든 수단을 강구하여' 등의 케치프레이즈와 함께, '과격'과 '순수'와 '흑'을 상품으로 하는 팝(pop)문화의 최고의 상품 중의 하나가 되고 있다.

그러나 가슴에 커다란 'X'를 써붙인 티셔츠가 세계의 길 모퉁이를 가득메운 적나라한 포스트모던적 상황에서, 말콤의 말에 고무되면서 성장해왔던 새로운 미국 흑인세대가 인종과 계급을 둘러싼 문제들을 논의하고, 새로운 이상을 설정하며, 자식들을 올바르게 인도하려는 오늘날, 무엇보다도 평범하게 인용되는 위인의 한 사람이 되었다는 측면도 무시할 수 없다.

대중의 고난이 종교적인 채널로 이끌려 들어갔던 시대와 강렬한 자아의 이미지가 미디어를 통해서 상품화되는 시대 사이의 짧은 기간에 걸친 1960년대에 예언자로서, 스타로서 흑인 문제를 말하는 담론을 변화시켰으며, 그것을 통해 현실 역사를 움직였던 사람의 진실한 존재의의에 관해서는, 지금부터 논의해야만 할 것이 산적해 있는 것 같다.

■ 주요 저작

『말콤 엑스』(창작과비평사)

맑스

Karl Marx(1818~83)

자유주의적 변호사인 아버지와 대대로 랍비 집안 출신인 어머니 사이에서 태어났다. 아버지의 영향 아래에서 프랑스의 계몽주의와 문화를 흡수하며 자랐다. 맑스는 학교교육을 받기 이전에 이미 계몽주의의 자식이었다. 대학에서는 법학과 철학을 전공하였으며, 헤겔의 철학에 매료되어 대부분의 헤겔 좌파 사람들과 친분을 맺게 된다. 졸업논문은 『데모크리토스와 에피쿠로스에서 자연철학의 차이』였다.

당시의 맑스는 급진자유주의의 입장에 서 있었기 때문에, 보수적인 대학에서 자리를 얻는다는 것은 불가능해서 부득이 『라인 신문』의 주필이 되어 저널리즘 분야에서 활동했다. 『라인 신문』 시기에 사회 문제에 눈을 뜨게 된다. 프로이센 정부의 탄압에 의해, 파리에 망명하게 되었고, 그곳에서 A. 루게와 공동으로 『독불 연보』를 출간한다(1844년). 여기에 유명한 「헤겔 법철학 비판 서문」과 「유태인 문제에 관하여」를 발표한다. 파리에서 초기 맑스를 대표하는 『경제학 · 철학 초고』가 씌어진다(1844년). 프로이센의 압력으로, 프랑스 정부는 맑스를 국외로 추방한다. 처음에는 브뤼셀, 다음에는 런던으로 망명한다. 런던은 맑스의 작업과 정치활동의 무대가 된다.

1845~46년에 맑스는 엥겔스와 함께 『독일 이데올로기』를 썼다. 1948년에는 『공산당 선언』을 발표한다(엥겔스와의 공동 서명). 1948년의 프랑스의 2월 혁명과 독일의 3월 혁명의 시기에는 『신라인신문』에 『프랑스에서의 계급투쟁』을 쓴다(1950년). 루이 보나파르트의 쿠데타 직후에 명저인 『루이 보나파르트와 브뤼메르 18일』을 발표했다(1952년). 1857~58년에 『경제학 비판 요강』(초고, 보통 『그룬트리세』)을 새로 쓰기 시작했다. 1861~63년에 『자본』의 초기 초고인 이른바 『잉여가치 학설사』가 씌어졌다. 1864년에 제1인터내셔

널을 창설한다. 1867년에 『자본』 제1권을 출판한다. 1871년에는 『프랑스 내전』을 발표한다. 엥겔스는 맑스의 유고를 토대로 『자본』 제2, 3권을 편집하여 출판했다.

유물론 철학. 학위논문인 『데모크리토스와 에피쿠로스에서 자연철학의 차이』는 에피쿠로스의 **클리나멘**이라는 개념에 초점을 맞추었다. 클리나멘론으로서는 선구적이며 개척적인 업적이었다. 물질의 운동은 클리나멘(경사운동)에 의해 **충돌**하며, 거기서 **사건**을 만든다. 이러한 클리나멘/충돌의 개념은 맑스의 사상의 지평선이 된다. 당시의 맑스는 아직 유물론자는 아니었지만, 클리나멘/충돌론은 유물론의 기초였다. 클리나멘과 충돌의 개념이 사회와 역사라는 장소로 옮겨지자마자, 투쟁 개념이 된다. 자연과 사회는 모두 클리나멘에 의한 물질적 만남/충돌/투쟁으로 운동한다. 맑스의 유물론은 결코 경제결정론이 아니다. 그것은 존재를 충돌과 투쟁의 형태로 보는 입장이다. 『포이에르바하에 관한 테제』 속에서 맑스는 인간의 본질을 '사회관계의 총체'로 정의했지만, 이러한 '관계의 총체'라는 것은 충돌적인 만남에 의해 형성된 총체이며, 사회관계(생산관계와 생산력으로서의 경제, 권력관계로서의 정치, 대립하는 관념의 장으로서의 문화)는 클리나멘적 투쟁을 원동력으로 한다. 그리하여 『공산당 선언』은 이렇게 말한다. "지금까지의 역사는 계급투쟁의 역사였다."

역사론. 맑스가 말한 '물질적인 것'을 클리나멘적인 투쟁이라고 한다면, 경제도 또한 이러한 관점에서 이해되어야만 할 것이다. 다시 말해서 경제는 '물질적인 것'(투쟁과 충돌과 사건의 형성)의 운동의 '상부구조적'인 결과에 지나지 않는다. 왜냐하면 경제과정은 물적 충돌/투쟁관계에서 생겨난 이데올로기 과정이기 때문이다. 경제는 전혀 물질적인 것이 아니다. 여기에 맑스의 '정치경제(학) 비판'의 획기적인 의미가 있는 것이다. 맑스의 『자본』은 결코 비판적인 경제학이 아니다(어떤 의미에서도 경제학은 아니다). 그것은 자본주의 생산양식(생산관계와 생산력관계의 관계 내지는 구조)이 지배하는 시민사회가 이데올로기(상품, 화폐, 자본이라는 가치형태에 대한 물신성)에 의해서 전도된 마술적인 세계로 되어 있는 사태를, 클리라멘적인 유물론에서 분석한 역사 이론이다.

정치론. 『공산당 선언』은 프롤레타리아혁명을 명확하게 주장했다. 혁명의 담지자로서의 **프롤레타리아트**란, 이념적으로는 현실의 노동자계급과는 일치하지 않는다. 그것은 오히려 사회관계의 질서로부터 배제된 '탈(脫)/반(反)인간' 이다. 이러한 이념에 최고로 근접한 존재자로 보여진 것이, 당시의 빈민 노동자계급이었다. 그것은 당시의 노동자계급이 노동자가 되지 않으면, 정말로 비인간이 되는 경향을 체현하고 있었기 때문이었다. 혁명은 노동자가 노동자 국가를 만드는 것이 전혀 아니다. 맑스적인 프롤레타리아혁명은 노동자가 노동자인 것을 중지하고, 프롤레타리아트가 되어, 그들의 클리나멘적인 투쟁에 의해 지금까지의 역사를 종언시키고, 새로운 인간세계를 열어제끼는 **사건**을 만들자는 것이다. 노동과 투쟁이 역사를 만드는 것이지만, 그것으로부터의 해방 그 자체가 혁명의 목적이다. 그것은 자유인의 여러 공동체로부터 이루어진 커다란 공동체(헤겔적인 유일한 세계국가에 해당하는 것)의 형성을 목표로 한다. 여기에는 명백히 세속화된 종말론이 흐르고 있다. 그러나 혁명은, 벤야민이 지적하고 있는 것처럼, 어디까지나 신학적인 성질을 가질 수밖에 없다. 혁명이란 본래 그러한 것이다. 단지 맑스의 프롤레타리아혁명 이념은 노동자혁명(20세기의 혁명은 모두 그러했다)에서 벗어나 있으며, 또한 한번도 실천된 적이 없다고 할 수 있다.

맑스주의. 레닌과 스탈린은 러시아 맑스주의를 만들고, '국가자본' 주의로서의 '국가사회주의' 를 건설했지만, 그 실험은 1991년에 종말을 고했다. 20세기의 맑스주의는 맑스 사상의 러시아적 편향과 왜곡의 역사였다. 여기에 저항하여 비판한 이단적인 맑스주의도 있었다. 이탈리아의 그람시, 헝가리의 루카치, 독일의 프랑크푸르트학파(호르크하이머, 아도르노, 벤야민, 마르쿠제 등), 프랑스의 알튀세르 등은 맑스의 사상을 깊이 이해하기 위한 귀중한 작업을 지금도 여전히 수행하고 있다.

■ 주요 저작

『경제학 · 철학 초고』, 『맑스 · 엥겔스 저작 선집』(전6권, 박종철출판사), 『자본』(비봉)

맥루언

Marshall McLuhan(1911～80)

캐나다 알버타주의 에드먼튼에서 태어났다. 마니토바대학에서 기계공학과 문학을 공부한 후, 케임브리지대학(영국)에 유학하였다. 위스콘신대학(미국), 세인트 루이스대학 등을 거쳐서, 1946년부터 토론토대학 교수와 동대학의 문화 · 공학 연구소장을 맡았다. 많은 문학관계 연구논문을 발표한 후, 『기계의 신부』(1951년)와 함께 미디어 연구에 돌입하여, 『구텐베르크의 은하계』(1962년), 『미디어의 이해 ── 인간의 확장』(1965년) 등에서 독창적인 **미디어 문명론**을 전개했다. 글렌 굴드(피아니스트), 노스롭 프라이(문예 비평가)와 함께, 캐나다 토론토에 사는 세계적인 문화인으로 알려져 있다.

그 주요한 저작들은 일본에서도 1960년대 후반에 연이어 번역 · 논평되어, 저널리즘 · 방송관계자 및 유통 · 광고업자들 사이에서 '맥루언 선풍'으로 불리울 정도였다. 일단 종식된 이러한 선풍은 80년대에 들어와서 부활한다. 절판되었던 주요한 저작이 부각되어, 보드리야르의 소비사회론 등과 함께, 일본에서도 또한번 사상계 및 저널리즘계를 떠들석하게 했다. 이번에는 커뮤니케이션론 · 도시론의 유행 속에서 **미디어**를 신체 내지는 감각이라는 관점에서 논의했던 미디어론의 선구자로서였다.

맥루언의 미디어론, 그것은 서구의 3,000년에 이르는 미디어 문명사를 대상으로 한 장대한 것이었다. 맥루언은 인간의 기술을 인간의 능력의 확장으로서 포착한다. 다시 말해서 맥루언은 신체의 운동능력과 감각능력을 확장시키기도 하고, 보다 치밀하게 만들기 위해 우리가 개발해왔던 모든 장치를 미디어로 부른다. 말 · 교통기관 · (전화와 라디오, TV와 같은) 전달기구는 물론, 종이 · 의복 · 주거 · 시계 · 사진 · 레코드 · 영화, 그리고 무기와 오토메이션에 이르기까지 그것들이 우리들의 지각을 새로이 구조화시키는 한에서, 미디어로 규정한다. 미디어를 이와 같이·우리들의 경험을 구조화하는 장치로 포착한다면, 미디어는 이미 경험 외적인 조건이 아니게 된다. 경험은 오히려 미디어에 의해서 가능하게 되고, 미디어와 함께 변화하게 된다.

미디어의 변화는 미디어의 전달내용 그 자체와는 비교할 수 없을 정도로 철저한 변화를 우리의 지각과 사고에 초래한다("미디어는 메시지이다"). 미디어는 인간이 개발한 기술임과 동시에, 언제나 인간의 새로운 환경을 만들어내고 있다. 그리고 그러한 환경과의 관계 속에서 인간의 지각 · 감각능력 그 자체가 구조적으로 변화하고 만다는 것이다.

미디어와 우리들의 감각 사이에서 중요한 것은 그가 감각비율(sense ratio)이라고 부르는 것의 문제이다. 미디어와 우리들의 특정한 감각기관 사이의 접합은 그러한 특정한 감각을 증폭시키고, 확장시킨다(전화는 청각을 확장시키며, 현미경과 망원경은 시각을 확장시킨다). 그렇게 되면 종래에 성립했던 감각들 사이의 비율관계의 균형이 파괴된다. 감각들 사이의 상호작용에서 동요가 발생한다. 그리고 감각들 사이에 미지의 어떤 새로운 형태가 요청된다. 감각의 상호작용의 변화는 단적으로 말해서 현실(리얼리티)의 질적인 변화를 의미하는데, 그 새로운 리얼리티의 질이 요청되게 된다는 것이다. 예를 들면 활자라는 미디어의 출현도 역시 감각들 사이의 상호관계에서 철저한 변환을 야기했다. 활자는 시각기능을 강도높게 확장함으로써 청각과 촉각을 필두로 한 다른 감각기능을 저하시키고 말았으며, 우리들의 경험은 시각 중심으로 편성되게 되었다는 것이다.

맥루언에 따르면, 인류는 문명사 속에서 세 차례에 그러한 기본적인 커뮤니케이션 미디어를 크게 변화시켰다. (1)문자의 발명, (2)활자(활판인쇄술)의 발명, (3)일렉트로닉스 기술의 발명이다. 그 중에서도 현대라는 시대의 콘텍스트 속에서 맥루언이 특히 중시하는 것은 우리의 전자시대의 경험의 변용이다. 그것은, 전화와 라디오가 청각의 확장이고, 현미경과 망원경과 고정밀도의 필름이 시각의 확장인 것에 대해, 그것들의 교배(交配)에서 생겨난 TV는 모든 감각의 최대한의 상호작용을 일으키기 때문이다. 활자라는 미디어가 감각들의 분리와 단편화를 촉진시켰던 것에 대해서, TV로 대표되는 전자정보 미디어는 특정한 감각이 아니라 그 통합과정, 즉 우리의 중추신경조직을, 결국은 우리의 의식 그 자체를 확장하는 것이다. 인류의 신경세포에 비유할 수 있는 전자 미디어망이 전지구적 규모로 확장되는 이러한 현재의 지구를, 맥루언은 "두개골의 외부에 뇌를 가지고, 피부의 외부에 신경을 지니게 된" 인간들이 만든 '지구촌'(글로벌 빌리지)으로 이미지화하고 있다. 어쨌든 미디어의 변환은 인간의 감각과 인간의 사회적 관계 그 자체를, 더 나아가서는 인간의 현실 그 자체를 변환시키는 것이다.

미디어론과 병행하여, 맥루언은 고도산업사회 속에서 사람들의 무의식적인 꿈이 일련의 환영으로서 표류하고, 조작되는 그 광경을 교묘한 레토릭을 구사하면서 '산업사회의 민속'으로 묘사했다. 『기계의 신부』로 대표되는 작업들이 그것이다. 이와 같은 고도소비사회의 무의식에 대한 분석은 80년대의 기호론적인 소비사회론에 커다란 영향을 미쳤다. 또한 미디어를 단순한 정보의 문제로서가 아니라, 신체성과 감각의 문제로서 논의했던 맥루언의 이론은 현재 멀티미디어론과 버추얼 리얼리티론의 지평에서도 항상 무엇보다도 먼저 기본적으로 참조해야 할 기본축이 되고 있다.

D. 맥도널드는 일찍이 맥루언을 평가하면서 이렇게 말했다. "맥루언은 독창적이고 상상력이 풍부하다. 특히 창의력이 풍부한 사상가이다. 그에 비하면, 슈펭글러는 신중함이 지나치고, 토인비는 상상력에서 떨어진다"

■ 주요 저작

『미디어의 이해』(삼성출판사), 『미디어는 맛사지다』(열화당), 『구텐베르크의 은하계』

메를로-퐁티

Maurice Merleau-Ponty(1908～61)

메를로-퐁티는 프랑스의 대서양 연안인 쉬포르 쉬르 메르에서 태어났으며, 고등사범학교를 졸업하였다. 군 복무 후 리세의 철학 교사, 리용대학, 파리대학을 거쳐 1952년 콜레쥬 드 프랑스의 교수에 취임하였다. 장 폴 사르트르, 알베르 카뮈, 폴 니장, 레이몽 아롱, 시몬느 드 보봐르, 클로드 레비-스트로스 등과 함께 전후 프랑스 사상의 제1세대를 형성하는 인물이다. 또한 사르트르와 함께 잡지 『현대』를 주재하면서 동시대의 정치상황에 대해 적극적으로 발언하였지만, 공산주의에 대한 평가를 둘러싸고 사르트르와 결별하였다.

『행동의 구조』(1942년), 『지각의 현상학』(1945년)을 시작으로 한 초기 연구의 일관된 테마는 그 무엇도 의식의 대상으로밖에 존재하지 않는다는 관념론적 사고와 의식은 세계 내부의 사실적인 사건이다라는 실재론적 사고의 대립을 앞에 놓고, 의식에도 대상적 사실에도 없는 생의 보다 근원적인 **양의적(兩義的) 존재**를 탐구하는 것이었다.

『행동의 구조』는 요소론적 심리학에 대항한 게슈탈트 심리학의 영향을 받아 자극, 학습, 행동의 구조를 '형태'의 입장에서 분석하여 그 철학적 귀결을 '구조의 철학'으로 전개하였다. 이 '형태'는 객관적인 사물은 아니지만 의식 혹은 그것이 산출하는 관념도 아닌 양의적 존재이며, 그것이 『지각의 현상학』에서는 순수한 의식이 아니라면 물도 아닌 신체적 실존과의 관계에서 고찰되고 있다.

신체는 인간이라는 존재의 폐기 불가능한 조건이면서도, 서구의 철학사 속에서는 오랫동안 주제로서 논의되지 않았던 문제이다. 혹은 기껏해야 세계는 정신과 물질로 이루어져 있다는 데카르트 이래의 전통적인 이분법적 틀 속에서 정신의 구현인 물체와 동일시되어 심신 문제라는 맥락에서 논의되었을 뿐이었다. 따라서 정신과 물체, 주관과 객관(혹은 의식과 대상), 의식과 감성이라는 서구 근대 철학의 다양한 이항대립적인 개념도식이 파괴되기 시작하면서 분명한 위치를 가질 수 없게 된 신체라는 양의적 존재가 그러한 개념도식의 추상성을 비판하는 형태로 주목받게 되었다. 신체는 이렇게 '나'라는 인칭적인 주관성(코기토로서 규정된 의식)과 그것이 대상화적으로 구성한 세계라는, 세계 인식에서 주관/객관이라는 구도를 비판적으로 초월하기 때문에, 코기토에 선행하는 주체의 익명적인 전인칭적 존재방식(전통적인 용어를 사용하자면, '육체를 부여받은' 주체라고 할 수 있다)으로서 훗설의 후기 사상(특히 신체성과 상호주관성, 생활세계의 이론)에 커다란 영향을 받은 이 현상학자에 의해 처음으로 문제화되었다.

지각의 분석 속에서 부상한 **신체성**(corporéité)이라는 사고는 몸짓과 언어표현이라든가, 성적 실존이라는 경우에도 확장되어 그것들의 '실존적 의미'를 짊어진 것으로 주제화된다. 언어가 '사고의 신체'로서, 커뮤니케이션이 **상호신체성**(intercorporéité)으로, 다양한 역사적 제도가 사회적인 삶의 신체로서 파악되는 것이다.

그러나 실존적 주체로서의 신체라는, 실존적 현상학의 발상은 그후 주관성이라는 존재를, 말하자면 그 아래 방향으로 열어젖히는 가운데 의미 생성의 보다 근원적인 장면으로 분석을 소급함으로써 여러 가지 새로운 문제 차원을 언어와 역사 연구 속에서 열어제꼈다. 그것은 특히 소쉬르의 언어학과의 만남 속에서 발견된 기호와 기호 사이의 차이가 의미를 가능케 한다는 관점이다. 그리고 메를로-퐁티가 앙드레 말로에 대해 '일관된 변형' 내지 '스타일'이라고 부른 그러한 차이의 창조적 갱신의 운동이 예술적 표현과 역사 속에서 독해되어왔다. 그러한 작업은 『기호』(1960년)와 『세계의 산문』(1969년)에 수록되어 있는 논문 속에서 볼 수 있다.

메를로-퐁티는 이러한 차이의 생성론을 더 나아가 존재론적으로 탐구하였다. 그것이 유고가 된 만년의 저작 『보이는 것과 보이지 않는 것』(1964년)의 가역성의 사상이다. 보는 신체와 볼 수 있는 신체가 동일한 신체라는 것 속에서 현상이 생기하는 것의 근거를 탐구한다는 이 가역성의 사고방식은 보는 것과 볼 수 있는 것(느끼는 것과 느껴지는 것)의, 서로 감기는, 연결되는, 엮인다라는 상호 침식적인 관계를 나타내는 **교차 배열**(chiasme) 내지 '상호 잠식'이라는 개념을 핵으로 전개된다.

교차 배열은 두 개의 항이 분리되어 점점 대립한다기보다는 오히려 각각이 다른 것에 의해 확인됨과 동시에, 각각이 다른 것으로 전환되는 상호 내부에 속하는 현상('서로 다른 것의 둘레를 싸고는 있는 안과 밖')을 가리킨다. 그리고 이 관계는 볼 수 있는 신체와 보는 신체 사이에서, 하나의 감각과 다른 감각 사이에서, 주관과 객관 사이에서(보는 신체와 볼 수 있는 물 사이에서), 자기와 타자 사이에서 언어와 지각, 사고와 존재, 정신과 자연 사이로 확장되어간다는 것이다. 메를로-퐁티는 "나의 신체는 세계와 마찬가지의 육체가 될 수 있다"고 말했지만, 이때 나의 신체와 세계가 거기에서 출현하고 있는 '존재의 요소'가 **'육체'** 라고 불려지며 이 '육체'의 자기 이중화의 운동('감각적인 것의 재귀성' 혹은 '거울의 현상'이라고도 불려진다), 즉 존재의 '파열'의 과정이 교차 배열이라는 형태로 생성된다는 뜻이다.

이러한 논리는 대립하는 이항의 동화도 지양도 아니며 오히려 "동일성과 차이의 차이이다"라는, 앞서 훗설과의 만남 속에서 생겨난 차이화의 논리를 더욱더 전개시킨 것으로 이 '두 개의 것 사이'(entre-deux)야말로 모든 것이 출현하는 장을 이루는 것이다. 이러한 사고방식은 **부정적 존재론** 혹은 간접적 존재론이라고 불려지며 전후의 현상학의 전개에 결정적인 영향을 미쳤을 뿐만 아니라, 프랑스 현대 철학의 전개에도 수많은 족적을 남기고 있다.

▣ 주요 저작

『현상학과 예술』, 『의미와 무의미』(이상 서광사), 『지각의 현상학』, 『볼 수 있는 것과 볼 수 없는 것』, 『변증법의 모험』

메이에르홀리드

Vsevolod Emil' evich Meierkhol' d(1874～1940)

메이에르홀리드는 1874년 러시아 중부의 지방도시인 펜자에서 태어났다. 아버지는 프로이센 국적을 가진 독일인 실업가였다. 모스크바 필하모니협회 연극학교에서 네미로비치 단첸코에게 사사를 받았고, 그 학교를 우수한 성적으로 졸업하자마자, 1898년에 창설된 모스크바 예술극장에 초빙되어, 먼저 배우로서 데뷔하게 된다. 그러나 1902년에는 모스크바 예술극장과 작별을 고하고, 자신의 극단을 결성하여 지방도시인 헤르손에서 연출가로서 활동을 시작했다.

1906년부터 1907년에 걸쳐서는 페테르스부르그의 여자배우인 코미사르제프스키야의 극단에서 상징주의 연극을 실험했다. 이 시기의 연출 작품으로는, 블로크의 『구경거리 오두막』, 입센의 『헷다 가브라』, 앙드레에프의 『사람의 일생』 등이 있다. 그리고 1908년에는 페테르스부르그의 황실극장의 배우겸 연출가에 취임하여, 그후 10년간에 걸쳐 이곳을 거점으로 몰리에르의 『돈 쥬앙』, 레르몬토프의 『가면무도회』, 바그너의 『트리스탄과 이졸데』 등의 희곡과 오페라를 직접 연출함과 동시에, 닥터 다펠도트라는 가명을 사용하여 황실극장이라는 틀 외부에서 개인적인 연출의 실험을 과감하게 계속해 나갔다.

1917년에 러시아혁명이 발발하자, 메이에르홀리드는 그 혁명을 적극적으로 받아들여, 1918년에는 공산당에 입당하였으며, **'연극의 10월'** 이라는 슬로건을 내걸고 연극 분야에서도 혁명을 추진하자는 시도를 했다. 그리고 혁명의 전망을 찬양했던 마야코프스키의 『미스테리아 브프』를 재빨리 상연하였으며(1918년, 개정판 1921년), 1922년에는 류보퓌 포포바에 의한 구성주의적인 무대장치를 사용해서 크롬랑의 『당당한 간부의 남편』을 상연했다. 이것은 메이에르홀리드가 개발한 연기훈련 이론인 **바이오 메카닉**(생체역학)의 성과라고 말해야 할 것이다. 그리고 그후 그는 자기자신의 메이에르홀리드극장을 이끌어서, 오스트로프스키, 그리보예도프, 고골리 등의 고전에서 대담한 새로운 해석을 가함과 동시에, 마야코프스키, 엘드만, 오레쟈 등의 동시대 소비에트 작가들의 작품을 다루었다.

그러나 1930년대 중반에 사회주의 리얼리즘의 기치 하에 예술이 공산당에 의해서 일원적으로 지배되게 되자마자, 메이에르홀리드의 혁신적인 연극에 대해서 형식주의라는 비판이 강하게 일었으며, 1938년에 그의 극장은 폐쇄되었다. 그리고 1939년에는 그 자신이 체포되어, 1940년에 처형당했다. 부인인 여배우 지나이다 라이히도 1939년에 누군가에 의해 참혹하게 죽임을 당했다.

*　　　　*　　　　*

메이에르홀리드의 출발점은, 모스크바 예술극장의 스타니슬라브스키로 대표되는 자연주의적인 연극에 반기를 들고, **'약속'** 으로서의 예술을 추구하는 것이었다. 그는 현실의 충실한 재현에서 출발한 자연주의 연극을 비판하고, 음악과 미술 등의 모든 표현수단을 구사해서 시대를 '양식화' 한 것을 무대 위에서 시도했다. 그리고 광범위한 문화적 교양의 소유자였던 그는 이탈리아의 민중가면극인 코메디아 데라르테 및 기술과 가무연주의 수법까지 취하면서 새로운 연극형식을 탐구했다.

그리고 메이에르홀리드는 러시아혁명을 적극적으로 받아들여서, 혁명 후의 러시아 사회에서 예술혁명을 수행하고자 했다. 그는 시인인 마야코프스키, 화가인 말레비치, 조형작가인 타틀린, 영화작가인 에이젠슈타인, 포멀리즘 이론가인 시클로프스키 등의 다른 장르에서 활약하고 있던, 다시 말해서 **러시아 아방가르드**의 기수들과 함께 예술혁명의 선두에 서서, 당시의 러시아 문화의 축제적인 상황을 확대시켰다. 그런 의미에서 그는 혁명의 추진자(더 나아가 어떤 의미에서는 가해자)이지, 단순한 희생자는 아니었다. 종래의 가치체계로부터 해방된 혁명 직후의 소비에트 사회의 혼란되고 활성화된 상황은, 마치 축제와 같은 상황이었는데, 메이에르홀리드는 거기에 호응하여, 연극 속에 서커스와 무대장치와 코메디아 데라르테 등의 요소를 도입하였고 관객을 한 사람의 '창조자' 로 만들어 축제적인 연극공간 속에 끌어들였으며, 또한 '배우의 신체적 성질과 본래의 연극적 성질을 연극에서 끌어내리고, 그것을 통하여 대사와 현실의 재현에 속박되었던 근대의 무대를 해방시키는 작업을 자기자신이 직접 했던' 것이다.

그러나 소련 사회에서 메이에르홀리드가 혁명적인 노선을 추진하면 할수록, 그의 존재는 정치권력과는 양립할 수 없게 되었다. 1930년대 중반 스탈린 체제의 확립과 더불어 소련의 예술 전체를 지배하게 된 사회주의 리얼리즘의 교의는, 본질적으로는 사회의 모순을 호도하면서 하나의 안정된 세계관의 틀을 만들자고 했던 것이었지만, 메이에르홀리드의 예술은 거기에 대해 정면으로 맞서서, 은폐된 모순을 항상 폭로하고, 일상적인 것을 비일상화하며, 안정된 틀의 구축을 거부하고, '영속혁명'을 수행하자고 계속 주장했기 때문이다. 이러한 메이에르홀리드의 지적 활동방식은 그가 체계적인 저작과 고정적인 '체계'를 남겨놓지 않았다는 것과도 확실한 관계가 있다. 그의 생애의 궤적을 살펴보면 즉각 알 수 있겠지만, 리얼리즘에서 상징주의 그리고 혁명 연극으로, 그는 동시대의 모든 예술상의 움직임을 탐욕적으로 받아들이면서, 매우 빠르게 변신한 '변모하는 천재'였다. 야마구찌(山口昌男)가 선구적인 메이에르홀리드론(『역사 · 축제 · 신화』)에서 지적하고 있듯이, 이러한 문화와 사회의 모든 틀을 벗어나버린 메이에르홀리드가, 정치권력이 필요로 하는 '희생물'로 선택된 것은 불가피한 것이었다.

이리하여 1940년에 숙청의 희생물이 된 이후 메이에르홀리드는 소련 국내에서는 거의 20년 동안 묵살되었지만, 1960년대 이후에는 러시아 국내뿐 아니라 또한 국제적으로도 재평가가 이루어져왔으며, 지금은 20세기 최대의 연극인 중의 한 사람으로서 공적을 널리 인정받고 있다. 그러한 영향은 연극계에 한정시켜도, 브레히트에서부터 피터 브룩과 구소련에서 다강카극장을 이끌었던 유리 류비모프에 이르기까지 헤아릴 수 없을 정도로 크다.

모노

Jacques Lucien Monod(1910～76)

모노는 1910년 프랑스에서 태어나, 2차대전 중에는 레지스탕스운동에 적극적으로 참가하였으며, 1945년에 파스퇴르 연구소에 들어가 미생물생리 연구실에서 일했으며, 곧 세포생화학 실장이 된다. 그후 파리대학 교수, 콜레쥬 드 프랑스 교수 등도 겸임하게 된다. 1965년에는 효소와 바이러스 합성의 유전적 제어의 연구로 프랑수아 자콥, 앙드레 르보프와 함께 노벨 의학생리학상을 수상하였고, 그후 파스퇴르 연구소의 소장이 되었다. 1970년에 분자생물학의 사상적인 문제를 논했던 **『우연과 필연』**을 출판하자마자, 프랑스를 시작으로 각국에서 커다란 화제가 되었다.

1953년에 왓슨과 클릭에 의해서 DNA의 2중구조가 명확하게 밝혀졌으며, DNA가 가지고 있는 유전 정보가 어떻게 발현하는가에 대한 메커니즘의 해명이 분자생물학의 중요한 과제가 되었다. 모노는 파스퇴르 연구소의 르보프가 포기했던 작업을 자콥과 함께 발전시켜, 대장균의 효소단백질 합성메커니즘에 관해서 오페론설을 제창했다. 이 학설의 올바름이 그후 검증되어, 유전정보 발현 메커니즘의 해명에, 그리고 **분자생물학** 일반에 커다란 공헌을 하게 되었다.

1970년의 저작인 『우연과 필연』은 자신의 오페론설을 중심으로 분자생물학의 성과를 일반 사람들에게 평이하게 서술한 것에 그치지 않고, 그것을 넘어서서 모노의 독자적인 생명론, 우주론을 대담하게 전개하고 있으며, 더 나아가 윤리적인 문제도 논하고 있는 저작이다. 모노는 분자생물학에 의해서, 생명의 목적론과 생기론, 물활론이라는 인간의 사고에서는 자연적 사고방식이 부정되었으며, 생명과 인간은 우주에서 완전히 우연적으로 생겨나는 것이며, 목적을 갖지 않는 자연선택의 소산으로서 어떠한 필연적 · 특권적 존재가 아니라고 주장한다. 또한 그 하나의 귀결로서 그는 생기론과 물활론이 윤리와 지식 사이의 절대적인 구별을 하지 않는 것에 대해, 그 양자를 혼동하는 것을 금하는 '객관성의 공준'(公準)을 참된 지식의 원리라고 하지만, 그 원리를 취하는 것 자체는 하나의 윤리적 선택이라고 한다. 모노는 특히 프랑스에서 커다란 영향력을 가지고 있던 카톨릭 사상가인 테이세르 드 샤르뎅과, 맑스주의의 자연변증법을 비판의 대상으로 하여, 그것들이 분자생물학에 의해서 부정되었다고 주장하였으며, 이러한 주장은 이 사상의 지지자의 반발을 유발했다.

이 책이 당시의 상황에서 커다란 반향을 일으켰던 것에는 몇가지 이유가 있다. 하나는 모노가 노벨상 수상자일 뿐 아니라, 레지스탕스의 투사, 그리고 전후에도 좌익적인 입장을 견지하면서, 68년에 학생측을 지지했던 것 등으로도 유명한 사람이었기 때문이다. 그러한 그가 뤼센코의 생물학 이론 그 자체는 이미 부정되고 있었다고 하더라도, 당시까지 영향력을 떨치고 있었던 맑스주의의 **자연변증법**이 분자생물학에 의해서 부정되었다고 주장했던 것은 충격적이었다. 모노의 책이 커다란 영향을 끼칠 수 있었던 그밖의 일반적인 배경으로서는, 분자생물학에 의한, **생명과학** 혹은 **라이프 사이언스**에 대한 과학계의 상황변화였다. 분자생물학의 연구 자체는 1950년대에 시작되고 있었지만, 모노 자신의 업적을 포함하여 그것들이 하나의 생명관으로서 통합된 것은 1960년대 말이었다. 과학에 관한 철학적 논의로는 당시까지 소립자론을 필두로 한 물리학 분야가 사상적인 관심을 주로 끌고 있었는데, 1970년 이후 사상적인 관심이 생명과학으로 이동하는 시기에 이 책이 간행됨으로써 커다란 영향을 끼쳤던 것이다. 또한 1960년대 말의 대학분쟁 등으로 제2차대전 이후의 근대적인 인간중심주의가 비판받게 되었던 시기에, 모노가 이 책에서 인간은 우주의 중심에서 어떠한 특권적인 존재가 아니라고 주장했던 것이 인간중심주의의 부정으로 받아들여졌다.

내용면에서 말하자면, 이 책에는 분자생물학 혹은 당시의 생물학 일반의 정설과 모노의 독자적인 사상 내지 철학이라는 두 가지의 요소가 혼재되어 있었고, 생물학 이론의 해석방법에도 그것이 나타나고 있었다. 전반적으로 물리화학 **환원주의**적인 경향이 강했지만, 그것은 당시의 분자생물학자 일반의 경향이었는데, 대장균에서 인간에 이르기까지 모두 동일한 원리로 설명 가능한 것으로 되어 있었다. 그러나 그후의 분자생물학은 반드시 그러한 노선에 따라 진행된 것은 아니었다. 실제로, 생물학자는 점차적으로 그러한 강한 환원주의를 취하지 않았다. 오페론설은 당초 고등생물에게서도 동일한 형태로 성립한다고 생각되고 있었지만, 생물의 진화과정에서 유전 정보 발현 메커니즘에서 변화가 발생하며, 세균과 진핵생물 이상의 생물에서는 그러한 메커니즘이 다르다는 것이 명확하게 되었다. 또한 (당시에 일반적으로 그렇게 생각되고 있었지만) 분자생물학이 **유전자 조작** 등의 실용기술과는 다른 것이라는 모노의 예상도, 실제로는 그후 우연한 발견으로 그것이 실용화되어 산업기술로 사용되게 되고, 유전자 조작에 관한 윤리적 내용들이 과학과 사회의 관계를 둘러싼 문제를 새롭게 유발시키게 됨으로써 부정되고 있다. 따라서 생명윤리와 환경윤리의 문제에 대한 언급이 없는 것은 당연하다. 그러므로 이 책은 1970년 무렵까지의 생물학에 기초했던 것이기 때문에 그후의 생물학을 둘러싼 문제상황의 변화는 당연히 반영되어 있지 않다.

또한 모노의 독자적인 사상과 철학에 관해서 볼 때, 사상가로서 지녀야 할 설득력있는 논의가 전개되어 있지 않으며, 모노 개인의 견해의 표명에 지나지 않는다고 말할 수도 있다. 예를 들면 객관성의 공준에 관한 그의 논의는 철학자들의 입장에서 본다면, 지나치게 소박한 것이다. 생물학에 관한 이론적 문제에 관해서도 이 책이 간행된 이후 스코페닐의 『반우연』을 시작으로 모노에 대한 비판이 행해졌다. 그러므로 이 책에서 모노가 기술하고 있는 내용 전체가 그 이후의 통설 내지 정설로 받아들여지고 있다고 말할 수는 없다. 그러나 그후 성행하게 되었던 생물학에 관한 과학철학적인 논의에서도 이 책은 하나의 전형적인 입장을 표명했던 것으로 언급되고 있으며, 분자생물학의 사상적 · 철학적인 논의를 제기했던 초기의 저작 중의 하나로서 여전히 의의를 갖고 있다.

■ 주요 저작

『우연과 필연』(삼성출판사)

모랭

Edgar Morin(1921~)

에드가 모랭은 1921년에 파리의 유태인계 가정에서 태어났다. 30년대의 인민전선 정부의 성립을 시작으로 하는 격동 속에서 보낸 소년 시절 때부터 정치적인 문제에 눈을 뜨게 되었다. 1939년 가을에 파리대학의 법학부와 문학부에 등록을 하지만, 다음해 4월에 독일군의 프랑스 침공과 함께 남프랑스 도울즈로 이주한다. 그리고 도울즈에서 공산주의자들의 저항운동에 참가하였고, 또한 그 지역에서 사회학자인 죠르쥬 프리드만과도 만나게 된다.

모랭의 작업을 크게 나눈다면, 1970년 무렵까지의 사회학자로서의 작업과, 그 이후의 복잡성 내지 자기 조직성이라는 지극히 현대적인 주제에 관해 언급하는 작업으로 나눌 수 있을 것이다.

2차대전이 한창이었던 시기에 대학에 등록하였기 때문에, 대학에서 사회학에 대한 엄밀한 학습은 없었지만, 프리드만에게 재능을 인정받아, CNRS의 사회학 연구자로서 자리를 잡고, 트왈르메, 크로아지에 등과 함께 전후 프랑스 사회학의 재출현에 기여하게 된다. 이러한 사회학자로서의 시기의 주된 작업으로서 들 수 있는 것은 『인간과 죽음』, 『영화 —— 상상 속에서의 인간』, 『오를레앙의 소문』, 『프로메테의 변모』 등일 것이다.

죽음과 영화는 서로 관계가 없어 보이지만, 모랭의 접근법은 동일하다. 그것은 죽음 그 자체를 대상으로 하는 것이 아니라, 사후의 생, 재생, 장례의례 등으로서 인간이 만들어왔던 관념을 생각해본다면, 거기에는 호모 사피엔스 그리고 호모 파베르라고 하는 오늘날 지배적인 인간관을 넘어서는 것이, 생물학의 측면뿐 아니라 신화=상상의 측면에서도 생겨났다는 것을 인식하지 않으면 안된다. 확실히 인간은 도구를 만들고 합리적으로 행동하는 것 같지만, 다른 한편으로는 신화=상상과 같은 비합리적인 부분을 키워왔다. 죽음을 둘러싼 다양한 관념을 만들어내며, 이것과 관련된 방법은 인간이 영화를 볼 때, 그 영웅들과 일체감을 느끼며 카타르시스를 체험할 때의 체험의 구조와 일맥상통하는 것이다. 분신, 알테 에고(나의 분신), 영화를 보고 있는 우리들 내부에서 그것들이 움직인다. "죽은 자의 왕국과 영화의 왕국은 깊은 곳에서 서로 연결되어 있다."

이와 같은 입장에서 모랭은 영화 스타와 현대의 대중문화에 대해 참신한 방법으로 철저히 해부하고 있지만, 이 방면에서의 걸출한 성과는 2개의 조사와 그 보고이다. 1969년 5~6월에 오를레앙시에서, 마을 중심부에 있는 최신 유행의 부인복 전문상점에서 여성 유괴가 일어나고 있다는 소문이 나돌아, 마을 사람들이 소란을 떠는 바람에, 소문이 전혀 사실무근이었음에도 불구하고, 결국에는 유태인인 상점주인들은 마을을 떠나지 않으면 안되게 되었다. 모랭은 즉각 오를레앙시로 가서 조사를 했다. 또 하나의 조사는 1964년부터 수년 동안 CNRS에서 기획한 부르타뉴 지방의 프로메데 촌락에 관한 대규모의 학제간 조사에 참가했던 것이다.

이러한 조사들은 모두 전후의 경제성장이 전통적인 프랑스 사회를 근대화시켰으며, 그것이 또한 가지각색의 대류현상을 동반하고 있다는 것을 완전하게 보여주고 있지만, 두 가지 조사 모두가 이와 같은 사회적 현실의 변화가 얼마나 복잡하며, 하나의 원리로 포착하려고 하는 것이 얼마나 불가능한 것인지에 대해, 모랭에게 강한 인상을 주었던 것이다.

하나의 사상원리와 구조를 통해 현실을 확연하게 파악할 수 있고, 전체를 이해하고 인식할 수 있다는 주장에 대한 비판은 공산주의자이기를 그만두었던 시기부터 모랭에게 현저하게 나타났던 경향인데, 그것은 아카데미즘의 학문들에 대한 비판과 더불어 진행되었다. 이러한 경향이 생겨난 것은 앞에서 언급한 두 가지 조사 작업에 대한 참가와 깊은 관련이 있다고 생각된다. 거기서부터 **질서와 무질서**, **복잡성**, **자기 조직성**에 관해서 언급하는 모랭의 전환이 일어났던 것이다.

인간과 기계를 생각해보자. 양자가 모두 다수의 세포와 부품으로 구성되어 있다. 기계의 경우에 극히 신뢰성이 높은 부품으로 조립되어 있어 지시받은 대로 정확하게 움직이지만, 미세한 사고와 나쁜 상태가 발생한다면, 그 순간 전체의 움직임은 불가능하게 되고 말 것이다. 한편 생물의 세포는 항상 악화된 세포뭉치가 잠깐밖에 지탱할 수 없지만, 전체로서의 생물체의 행동은 훨씬 안정되어 있다. 이와 같은 사태는 관료조직과 네트워크 사이에서도 볼 수 있을 것이다. 지금까지는 하나의 원리 원칙으로 정합적으로 구성하는 것이 합리성 · 효율성을 보장하는 것이었겠지만, 현시점에서는 그렇게 말하는 것은 불가능하게 되었다.

복잡성에 관한 모랭의 사고가, 신뢰성이 낮은 요소가 어떻게 해서 신뢰성이 높은 체계를 만들어내는가를 둘러싸고 이루어진 것이라는 것도 거기서 이해될 수 있을 것이다. 기계에서는 수용장치가 없는 정보는 노이즈이며 에러에 지나지 않지만, 생물체에서 노이즈는 적합화를 위한 조건이다. 또한 기계적 체계 내부에서는 항상 엔트로피가 증대하고 무질서와 균질성이 증대하지만, 생물시스템은 이러한 사태를 구성요소의 갱신과 변질에 의해 대응한다. 결국 노이즈에 의한 자기 조직화 메커니즘을 갖추고 있다. "죽음에 의해서 살고, 삶에 의해서 죽는다"는 것이다.

모랭의 복잡성이라는 말은 그 자신의 발견을 설명하는 것이 아니라, 현대과학의 선두를 지키는 사람들의 담론을 모랭 나름대로 결합시키고, 혼합시켜서 편성했던 것이다. 그렇다면 거기에는 독자성이 전혀 없는 것인가? 확실히 모랭을 그와 같이 보는 사람도 없는 것은 아니다.

그러나 모랭은 확실히 이러한 복잡성의 사고를 자기 것으로 소화하고 있다. 물리학은 물질을 분석하며, 제일 단순한 소립자를 발견했다고 생각하는 순간, 극히 복잡하기 짝이 없는 쿼크의 세계에 진입하게 된다. 물리학자는 쿼크의 세계의 복잡성에 관해서는 숙지하고 있겠지만, 조직의 문제와 유럽 통합 속에 내재하는 복잡성에 관해 말하는 사람은 없다. 그러나 모랭은 『유럽을 생각한다』에서는 동일한 형태로 그것을 언급하고 있다. 언어 · 종교의 다양성 때문에 유럽 통합은 목적한 대로 진행될 수 없다고 보며, 일본에서는 유럽의 다양성이 경제발전의 발걸음을 가로막고 있다고 보고 있지만, 비효율의 원천으로 보고 있는 다양성 · 복잡성 자체가 장기적으로는 체계의 안정과 사람들의 생활의 쾌적함을 보장하는 것이다. 모랭은 그렇게 말함으로써 유럽 사람들에게 감명을 주었다. 효율성이 지배하는 우리나라에서 모랭의 복잡성의 사고는 더 한층 이해되어야 마땅할 것이다.

모스

Marcel Mauss(1872~1950)

모스는 1872년 프랑스 동부의 보쥬 지방의 에피날에서 엄격한 유태교도인 양친 사이에서 태어났다. 에피날의 리세를 졸업하자마자, 백부인 뒤르껭이 가르쳤던 보르도대학에 입학한다. 이러한 백부의 영향 아래에서 모스는 학자로서의 길을 걷게 된다. 1895년에 철학 교수자격을 획득하자마자, 파리의 고등연구원으로 자리를 옮겨, 인도학자인 실방 레비 밑에서 고대 인도종교를 연구하였고, 1902년에 고등연구원의 '미개민족들의 종교사' 라는 강좌의 지도교수가 된다. 이 시기에는 종교사 연구와 함께 사회주의운동에 몰두하여, 레비-브륄 및 친구인 로베르 에르츠 등과 함께, 뒤르껭의 친구였던 사회당 당수 조레스의 브레인이 되었다. 그리고 뒤르껭이 1899년에 창간한 『사회학 연보』에서 모스는 종교연구 부문의 책임자로서 협력하였고, 『연보』의 제2권(1899년)에 H. 위벨과 「공의(供犧)의 본질과 기능에 관한 시론」(『공의』)을, 제6권(1903년)에 뒤르껭과 「분류의 미개형태」를, 제7권(1904년)에 위벨과 「주술의 일반이론의 스케치」(『주술론』)를, 제9권(1906년)에 H. 부세와 「에스키모 사회의 계절적 변동에 관한 시론」(『에스키모 사회』)을 발표한다.

1915년에 1차대전에서 사랑하는 에르츠가 33세의 젊은 나이로 사망하고, 1917년에는 백부이자 스승인 뒤르껭이 사망하자, 모스는 슬픔 속에서 에르츠와 뒤르껭의 유고를 정리하고 출판하는데 몰두하여 1924년경까지 논문은 집필하지 않았다. 1925년에 모스는 중단했던 『사회학 연보』를 12년만에 복간하여, 그것의 제1권에 불후의 고전이 되는 논문인 「증여론」을 발표하였고, 같은 해 파리대학에 신설된 민속학연구소의 소장에 취임하였다. 『사회학 연보』와 민속학 연구소를 이끌었던 모스는 프랑스 사회학의 지도자일 뿐 아니라 프랑스 민속학의 창시자가 되며, 1931년에는 콜레쥬 드 프랑스의 민속학 담당교수가 되었다. 모스의 연구는 단순히 뒤르껭의 후속 작업이 아니라, 에르츠의 「죽음의 집합표상 연구에 대한 공헌」(1907년) 및 「오른손의 우월」(1909년)과 함께, 뒤르껭학파에 민속학적인 연구라는 새로운 지평을 부여했다고 말할 수 있다. 프랑스 민속학에서 모스의 제자에는 M. 글리올, 미셸 레리스, D. 폼, G. 디텔랑, R. 파스티드, J. 스스텔, 루이 뒤몽 등과 같은 프랑스 민속학의 거성들이 있으며, 직접적인 제자는 아니지만, 레비-스트로스와 르루아-그랑, M. 레날트, G. 등과 같은 거물들이 모스를 스승으로 모셨다.

모스 연구의 특징 중의 하나는 그 종류가 드문 어학의 재능을 통해 고대 산스크리트어 문헌에서부터 최신의 민속지까지 독해하여 얻어진 구체적인 사례를 존중하는 것이다. 모스 자신은 필드워크를 하지 않았지만, 그 제자들에게는 나중에 『민속지의 소개』로 간행된 필드워크 교육을 행하기도 했다. 뒤르껭은 민속지적인 사례를 이용하는 경우에도 자신의 철학적 · 추상적인 일반이론에 그것을 종속시켰지만, 모스의 경우에는 '미개' 사회의 구체성으로부터 임기웅변적인 자신의 영감을 얻어내고 있었다. 그리고 모스는 그러한 추상적인 사상(事象)들을 기술과 경제라는 물질적인 기반과, 법과 종교와 도덕 그리고 분류체계라는 규범이 **상징표현**에 결합되어 있는 착종된 전체(모스의 용어에서는 '**전체적인 사회사상**')로부터 설명하고자 한다.

이와 같은 특징은 최초의 민속학적 연구인 『공의』에서 이미 나타나고 있다. 이 논문에서 위벨과 모스는, 공의의 기원과 본질을 신자와 그들의 조상인 토템신 사이의 결합을 만들어내는 공양에서 찾는 로버트슨 스미스를 비판하면서, 고대 인도의 베다공의라고 하는 구체적인 사례분석을 통해서, 공의에는 토테미즘이라는 하나의 기원과 공양이라는 유일한 원리로 환원시킬 수 없는 다양한 형태가 존재한다고 지적하고, 사회사상으로서의 공의를, 집단과 장소 · 사물, 희생동물이라는 전체상태를 변화시키는(성스럽게 하는) 사회적인 과정이라고 한다. 『에스키모 사회』에서도, 여름은 주거가 넓은 범위로 분산되지만 겨울은 서로 근접한 커다란 집에서 집단적으로 거주하는 등 에스키모인들이 여름과 겨울에 완전히 대조적인 사회형태를 취하는 것을 단순히 사냥방법의 차이라고 하는 기술적인 요인으로 환원시키는 것을 비판하고, 그 계절적 교체가 가족 · 친족관계와 분류체계, 성적 교환, 법적 소유권, 정치적 제도 등의 다양한 층을 여름 —— 개인적으로 세속적인 계절/겨울 —— 집합적으로 성스러운 계절이라는 이원론적인 대립에 의해 규제하는 상징표현이며, **'전체적인 사회사상'** 이라고 한다.

이러한 **전체적인 사회사상**이라는 관점은 이후의 『증여론』에서 보다 명확하게 나타나고 있다. 이 대표작으로 모스는 모노의 증여와 교환이 단순히 경제적인 행위가 아니라, 종교적 · 법적 · 도덕적 · 정치적 · 친족적 · 심미적인 제도 및 경제적 제도들을 동시에 복합적으로 포함하고 있는 전체적인 사회현상이며, 그것들을 관통하는 상징표현인 것으로 포착하고 있다. 그리고 말리노프스키에 의해서 명확하게 되었던 멜라네시아의 순환하는 쿨락 교환과, 북서아메리카 인디언 사회들의 경쟁적인 교환인 포틀랫치 등의 구체적인 사례분석을 통해서, 증여(급부)와 그 반례(반대급부)는, 개인의 임의적 · 우연적인 행위에서 나타나더라도, 실제로는 수취(受取)와 반례를 주술적인 힘에 의해 강제하는 의무적인 것이며, 사회전체를 규정하는 **'전체적인 급부체계'** 라는 것을 명확하게 하고 있다.

증여 교환에 의한 **호혜적인 관계**가 사회 그 자체를 만들어낸다고 하는 「증여론」에서의 모스의 입장은, 레비-스트로스에게 『친족의 기본 구조』의 중심적인 아이디어를 제공하였으며, 또한 인간사회는 다양한 사물과 사건을 상징적인 범주로 분류해서 질서화시킨다고 하는 『분류의 미개형태』의 입장은, 레비-스트로스와 로드니 니담 등의 **구조주의**적인 상징분류체계 연구에 큰 영향을 미쳤다. 모스의 연구는, 다른 곳에도 아날학파 등 현대의 역사학에도 커다란 영향을 미쳤으며, 오늘날도 여전히 많은 지적 탐구의 자극이 되고 있다.

■ 주요 저작

『공의』, 『분류의 미개형태』, 『사회학과 인류학 I, II』, 『에스키모 사회』

모택동

毛澤東(1893～1976)

모택동은 1893년에 중국 호남성(湖南省) 상담현(湘潭縣) 소산(韶山)에서 태어났다. 모가(毛家)의 20대 선조인 모태화(毛太華)는 주원장이 명나라를 건설했을 때 하급 군관으로서 운남성에 원정하여 소수 민족의 처녀를 부인으로 삼았다. 늙어서 소산에 은퇴하여 농업에 종사했다. 모씨 일가족은 과거(科擧)와는 인연이 없었지만, 무공을 세운 자는 적지 않았다. 게릴라 전략가인 모택동은 그런 조상의 피를 물려받았을 것이다. 16세 때 장사(長沙)에서 폭동이 일어나, 부농인 아버지의 쌀도 탈취당했지만, 모택동은 가난한 농민에게 동정심을 가졌다. 17세 때 장사의 상향(湘鄕)중학교에 들어갔지만, 신해혁명이 일어나자 학교를 포기하고 혁명군에 자원했다. 1913년부터 5년간 장사의 제1사범학교에서 공부를 했다. 은사인 양창제(楊昌濟)로부터 인격적인 영향을 받았으며, 뒤에 양개혜(楊開慧)라는 아가씨와 결혼했다. 1919년에 북경에서 5 · 4운동이 일어나자마자 장사에서 호남 학생연합회를 조직하고 『상강평론』(湘江評論)을 창간하여, 군벌 추방운동에 성공했다. 러시아혁명 3주년인 1920년 무렵에 『공산당 선언』, 『계급투쟁』(카우츠키), 『사회주의사』를 읽음으로써, 맑스주의자가 되었다.

1921년 중국 공산당 창립대회에 참가하였고, 1926년 광주 농민운동 강습소 소장이 되어 전국의 청년에게 농민운동의 의의를 강의했다. 1927년 3월 「호남 농민운동 시찰보고」를 써서 중국혁명에서 농민혁명과 토지혁명의 의의를 제기하였다. 1927년 9월 9일 추수봉기에 실패한 뒤, 호남성 정강산(井崗山) 지구로 들어가서, 중국 최초의 **농촌혁명**의 근거지를 만들었다. 여기에서 **"농촌에서 도시를 포위한다"**는 전략, 즉 도시의 노동자에게 의존했던 러시아혁명 모델과는 다른 '중국적인 길'을 추구했다. 정강산 시대에 정리했던 게릴

라전의 핵심은 "적이 전진할 때는 퇴각한다. 적이 정지하면 쉴새 없이 공격해야 한다. 적이 지치면 추적한다"이다. 모택동은 글을 읽지 못하는 농민들에게 전술의 깊은 뜻을 가르쳤다.

1930년 봄 부전사건(富田事件)이라 불리우는 대숙청 사건이 일어났다. 이것은 강서 근거지의 지도권을 둘러싸고 일어난 모택동측과 강서 출신측 사이의 반목으로, 왕명(王明) 등 모스크바에서 돌아온 청년 볼세비키의 지도권 쟁탈전에 이용된 비극이었다. 1931년 11월 모택동은 '협소한 경험론', '부농노선', '우경 기회주의'로 비판받았으며, 왕명의 극좌 진공 노선이 채택되었다. 모택동은 홍군(紅軍)에서의 지도적인 지위를 박탈당했다. 그가 없는 지도부는 장개석의 50만 대군을 격퇴할 수 없었으며, 1934년 10월 서금(瑞金) 소비에트를 포기하게 되었다. 1935년 1월 귀주성 준의에서 정치국 확대회의가 열려(준의회의) 지도부에 복귀하게 된다. 1935년 10월 홍군 주력이 섬서성 오기진에 들어감으로써 대장정이 끝났다. 1936년 12월 서안사변이 일어나자 제2차 국공합작이 성립하였고, 공산당과 국민당은 합작하여 항일전쟁을 치루었다. 1942년~43년의 연안 정풍운동에 의해서 모택동의 당내 지도권이 확립되었다. 1943년 3월의 정치국회의는 '모주석의 최종적인 의지결정권'을 명기하여 개인숭배의 원인(遠因)을 제공했다. 1945년 8월 일본이 패배하였고, 이듬해인 1946년 6월에 국공 내전이 재개되었는데, 인민해방군은 요번 전투, 준해 전투, 평진 전투에서 압승하여 1949년 10월 중화인민공화국의 건국을 선언했다. 건국 때까지의 모택동의 진두지휘는 모두가 성공하여 "중국에 구세주가 나타났다"고 칭송을 받았지만, 건국 이후의 사회주의 건설에서는 **대약진운동**, **문화대혁명**이라는 커다란 실패를 되풀이하여 중국 사회주의를 혼란의 도가니로 빠뜨린 채로 1976년 9월 9일에 죽음을 맞이했다.

죽은 지 5년 후인 1981년 6월, 중국 공산당은 제11기 6차 중전회의를 열어 '건국 이후 당의 몇가지 역사 문제에 관한 결의'에서 모택동의 공과를 평가했다. "모택동 동지는 위대한 맑스주의자였다. 문화대혁명에서 중대한 과오를 범했지만, 공적이 과오보다 크다." 그후 등소평 노선 아래에서 '개혁개방정책'이 진행됨에 따라, 모택동 평가는 점점더 혹독하게 되었다. 그러나 1989년의 천안문사태로 등소평의 지도에 상처가 생기고 시장경제화의 과정에서 '평등주의'가 그 색이 바래자, 회고주의의 풍조도 일부에서 나타났다.

모택동에 대한 대표적인 평가를 소개한다면, 이택후(李澤厚, 중국 사회과학원 철학 연구소 연구원)는 건국 때까지 모택동이 극좌 노선 비판에 노력을 기울여왔음에도 불구하고, 건국 이후에는 우경 노선 비판에 노력을 기울여, 그것이 극좌를 유도했다고 비판하고 있다. 모택동 사상의 원천은 '게릴라시대의 전쟁 체험' 이다. 근거지에서 정치교육을 통해 홍군 병사에게 계급의식을 심어주는 것, 다시 말해 정치공작에 의해 적과의 결전에서는 승리하긴 했지만, 건국 후에는 이러한 승리 체험(양군대전 모델적인 사고)이 절대화되어, 오류가 초래되었다고 분석하고 있다.

S. 슈람(런던대학 교수)은 정권 탈취를 위한 투쟁으로 인해서 모택동의 위대한 지도자다웠던 특색이, 즉 사회주의 중국을 창조한 모택동의 능력이 제약당했다고 분석했다. 어떤 의미에서는 '황제', 어떤 의미에서는 '농민의 반란자', 어떤 의미에서는 '혁명의 지도자' 라는 세 개의 얼굴을 가졌던 그는 정권을 둘러싼 투쟁에서는 유력한 상징이었겠지만, 건국 이후의 중국이 필요로 한 것은 '경제적, 문화적, 기술적인 혁명' 을 추진하는 지도자였으며, 모택동은 거기에 적합한 인물은 아니었다. 농민의 아들인 모택동의 농민에 대한 애착은 게릴라 전투시기의 '농촌혁명' 에는 유효했겠지만, 애착에 연연했던 그는 농민에 내재한 이념과 가치관으로부터 이탈할 수 없었다고 해석하고 있다.

모택동 사상이란 '맑스-레닌주의의 보편적인 진리' 와 '중국의 혁명과 건설의 구체적인 실천' 을 결합시킨 것으로 보는 것이 중국 공산당의 공식적인 정의이다. 소련의 붕괴 이후 레닌주의의 패배는 광범위하게 인식되게 되었다. 등소평에 의한 개혁개방은 모택동 노선을 180도 전환시킨 것이며 그 역사적 한계를 부각시켰다. '프롤레타리아 계급에 의한 독재' 가 실제로는 '프롤레타리아 계급에 대한 독재' 로 전화되었고, '계급투쟁을 통한 계급의 소멸' 이라는 방법이 실패했다는 것은, 만년의 모택동 사상인 '프롤레타리아트 독재 하의 계속혁명' 의 이론적 결함을 의미할 뿐 아니라, 맑스주의 자체에 대한 근본적인 도전을 의미하고 있다고 할 수 있다. 20세기의 사회주의자들이 추구했으나 달성하지 못했던 빈곤으로부터의 해방은, 오히려 발달된 자본주의 나라에서 실현되었다. 모택동의 불후의 공적은 제국주의 세력으로부터 반(半)식민지였던 중국을 독립시켰던 것이다.

롤랑 바르트

Roland Barthes(1915~80)

롤랑 바르트는 프랑스 북서부 노르망디 지방의 쉘부르에서 1915년에 태어났다. 1916년 아버지를 잃고부터는 프랑스 남서부 베아르네 지방의 바이욘에서 어린 시절을 보낸다. 1924년 파리로 옮겨간 그는 소르본느에서 폴 메종의 지도 하에 그리스 고전학을 배우면서 동시에 고대 연극 상연에도 열중한다. 다른 한편으로 결핵으로 고통받는 상태가 1947년까지 계속된 것도 잊어서는 안될 사실이다.

1953년 『글쓰기의 영도』를 간행하며, 다음해인 1954년에는 『미슐레』를 간행한다. 이것들은, 바르트 자신에 의하면 1957년의 『신화작용』과 함께 사회적 신화론이라는 장르에 속하는 것이다.

1962년, 고등학술연수원의 연구지도교수가 된 바르트는 『라신느 론』(1963년), 『에세 크리틱』(1964년), 『기호학의 원리』(1965년), 『비평과 진실』(1966년), 『유행의 체계』(1967년) 등 쉬지 않고 저작을 간행하면서 구조주의의 창시자의 한 사람이 되어간다.

그러나 바르트는 **구조주의적 기호론**의 정교한 조작자로 끝나지 않았다. 그의 관심은 **구조**에서 **텍스트**로 계속 이동해간다. 1970년의 『S/Z』, 1971년의 『사드, 푸리에, 로욜라』, 1973년의 『텍스트의 즐거움』은 바르트의 텍스트론의 대표적인 저작들이다.

1975년의 『그 자신에 의한 롤랑 바르트』부터 1977년의 『사랑의 단상』, 1980년 『밝은 방』까지 바르트의 저작은 로마네스크한 내용을 강하게 띤다. 이 사이 1976년에 미셸 푸코의 추천으로 콜레쥬 드 프랑스의 교수로 취임하였으며, 그 개강 강의가 1978년 『문학의 기호학』으로 간행된다. 그러나 로마네스크한 저작도 콜레쥬 드 프랑스에서의 강의도 1980년까지의 일이다. 그해 교통사고로 그는 죽음을 맞게 된다.

대충 경력을 보는 것만으로도 알 수 있는 것처럼, 바르트의 저작 활동에는 몇 개의 단절이 있다. 그러나 그 기조음과 같은 것은 모두 초기의 두 저작을 통해 이해할 수 있다. 즉 『글쓰기의 영도』에서의 글쓰기에 대한 주목과, 『미슐레』에서의 신체적인 것에 대한 주목이 그것이다. 이 기조음을 배경으로 하여 바르트가 보여준 것은 기호론이었다. 그것은 이미 그의 신화 연구에서 등장했다. 여기서 신화란 자연적인 것으로 화해버리는 역사적인 것을 뜻하는데, 바르트는 그것을 암시(코노테이션)의 한 존재방식으로 이해하고 있다. 즉 기호표현(시니피앙)과 기호내용(시니피에)의 결합으로 이루어지는 제 1단계의 기호를, 그 위에 기호표현으로 하는 기호내용이 고려되며, 이 제2단계의 기호에서의 표현과 내용의 결합이 자연적인 것으로 화해버린 경우가 신화라고 불리는 것이다.

바르트의 기호론 연구는 여러 방면에 걸쳐 있다. 이미 예로 든 신화 연구에서부터 그러했다. 프로 레슬링에서 광고에 이르기까지, 사회의 모든 곳에서 바르트는 신화를 끌어내었다. 그러한 태도는 본격적인 기호론 연구에 들어서서도 변함없어서 요리나 유행의 세계까지도 예리한 분석을 시도했다. 그러나 역시 문학이 계속 그의 연구의 특권적 대상이었다. 1960년대의 바르트는 라신느의 작품을 다루고, 소설을 다루고, 구조를 말하는 것이 급선무라고 생각한다. 이런 종류의 구조 분석이, 예를 들어 엄청나게 큰 영향을 주었다고 하더라도, 아니 오히려 그렇다고 하더라도 바르트의 관심은 생성해가는 것, **의미형성성**(意味形成性)의 방향으로 바뀌어간다. 이런 도중에 글쓰기와 신체적인 것이 결합되며 텍스트가 관능적으로 말해질 수 있는 것이 될 것이다. 그러나 바르트는 이러한 쾌락주의적인 태도조차 결국에는 내버려두지 않았다. 사랑과 죽음을 말하고 파토스를 말하는 바르트가 만년에 모습을 드러낸다.

문학과 함께 바르트가 계속 집요한 관심을 가진 것이 이미지의 문제, 특히 사진의 문제였다. 코드 없는 이미지로서 기호론적으로 규정된 사진도, 유작인 『밝은 방』에서는 문학에 대한 그의 담론을 응축한 것처럼, 쾌락주의적인 접근과 사랑과 죽음으로부터의 접근을 상호 수용하게 된다. 사진이 공존시키는 일반적 관심과 특수한 세부를 각각 **스튜디움**과 **퐁크툼**(punctum)이라고 부름으로써 바르트는 쾌락주의적으로 퐁크툼에 구애받는 것처럼 보이지만, 잃어버린 어머니의 사진을 실마리로 사랑과 죽음의 관점에서 사진의 본질을 보여주고 있다. 그 본질이란, "그것은 예전에 존재했다"고 하는 과거의 현실 존재에 다름 아니다. 시간도 또 퐁크톰이 될 것이다. 기호론적으로 지시대상 사이의 연관으로 규정되어 있던 사진은, 이처럼 이른바 시간론적인 규정까지 받아들이게 된다. 이와 함께 사진은 문학, 특히 소설과 기묘한 접근을 보여준다. 어찌할 수 없는 부름, 감동적인 슬픔에 의해 사진과 소설이 서로 통한다고 해도 좋다.

이러한 바르트 만년의 발자취를 이끈 것은 프루스트였다. 프루스트를 통해 기호론을 기초로 한 그의 담론은 놀랄 정도의 깊이에까지 이르렀다고 말할 수 있을 것이다. 확실히 오늘날 바르트의 기호론은 그 자체가 생성과정상의 학문이라고 생각하는 경향이 있어서, 난폭함과 섬세함을 너무도 독자적인 방식으로 조합한 것처럼 보인다. 그러나 앎이 글쓰기의 힘으로 휩쓸려 들어갈 때, 그것이 어느 정도의 깊이와 높이에 도달하게 되는가를, 그의 저작 전체가 기념비적으로 지적하고 있는 것을 잊어버려서는 안된다.

▣ 주요 저작

『신화론』(현대미학사), 『텍스트의 즐거움』(연세대 출판부), 『이미지와 글쓰기』(세계사), 『글쓰기의 영도』(세계일보사), 『사랑의 단상』(문학과지성사), 『기호의 제국』(민음사)

칼 바르트

Karl Barth(1886~1968)

칼 바르트는 스위스의 바젤에서 태어나 독일의 여러 대학에서 공부한 뒤, 12년 간 스위스에서 목사 생활을 하였다. 그때 출판한 『로마서』로 일약 유명해져서, 독일에 있는 대학에서 가르치게 되었다. 그러나 히틀러에 반항했다는 이유로 본대학 교수직에서 파면당해 스위스로 돌아가 바젤대학 교수가 되었고, 금세기 기독교 신학의 금자탑이라고 불리는 『교회 교의학』을 썼다.

바르트는 처음에는 절대적인 기독교의 진리를 인간정신 안에 내재화시키는 자유신학의 영향 하에 있었다. 그러나 자유신학은 인간정신이 이상적인 상태에 있을 때는 유효하지만, 원래 죄(罪)란 땅 밑에서 분출한 마그마가 지표의 질서를 파괴하듯이 인간의 선의나 양식(良識)에 의해 처리할 수 있는 것이 아니라 인간정신의 심연에 자리잡고 있는 것이다. 독일 이상주의 철학을 신봉한 자유주의 신학자들에 의해 지지된 제1차 세계대전은 이 사실을 증명했다. 바르트는 『로마서 주해』를 출판하여 신과 인간 사이에는 무한한 질적 차이가 있기 때문에 절대타자인 신을 인간의 정신 안에 내재화할 수 없다는 것을 강조하면서 자유신학과 결별하였다. 바르트의 주장은 기독교의 신(神)은 철학자의 신과는 다르다고 주장한 파스칼이나, 이성(理性)은 악마의 광대라고 설명한 루터나, "유한한 것은 무한한 것을 획득할 수 없다"고 말한 칼빈 등의 사상적 계보에 속하며, 신(新)종교개혁의 신학이라고 불렸다. 또 로마서는 죄 아래에 있는 문화가 재판되는 장소에 신의 은혜가 역설적으로 계시된다는 것을 강조하기 때문에 **변증법적 신학**이라고도 불렸다.

그러나 바르트가 신과 죄인의 질적 차이를 설명한 것은 신과 인간의 관계를 바로잡기 위해서이며, 거듭 인간정신의 심연에 자리잡고 있는 죄를 극복하는 근원적인 신의 은혜의 구조를 보여주기 위해서였다. 이러한 신의 은혜,

복음(말씀)의 구조를 "지적 해결을 구하는 신앙"이라고 하는 형태로 획득한 것이 바르트의 신학 방법론을 확립시킨 안젤무스론이며, 기독교 신앙이 자기 안에 내포하는 논리를 드러내 보인다. 성서의 신은 자기를 은폐하고 있기 때문에 인간의 이성에 의해 파악할 수는 없지만, 신은 그리스도의 출현에 의해 자기를 계시한다. 따라서 그리스도의 출현은 신으로부터 인간으로의 길(논리)를 내포하지만, 이러한 신의 말씀의 논리란 신의 존재론적 이성(근거)이 신의 인식론적 이성을 지탱하고, 양자가 인간의 존재론적 이성을 지탱하며, 인간의 존재론적 이성이 인간의 인식론적 이성을 지탱한다고 하는 구조를 가진다.

그러므로 "그보다 더 큰 것은 생각할 수 없다"고 하는 안젤무스의 신학 개념은 인간의 주관적 개념, 즉 인간의 인식론적 이성에 의해 구성된 개념이 아니라 신에 의해 계시된 신의 이름(말씀)이다. 이러한 신의 말씀을 인간의 인식론적 이성(사고) 안에 내재화시켜 인간의 주관적 개념이라고 생각하는 근대 신학에 반하여, 신의 말씀의 올바른 이해는 다음과 같다. 즉 그리스도의 복음을 들은 사람이 회개한다는 사실은 신의 부름에 인간이 응답하는 것으로써, 신의 존재론적 이성이 인간의 인식론적 이성을 지탱하고 있는 사실에 조응한다. 게다가 신이 존재한다는 것은, 성서에 깊숙히 은폐되어 있는 존재근거인 신이 신의 인식근거인 성서를 통해 인간의 신앙, 즉 인간의 존재론적 근거에까지 나타나는(ex-sistens) 사건으로, 고전 신학의 신의 존재 증명은 이러한 이치를 뒤집는 행위로부터 추상된 논리구조를 가진다.

안젤무스론에 의해 자기의 신학 방법론을 확립한 바르트는 『교회 교의학』에서 신학 각론을 전개한다. 그러나 지면이 한정되어 있으므로, 여기서는 성서의 주제인 구제사(救濟史)의 존재론적 근거인 예정설과 화해론, 그리스도론만 고찰하자.

그리스도의 출현은 인간으로부터 신으로의 길을 개통하기 때문에(요한복음 14장 6절), 바르트 신학이 그리스도론적 신학이라고 불리는 것처럼 바르트의 신은 정지해 있는 최고존재자가 아니라 신과 인간 사이에서 전개되는 역사와 변화이며 인간과 함께 있는 것을 원하는 신의 의지가 바르트의 예정론의 본질이다. 따라서 신의 선택이란, 구제사의 배후에서 독단적으로 결정되는 신의 계획이 아니라, 그리스도의 출현 그 자체이며 신의 부름에 대한 인간의 응답을 포함한다. 그것도 신의 은혜에 응답하는 인간의 행위가 역사를 형성하기 때문에 신의 선택은 진정한 의미에서 역사의 존재근거이다.

그런데 칼빈은 신의 영원한 계획을 역사의 존재근거로 보고, 이 계획을 실시하는 형태로 역사의 과정을 설명했기 때문에 칼빈의 예정론은 역사와는 관계없는 고정된 체계, 역사의 도식이 되며 숙명론으로 귀착된다. 반면 알미니우스는 구원의 명확성을 인간의 신앙에만 의존시켰기 때문에, 양자의 대립은 고전 철학의 실재론과 근대 철학의 관념론의 대립에 조응한다. 다른 한편으로 바르트의 예정론은 이 양자의 대립을 지양하고 통합한다.

다음으로 바르트가 화해론을 집필한 1950년대는 브루트만의 비신화화론(非神話化論)이 기독교세계를 석권한 시대이다. 그러므로 바르트의 화해론과 그리스도론은 인간의 주관적인 구원만을 용인하는 근대 신학 전통의 입장에서는 브루트만과의 대결이라는 형태로 성립하며, 따라서 신과 이의 객관적 화해를 강조하는 정통신학에 가깝다. 그와 관련하여 바르트의 신학은 정통신학의 전통을 현대에 다시 일으키려고 하기 때문에 신정통신학이라고도 불리는데, 화해론에서도 이러한 의도는 그대로 유지된다. 즉 그리스도의 죽음과 부활은 근원적인 화해의 사건으로, 이에 기초하여 인간의 주체적인 구원이 성취되므로 화해론에서도 안젤무스론의 주장은 그대로 유지된다. 그런데 브루트만이 의거하는 근대 신학은 신의 존재론적 이성에 기초하지 않은 인간의 인식론적 이성, 즉 신으로부터 소외된 인간의 주관적 이성이 개척한 학문이다.

바꾸어 말하면, 근대적 학문은 그 대상을 인간의 경험(인간의 인식론적 이성)의 범주 내에 한정하기 때문에 그리스도의 죽음은 근대 사학의 대상이 되지만, 그리스도의 부활은 근대 사학의 대상이 되지 않는다. 따라서 브루트만은 인간 경험의 사정권 밖에 있는 그리스도의 부활(신의 존재론적 이성)을 제자들의 신앙고백(인간의 존재론적 이성)의 신화적 표현이라고 이해하여, 인간의 실존론적 결단 속으로 환원한다. 그러나 바르트에 의하면, 그리스도의 부활은 타고난 성질 혹은 전승(傳承)으로, 근대 사학에 의해 객관적으로 증명되지는 않지만 인간의 인식론적 이성이 이 앞에서 침묵하지 않으면 안되었던 죄와 악의 힘을 때려부수는 한층 근원적인 사건이다. 시간 속에 존재한 그리스도를 영원한 신으로 증명하는 것은 이 근원적 사건이며, 이것을 비신화화(非神話化)할 수는 없다.

바타이유

Georges Bataille(1897～1962)

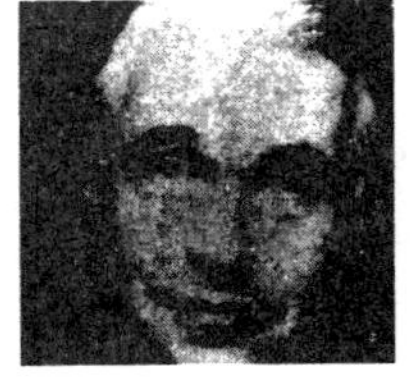

바타이유는 1897년에 프랑스 오베르뉴 지방의 비욤에서 태어났다. 고문서(古文書)학교를 졸업한 후 국립도서관에서 근무했다. 『도큐망』(1929～30년), 『사회비평』(1931～34년) 등에 문학, 미술, 사상, 정치, 사회학, 민속학, 인류학 등 여러 분야에 걸친 논문과 평론을 발표했다. '탕진의 개념'은 이후의 『저주받은 부분』을 예고한다. 다른 한편으로 몇 개의 가명으로 『눈(眼) 이야기』 등 '죽음'과 '성'을 주제로 하는 '이야기'를 창작한다. 브루통 사이의 논쟁. 1935년에는 브루통과 화해하며 많은 좌파 지식인과 함께 반파시즘, 반스탈린주의의 전위집단 '반공격'을 결성하지만 곧 분열된다. '아세팔'이라는 작은 공동체(혹은 같은 이름의 잡지)를 시험해본다. 1937년에는 카이요우, 레리스와 '사회학 연구회'를 결성하여 **성성**(聖性)에 대한 연구와 토론을 한다. 2차대전 중에는 병과 고독 중에서 『무신학 대전』 3부작을 쓴다. 전후 잡지 『비평』을 창간하여 많은 평론을 발표하였으며, 『종교의 이론』, 『저주받은 부분』 3부작, 『마네』, 『에로티시즘』, 『문학과 악』, 『라스코의 벽화』 등을 쓴다(『나의 어머니』와 같은 문학 작품의 창작도 계속한다). 1962년 65세로 사망, 베즐레에 묻힌다.

예를 들어 사르트르의 사상이나 행동이 서구의 지적 전통의 틀 안에서 진보적 · 좌익적 지식인으로서의 비판 활동이었던데 반해, 바타이유의 사상적 활동이나 창작은 지적 전통의 구도에서 크게 벗어난 장소에서, 거의 이해하기 어려운 방법으로 행해졌다. 바타이유는 동시대의 사상조류(초현실주의, 맑스주의, 프랑스 사회학, 정신분석학, 현상학 등)를 즐겨 읽었고 그것을 자신의 양식으로 만들었지만, 그의 발상이나 사고방식은 매우 독특했다. 바타이유의 사상 · 문학의 출발점은 무엇보다도 기독교와의 격투이다(그리고 기독교는 대중적으로 플라톤주의를 보급시킨 원동력이므로, 기독교와의 싸움은 또한 플라톤주의라고 하는 '시각의 전도' 장치와의 싸움이기도 하다). 이 점에서 바타이유는 니체에게 '공범자의 우정'을 평생 가지고 있었다. 바타이유는 17세 때는 강한 신앙심을 가지고 있었으며, 23세 때에 수도원에서 매일 명상에 잠기면서 신앙을 키워왔다고 한다. 그는 '신비가'(神秘家 : mysticque)에 가까울 정도로 신앙에 몰입해 있었을 때의 자신의 경험을 깊이 해부하는 작업을 통해, 그처럼 "신을 믿고 있는" 인간은 무엇을 보증받고 있는가, 어떤 카오스나 양의성을 면제받고 있는가를 묻는다. 그런 과정에서 **내적 경험**이라고 불리는 시험이 필연적으로 요청된다. 즉 주체=주관의 개념, 개인적인 자아의 통일성을 근저에서 의문에 부치는 시험, 자기 내부에서 언어의 작용 · 사조 · 활동을 기초로 하여 형성된 담론적 사고와 논리를 연구 · 시험하며, 그와 함께 그러한 담론을 믿고 받아들이는 것으로써 성립하는 '자아'의 골격을 탈구시켜, '주체'에 의한 통괄에 복종하지 않는 내부의 생의 움직임을 자유롭게 활성화시키는 실험. 왜 그런 실험이 철저하게 추구되고 진전되지 않으면 안되느냐고 한다면, 그것은 바타이유에게 '무신론'이라는 것이 단순히 "신은 죽었다"고 하는 것은 아니었기 때문이다. '신의 죽음'은 인간의 승리가 아니라, 사실은 '인간의 죽음'과 동일한 것이다. '인간' 개념을 지탱해온 것은 '시원'과 '궁극'을 믿고 있는 목적론적 사고, "자기 동일성으로서 존재하고 있다"고 확신하는 '주체', 현재를 특권적인 중심으로 잇달아 일어나는 흐름이라고 생각되고 있는 '시간' 개념이다. 『내적 체험』과 『유죄인』은 필연적으로 단편화한 문장 행위를 통해 그런 '인간'을 지탱해온 목적론, 자기 동일성, **'현재'**를 중심으로 한 시간성이 연구되고 있는 상황을 정착시키려고 하고 있다. 그것은 확실히 **'언어의 행위'**가 말로 표현하고 있는 것의 한계에서 벗어나, 그 작동범주의 틀 밖으로까지 나아가려는 실험, 즉 **사고할 수 없는** 것인 여백(침묵)까지 건드리려고 하는 실험이라고 할 수 있다. 이처럼 "나는 나로서 통일되어 있으며, 스스로 현전(現前)하고 있는 동일자이다"라고 하는 것이 파괴되어가는 경험은 그 '계열'의 다음의 두 가지 질문에 대한 바로잡음이나 역전을 수반한다. 첫째는 '지식'의 개념이 스스로 다시 고쳐물으면서 비지식(非知識)으로 반전하는 것이다. 즉 '지식' 자신이 스스로에 대해 끊임없이 이의를 제기하는 것이다. 둘째는 일상의 '선과 악'의 관념은 '힘'의 과잉(흘러넘침)이냐 혹은 쇠퇴냐 하는 관점에서 고쳐물어야 할 것이다. 즉 그러한 초과하는 힘의 어떤 목적이 정해

지지 않은, 유보없는 소진이냐, 아니면 유용한 목적을 목표로 한 저축과 소비냐라고 하는 관점에 의해 전도되는 것이다(『니체에 대하여』).

'죽음'과 '성'이 우리들 개인에게 어느 정도 큰 권력인가를 고찰한 바타이유는 미개사회 · 고대 문명에 대한 관심을 심화시켜, 동물성에서 인간성으로의 과도기에서의 **죽음**, **희생**, **성성** 등이 가지는 의미를 해명하는 방향으로 나아간다(코제브의 강의를 계속 참조하면서 읽은 헤겔이 그 길로 인도하는 귀중한 끈이 된다). 『저주받은 부분』 3부작이 제기한 질문은, **노동**(이성적 조작)이 인간에게 무엇을 가져다주는가, 사물을 생산하는 작업과 그 작품, 생산물의 교환, 그리고 (생산활동과 교환과정에서 규정되어 있는) 향수(享受)=소비는 인간에게 무엇인가, 그것들은 현실적으로 유익한 활동의 궤도이지만, 만약 그 궤도에 귀착되는 일이 없는 무익한 **소진**이 있다고 한다면, 그것은 무엇인가라고 하는 질문이다. 바타이유는 그러한 질문에, 자연적으로 주어진 것을 부정적으로 대상화하는 일(**금지**)과 그러한 부정에 의해 생겨난 바의 것을 더욱이 부정하는 것(**침범**)과 복잡하게 조합된 역동성을 밝히고, 그 조합으로부터 성성(종교성)이 발생하는 메커니즘을 규명하는 시험, 희생이 결코 기도(process)의 양식을 갖지 않고, 그것이 생기는 순간(시간-의-밖)에서만 모든 것이 걸려 있는 소진에 다름 아님을 명시하는 실험, 모스의 『증여론(贈與論)』처럼 최종적으로는 조작적 활동의 회로 내에 드러나는 (따라서 '**연기된 횟수**', 즉 **교환**으로 귀결되는) 증여와는 다른 순수한 **증여**를 연구하는 실험, 필요한 것을 충족시키는 욕구와는 본질적으로 다른 '인간적인 **욕망**'의 비밀을 조망해내는 실험 등등을 통해 답하려고 하고 있다. 바타이유의 생각으로는 성성, 침범, 소진, 증여, 욕망, 에로티시즘 등의 단어가 시사하고 있는 것은 **지고성**(생에서 예속된 양상과 대립하는 지고한 양상)에 대한 염려에 다름 아니다.

■ 주요 저작

『에로티시즘』, 『문학과 악』(이상 민음사), 『눈 이야기』(푸른숲)

바흐친

Mikhail Mikhailovich Bakhtin(1895～1975)

바흐친은 러시아 중부의 오룔시에서 1895년에 태어났다. 노보로시스크대학(현재 오데사대학)에 입학한 뒤에 페테르부르크대학으로 전학하였으며, 주로 독일 철학과 러시아 문학을 공부하였다. 1918년에 졸업한 후 페테르부르크에서 500km 정도 남쪽에 위치한 네벨시에서 통일 노동자학교의 교사로 근무하고, 그 2년 뒤에 비테브스크시, 또 1924년에는 페테르부르크로 옮겨갔다. 이 동안에 바흐친은 신칸트학파의 색채가 강하였던 네벨에서 '칸트 세미나'를 시작하면서 서클이나 강연회 · 강습회에 적극적으로 관계하는 한편, 『프로이트주의』(1927년), 『맑스주의와 언어철학』(1929년) 등을 볼로쉬노프, 『문예학의 형성 방법』(1928년)을 메드베제프라라고 하는 서클의 동료 명의로 출판한다.

이처럼 모두 20년대에 심리학, 언어학, 기호학, 철학, 문학 등에 관계되는 저작을 공간하였으며, 이에 앞서는 20년대 초반에도 『행위의 철학에 의지하여』, 『미적 활동에서의 작가와 주인공』, 그 외에 미학, 철학관계의 논고를 썼으며, 또 30년대에는 일련의 소설(의 언어)론을 썼지만, 60년대에 재발견되기까지 실제로 자신의 이름으로 출판했던 것은 『도스토예프스키의 창작의 문제』(1929년)와 몇편의 소논문뿐이다. 이 도스토예프스키론의 출판 직전에 체포되었으며, 그후 1934년 가을까지 카자흐스탄에 유배되는 등 기이한 운명을 보내는중에 그의 이름도 거의 잊혀지고 있었다. 젊은 문예학자 코지노프에 의해 발견되어 저작이 계속 출판되기에 이른 것은 겨우 1960년대에 들어서면서부터였다.

최초로 등장한 것은 앞에서 서술한 저서의 증보개정판 『도스토예프스키의 시학의 문제』(1963년)이다. 이 책의 두 가지 중요한 개념이라고 할 수 있는 **폴리포니**와 **카니발**은 그 참신함으로 관심을 집중시키는 한편, 도스토예프스키

해석에서의 타당성을 목표로 활발한 논의도 불러일으켰다. 폴리포니론은 이미 1929년판에서 충분히 전개된 것이지만, 이 관점은 자주 오해되고 있는 '다의성' 이라든가 '텍스트의 상호연관성' 은 아니다. 중요한 것은 작자와 주인공이 대등한 입장에서 **대화**를 나누고 있는 것이다. 이것은 결코 작가가 수동적임을 의미하는 것이 아니며, 폴리포니론의 근저에는 논쟁이나 대화를 불필요한 것으로 보는 상대주의, 논쟁이나 대화를 허용하지 않는 교조주의, 이러한 모든 모노로그와도 다른 바흐친 특유의 **대화적 능동성**이 있다.

카니발론은 1940년에 쓰여진 『프랑수아 라블레의 작품과 중세 르네상스의 민중 문화』(1965년)에서 본격적으로 전개되고 있는 것인데, 여기에 설명되어 있는 **공식 문화**와 **비공식 문화**(**민중 문화**)의 구별, 개인이 아니라 세계를 우스꽝스러운 것으로 보는 **민중의 해학**의 세계, 신체로 의미를 되돌리고자 하는 **그로테스크 리얼리즘** 등은 그때 구사되고 있는 해박한 지식과 독특한 기호학적 접근과 함께 근대의 문학 · 문화관의 협애함, 일면성을 근저에서 비판한 것으로서 문학 연구에 머물지 않고 역사학, 인류학 등 여러 학문에도 큰 영향을 미쳤다.

이것만으로도 충분히 주목받을 만하지만, 앞서 서술한 것처럼 20년대의 동료 명의의 저작이 사실상 바흐친의 것임이 명백해지는 한편, 30년대에 쓰여진 소설론, 또는 20년대 초반의 철학 · 미학론 등이 출판됨에 따라 70년대에 이르면 사람들은 바흐친의 다양한 가능성을 전혀 예측할 수 없다는 점에 새삼 놀라면서 바흐친이란 누구인가를 둘러싸고 다양한 평가가 나오게 된다. 특히 신칸트학파의 영향이 눈에 띄는 초기의 철학 · 미학자 바흐친과 카니발적 전도를 설명하는 바흐친의 관계를 어떻게 볼 것인가는 의견이 나누어지는 지점이다. 또 초기의 사상 중에 동시대 러시아의 사상가, 특히 베르쟈에프 및 기타 종교철학자들과 공통된 대화주의를 보려고 하는 움직임이 오늘날의 러시아에서 눈에 띈다.

어쨌든 바흐친은 20년대에는 자신의 이름으로 출판된 『도스토예프스키의 창작의 문제』에서 독자적인 대화의 철학에 입각한 폴리포니론을 전개하는 한편, 볼로쉬노프나 메드베제프의 이름으로 출판된 저작에서도 또한 독자적인 **사회적 언어교통론**에 근거하여 프로이트주의를 비판하였고, 또 러시아 형식주의와 속류사회학파를 비판적으로 뛰어넘고자 시도하였며, 더 나아가 **이데올로기학으로서의 기호학** 혹은 그 일부로서의 발화론을 구축하려고 했다.

또 30년대에는 『소설의 언어』(1934~35년), 『소설의 시공간』(1937~38년) 등등의 소설론에서 **소설이라는 장르**가 가지는 탈중심성, **다언어성**과 **이언어 혼교성**(異言語混交性), 동시대성, 미완성, 비판성을 설명함과 동시에 앞서 서술한 **라블레론**에서는 민중의 해학도 덧붙여서 해방의 이미지가 충만한 '민주주의적인' 세계를 풍부하게 묘사하고 있다.

이처럼 여러 갈래로 나뉘는 바흐친의 저작을 한데 묶는 것은 극히 곤란한 일이지만, 바흐친이 구사하는 〈대화〉, 〈교통〉, 〈사건〉, 〈생성〉, 〈기호〉, 〈발화〉, 〈다어성〉, 〈이언어 혼교〉, 〈카니발〉 등등에는 〈생성 상태의 장에서의 대화〉를 중시하는 기본적인 원리가 관철되고 있다고 할 수 있을 것이다. 근대를 지배하는 모방원리, 이에 대한 비판이 바흐친의 전체 저작의 주조를 이루고 있다. 게다가 바흐친이 말하는 대화는 대부분의 대화의 철학자와 달리 '투쟁', '논쟁' 등 언어로 치환되는 일도 있는 것처럼, 항상 역전의 가능성을 감추고 있는 박진감있는 상호관계이며 쌍방이 일치해버렸을 때, 즉 대화가 끝날 때는 모두가 죽음을 맞이하게 된다. 차이의 적극적인 만남을 평가하고 있으며, "이해행위에서는 투쟁이 생기며, 그 결과 상호 변화하면서 풍요롭게 되는 것이다."

이것은 단지 개인에게만 적용되는 것이 아니라, 사회 · 세계에 관해서도 말할 수 있는 것이다. 바흐친에 의하면, "세계가 말하는 최후의 언어, 세계에 대한 최후의 언어는 아직 말해지고 있지 않다. 세계는 열려 있는 채로 있으며, 자유로와서 모든 것은 지금부터이며 늘 전방에 있다."

■ 주요 저작

『맑스주의와 언어철학』(한겨레), 『장편 소설과 민중 언어』(창작과비평사), 『도스토예프스키 시학의 문제』(열린책들), 『문예학의 형식적 방법』(문예출판사)

베버

Max Weber(1864~1920)

막스 베버는 1864년 에어푸르트에서 국민자유당에 속한 세속적인 정치가였던 막스와 복음주의적인 종교심으로 충만한 경건한 프로테스탄트였던 어머니 헬레네 사이에서 장남으로 태어났다. 그리고 소년시대를 당대 일류의 정치가나 학자가 아버지의 살롱에 출입하는 베를린에서 보낸 그는 그후 하이델베르크대학, 베를린대학 등에서 공부하며 「중세 상업회사사」(中世商業會社史)라는 법제사에 관계된 박사학위 논문을 가지고 본격적인 학문 인생을 시작하고 있다.

베버가 살았던 이 시기의 독일은, 한편으로는 제국으로 간신히 통일을 이룬 민족주의가 고양되고 있는중이었고, 근대적인 국민국가로서의 기초를 다지려는 '후진국' 고유의 과제가 가장 다급한 것이었으며, 다른 한편으로는 그것이 직접적으로 국제적인 권력정치의 무대에 참가하는 것을 의미하는, 제국주의 시대라는 긴박한 상황에 놓여 있었다. 베버의 사상에는 가부장제도의 색이 짙은 가정의 문제만이 아니라, 확실히 이 시대의 독일이 가지고 있는 모순 전체가 세세하게 각인되어 있다. 이러한 독일의 모순을 **근대 유럽**이라고 하는 하나의 특색있는 문화가 본질적으로 내포하는 문제로 확장하여 그 존재의 의미를 고대 문화나 아시아와의 **비교**를 통해 **'보편사적인 문제'** 로 대답하려고 할 때, 베버의 고유한 사상과 학문이 출발했다.

이러한 베버의 학문의 특질은 정신병환에 의한 좌절의 경험을 넘어, 1902년 경에서부터 시작되는 '창조의 새로운 국면' 에서 특히 두드러지게 된다. 그것은 먼저 사회과학의 방법론적인 기초를 목표로 한 연구와, 자본주의 정신의 종교적 기반으로서의 프로테스탄트주의에 관계되는 연구라는 두 개의 축을 가지고 전개된다.

전자는 각각의 문화에 본질적으로 규정된 존재(문화인)인 인간이 스스로의 기반 그 자체인 문화사상(事想)들의 존재의미를 묻는 것의 의의와 가능성을 확실히 하고자 하는 것이다. 여기서 베버는 한편으로는 문화의 담당자로서의 인간을 대상으로 하는 사회과학의 고유한 '**(동기)이해**'(Verstehen)라고 하는 방법의 인식론적인 가능성을 찾고, 다른 한편으로는 문화가치라고 하는 편향을 가진 주체가 행하는 인식이 **객관성**을 확보할 수 있는 근거를 묻고 있다. 여기에서 **가치자유적인** 학문으로서의 이해사회학이 확립되었다.

또 후자는 유명한 『프로테스탄트주의 윤리와 자본주의 정신』에서 결실을 맺고 있는 연구로, 여기서 베버는 **금욕**을 기조로 하는 **종교윤리**가 어떻게 윤리적 · 심리적인 메커니즘을 가지고 영리를 추구하는 **자본주의 정신**의 기반이 되었는가를 묻고 있다. 이 연구는 경제환원주의적인 '유물론적' 역사파악에 대해 종교윤리라고 하는 문화적 요인이 일정한 국면에서는 주도성을 가진다는 점을 명확히 하였고 방법에서도 새로운 역사사회학의 가능성을 여는 것이었지만, 내용적으로도 서양의 근대라는 시대를 그 원점에서 반성한다는 의미에서 비판적인 근대론의 하나의 일반적 형식이 되었다.

더욱이 이러한 베버에게 고유한 이해사회학을 완전히 파악하기 위해서는 미완성이라고 할 수 있으며, 그의 주저를 이루는 『세계 종교의 경제윤리』의 논문들 혹은 『경제와 사회』에 정리된 사회학 논고들을 읽지 않으면 안된다. 이 둘은 1910년경부터 함께 준비하여온 베버의 가장 포괄적인 업적인데, 여기에 이르러 그의 연구는 내용에서 중국문화권이나 인도문화권 그리고 이슬람세계로 실질적인 고찰대상을 넓힘과 동시에, 그 방법에서도 역사과정의 규정요인으로서의 종교윤리 등의 '문화적' 조건과 경제 등의 '물질적' 조건을 폭넓게 받아들여 이들 요인의 상호연관을 역동적으로 해명하는 구성을 본격적으로 정비하고 있다.

『유교와 도교』, 『힌두교와 불교』, 『고대 유대교』와 하나하나 장대한 모노그래프가 되고 있는 논문을 모은 『세계 종교의 경제윤리』는 나중에 『프롤레타리아론』 등과 나란히 『종교사회학 논집』(전2권)에 들어가게 되었는데, 이 논집의 서문에서 베버는 '유럽 문화세계의 자식'이라는 자각 하에 다음과 같이 묻고 있다. "도대체 어떤 사정들의 연쇄가 있었기에 다른 곳이 아닌 서양이라는 지반 위에서, 그리고 여기에서만 보편적인 의식과 타당성을 갖는 발전방향을 걸은 —— 적어도 우리들은 그렇게 생각하고 싶다 —— 문화현상들이 모습을 드러내게 되었는가?" 여기에는 베버가 그 학문에서 평생 추구한 물음 중의 하나의 핵심이 표현되어 있다고 생각해도 될 것이다.

또한 이러한 물음의 실질적인 내용과 관련하여 그것을 추구하기 위한 개념적 도구로 정리된 『경제와 사회』의 논고는 『종교사회학』, 『법사회학』, 『지배의 사회학』 등을 포함하여 이 자체로서도 독립된 의의를 갖는 포괄적인 사회학적 연구가 되고 있다. **이념형**(Idealtypus)을 구성한다고 하는 논술방법을 가지고 전개된 이 작업은 개별역사적 · 실증적인 연구와는 다른 일반적인 성격을 갖는 것이지만, 어디까지나 대상에 내재하는 논리('**합리화**')를 추구한다는 점에서 미리 구성된 개념도식에 대상을 적용시켜 분류하고 재단하는 이른바 '일반이론' 과는 다른 것이다. 이 연구는 예를 들면 "근대 관료제의 의의와 가능성은 무엇인가"라는 형태로 각 문화영역에서 생기는 사건의 문화의의를 내재적으로 묻기에 유효한 수단을 주고 있는 것이다.

베버의 학문은 지금까지 '근대 옹호' 인가 '근대 비판' 인가라는 식으로 그 평가적인 입장만이 문제시되어왔다. 그러나 베버의 학문 전개를 주의깊게 살펴보면, 그의 진가는 오히려 생겨난 질문을 '경제적 연구' 의 문제로서 심화시켜간 방식에 있다는 것을 알 수 있다. 베버는 '교전'(教典)이 아니라 묻는 일 그 자체인 것이다. 그러므로 우선 베버 자신이 만든 방법과 개념장치를 가지고 실제의 근대적인 사상(事想)들의 문화주의를 묻고, 그 한계에서 이 도구의 역량을 확정하고 그것을 실질적으로 넘어서는 것, 이러한 작업을 계속할 때에만 우리들에게 있어서도 베버는 보다 실제적이라고 말할 수 있을 것이다.

▣ 주요 저작

『사회경제사』(삼성출판사), 『유교와 도교』, 『직업으로서의 학문/직업으로서의 정치』, 『프로테스탄트 윤리와 자본주의 정신』(이상 문예출판사), 『막스 베버 선집』(까치), 『음악사회학』(민음사), 『지배의 사회학』(한길사)

베이유

Simone Weil(1909~43)

시몬느 베이유가 살았던 20세기 전반의 유럽은, 지성과 영혼의 혜택받은 유태계 여성이라면 솔선하여 사색과 행동을 했던 농밀한 시공간이다. 더구나 양대전쟁 사이를 질주하여 34세로 요절한 베이유에게서 저작을 체계화하는 것은 물리적인 의미에서의 여유도, 내적 필연성도 결여하고 있다고 할 수 있을 것이다. 따라서 베이유를, 같은 시기에 소르본느에서 공부한 시몬느 보봐르보다, 독일의 카르멜회 수녀 에디트 슈타인(1891~1942)과 비교하는 것이 확실히 의미있다.

주어진 시간과 공간이라는 틀 내에서 우연한 사건을 보고 지나치는 일 없이 받아들여 얼핏 보면 돈키호테적인 길을 걷는다. 이러한 관점에 서면, 안티고네, 쟌 다르크, 베이유라는 계보도 반드시 무리한 것은 아니다. 세 사람의 죽음이 고유한 생애의 귀결로서의 죽음이라는 점에서 그 지향성에는 근저에 공통된 것이 흐르고 있다. 베이유는 정치나 노동운동에 자신의 한정된 시간을 극한까지 바쳤다. 논문은 많지만, 순수하게 '작품'으로서 읽을 수 있는 것은 거의 없기 때문에, 행동을 추체험하면서 잡기장 등의 기초자료를 신중하게 다루면서 그녀의 사상을 읽어낼 필요가 있다.

베이유는 파리의 유태계 가정에서 태어났다. 의사인 아버지, 교육열이 높은 어머니, 그리고 오빠 앙드레 밑에서 성장한다. 편두통의 발작이 시작된다. 소녀는 사춘기 위기에 빠진다. "열네살 때, 나는 사춘기 특유의 절망감에 사로잡혀 자신의 타고난 능력의 평범함을 생각하고 죽는 것에 대해 심각하게 생각하였습니다. 파스칼의 유아기라고 비교된 나의 오빠와는 견줄 수 없는 재능이 나 자신의 평범함을 의식하도록 만들었습니다. ……나는 진리 없이 살아갈 것을 생각하면 죽는 편이 낫다고 생각했습니다. 내적으로 어두운 몇 달 동안을 보내고 난 후, 자신의 능력이 거의 아무것도 없다고 하더라도, 단지 그 사람이 진리를 원하고 끊임없이 그 왕국에 이르기 위해 노력하고 주의를 기울인다고 하면, 어떤 인간이라 하더라도 그 왕국에 들어갈 수 있다는 확신을 영원한 진리로 얻었습니다"(『신을 기다리며 원함』). 이 시기에 얻은 "인간이 빵을 원할 때에 돌팔매를 당할 일은 없다"라는 확신은 당시 아직 베이유가 읽지 않은 복음서의 가르침과 조응한다. 앙리 4세 학교에서 철학자 알랭에게 사사한다. 21세 때 고등사범학교 졸업논문 「데카르트에게 있어서의 과학과 지각」을 브랑셰빅 교수에게 제출한다. 22세에 교수자격 시험에 합격한다. 르 퓌이의 리세 철학 교수로 임명된다. 상 테티엔의 혁명적 조합주의자와 접촉. 르 퓌이 시의회에 실업자의 진정단을 이끌고간 사건으로 교육위원회에 소환된다. 다음해 오제르로 옮겨간다. 스탈린주의를 탄핵하며 프랑스 공산주의와도 거리를 둔다. 1933년의 논문 「우리들은 프롤레타리아혁명으로 향하고 있는 것인가」에서는 러시아혁명을 실패로 보고 있다. 로안느로 옮겨갔으며, 망명중인 트로츠키를 파리의 자택에 숨겨주면서도 비판적인 논쟁을 계속한다. 1934년 1년 휴가를 받아 여공으로 일한다. 다음해 8월 공장 체험을 끝내고, 포르투갈의 어촌에서 "기독교는 어리석어서 노예의 종교이다"라는 인식에 도달한다. 부르쥬로 옮겨간다. 1936년 8월 스페인 내전에 아나키스트계열의 의용병으로 참가하였으며 9월에 화상을 입어 귀국한 후, 우파 작가인 베르나노스에게 전쟁 체험을 편지로 쓴다. 1937년 이탈리아의 아시지에서 성 프란체스코가 기도한 작은 성당에서 처음으로 무릎을 꿇는다. 1938년 두통이 악화되어 휴직한다. 소렘의 베네딕트회 수도원에서 부활절 예식중에 "그리스도가 강림하여, 나를 품안에 안아주었다"라는 그리스도 체험을 한다. 이후에도 그리스 고전이나 『바가바트 기타』를 애독한다. 1940년 전선에서 타인과 고통을 나누는 「제1선 간호부 부대 편성 계획」을 집필. 나치즘에서 도망치기 위해 양친과 같이 파리에서 마르세이유로 옮긴다. 이 사이에 '근본'(根)과 '동정심'을 주제로 한 희곡 『구원받은 베네치아』의 집필을 시작한다. 유태인법에 의해 공식적으로 추방된다. '유태인법'에 대해 항의. 도미니크 신부와 농경철학자 구스타프 티본과 만나, 티본의 농장에서 농사에 종사. 1942년 논문을 집필. 시작(詩作)에도 열중한다. 페란 앞으로 수 통의 편지를 쓰며, 조직으로서의 교회에는 들어가지 않고 세례를 거절하고, "교회의 문턱 위에 있다"고 자신의 위치를 표명하며, 「영적 자서전」을 펴낸다. 5월 마르세이유를 떠나 7

월에 뉴욕에 도착한다. 루즈벨트에게 「제1선 간호부 부대 편성 계획」의 실현을 권유하기 위해 분주히 움직인다. 할렘의 흑인교회에도 출입하고, 각국의 민간전승 등에 관심을 나타낸다. 「어떤 수도사에 대한 편지」를 크체리에 신부 앞으로 질문 형식으로 쓴다. 11월 프랑스에 귀국하여 투쟁하기로 하고, 런던으로 돌아간다. 다수의 논문을 집필. 드골이 통솔하는 '자유 프랑스'의 의뢰로, 전후 프랑스 재건안 『근본을 갖는 것』을 쓴다. 중반기에 들어 건강이 악화되어 급성 폐결핵에 걸린다. 충분한 식사를 취할 것을 거부하고 쇠약해져 영국 켄트주 애쉬포드에서 사망한다.

34년의 생애에서 베이유는 자신이 처한 놓인 정치 · 사회 · 역사 · 종교 · 철학 등의 광범한 상황을 끝까지 보려고 했다고 할 수 있다. 각각의 현장에서 완전히 자신을 던져 어떤 종류의 현장주의를 누구보다도 정열을 가지고 꿰뚫으면서도, 그 곳에 소용돌이치는 주의(ism)나 집단교의(dogma)에 휘말리지 않는다. 거리를 두고 세상을 바라본 시몬느의 정신의 강인함은 특별하게 다룰 가치가 있다. 수학자로서 세계에 이름을 알린 오빠 앙드레와 시몬느, 이 남매는 사춘기 이후 각자의 길을 과감하게 선택하여 그 생애는 완전히 다른 궤도를 그리지만, 세상으로부터의 거리를 취하는 방식은 두 사람에게 공통된 것이었다. 그녀가 죽은지 50년 이상 경과하여 제2바티칸공회의나 공산주의 붕괴 등에 베이유가 던진 질문의 반대 답변을 볼 수 있다. 시몬느 베이유의 불행론은 '상황으로의 시선'에서 성립하며, 그것은 기독교의 수난을 온 몸으로 받아들인 '동정심'에 근거한 것이다. 당파, 조직, 타자에 의존하지 않고 '개인'으로 살며 죽어가는 강함과 약함은 불가분한 양의성을 갖는다. 단적으로 말해서, '깨어날' 수 있는 사상가인 것이다.

■ 주요 저작

『행복한 사람에게 사랑이란 실의에 빠져 있는 의의』(오늘의 책)

베이트슨

Gregory Bateson(1904~80)

인류학자로 출발하여 학습 이론, 정신의학, 진화와 발생, 동물기호론, 생태학, 인식론, 예술론 등의 영역에서 독특한 사색의 결정을 남긴 그레고리 베이트슨은 그 탈영역적인 활약에도 불구하고 평생 변함없는 문제를 계속 추구한 인간이다. 그 변함없는 문제란 관계성이라는 것을 어떻게 이론적으로 정식화할 것인가였다.

개체에 앞서 관계가 있다고 하는 사고방식은 초기의 저작 『나벤』(1936년)의 뉴기니아 부족 연구에 이미 나타났던 것이다. 베이트슨은 이아트물족의 기질에서 볼 수 있는 두드러진 성차(性差)를 설명하는 데 집단 사이의 상호작용 형식에 주목했다. 그리고 남자들 사이에서는 (자만〔自慢〕 시합 등의) 대칭형의 관계, 남녀간에는 (지배-복종, 비호-의존, 진열-감상 등의) 상호보충형의 관계가 매우 규범적임을 관찰하였다. 이들 관계는 방임 상태와 **분열 생성**으로 나아간다. 즉 자동적으로 상승하여 결국에는 관계 그 자체의 파탄을 일으킬지도 모른다는 것이다. 여기서 그가 주목한 것이 '나벤'이라 불리는 의식이었다. 남녀의 역할을 교환하여 행해지는 이 의식이 사회적 긴장을 경감시켜, 분열 생성을 방지하는 기능을 한다는 사고방식이다.

그가 이름붙인 분열 생성은 '정(正)의 피드백'이라 불리는 것에 조응하는 개념이다. 여기서는 사건의 결과가, 그 원인을 더욱 강하게 하는 형태로 되돌아가서 일종의 악순환이 형성된다. 이것과 반대인 것이, 어떤 동작의 결과가 그 움직임 자체를 근본으로 되돌리도록 움직이기 위해 체계 전체가 항상 안전상태로 놓여지는 '부(負)의 피드백'이다. 마가렛 미드와 결혼하여, 이윽고 두 사람이 함께 공동조사를 한 발리섬 사회에서는 이런 종류의 자기 수복(自己修復)적인 문화장치가 많이 발견되었다. 『발리의 성격 —— 사진에 의한 분석』(1942년)에 정리된 이 연구는 엄청난 양의 사진과 필름을 활용하여, 영상인류학의 기초를 이루는 것이 되었다.

제2차 세계대전의 발발을 기점으로 미국으로 건너간 베이트슨은 2차대전 이후 사이버네틱 학술회의의 주요 멤버로 활약한다. 이 시기에 그는 논리학의 계형론(階形論)을 자신의 사고의 기본적인 도구로 삼아 자연계의 전달현상에 적용하게 되었다. 예를 들면 '놀이'라고 불리는 행동의 조직틀(context) 내에서는 교환되는 메시지(예컨대 '어금니를 드러내는' 행위)가 그 틀의 외부에서 떠맡는 기능(공격의 고지〔告知〕)을 나타내지 않는다. 이처럼 직접적 · 구체적인 메시지에는 항상 그것이 어떤 종류의 메시지인가를 알리는 메타메시지가 덧붙여져 있다. 이러한 계층적 형태가 인간 언어의 세계에서뿐만 아니라, 동물들의 의사소통에도 규범적인 것으로서 존재한다는 것을 관찰에 의해 확인한 베이트슨이 다음에 초점을 맞춘 것은 분열병 환자의 의사소통 형식이었다.

언어를 구사하는 인간의 경우, 포유동물과 널리 공유하는 표정이나 입모양을 통한 메시지 전달은 일반적으로 언어적 메시지에 대해 메타 수준에서 작용한다. 그런데 분열증 환자가 행하는 의사소통은 확실히 이 형태에서 혼란을 일으키고 있다. 그들은 단어를 글자 그대로만(즉 낮은 수준에서만) 받아들이려고 하기도 하고, 역으로 단어 배후의 의미를 편집증적으로 살피기도 하며, 극단적인 경우에는 의사소통 자체로부터 자신을 빼버리기도 한다. 이러한 일탈적 의사소통 행동이 어떠한 고통의 체험을 근거로 체득된 것인가라는 것이 베이트슨이 제기한 질문이었다.

이 고통의 체험을 그는 **더블 바인드**(double bind)라는 용어로 형식화했다. 더블 바인드 상황이란 꼼짝할 수 없는 관계 내에서 논리 수준이 다른 두 개의 메시지(예를 들면 '사랑을 전달하는 단어'와 '긴장된 표정')에 발신자와 수신자 쌍방이 붙들리는 상황을 뜻한다. 이 상황의 교착(膠着) 내에서 성장하는 아동은 메시지를 올바른 수준에서 계형지울 수 없게 된다(혹은 앞서 말한 것처럼 분열증 환자의 특징적인 의사소통 행동이 자기 방위를 위해 몸에 밴다)고 하는 것이 1956년의 논문에서 베이트슨이 밝힌 이론의 골자였다.

지금도 지배적인 '트라우마'라는 사고방식은 한번의 사건이 하나의 심성에 부여하는 정보적 외상을 일탈적 행동의 원인으로 보는 것인 데 반해, 더블 바인드 이론은 분열증 환자의 증상들을 학습과정의 결과로 보는 점, 또는 병리단위를 가족 전체가 만드는 의사소통 체계에서 찾는다는 점에서 참신하다.

분열증이란 환자를 희생자로 하는 가족 전체 체계의 병리라는 설득력있는 주장은 60년대 이후 착실히 그 영역을 넓혀온 가족 요법의 이론적 지주가 되고 있다.

더욱이 영국의 명문 케임브리지대학 출신들 집안에서 유전학의 창시자라 할 수 있는 아버지 윌리암으로부터 자연을 관찰하는 눈을 훈련받아온 베이트슨은 60년대에 들어서면 생물의 세계로 눈을 돌려 자연계에서 볼 수 있는 광범위한 정보전달의 우주를 계형론과 체계론의 시각으로 파악하는 일에 전력을 기울이게 되었다. 그 성과 중의 하나가 체세포적 변화(획득 형질)를 낮은 수준에, 유전자형의 변화를 높은 수준에 배분한 생물 진화 체계의 도식화이며, 또 하나의 성과가 동물과 기계와 인간 사이에 공통으로 볼 수 있는 학습 현상을 네 단계의 수준으로 정리한 형태론이다. 또 하와이 해양 연구소에서는 돌고래가 논리계형의 식별을 행하고 있는 것을 명확히 지적하는 실험적 조사를 했다.

이렇게 해서 자연계의 정보전달과 조직형성의 우주에 포괄적으로 접근해 가면서 차차 완성해간 것이 **마음의 생태학**(ecology of mind)이라고 이름붙여진 사색체계이다. 1972년에 단독 저서로는 36년만에 『정신생태학으로의 진전』이라는 제목의 논문집을 출판하였고, 이후에는 은둔자로서의 자세를 버리고 말하자면 문명의 치료사로서 자연계를 가득 채우고 있는 정신우주 내에서의 인간의 에고(ego)와 의식의 특수성 · 위험성을 설명하려고 하였다. ('심적 에너지' 등) 물상과학에서 차용해온 비유 개념이 아니라, 정보가 순환하면서 어떤 유형을 형성해가는 살아있는 세계를 파악하기 위한 더 유효한 사고법을 실천에 의해 제시한 그는 인간과 자연의 '마음'이 관계되는 모든 영역에서, 그가 죽은 뒤에도 계속 자극과 매혹의 원천이 되고 있다.

■ 주요 저작

『정신의 생태학』, 『정신과 자연』, 『대중 선전 영화의 탄생』

베케트

Samuel Beckett(1906~89)

베케트는 1906년 더블린 교외의 폭스록에서 프로테스탄트계 중산계급의 집안에서 태어났다. 이 "태어난다"라는 단순한 사건이, 베케트에게 있어서는 평생 구애받지 않으면 안되는 큰 사건이었다. "자기 자신은 아직 진정으로 태어나지 않았다"고 하는 조산 콤플랙스가 그의 세계관의 근저를 계속 지배하여 초기에서 말년까지의 작품 내에 몽상적 체험으로서의 출생에 대한 이미지나 모태회귀 원망을 반복적으로 드러내게 된다. 그것은 또 그의 작품의 특이한 시공간의 원천이 되고 있다.

1923년 스위프트, 버클리, 에드문드 버크에서부터 오스카 와일드에 이르기까지 앵글로 아일랜드 지식인을 많이 배출한 명문학교인 트리니티 컬리지 더블린에 입학하여 프로테스탄트계 자제의 전형적인 엘리트 코스를 밟게 된다. 크리켓 선수로서 활약하는 한편, 프랑스 문학, 이탈리아 문학 등을 공부했는데, 이때 받은 데카르트나 단테의 영향은 말년까지 이어진다. 1927년 수석으로 졸업한 그는 파리 고등사범학교에서 2년간 영어를 가르치는 자격으로 이듬해 동경하던 파리로 건너갔다.

당시 파리는 초현실주의를 필두로 한 전위예술운동의 혁명적인 분위기에 싸여 있어서 유럽의 주변부에서 중앙으로 진출한 문학청년을 더욱더 자극했다. 그러나 뭐니뭐니해도 결정적이었던 것은 당시 『진행중인 작품』(이후의 『휘네건즈 웨이크』)을 집필하고 있던 동향의 대선배 제임스 조이스와의 만남이었다. 베케트는 그 거장에게 심취했고, 또 조이스도 그를 아껴 자기 집에 드나들게 하면서 집필 조수로 썼다. 이렇게 해서 20세기 문학의 가장 중요한 우호관계의 하나가 성립하게 된다. 젊은 베케트는 조이스의 영향을 많이 받았는데, 그것은 동시에 중압이기도 했다. 언어 예술의 극치에 도달한 것처럼 보이는 조이스의 배후에서 대체 무엇이 가능하단 말인가? 이 후발자의 난제를 온몸으로 받아들인 베케트는 긴 시간에 걸쳐 자기 자신의 길을 모색하지 않으면 안되었다. 그것은 어떤 의미에서 조이스와 정반대의 길이었다. 언어의 가능성을 최대한으로 확장하여 무한히 중층적인 언어 우주를 만든 조이스에 대해, 베케트는 역으로 언어를 빈곤화하여 그것의 무력함을 추구하고자 하는 방향으로 기울었다.

1930년대 더블린, 파리, 런던, 기타 유럽의 각지를 방랑하면서(1937년 이후에는 파리에 정주) 시, 『프루스트론』(1931년)을 대표로 하는 평론, 단편집 *More Pricks than Kicks*(1934년), 장편 『머피』(1938년) 등을 발표하고, 제2차대전 중에는 레지스탕스에 참가한 후, 점령되지 않았던 남프랑스에서 장편 『와트』(1953년)를 집필했다. 그러나 그가 진실로 자신의 본령에 눈을 뜨고 창작 에너지를 일거에 분출시킨 것은 전후 파리에서였다. 1950년경까지 완성한 장편 3부작 『몰로이』, 『말론은 죽는다』(1951년), 『이름붙일 수 없는 것』(1953년)은 인간 존재의 육체적, 정신적 붕괴과정을 묘사하면서 이야기하는 것, 말을 내뱉는 것의 (무)의미를 점진적으로 물어보고 있다. 그것이 가장 철저하게 나타난 『이름붙일 수 없는 것』은 당시 공간, 인칭 등의 모든 것이 불확정적이며 혼란스러워서 역설적인 자기 언급적 언어의 분류처럼 보인다. 그것은 극도로 내성적(內省的) 의식에서의 언어의 제한없는 공전이다. 멈춤없이 발설되는 말(소리)에 대하여, 그것은 타자의 것이라고 말함으로써 '나'를 존속시키고, 침묵하고 싶다고 말함으로써 역으로 침묵과 멀어지게 된다. 언표의 주체와 언표행위의 주체의 분열에 휩쓸려 언어는 역설적으로 나뉘어져 그 무력함과 불가능성을 철저하게 폭로당한다. 푸코가 말하는 "이제 부단한 자기 반성 속에서 그 자신으로 회귀할 수밖에 없는" 현대 문학의 하나의 극점에 서 있는 이 텍스트는, 또 베케트에 대해 "자기자신에 너무 근접한 나머지 오히려 논하기 어렵다"고 할 데리다의 해체와도 통하는 요소를 가지고 있다. 강조해두어야 할 것은 이 시기부터 베케트가 주로 프랑스어로 글을 쓰기 시작했다는 것이다(그리고 자신이 영어로 번역하였고, 영어로 쓴 작품은 프랑스어로 번역했다). 처음부터 "자국어 그 안에서 외국인처럼 말하는"(들뢰즈) 작가였던 베케트에게 2개 국어 사이의 왕복은 언어를 순수하게 질문하는 과정으로서 필연적이었는지도 모른다.

그러나 여기까지는 아직 베케트의 반쪽만을 언급한 것에 지나지 않는다. 3부작과 동시에 대본이 씌어진 『고도를 기다리며』가 1953년 파리 초연에서 대성공을 거두어 그를 일약 유명인으로 만든다. 한 그루의 나무를 제외하고, 거의 아무것도 없는 무대 위에 두 사람의 부랑자가 등장하여 가망없는 고도를 기다리면서 공허감을 남기는 이 연극은 익살스러운 웃음을 삽입하면서 인간 존재의 부조리를 철저하게 표현한 것으로서 금방 전세계의 연극에 혁명적인 영향을 주었다. 이후 베케트는 시적인 분위기가 있는 새로운 종류의 산문을 계속 쓰면서도 활동의 중심을 연극으로 이동하여 『승부의 종말』(1957년), 『크랩(Krapp)의 마지막 테이프』(1958년), 『행복한 나날』(1961년) 등 많은 걸작을 만들어낸다. 라디오, TV, 영화 등의 미디어에도 적극적으로 손을 뻗쳐 죽기 직전까지 항상 과감한 실험을 계속한 그의 작품은 어떤 소품이든 관객과 무대의 관계, 말(소리)과 육체의 관계 등 연극 형식의 본질에 대한 근본적인 물음을 포함하고 있다. 또 그것들은 모두 소설 언어로는 성과를 거둘 수 없었던 자신의 관점을 장르를 초월한 다양한 방식으로 구상화하려고 한 끈질긴 의지의 궤적이라고 말할 수도 있을 것이다. 침묵과 부동성에 끊임없이 접근하려고 한 것, 삶과 죽음의 경계와 같은 시간구조를 가진 것, 무대 공간을 골격으로 보여주면서 의식의 양태를 표현하고 있는 것 등에서 보여지듯이 초기 소설 이래의 주제의 발전을 읽을 수 있다.

1989년 베케트는 죽었지만, 현대의 가장 선구적인 사고를 계속 자극하는 그의 작품은 오늘날에도 여전히 새로우며, 장래에도 계속 문제작으로 남을 것이다. 고도를 기다린다고 하는 우리들의 근본 상황이 변하지 않는 한.

▣ 주요 저작

『고도를 기다리며』(정우사)

벤베니스트

Emile Benveniste(1902~76)

1902년에 시리아의 옛도시 알레포의 유태계 집안에서 태어났다. 랍비가 되기 위해 파리의 유태교 신학교에 입학했는데, 그곳에는 인도학의 대가이며 콜레쥬 드 프랑스의 교수인 실비앙 레비(1863~1935)가 가끔씩 강의를 하고 있었다. 레비와의 만남을 시작으로 한 사람의 위대한 언어학자가 탄생하게 된다.

에밀의 언어 재능을 즉각 알아차린 레비는 콜레쥬의 동료인 인도 · 유럽어 비교언어학자 앙트완느 메이에(1866~1936)에게 그를 데리고 갔다. 메이에도 이 청년의 재능에 감탄하여 그에게 인도 · 유럽어 비교언어학 연구에 참여할 것을 권유했다. 그리고 그들의 기대가 배반당하는 일은 없었다.

이란어를 전공한 벤베니스트는 겨우 20세 때, 1차대전에서 로베르 코디오(1876~1916)의 전사에 의해 중단되어 있던 이란계 소그드어 문헌 독해 작업을 메이에로부터 넘겨받게 된다(『인과경』(因果經) 1926~28년). 또 메이에는 자신의 저서 『고대 페르시아어 문법』의 개정도 벤베니스트에게 부탁하며 개정판은 두 사람의 공저가 되었다(1931년). 메이에는 그 청년을 자신의 후계자로 정한 것이다. 이렇게 해서 벤베니스트는 메이에 자신이 페르낭드 소쉬르로부터 인계받은 고등연구원의 비교언어학 강좌를 25세에 맡게 되었고, 또 35세가 되었을 때는 콜레쥬 드 프랑스의 비교언어학 강좌를 메이에로부터 물려받게 되었다.

이처럼 거의 전설적인 청년기를 가졌던 조숙한 천재의 업적은 20년대에서 70년까지 반세기에 걸쳐 있어 대략적인 약도마저 그리기가 쉽지 않다. 보통 서양 사상사의 문맥에서는 일반언어학에 대한 벤베니스트의 공헌만이 소쉬르나 야콥슨과의 관련 속에서 언급되는 일이 많지만, 이 거인의 전체상을 드러내기 위해서는, 더 나아가 그의 일반언어학에서의 업적의 배경을 이해하기 위해서는 이란학자, 인도 · 유럽어 비교언어학자로서의 그의 면모를 말해둘 필요가 있을 것이다. 이러기 위해 반세기에 이르는 그의 연구를 이란학, 인도 · 유럽어어 비교언어학, 기호론을 포함한 일반언어학의 세 영역으로 나누어 서술하려 한다.

이란학에 대한 그의 업적은 초기의 20년대부터 30년대에 집중되어 있다. 소그디아나어와 관계된 것으로는 앞에서 말한 저작 이외에 『소그디아나어 문법 시론』(1929년), 『소그디아나어 교본』(1940년), 『소그디아나어 문서』(1940년), 『베산타라 쟈타카』(1946년) 등이 있으며, 또 이란과 그 문화에 대해서는 『그리스어 문헌에 나타나는 페르시아 종교』(1929년), 인도학자 루이 르네(1896~1966)와의 공저 『바리투라와 바리스라그너』(1934년), 『아베스타어의 동사 부정형』(1935년), 『고대 이란의 마고스 승려』(1938년), 『고대 이란의 호칭과 고유명사』(1966년) 등이 있다. 그 외에 스키타이계 오셋트인의 언어에 관한 『오셋트어 연구』(1959년)도 있다.

인도 · 유럽어 비교언어학에 대한 그의 업적은 30년대에 시작되었는데, 박사논문 『인도 · 유럽어에서 명사 형성의 기원』(1935년), 『인도 · 유럽어에서 동작주 명사와 행위명사』(1948년), 『인도 · 유럽어 제도 어휘집』(1969년) 등이 여기에 속한다. 그 중에서도 그의 명성에 결정적이었던 것은 『명사 형성의 기원』이다. 이것은 이미 이전에 소쉬르가 『인도 · 유럽어에서 모음의 원시 조직에 관한 연구』(1879년)에서 제창한 조어(祖語 : 하나의 언어가 시간의 흐름에 따라 둘 이상의 언어로 분화 · 발전되어가는 경우에 그 근원이 되는 언어)에 2음절어기(二音節語基)의 존재를 인정하는 사고방식에 반대하여, 모든 어근은 자음+모음+자음(C_1VC_2, 단 $C_1 \neq C_2$)의 1음절 형식에 의해 설명이 가능하다고 하는 내용을 가지고 있다. 그러나 벤베니스트는 소쉬르의 사고방식 자체를 부정하는 것은 아니다. 반대로 두 사람은 언어의 공시적 구조의 설정과 내적 재건이라는 수법을 공유하고 있으며, 동일한 정신 아래서 언어의 역사적 변천보다는 구조로서의 언어의 생성과정의 해명에 몰두하고 있다. 벤베니스트는 메이에를 경유하여 소쉬르의 전통을 계승하고 있으며, 그것은 뒤에 설명하겠지만 일반언어학에서의 벤베니스트의 소쉬르 이론에 대한 비판에도 일관되게 나타나고 있는 정신이다.

소쉬르, 메이에, 벤베니스트에게 공통되는 정신의 또다른 측면이 사회제도로서의 언어라고 하는 것이다. 이것은 뒤르껭이나 모스 등의 프랑스 사회학의 전통과도 분리되지 않는다. 어휘의 생성과 그 의미의 변천이 사회의 변천을 반영하는 거울임은 말할 것도 없겠지만, 구체적 모습을 갖지 않고 추상적 · 상징적인 '제도' 어휘에서야말로 사회의 관념체계의 변천이 가장 뚜렷이 나타난다. 그러한 어휘의 비교 · 검토를 시도한 것이 『제도 어휘집』이다. 증여, 교환, 자유, 정의, 서약, 종교 등의 관념이 어떻게 생성되고 변화하고, 새로운 모습을 가지게 되었는지를 탐구하는 이 저작은 만년에 병환중에 연구했기 때문에 미완성의 부분이나 오류도 적지 않다. 그러나 이것은 언어와 사회의 관계에 대한 정말 새로운 형태의 저작이며, 인문과학의 모든 영역과 연결되는 내용을 포함하고 있다.

일반언어학의 업적은 두 권의 논문집 『일반언어학의 문제들』(1966, 1974년)에서 결실을 맺고 있다. 이 안에는 소쉬르가 설명한 시니피앙과 시니피에의 관계의 자의성, 그리고 양자의 결합에서 생기는 총체인 기호(signe)가 가지는 자의성이라는 사고를 비판한 「언어기호의 성질」(1939년), 아리스토텔레스의 범주론이 실제로는 그리스어의 문법 범주의 치환이라고 지적한 「사고의 범주와 언어의 범주」(1958년), 그리고 관계문의 기능을 해명한 「관계문, 일반의미론의 문제」(1957~58년) 등 주옥같은 논문이 포함되어 있다. 「언어기호의 성질」에서 벤베니스트는 어떤 개념은, 말하는 사람 안에서 특정음의 이미지와 결부되어 있으며 양자의 관계는 자의적인 것이 아니라 필연적이다라고 말함으로써 소쉬르를 비판했는데, 그것은 이미 형성된 언어구조라는 외적 필연성에 대해서는 올바른 것이지만 내적 필연성에 대해서는 타당하지 않다. 이 점이 인식된 것은 벤베니스트의 논문 이후인데, 그럼에도 불구하고 그의 논문 자체의 공헌은 손상되지 않는다.

벤베니스트는 소쉬르와 이중의 복사물이다. 인도 · 유럽어 비교언어학과 일반언어학의 양쪽에서 탁월한 업적을 쌓은 그들은 또 두 영역을 유기적으로 결합시키고 있다는 점에서도 공통적이다. 그것은 그들에게 인도 · 유럽어족이라는 역사적 · 통시적 대상이 동시에 언어체계라는 보편적이며 공시적인 대상으로서도 인식되기 때문일 것이다.

벤야민

Walter Benjamin(1892～1940)

벤야민은 1892년 7월에 베를린에서 태어났다. 부친은 당시 독일제국의 수도에서도 가장 부유한 계급에 속했다. 어머니쪽도 재산있는 집안으로 벤야민이 어렸을 때 자주 놀러갔던 외할머니는 "굉장히 훌륭한 방이 10개나 있는" 저택에 살고 있었다. "이 저택에서 유래한 상당히 오래 전부터 있었던 부르주아적 안정감을 어떤 단어로 설명하면 좋을 것인가?" 그의 집에도 연회용의 최고급 자기그릇이나, 최고급 와인 글래스, 샴페인 글래스, 그리고 30인용 나이프, 포크 세트가 있었다. 그러나 그의 집안은 1차대전과 그후의 인플레로 대부분 완전히 파멸한다. "철도마차로 학교에 다닌 적이 있는 한 세대가, 지금 푸른 하늘에 떠다니는 구름을 제외하고는 모든 것이 변해버린 풍경 속에 서 있었다."

잠시 전학한 시골의 개혁주의적인 기숙학교에서, 독일 청년운동에 유래를 둔 학교제도 개혁론자인 비네켄과 알게 된다. 생활과 지식의 일치에 기초한 자유로운 인격적 발전을 내세운 일종의 자유학원적 분위기와, 이후의 반유태주의적 애국심 사이의 기묘한 혼재를 특징으로 하는 이 운동에 벤야민은 학생시절 전반에 걸쳐 깊이 관여하였고 또 환멸을 느꼈다. 1차대전 중에는 스위스에서 학업을 계속하여 1919년에 『독일 낭만주의 예술 비평의 개념』으로 박사학위를 취득한다. 1925년에 프랑크푸르트대학에 제출한 『독일 비극의 근원』을 제목으로 하는 교수자격 논문이 인정받지 못하여, 결국 자유로운 집필자로서의 생활을 시작하였다.

그의 비판의 출발점은 역사의 진보라든가 자유의 확대라는 부르주아 · 휴머니즘의 상투적 어구였다. 그것은 청년운동과 혼동된 파토스에 젖어 있던 젊은 시절의 문장에도, 초현실주의나 19세기의 파리를 주제로 한 후기의 작업에도 일관되게 나타난다. 또 기술의 진보가 가지고 있는 거대한 가능성에 인간이 따라가는 것을 불가능하게 하는 현실 자본주의에 대한 비판도 근본적인 것이었다. 이점과 관련하여 특히 1924년 카프리섬에 있을 때 알게 된 라트비아의 좌익운동가 아샤 라찌스의 영향이 매우 컸으며, 동시에 루카치의 『역사와 계급의식』도 문화와 사회적 생산과정의 관계를 물상화의 관점에서 생각할 수 있도록 해준 점에서 중요하다. 그리고 신화와 역사에 관한 신학적이라고도 할 수 있는 사고와 맑스주의에 의한 현대 사회의 명석한 분석의 총합을 시도하고 있다. 또 예술이나 문학의 위치와 역할에 대해 각성된 분석, 특히 친구인 브레히트로부터 받아들인 사회적인 생산자로서의 작가라는 관점을 각성이라는 충격효과, 특히 초현실주의에서와 같은 충격효과와 매개시키려고도 하였다. 게다가 현대 예술의 다양한 기법이나 기술적 가능성(예컨대 이화〔異化〕), 혹은 복제기술로서의 미디어가 갖는 의미와 독자적인 **구제의 희망**을 연결시키려고 했다. 그것은 그에게는 지옥이었던 근대에서의 탈출을 집요하게 근대의 기법으로 꾀하는 것으로, 이 시대와 사회에서 지식인의 위치와 역할에 대한 질문을 끊임없이 되풀이하는 것이기도 했다.

그에게서 역사는 비참한 것에 다름 아니다. 부정과 파괴의 경험은 바로크에서 볼 수 있는 알레고리에 대한 관심을 불러일으켰다. 본질이 현상이 되어 개시되는 고전주의적이며 상징적인 예술보다도, 처음부터 부정과 파괴의 고뇌를 내재하고 있는 알레고리적 시선이 기본이었다. 물론 바로크의 알레고리를 역사주의적으로 고수한 것이 아니고, 그러한 상황을 극복하는 것이 그의 목표였다. 그 근저에 있는 것은 "사태의 진행에 대한 억누르기 힘든 불신"인데, 이것은 "지금처럼 사태가 진행되는 것 자체가 파국이다"라는 의식이다. 1920년대에서 30년대에 걸쳐 씌어진 일련의 문학비평론(예컨대 「독일 파시즘 이론」)에서는 그러한 의미로 적이 어디에 있는가를 명확하게 의식한 것이며, 그 파국에서의 탈출을 모색하는 일련의 예술 이론(예컨대 『복제기술시대의 예술』)에서는 시민사회에서 자명한 것으로 받아들여지는 예술의 자율성을 지양할 수 있는 가능성을 아방가르드예술의 새로운 표현매체에서 구하고 있다. 영화와 같은 **복제기술**과 **대중**은, 역사적 의식을 올바르게 읽어내는 것이 가능하다면 파시즘에 대항하는 희망이었다. "현재 이 인식을 위해 사용할 수 있는 가장 좋은 수단은 사진과 영화임에 틀림없다." 이러한 사고는 미완으로 끝난 『파사쥬론』의 장대한 원고에서도 나타난다. 벤야민은 파리 망명중에 연구소의 정식 프로그램으로 채택된 이 '19세기의 사회사'에 몰두한다. 그는 무엇보다도 보들레르의 모습에서 새로운 생활경험을 보여주는 놀이하는 인간의 모습을 읽어냈다. 놀이하는 인간은 군중을 의식하면서도 군중으로부터 떨어져서 유행에 휩쓸리지 않고 작은 일을 탐구하면서 이전에 있었던 것, 아니 있었을지도 모르는 것에 대한 상념을 탐닉하면서 갑자기 떠오르는 것으로서 찾아오는 몽상과 도취에 매몰되는 파괴적 인격이다. 그는 새로운 상품사회의 환상을 탐닉하면서, 상품사회에서의 각성도 순간적으로 경험한다. 상품의 영원회귀 내에서 다른 세계의 그림자를 읽고 있는 것이다. 이러한 문제의식을 만국박람회, 매춘부, 유행, 실내장식, 파노라마, 조명, 생시몽의 운동 등등 무수한 자료를 사용하여 전개하려고 했다.

나치의 침공 때문에 파리를 탈출한 그는 1940년 9월 미국으로 가려고 피레네산맥을 넘으려 했지만, 국경에서 저지당해 절망과 공포 속에서 스스로 목숨을 끊었다. 마지막 해에 탈고되어 있던 「역사 개념에 대하여」라고 제목이 붙여진 짧은 글에서는, 절망 중에 구제의 가능성에 대한 이론화가 기획되어 있다. "문명의 기록이면서, 동시에 야만의 기록이 아닌 것이 없는" 것 중에서 어떻게 해서 메시아의 도래가, 구제가 가능할 수 있는가라는 문제가 논해지고 있다. 우리들의 현재 내에서 읽어낼 수 있는, 구성되어 있는 과거 세대의 고뇌의 부르짖음, 즉 희망의 목소리를 일련의 **변증법적 정지** 속에서 이해할 수 있는 가능성을 시험하고 있는 것이다.

벤야민은 문서적 교양으로 살아간 인간임과 동시에, 수집가로서도 기묘한 정열을 가지고 있었다. 인용만으로 성립하는 책을 쓰는 일이 야망이었다고 하는 점에서 우리는 그의 역사철학을 어느 정도 이해할 수 있다. 그러나 그의 사상은 인간이 과거와 같이 이 문명의 시대에도 확실히 똑같이 영향받고 있는 신화적 공포와의 대결이다. 아도르노가 말하는 것처럼, "그의 철학은 행복의 약속이며, 공포의 원천이기도 하기" 때문에 즐기는 것으로서 현실을 요구하고 있는 것이다.

■ 주요 저작

『발터 벤야민의 문예 이론』(민음사), 『문예 비평과 이론』(문예출판사), 『베를린의 유년 시절』(솔)

보드리야르

프랑스의 사상가 이자 사회학자. 젊었을 때 앙리 르페브르의 조수였으며, 또 독일 문학(브레히트, 페터 바이스 등등)을 번역 · 발표하기도 했으며, 1968년『사물의 체계』에서 현대 소비사회에 대한 **기호론적 분석**을 하여 주목받았다. 그후 파리대학 낭테르학교의 사회학 교수가 되었고, 1976년의『상징 교환과 죽음』으로 생산중심주의적 사상을 비판하면서 독자적인 시뮬라시옹 이론을 전개했다. 이윽고 그의 관심은 현대 예술이나 에이즈, 사회주의 권력의 몰락 등의 '극단적 현상'으로 이행하여, 퐁피두센터에서 발행하는 잡지『트라베르스』(횡단) 등을 무대로 프랑스와 미국에서 왕성한 집필 활동을 하여 '포스트모던의 지도자'(펭귄북『1980년 대사전』)로 평가되었다. 그의 최근 입장은 1990년의『투명한 악(惡)』에 요약되어 있다.

보드리야르 사상의 전개는 세 단계로 나누어볼 수 있을 것이다.

최초의 단계는『사물의 체계』,『소비사회의 신화와 구조』(1970년),『기호의 정치경제학 비판을 위하여』(1972년)의 3부작으로 대표되는 기호론적 단계이다. 물론 이 단계의 핵심어는 '**사물**'과 '소비'이다. 여기서 '사물'이란 단순히 '생산된 사물'이 아니라 '기호'(차이 표시기호)로서 기능하는 '사물'을 뜻한다. 그는 '소비'를 이러한 **기호/사물의 발신과 수신 체계**로서, '즉 언어 활동으로' 정의한다. 이런 의미의 소비에 의해 개개인은 차이의 체계와 기호의 코드로 조직되어 '제철업형' 사회에서 '**기호생산형**' 사회로의 결정적인 이행이 이루어지게 된다는 것이다.

『사물의 체계』가 그 전해에 출판된 R. 바르트의『유형의 체계』의 언어학적 방법을 (아마 제목도?) 채용하고 있다는 점에서도 볼 수 있는 것처럼, 이러한 발상 자체는 **포스트구조주의** 논자라기보다는 오히려 구조주의자의 이미지를 보드리야르에 투여하는 것이지만, 그의 분석의 특이함은 『소비사회의 신화와 구조』에서 볼 수 있는 것처럼 사회의 표층적인 변화 내에 있는 종(種)의 가치관의 종말, 즉 초월적인 것, 부정적인 것의 종언을 읽어내고 있다는 점이다. 이 측면은 그를 바타이유나 니체에 연결시킬 수 있게 하고 있다.

제2단계에서 강조되는 것은 이 방향이다. 그는 『상징 교환과 죽음』, 『유혹에 대하여』(1979년), 『시뮬라크르과 시뮬라시옹』(1981년) 등의 저작에서 르네상스 이후의 사회사를 **시뮬라크르**의 세 영역의 전개과정으로 보고 있다.

르네상스에서 산업혁명까지의 시대에 지배적이었던 도식은 '모조'(模造)이다. 보드리야르는 시민적 질서에 의한 봉건적 질서의 해체와 함께, 구속된 기호/사물의 시대가 끝나고, 차이 표시기호의 수준에서 공공연한 경쟁이 시작된다고 한다. 즉 모든 사회계급이 무차별적으로 기호를 소비할 가능성이 생긴다. 그러나 이 영역의 기호는 아직 '원형'(original)에 구애받고 있다. 무제한으로 증식되는 기호는 이전에 구속된 기호의 '모조'가 되며, '진짜인 것 같음'이나 '자연스러움'을 준거틀로 유지한다. 따라서 그것들은 상징 교환의 시뮬라크르일 뿐이다.

산업혁명과 함께 기호/사물의 새로운 시대가 출현한다. 기계제 대공업에 의해 생산되는 사물들 사이의 관계는 이미 원형과 그 모조의 관계가 아니다. n개의 동일한 사물을 대량생산하는 것이 목적인 사회에서 사물은 서로 상대를 규정하지 않는 무제한의 복제가 되며, '원형'을 대신해서 '기술'(테크놀로지)이 새로운 준거틀이 된다. 이것이 제2의 시뮬라크르이다. 벤야민의 『복제기술시대의 예술 작품』에서 이미 분석되었던 이 영역은 20세기 중반 이후까지 계속된다.

이후에 찾아오는 것, 즉 현대의 우리들을 둘러싸고 있는 것이 제3의 영역의 시뮬라크르이다. 모조도 대량생산도 이미 문제가 아니다. 차이의 변조에 따라 모든 형태를 생산하는 모델이 지배적이 되는 이 영역에서 현실적인 것은 차이의 코드와 시뮬라시옹이 만들어내는 가상현실 내에 흡수되어버린다. 우리들은 "준거틀을 필요로 하는 이성이 모습을 감추고, 생산이 현기증날 정도로 수행되는 지점"을 통과해버렸다는 것이다.

이처럼 보드리야르는 생산은 끝났다, 이성적인 것은 끝났다, 역사는 끝났다고 주장했다. 그는 '완만한 죽음'을 가질 뿐인 세기말을 예언하고 있었다.

그런데 그의 예상에 반하여 세계는 격동의 시대를 맞게 되었다. 베를린 장벽의 붕괴에서 걸프만전쟁을 거쳐 소비에트 연방 해체에 이르는 '극단적인 현상'의 속출이 그것이다. 현실의 이러한 변화에 대응한 사상적 이동이 『투명한 악(惡)』(1991년) 등 그의 제3단계 저작이다.

보드리야르는 그 책에서 부정성('저주받은 부분')을 추방하여 자기 면역성을 잃은 문명을 '투명한 악'이 감추고 있다고 서술하면서 이슬람, 에이즈, 컴퓨터 바이러스 등등의 '급진적인 타자'의 출현을 지적하고 있다.

동화(同化)도 근절도 불가능한 이들 '타자들'(거기에는 인공지능이나 일본인도 포함된다)에 의해 서구 문명이 구축해온 '개인주의'의 신화가 위협당하고 있는 것을, 그는 『타자성의 형태』(M. 기욤과 공저, 1992년)에서 강조하면서 묵시록의 시대를 초월하는 계기를 오히려 이 사실에서 보여주고자 한다.

이상 살펴본 바와 같이 보드리야르는 이론 구축의 작업에서 차차 멀어져서, 문명비평가로서의 스타일을 취하기 시작하고 있다. 그의 언어는 시대의 변용과 함께 교묘한 변주를 보여왔고, 이후로도 계속 그럴 것이다. 최근에는 낭테르의 교수직을 사임하고 유럽과 미국에서 집필에 열중하고 있다고 한다. 베네치아 비엔날레에 사진을 전시한 일도 있는 그의 활동의 폭은 기성의 지식틀을 문자 그대로 횡단하는 것이다. 참으로 특이한 사상가라 할 수 있다.

■ 주요 저작

『생산의 거울』(백의), 『기호의 정치경제학 비판』(문학과지성사), 『시뮬라이시옹』(민음사), 『소비사회』(문예출판사), 『섹스의 황도』(솔), 『아메리카』(문예마당)

부르디외

Pierre Bourdieu(1930~)

부르디외는 1930년 8월 1일 남프랑스의 베아른 지방에서 하급 공무원의 자식으로 태어났다. 집이 풍족한 편은 아니었기 때문에 장학금을 받고, 도청 소재지 포의 리세를 거쳐, 파리의 루이 르 그랑 리세의 그랑제콜 진학준비과정을 마친 후 1951년에 고등사범학교에 입학했다. 고등사범에서는 알렉상드르 코이레, 가스통 바슐라르, 죠르쥬 캉길렘 등으로부터 인식론, 과학사, 논리학 등을 배웠다. 당시 프랑스 공산당의 영향력이 압도적으로 컸던 고등사범에서 부르디외는 다소의 알력이 없었던 것은 아니지만 당원들과는 거리를 유지한 채 지냈다.

교수자격 시험 합격 뒤에 리세에서 1년간 가르친 후, 병역 의무를 수행하기 위해 알제리로 건너갔다. 병역을 마친 후에도 알제리에 머물면서 알제리 사회에 관한 저작을 집필하기 시작했다(『알제리의 사회학』, 1958년). 이 시기에 인류학, 사회학으로 자신의 관심을 돌리기 시작한다. 1958년부터 2년간 알제리대학의 조수로 지낸 후 레이몽 아롱의 추천을 받아 1962년에 릴대학 조교수, 그리고 1964년 이후에는 사회과학고등연구원 교수가 되었다. 그후 1982년에 꼴레쥬 드 프랑스의 교수로 임명되었다.

이상이 간단한 경력이지만, 부르디외를 언급할 때 무엇보다도 중요한 것은 그의 연구자로서의 출발점이 알제리 연구에 있다고 하는 점이다. 그것은 처녀작이기 때문만은 아니다. 몇몇 알제리 연구 이외에 그의 이론적 주저 『실천감각』(1980년)의 토대가 되고 있는 것이 알제리의 카빌 지방 조사이기 때문이다. 그의 주요한 개념인 '실천'이나 '아비투스'도 이 알제리 사회 및 알제리의 노동생활 조사에서 만들어진 것이다. 부르디외가 알제리에서 노동조사를 통해 획득한 것은 경제란 경제계산도 실업, 노동이라고 하는 말로 표현되는 것도 아니며, 사회관계의 표현이라고 하는 것이었다. 노동이라고 하는 것도 사람들의 사회에서의 관계로서 나타나는 것이다. 자본 체계에 의해 은폐되고 있는 사회관계를 폭로하는 것, 그것이 사회학자 부르디외의 출발점이 된 것이다.

부르디외는 그 뒤, 쟝 클로드 파슬롱과의 공저 『유산상속자들』(1964년), 『재생산』(1970년) 등을 통해 근대적 학교제도에 의해 은폐된 지배 메커니즘을 폭로하는 것으로 유명해졌다. 부르디외는 학교라는 제도 안에서 아동 주위의 환경(가족, 소속계급 등)이 어째서 학업에서 우위에 설 수 있는 입장을 부여하는가, 말하자면 상류계급의 부모들은 자신의 아이들에게 경제적인 유산만이 아니라 사회에서 우위를 유지하기 위한 문화적 유산을 남기고 있다고 주장한다. 또 학교라는 제도에서는 사회의 지배적인 가치관을 눈에 보이지 않는 형태로 아이들에게 강요하여 그 가치관을 아이들의 의식 속에 자리잡게 하고 있다. 부르디외는 그 힘을 '**상징적 폭력**'(Le violence symbolique)이라고 이름 붙였다.

『재생산』에서 처음으로 부르디외 사회학의 중심적인 개념 중의 하나인 **아비투스**(habitus)가 등장했다. 아비투스는 그후 부르디외의 저작이나 논문 안에서 몇번씩 다시금 정의내려지고 정교화되어간다. 그러므로 처음 등장했을 때와 다소 뉘앙스가 다르고 애매하다고 다른 사회학자로부터 비판받기도 한다. 그러면 아비투스란 무엇인가? 아비투스는 라틴어의 'habere'(가지다)라는 동사에서 파생한 단어로, "**사람이 태어나서부터 집이나 사회에서 몸에 익힌 특징의 총체**"이다. 사람들의 현재의 심신의 존재방식을 산출한 역사 그 자체이며, 사람이 "일상적으로 어떻게 행동하고 처신하는가라고 하는 심신의 처신방법의 체계로서 규칙적인 행동의 객관적 기초"를 만들어내는 것이다. 사람이 왜 이러한 발화방식을 가지는가, 이러한 행위를 하는가, 이러한 표정을 짓는가, 이러한 반응을 보이는가? 일상의 생동방식, 규찰방식, 감정의 동요까지를 한데 묶는 생활태도, 감정, 언어표현의 총체를 아비투스라고 하는 것이다.

또 부르디외는 『실천에 대한 하나의 이론의 소묘』(1972년), 『실천 감각』 등에서 실천(pratique)이라는 개념을 아비투스와 함께 사용하고 있다. 실천이란 아비투스에서 유지되고 있는 그 사람의 (혹은 집단의) '관습행동'(일상생활의 유형화된 행동)이기 때문이다. 그러므로 예를 들면, 일상적으로 결혼이란 비슷한 사람들의 자유로운 결합이라고 생각되고 있지만, 실제는 **결혼전략에 따른**

게임인 것이다. 전략이라고는 하지만 이성적인 계산이나 무의식적 프로그램에 근거를 두는 것은 아니다. 그것은 오히려 어릴 때부터 공동체 안에서 길러진, 상호간 인간관계, 집안과 집안 사이의 관계를 원활하게 만들어가는 게임의 감각, 말하자면 **실천 감각**(le sens pratique)이라고 부르는 것이다. 그 감각에 따라 자신이 가지고 있는 카드(행위자가 갖는 다양한 조건)를 보면서 가장 유익한 결혼을 선택하는 것이다.

또 부르디외는 다양한 통계조사를 사용하면서 문화계급론이라고 할 수 있는 『구별짓기』(*Distinction*, 1979년)에서 '문화자본' 개념이나 '사회관계자본' 개념을 가지고 사회분석을 행했다. 식사방식, 음악의 기호, 언어 사용 등등이 왜 소속되어 있는 계급에 의해 차이가 나는가, 거기에 어떻게 '우월화'의 전략이 은폐되어 있는가가 분석된다. 지배층이 왜 문화적 우월을 유지하는가가 명백히 드러난다. '양친, 친족, 처신방법, 본인의 인맥, 언어 사용이라고 하는 **사회관계자본**', '①가정환경에 의해 신체화된 교양, 처신방법, 언어 사용, ②가정이 갖는 문화적 자산(책, 내구소비재 등), ③그 결과로서 얻는 학력자격이라고 하는 **문화자본**'이 사회적 우월화의 요인으로서 분석된다. 즉 부르디외의 작업이란 항상 **은폐된 사회관계나 이데올로기를 폭로**하는 것으로서 당연시되는 사물이나 사태의 배후에서 그것을 성립시키고 있는 사회관계를 발견하는 것이다.

▣ 주요 저작

『자본주의의 아비투스』(동문선), 『혼돈을 일으키는 과학』(솔), 『구별짓기』(백의), 『재생산』, 『실천 감각』

브레히트

Bertolt Brecht(1898~1956)

독일의 극작가. 아우구스부르크에서 태어나 뮌헨대학에 재학하던중 1차대전이 일어나 입대하기 이전에 처녀작 『발』(Baal)을 완성해놓았다. 시적 재능이 있는 무법자인 자연아(自然兒)의 파멸을 묘사하여 표현주의의 영향도 보이지만, 이상주의나 도취와는 확실히 연관이 없다. 전후의 혼란기에 베를린의 스파르타쿠스단의 봉기를 배경으로 한 희곡 『한밤중의 북소리』를 쓴다. 1922년 이 작품으로 클라이스트상을 수상했다. 다음해에 상연된 『도시의 정글』은 시카고를 무대로 해서 밀림과 같은 대도시에서의 인간의 고독과 만남을 추구하기 위한 투쟁을 그리고 있다. 싸움의 동기가 되는 것을 감추고 있기 때문에 당시 관객에게는 난해했었지만, 소외를 만들어내는 비정한 사회의 일면을 보여주고 있다. 말로우의 『에드워드 2세』의 개작(1924년)에서는, 엘리자베스 왕조의 이 사극에서 리듬이나 문체, 많은 장면을 갖는 '서사적' 극구성의 가능성을 찾으려고 하고 있다. 주요한 인물이 성격의 일관성을 갖지 않고 상황에 따라 완전히 성격을 달리해버리는 것도 이 개작의 특색이다. 같은 해에 브레히트는 독일 극장의 문예부원이 되어 베를린으로 이주하였으며, 다양한 협력자를 얻었고, 그의 처가 된 여배우 헬레네 바이겔을 알게 되었다. 1925년에 상연된 『그 놈이 그 놈』은, 대체된 총알받이로 식민지 군대에 들어간 평범한 시민이 피에 굶주린 병사로 변신하는 과정을 그리고 있다. 개성은 완전히 부정되고 인간이 기계의 부품처럼 집단의 한 성원이 된다. 심리적인 것보다 조건에 대한 반응으로서의 행동을 중시하는 행동주의가 채용되고 있다. 이 무렵부터 그는 정치연극의 우두머리 피스카토르의, 개성을 부정하고 정치정세나 경제상황을 자료나 환등(幻燈), 영화 등에서 해설하는 '서사적' 수법의 영향을 받아들였으나, 피스카토르처럼 관객을 무대로 끌어들여버리는 방향에는 비판적이어서 관객에게는 각성된 자세로 무대를 관찰하도록 해야 한다고 생각한다. 이 방향을 가장 잘 보여주고 있는 것은 20년대 말부터 시도된 교육극이라는 새로운 장르로, 여기서는 연기자와 관객의 구별이 없이 어떤 공동체 내에서 연기하는 사람, 보는 사람이 같은 입장에서 교재로서 상연되는 어떤 **사건의 재현으로서의 극**을 검토하고 고찰한다고 하는 형식 때문에 종래의 연극과는 완전히 다른 구조를 가지고 있다. 맑스주의에 대한 관심을 반영하여 공동체와 개인을 주제로 한 것이 많은데, 『예스맨』이나, 당과 개인의 알력과 숙청을 주제로 한 『처치』(處置)가 대표적인 것으로, 전자는 학교의 오페라로서, 후자는 노동자합창단에서 상연되었다.

1926년에 간행된 『가정용 설교집』은 실용성을 노래하여 날카로운 풍자의 표제가 붙어있지만, 초기시의 집대성으로 종래의 서정시와는 취향을 달리하고 있다. 여기서 마하고니라고 불리는 일련의 시를 27년에 쿨트 바일이 『작은 마하고니』라고 하는 음악극으로 작곡하였다. 이 바일을 작곡자로 한 『서푼짜리 오페라』는 1928년에 초연되어 대성공을 거두었고, 두 사람의 이름이 국제적으로 널리 알려지게 되었다. 원본은 1928년의 발라드 오페라인 『거지 오페라』인데, 부르주아지가 합법적인 수탈을 행하기 때문에 도둑보다도 더 악랄하다고 하는 풍자는 통렬하다. 그러나 두 사람의 콤비에 의한 『해피 앤딩』은 실패했고, 오페라 『마하고니 시의 흥망』(1931년)은 극장소동을 일으켰다. 브레히트는 이 오페라의 주(註)의 형태로 종래의 연극과 자신의 '서사적' 연극의 비교를 시도하고 있다. 불황의 시대, 좌우의 격돌의 시대가 시작되자 브레히트는 좌익적인 입장을 명백히 하면서 『도살자 성 요한』과 『어머니』(고리끼 작품의 극화)를 발표하고, 영화 『클레 완페』의 대본을 집필하였으나, 나치가 정권을 획득하자 즉시 망명했다. 바일을 위해 발레 대본 『소시민의 일곱 개의 대죄(大罪)』를 쓰고, 1932년부터 덴마크에 거처를 정하고 나치의 종족 이론의 거짓 술책을 폭로하는 『둥근 머리와 뾰족 머리』를 썼는데, 여기서 생소화(소격) 효과라는 개념을 사용하기 시작한다. 교육극 『예외와 관습』의 한 구를 인용하면, 그것은 익숙해진 대상을 이상한 것으로 보여주는 연극수법으로 관객은 생소화에 의해 선입견에서 해방되어 대상을 새로운 눈으로 보고 스스로 인식하게 된다. 브레히트가 대부분의 작품에서 극의 종말에 해결을 제시하지 않는 것은 이 때문이다. 비극을 보고 감동하면 연극의 작업은 거기서 끝나버리지만, 브레히트의 무대는 다 본 뒤에 생각하는 행위가 시작된다. 게다가 망명중의 브레히트는 반파시즘 활동의 직접적인 유효성도 생각한 『카랄 아주머니의 총』과 『제3제국의 공포와 비참』도 쓰고 있지만, 망명자들 사이에서 일어난 논쟁에서는 사회주의 리얼리즘의 협소함이나 교조성에 비판적이었다. 핵분열의 실험을 듣고 쓴, 과학과 권력의 문제를 다룬 『갈릴레이의 생애』, 30년전쟁에 상인으로서 관계한 『억척 어멈』, 이들의 주인공은 모두 반영웅(反英雄)이라는 측면을 보여주고 있다. 현재의 사회기구 내에서 인간은 선과 악의 분열을 해결할 수 없다는 것을 암시한 『사천의 선인』은 덴마크, 스웨덴(1939년), 핀란드(1940년)를 전전하는 동안 집필하였다. 주인과 하인의 뛰어넘기 힘든 틈을 밝은 문체로 그린 『푼틸라 나리와 하인 마티』, 히틀러를 시카고의 깡패로 은유한 『아르투로 우이의 저항할 수 있는 발흥(?)』도 이 시기에 집필한 것들이다. 1941년에 드디어 미국 입국 비자가 나와 캘리포니아에 임시 거처를 정했다. 모성의 생산성을 묻는 『코카서스의 분필로 그린 원』은 이 시기에 열정적으로 쓴 것이다. 로톤의 협력으로 『갈릴레이』가 상연되는 한편, 브레히트는 주인공의 부정적인 측면을 강조하는 개작을 썼지만 상연 전날 밤에 비미활동위원회에 소환당했고 그 직후 스위스로 갔다. 스위스에서 탈고한 『연극의 소사고 원리(小思考原理)』는 그의 연극론의 정식화이다. 1948년에 동베를린으로 옮겨가, 바이겔 주연으로 『억척 어멈』을 상연하였으며, 그의 연극체계의 진가를 인정받고 베를린 앙상블이라는 극단 설립을 인정받아 망명중에 중지한 자작극이나 고전극, 근대극의 자기식 개작을 참신하고 완성도 높은 형태로 무대화하면서 국제적인 주목을 받았지만, 56년에 심장발작으로 급사했다. 브레히트의 활동은 연극에만 머물지 않고, 시(『백시선』〔百詩選〕), 소설(『세 편의 소설』, 『율리우스 카에살씨의 상업』), 예술론, 정치론까지 미치고 있으다. 또한 그 연극론의 근저에 있는 것은 변증법으로, 만년에는 '서사적 연극' 이라는 수사를 혐오하여 '변증법의 연극' 이라는 명칭을 생각하고 있었다고 한다.

■ 주요 저작

『브레히트 선집』(한마당), 『갈릴레오 갈릴레이』(두레), 『코카시아의 백묵원』(범우사), 『억척 어멈과 그 자식들』(연우), 『서정시를 쓰기 어려운 시대』(삼문)

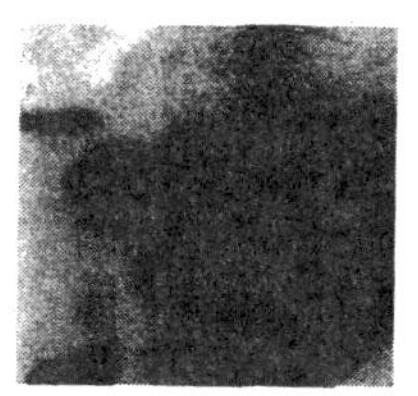

브로델

Fernand Braudel(1902~85)

파리의 고등연구원에 자리를 갖고 있던 브로델은 2차대전의 발발과 함께 군에 입대하여 동부전선에 배치되었다. 그리고 1940년부터 45년까지 독일군의 포로로 억류생활을 하였다. 불후의 명저인 『필립 2세 시대의 지중해와 지중해세계』는 이 시기에 기억을 토대로 집필한 것이었다.

이 대작을 통해 브로델이 역사학에서 이룩한 최대의 이론적 공헌은 하루하루의 단순한 산술적 총화로서의 시간이 아니라, 질적으로 상이한 3개의 지속(단기, 중기, 장기)으로 구성되는 시간의 개념을 제시한 점에 있다. 첫번째 단기 지속이란 정치적인 사건이나 사람들의 일상생활에서의 사건이 일어나는 매우 짧은 한 순간의 '시간'이다. 두번째 중기 지속이란 인구동태나 가격변동, 임금동향에서 볼 수 있는 것처럼 10년이나 20년, 혹은 반세기에 걸쳐 천천히 변해가는 사물이나 현상이 경험하는 시간이다. 그는 경제학의 용어를 차용하여 이 중기 지속에 **콩종튀르**(conjoncture : 변동국면)라는 또다른 이름을 붙였다. 마지막으로 **장기 지속**은 자연의 지형이나 기후 등 쉽게 변화하거나 변용되지 않는 사물이 경험하는 몇백 년에 걸친 시간이다. 『지중해』는 이 3개의 지속에 대응하여, 제1부 「환경의 역할」에서는 지중해의 모습을 만들어내고 있는 산지, 평야, 섬, 바다나 기후조건 등을 통해 장기 지속을, 제2부 「집단의 운명과 전체의 활동」에서는 16세기의 지중해세계에서의 공간의 척도나 화폐, 상업, 국가, 지역사회 등을 통해 중기 지속을, 제3부 「사건 · 정치 · 인간」에서는 레반트해전 등 16세기 후반의 사건들을 통해 단기 지속을 각각 고찰하고 있다.

19세기 후반부터 20세기 초기의 프랑스의 역사학계는 이른바 실증주의의 전성기로, 정치외교사를 중심으로 사건을 통시적으로 서술하는 것이 주류였다. 이에 대해 루시앙 페브르는 사건은 역사에서 표층에 지나지 않는다고 비판하면서 역사학에서 '전체성'을 회복해야 한다고 주장하였으며, 또 에르네스트 라브루스는 뒤르껭학파의 영향을 기초로 하여 가격변동을 중심으로 역사학에 수량적인 방법을 도입하였다. 『지중해』는 이렇게 앞선 연구자들의 인식론 · 방법론적인 혁명을 이어받아 그것을 발전시킨 것이라고도 할 수 있다.

구조를 중시하여 지리학, 경제학, 사회학 등의 다른 사회과학과의 총합을 도모한 브로델의 신선한 솜씨는 『지중해』에 이어지는 대작 『물질 문명과 자본주의』에서도 변함없이 드러나고 있다. 여기서 그는 단기 지속으로서의 사건사를 전면적으로 배제하고 장기와 중기의 지속을 재구성하여, 새롭게 또 하나의 3층구조 —— 아래에서부터 순차적으로 '물질 문명'(혹은 물질 생활), '(시장)경제', '자본주의' —— 를 제시하고 있다.

이 3층구조 내에서 중요한 위치를 차지하는 것이 **시장경제**이다. 브로델은 일상의 생활공간에서 성립하는 시장이나 원격지상업을 포괄하는 대시장을 중심으로 교환 활동을 고찰한다. 그리고 경제인류학자 폴라니의 '대전환'론을 비판하여 모든 교환은 사회적임과 동시에 경제적이기도 하다고 주장한다. 그에 의하면 교환에 의한 가격변동이 있는 한, 역사를 통해 모든 사회에 시장경제가 존재하고 있는 것이며, 또 역으로 19세기나 20세기에도 시장경제가 사회 전체를 포괄하는 일은 없다는 것이다.

이에 대해 그 하부에 위치하는 '물질 문명'은 시장경제로 이어지는 자급자족경제나 물물교환의 세계를 가리킨다. 여기서는 인구동태나 의식주의 형태, 기술이나 화폐 등 사람들의 일상생활의 양태가 고찰의 대상이 된다. 다른 한편 '시장경제'의 상위에 위치하는 '자본주의'는 자본 투하에 의한 이윤 획득을 목적으로 하는 생산 · 교환 · 소비의 한 형태이며, 지역적으로 정리된 하나의 장(그의 표현으로는 **세계시장**)을 형성한다. '시장경제'와 마찬가지로 '자본주의'도 모든 역사를 통해 존재한다. 그가 다루는 시대에는 자본 투하가 전적으로 유통의 영역에서 일어나는 '상업자본주의'가 전개되지만, 그것은 농업, 공업이 취약한 구조를 가지고 있었기 때문이다.

이처럼 브로델은 '구조'에 의해 역사를 서술하려고 하지만, 그 방법은 예를 들면 맑스주의적인 것과는 크게 다르다. 먼저 그의 3층구조는 하부에 있는 것이 상부에 있는 것을 규정한다고 하는 일방향적인 관계가 아니라 상호규정적이다. 또 단선적인 발전단계론은 부정되며 각각의 층 사이의 발달의 불일치에 의해 역사는 진보하기도 하고 역행하기도 한다고 인식되는 것이다. 이러한 그의 방법론은 무수한 인용을 통해 자신의 논지를 뒷받침하는 서술 스타일에 따라 역사의 풍부함을 느끼게 하는 한편, 스튜워트 휴즈가 비판하는 것처럼 그의 작품에 망각으로 파악되는 바가 없다는 인상을 주는 원인이 되기도 한다.

브로델은 항상 다른 사회과학과의 종합을 의식하여 '역사학적 제국주의'라고 종종 말해지는 것처럼, 그 종합의 정점에 역사학이 군림한다는 강한 확신을 가지고 있었다. 이런 확신과 함께 그는 조직자로서도 유능함을 발휘하였다. 페브르나 마르크 블로크의 뒤를 이어 오랫동안 『아날』의 편집장으로 일하며, '인간과학의 집' 원장으로서 엠마뉴엘 르 루아 라뒤리 등의 역사가는 물론이고, 롤랑 바르트나 피에르 부르디외 등 프랑스를 대표하는 지식인을 육성하는 데도 힘을 썼다.

브로델은 프랑스 영토였다, 독일 영토였다를 반복한 로렌느 출신이었다. 또 20대에는 교수자격을 획득한 뒤에 알제리의 고등학교에서 교편을 잡았고, 30대에는 브라질의 상파울로대학의 강사를 지낸 일도 있었다. 이러한 내력을 지녔으므로 프랑스라는 국민국가나 유럽의 틀을 넘어서 유럽 기독교세계와 이슬람세계가 교차하는 장소인 지중해라는 지역을 대상으로 한 연구가 가능했다고 할 수 있다. 그러나 프랑스인인 자신이 만약 그리스에 오랫동안 머문다면 그리스를 잘 알 수 있는 이상으로 프랑스에 대해서 재인식할 수 있게 될 것이라고 말하고 있는 것이 보여주듯이, 비유럽세계에 대한 그의 지적 편력은 결국 프랑스인 혹은 유럽인으로서의 자신의 정체성을 확인하기 위한 여정이었다. 그의 유작이 『프랑스의 정체성』이라는 것은 그런 의미에서 확실히 상징적이다.

▣ 주요 저작

『물질 문명과 자본주의』(까치), 『역사학 논고』(민음사)

브룩

Peter Stephen Paul Brook(1925～)

브룩은 망명 러시아인의 차남으로 런던에서 태어났다. 부친은 전기기술자, 모친은 화학자였다. 옥스포드대학에 재학중일 때부터 연극 활동을 개시했던 그는 일찍이 재능을 인정받아, 1946년 세익스피어가 태어난 스트레트포드 어폰 에이븐의 세익스피어 기념극장의 사상 최연소 연출가가 된다(『사랑의 골절상』). 그후 세익스피어 작품들의 연출만이 아니라, 런던의 로얄 오페라 등에서 오페라 연출에도 손을 대었으며, 또 영화 제작에도 정력적으로 참여한다. 1962년 피터 홀, 미셸 상 뒤니 등과 함께 로얄 세익스피어극단의 예술감독 · 연출가로 취임한다. 이 전후부터 아르토의 전위 연극론의 영향을 받아 실험적인 연극의 탐구에도 정력적으로 시간을 할애하며, '잔혹극 시기' 라고 이름붙여진 1963년에는 페터 바이스의 『말러/사드』를, 또 베트남전쟁을 비판하기 위한 즉흥적 토론극 『US』(1966년) 등을 상연한다. 더 나아가 1970년에는 미슐린 로잔과 함께 '국제 연극 연구센터' (C.I.C.T. : 74년 이후 '국제 연극 창조센터' 〔C.I.R.T.〕)를 파리에 설립하여 런던을 떠나게 된다. 이후에는 이 연구센터와 부프 뒤 노르극장을 거점으로 하여 전통적인 연극의 틀을 타파하려는 새로운 연극의 문법을 추구하면서 세계 각국의 배우, 연극인과의 공동작업에 종사하였다. 그 결과 12세기 페르시아 시인인 아탈의 원작에 의한 『새의 회의』(1973년), 아프리카의 어떤 부족에 대한 인류학적 연구를 소재로 한 『이크족』(1975년), 또 체홉의 『벚꽃 정원』(1981년) 등 다수의 전설적인 무대가 만들어진다. 그 중에서도 상연시간이 9시간에 이르는 인도의 서사시 『마하바라타』에서 소재를 취한 다문화적인(multicultural) 동명의 작품(1985년)을 일본을 시작으로 세계 각지에서 상연하여 커다란 충격을 주었다.

20세기가 연출가의 시대라는 것을 브룩만큼 우리들에게 잘 보여주고 있는 예술가도 드물다. 그는 몽상가도 이론가도 아니라, 어디까지나 현장(그것이 극장으로 한정되지 않는)의 인간이다. 그의 모든 상연과 언설은 모두 현장에서의 공동작업중에 경험적으로 만들어진 것이다. 확실히 그는 연극을 문학으로부터 연극의 현장으로 다시 옮겨놓았다.

그러나 영화와 TV의 세기에 연극을 현장으로 다시 옮겨놓은 것은 매일 "연극이란 무엇인가"라는 질문과 마주대하는 것을 의미한다. 혹은 그것은 보다 격렬하게 말하면 "연극은 죽었는가"라는 가시돋친 질문을 참고 견디는 것이기도 할 것이다. 실제 지금까지의 브룩의 궤적을 살펴보면, 그가 이러한 질문을 끊임없이 자신에게 던지고 있다는 것은 분명하다고 생각된다.

다행인 것은 그가 셰익스피어의 나라에서 태어났다는 것이다. 왜냐하면 그는 셰익스피어가 남긴 텍스트에 그러한 질문에 대한 대답이 모두 있다고 생각하기 때문이다. 브룩은 자기자신보다 앞서는 금세기의 연극사적 거장들, 예를 들면 브레히트도 아르토도 모두 셰익스피어 안에 있다고 본다. 그러나 브룩은 그로부터 셰익스피어만 연출하고 있으면 된다는 결론에 머무르는 것은 아니다. 오히려 셰익스피어의 텍스트에 내재해 있는 연극의 가능성을 현대에 재생시키기 위한 길을, 그리고 거기에 씌어져 있고 갇혀 있는 연극의 힘을 회복하는 방법을 브룩은 일생에 걸쳐 탐구하게 된다. 그것은 다양한 연극의 실험으로 그를 몰아갔다. 언어의 실험, 공간의 실험, 다른 문화와의 접촉이라는 상호문화적(intercultural) 실험…….

> 어디든 상관없는 아무것도 없는 공간 ── 그것을 지적하여 나는 벌거숭이 무대라고 부를 것이다. 한 사람의 인간이 여기 아무것도 없는 공간을 걸어서 횡단한다. 또 한 사람의 인간이 그것을 발견한다 ── 연극 행위가 성립하기 위해서는 이것만으로 충분할 것이다.

1968년에 출판된 『아무것도 없는 공간』의 유명한 첫 대사이다. 확실히 여기에 모든 것이 드러나 있다고 생각한다. 한 사람의 연기자와 한 사람의 관객이 공간적 · 시간적으로 만나는 것, 그것이 연극의 모든 것이다.

물론 이것을 문자 그대로 받아들여서는 안될 것이다. 사태는 그렇게 단순하지 않다. 우리 인간은 역사를 가지고 있으며, 이야기를 만들고 있으며, 문화를 구축하였다. 브룩은 이 모두를 버리고 '원시'로 돌아가라고 순진하게 주장하고 있는 것이 아니다. 오히려 그러한 인류의 유산을 총동원하는 것이야말로 앞에서 본 것과 같은 직접적인 만남을 가능하게 한다. 브룩은 이렇게 생각하고 있는 것이다.

그러므로 그는 여행을 한다. 『새의 회의』를 가지고서 브룩과 그의 동료들이 한 장기간에 걸친 아프리카 기행이 유명하며, 『마하바라타』를 제작할 때에도 그는 인도를 여행하며 사람들과 만나 이야기를 나누고, 탐욕스러울 정도로 다른 문화를 흡수했다. 파리에 있을 때도 그는 항상 다양한 국적의 다양한 배경을 가진 사람들과 현장에서 작업을 계속했다. 그가 그렇게 한 것은 새로운 이야기를 발견하기 위해서도, 새로운 연기의 기법을 도입하기 위해서도 아니다. 그것은 연극을 믿는 사람들과 함께 풍부한 연극의 현장을 만드는 것을 통해, 더 나아가 그 장을 관객을 향해 열어 공유하는 것에 의해 연극의 원초적 힘, 직접성이라는 힘을 회복하는 것을 목적으로 하는 것이다.

『마하바라타』가 매우 흥미로운 것은 참가하는 다양한 국적의 배우들이 공통의 언어를 사용하지만(영어판과 불어판이 있다), 결코 통합되지 않는 각각의 연기 방법과 신체성으로 이 장대한 서사시를 공간화 · 시간화해간다는 점이다. 이 작품에 대해서는 '문화의 착취'라는 비판도 있었지만, 그러한 비판도 이 무대의 강도 앞에서 거의 효력을 잃고 말았다고 생각된다. 그 강도란 상연의 제작자로서의 브룩의 저명성 때문에 갖게 되는 것이 아니라, 거기에 참가하는 삐걱거리고 엇갈리면서 결합되는 다양한 상연의 요소에 의해 필연적으로 산출되는 것이다.

브룩은 어디까지는 연극의 힘을 믿고 있다. 그것은 사상적 전개의 결과로 이루어진 이론적 귀결 같은 것이 아니라, 말하자면 연극의 현장에서 늘 집단적으로 창조를 계속해온 예술가로서의 브룩의 직감과 같은 것이다. 그래서 우리 관객들도 그의 무대를 접할 때마다 연극의 힘에 감화되고 있는 자기자신의 모습을 가만히 응시할 수 있는 것이다.

■ 주요 저작

『아무것도 없는 공간』, 『비밀은 아무것도 없다』

비트겐슈타인

Ludwig Wittgenstein(1889~1951)

데렉 저먼 감독의 전기 영화 『비트겐슈타인』의 마지막 장면, 죽음의 강을 건너는 철학자를 향해 친구인 케인즈는 다음과 같이 말한다. "동화를 들려주지. 옛날에 세계를 이론 그 자체로 만들려고 꿈꾸는 젊은이가 있었네. 굉장히 머리가 좋았던 그는 그 꿈을 실현했지. 일을 끝낸 그는 한 걸음 걸어 내려가서 만들어진 영광을 보았다네. 그것은 아름다웠다네. 지평선까지 소리도 없이 계속되는, 더할 나위 없이 계속되는 영원과 같이 불완전한 것도, 불확실한 것도 없는 세계. 현명한 젊은이는 자신이 만든 세계를 둘러보면서 탐험에 나서기로 했지. 한 걸음 내딛은 그는 위를 바라보다 넘어졌다네. 〈마찰〉을 잊어버리고 있었던 것일세. 얼음은 미끌미끌하여 기복이 없고, 얼룩 하나 없었지만, 그 위를 걸을 수는 없었다. 그래서 젊은이는 거기에 눌러앉아 자신이 만든 훌륭한 창조물을 보면서 눈물로 지냈다."

실로 비트겐슈타인 전기 사상과 잘맞는 알레고리라고 할 수 있을 것이다. 그는 1889년 철강재벌의 여덟째 아이로 '세기 말 빈'의 유태인 가정에서 태어났다. 기이하게도 하이데거 및 히틀러와 같은 해에 출생했다. 네 명의 형 중에서 셋째까지가 자살했고, 남은 네번째의 형이 제1차 세계대전에서 오른손을 잃은 '왼손의 피아니스트' 파울 비트겐슈타인이다(라벨의 〈왼손을 위한 피아노 협주곡〉은 그를 위해 작곡되었다).

17세의 비트겐슈타인은 베를린의 공과대학에 입학해서 항공공학 연구에 열중했지만, 곧 수학기초론이나 논리학으로 관심을 바꾸었고 프레게의 권유에 따라 케임브리지대학의 러셀에게 갔다. 방 안을 생각에 잠겨 걸어다니는 비트겐슈타인을 향해, 러셀이 "무엇을 생각하고 있는가, 논리인가 아니면 자네의 죄에 관해서인가"라고 물으니, 그는 "양쪽 모두입니다"라고 대답했다고 한다. 그의 죄란 동성애의 체험이라고 추측되고 있다.

1914년에 1차대전이 발발하자 그는 오스트리아군에 지원병으로 입대하여 많은 공훈을 세우지만 이탈리아군의 포로가 되었다. 전투중에 그는 등 뒤에서 꺼낸 한 권의 노트에 떠오르는 사고의 격류를 남겨놓았다. 이것이 『논리철학 논고』(1922년)의 원형이다. "**세계란 성립되어 있는 내용의 총체**"로 시작되며 "**말할 수 없는 것에 대해서는 침묵하지 않으면 안된다**"로 끝나는 526개의 단편들로 구성된 이 기묘한 철학서는 곧 유럽의 철학계를 뒤흔들어 '빈학파'의 결성과 '논리실증주의'의 성립을 촉진시켰다. 앞의 동화에 쓰여 있던 "세계를 논리 그 자체의 것으로 만들려고" 하는 꿈이란 이 『논고』의 세계에 다름 아니다.

얼마 지나지 않아 비트겐슈타인은 철학에서 손을 떼고, 교원자격증을 취득하여 시골의 초등학교에 부임했다. 『논고』를 탈고함으로써 모든 철학적 문제는 해결했다고 믿었기 때문이다. 그러나 초등학교에서 체벌 사건을 일으켜 교직을 사직한 그는 빈에서 은거하며 누이의 저택을 설계하는 일에 몰두한다. 그러던 때, 친구의 권유로 네덜란드의 수학자 브루어의 강연을 들으러 간 비트겐슈타인은 뒷통수를 맞은 것 같은 기분이 되어 방기했던 철학을 친구들 앞에서 다시 왕성하게 말하기 시작했다. 그의 후반기 생애의 시작이었다.

1929년에 케임브리지대학으로 되돌아간 비트겐슈타인은 박사학위를 취득함과 동시에 강의를 시작했고, 후기의 주저인 『철학적 탐구』에 담겨 있는 사색을 정력적으로 전개한다. 그러나 그 책에 서술되어 있는 것은 논리언어가 지배하는 투명한 빙판과는 비슷하지만 딱 들어맞지는 않은 일상언어의 진흙탕이었다. 그 이유를 그는 다음과 같이 쓰고 있다. "우리들은 완전히 마찰이 없는, 미끌미끌한 빙판 위에 망설이며 나섰다. 거기에서는 조건들이 어떤 의미로서는 이상적이지만, 확실히 그 때문에 우리들은 전진할 수 없었다. 그러기 위해서는 마찰이 필요하다. **거칠거칠한 대지로 돌아가라!**"

『논고』의 세계를 자기 부정하고, 대지로 회귀하여 진흙탕과 장난치는 비트겐슈타인의 모습이, 스승인 러셀의 눈에는 "재능을 버리고 톨스토이가 민중에게로 몸을 돌린 것처럼 상식 앞으로 몸을 돌린" 것으로 보였다. 그러나 언어게임을 근본개념으로 하며, 이것을 이론적 고찰을 위한 문법모델로 구사하는 그의 후기 철학의 방법은 동시대 철학자들에게 압도적인 영향을 주어, **분석철학**이라고 불리는 조류를 창출하였으며, 전후 영미권의 철학을 석권했다.

20세기 철학의 **언어론적 전회**는 『논고』와 『탐구』라는 완전히 성격을 달리하는 두 권의 책에 의해 성취된 것이다.

그러나 전기에서 후기로의 비트겐슈타인의 〈전회〉는, '논리 분석'에서 '일상언어 분석'으로라는 단순한 방법상의 전회에 머무는 것은 아니다. 그것은 모든 지식의 궁극적인 '기초'를 만듦으로서 안심입명(安心立命)을 얻고자 하는 전통적 철학관 자체에 대한 도전이었다. 이미 『논고』에서 "철학의 목적은 사상의 논리적인 명석화이다"라고 갈파한 그는, 곧 '논리적인 명석화'의 절차마저도 방기하고, 『탐구』에서는 이렇게 서술하기에 이른다. "철학에서 당신의 목적은 무엇인가. 파리에게 파리채로부터 도망가는 방법을 가르치는 것." 이러한 일종의 '반철학'이라고도 부를 수 있는 그의 사색의 발걸음은, 만년이 되어 '언어게임'의 근원성과 그 무근거성의 자각에 도달한다. 즉 "언어게임에는 근거가 없다. 그것은 이성적이지 않다(또 비이성적이지도 않다). 그것은 —— 우리들의 생활과 마찬가지로 —— 거기에 있다"는 것이다.

앞에서 인용한 케인즈의 동화는 다음과 같이 끝난다. "그러나 나이를 먹어 현명한 노인이 됨에 따라 그는 깨닫게 되었다. 거칠거나 불확실한 것은 결점이 아니라고. 그것들은 세계를 움직이게 하는 것이다. ……거친 지면(地面)이라고 하는 〈개념〉은 노인의 마음에 들었지만, 거기에서 살 수는 없었다. 그래서 그는 지면과 빙판 사이에서 몸을 움직일 수 없었고, 어느 쪽에도 안주할 수 없었다. 그것이 그의 슬픔의 근원이다." 이 슬픔을 짊어진 채 1951년 비트겐슈타인은 62세의 생애를 마감했다. 그러나 그가 남긴 막대한 유고는 '미발굴의 광맥'으로 오늘날 우리들 앞에 서 있다.

▣ 주요 저작

『논리철학 논고』(천지), 『확실성에 관하여』, 『철학적 탐구』(이상 서광사)

소쉬르

Ferdinand de Saussure(1857～1913)

페르디낭 드 소쉬르는 스위스의 쥬네브시에서 4형제의 장남으로 태어났다. 소쉬르 집안은 프랑스에서 망명한 신교도였으며 대대로 우수한 자연과학자를 배출하였다. 18세에 쥬네브대학에 입학한 소쉬르도 처음에는 가계의 전통을 이어 화학과 물리학을 공부하였지만, 이미 이때 그는 당시의 언어학의 가장 높은 수준의 지식을 가지고 있었다. 예를 들어 그가 14세 때 노언어학자 아돌프 피크테에게 보낸「그리스어, 라틴어, 독일어의 단어를 소수의 어근으로 환원하기 위한 시론」은 기발한 착상과 풍부한 학식과 황당무계한 추론을 모두 갖춘 놀라운 논문이다.

19세에 역사언어학의 본거지 라이프치히대학으로 가서 인도 · 유럽어학에 전념한다. 2년 후인 1878년 12월에『인도 · 유럽어들의 모음의 원시 체계에 관한 논문』을 간행하여 언어음의 역사적 재건에 대하여 명석한 방법으로 비판하였다. 이 업적은 독일 언어학자들 사이에서는 무시되면서도 도용당하는 불행한 취급을 받게 된다. 그를 인정하고 수용한 것은 프랑스인들이었으며, 특히 파리의 고등연구원에서 교편을 잡고 있던 루이 아베와 미셸 브레알 등이었다. 1880년 10월부터 1891년 10월까지 소쉬르는 파리에 거주하면서 고등연구원에서 게르만어 등의 강사로 일했으며, 파리 언어학회 간사로서 학회지를 편집하였다.

1891년 10월 고향으로 돌아온 소쉬르는 쥬네브대학에서 산스크리트어, 인도 · 유럽어 비교 문법, 언어, 지리 등을 가르쳤다. 그러나 1893년 경부터 논문 발표가 줄어들어 2～3년 뒤에는 완전히 학문적 침묵에 빠져든다. 이 몇 년 사이에 '언어의 일반이론' 을 다루는 '한 권의 책' 을 계획하여 실제 작업에 착수하였지만, 그 초고는 거의 진행되지 못하였고 곧 여러 개의 단편으로 흩어졌다. 만년에는 게르만 전설과 고대시의 애너그램(anagramm)에 관한 독창적인 연구에 열중하였지만, 그것들도 방대한 노트만 남긴 채 중단되었다. 소쉬르가 1907년부터 1911년 사이에 쥬네브대학에서 책임지고 있었던 '일반언어' 에 관한 강의 개요는 몇 명의 학생들이 작성한 노트를 통해 엿볼 수 있다. 여기에 있는 것은 일찍이 '언어의 일반이론' 을 위해 시도된 '책' 의 난삽한 반복이었으며, 그 자신은 이 강의를 원하지도 인정하지도 않았다. 그러나 그의 사후 학생들의 강의 노트는 언어학자인 샤를 바이으와 알베르 세쉬에에 의해 가필, 편찬되어 1916년에 『일반언어학 강의』라는 제목으로 출판되었다. 이 책은 곧 20세기 언어학에 결정적인 영향력을 가지게 되었으며, 50년대 이후에는 소쉬르를 구조주의의 창시자로까지 만들었다.

『일반언어학 강의』가 보여주고 있는 이론의 골격은 대략 다음과 같다. 언어 현상 전체는 각 사람이 사용하고 있는 여러 가지 말(**파롤**)과 그것들의 사회적 전제로서의 언어기호의 체계(**랑그**)를 가지고 있다. 이 체계는 기호들의 부정적인 차이에 의해서만 일거에 **공시적**으로 성립하며, 이것을 파악할 수 있기 위해서는 일단 **통시적**으로 조망되는 변화의 상을 사상하는 것이 중요하다. 이런 의미에서 언어학은 역사학과도 논리학과도 다르며 단지 기호들의 부정적인 차이의 체계 속에서 연구되는 학문, 즉 기호학에 속하는 것이다. 기호가 부정적인 차이라는 것은, 예를 들어 기호 A는 기호 B도 기호 C도 아니라는 것에 의해, 같은 기호 B는 기호 A도 기호 C도 아니라는 것에 의해 기능할 수 있으며, 각각의 고유한 어떤 질도 가지고 있지 않다는 것을 말한다. 이러한 기호의 차이의 체계는 음의 실질과 사고의 실질을 동시에 잘라내는 양면적인 관계의 망이다. 언어기호의 체계는 음을 잘라내는 면에서는 **시니피앙**의 관계로서 기능하며, 사고를 잘라내는 면에서는 **시니피에**의 관계로서 기능한다. 랑그란 실질에 대립하는 이중의 형식이며, 언어학의 첫번째 목적은 언어 현상의 전체로부터 이 형식을 순수하게 찾아내는 것이다.

이상과 같은 이론의 기조를 '관계론' 이라는 부르는 것 속에 집어넣을 수 있는데, 이것은 분명히 20세기에 일어난 여타의 사상 조류, 예를 들어 현상학에서의 형상적 환원의 발상과 통하는 데가 있다. 언어학의 영역에서 이러한 관계론은 전달 기능의 분석에 주안점을 두는 음운론 등에서 이미 충분한 성과를 낳았다고 말할 수 있다. 그러나 소쉬르 자신의 침묵에 대해 생각해본다면 그것은 단지 관계론적 사고가 지나치게 선구적이었기 때문에 나타난 좌절이었을까? 아마 그것은 아닐 것이다. 관계론은 이미 그의 동시대인들 속에서 점차 형성되어갔으며, 바이으와 세쉬에가 소쉬르 사후 불과 2년 반만에 『일반언어학 강의』를 편집할 수 있었던 것도 바로 거기에 서술되어 있는 대부분의 것이 이미 그들의 신조였기 때문이다.

소쉬르를 침묵하게 한 문제는 물론 관계론과는 정반대의 것이었다. 한 마디로 요약하면 그것은 언어사상(言語事象)의 존재론이라고 말할 수 있는 문제이다. 그가 "쓰는" 것에서 근저로부터 강하게 느낀 곤란은 언어학에서 다루는 단위, 예를 들어 말과 형태가 왜 이러저러한 구분을 가지는지, 그것들이 존재한다라고 말할 수 있는지가 이해되지 않는다는 데 있었다. 관계론은 이러한 사상이 '있다' 는 것에 대한 질문을 부정적 관계의 분석으로 치환하였지만, 이러한 처리는 여전히 언어라는 관계의 망이 기호소, 형태소, 음소 등 명확한 구분을 구성하면서 존재하고 있다는 것을 사고의 전제로 하고 있는 것이다. 초고와 강의 노트를 통해 읽을 수 있는 소쉬르는 여러 언어 단위가 질적 분리의 신축성에 의해 어떻게 운동하고 존재하는가 하는 질문으로 곧장 하강하고 있다. 여기에서 나타나는 소쉬르는 언어를 사고하는 사람에게는 영원한 하나의 드라마이다.

■ 주요 저작

『일반언어학 강의』(민음사)

쇤베르크

Arnold Schönberg(1874～1951)

대략 300년간 지속된 조성 화성(和聲)의 시대에 종지부를 찍고 서구 음악사 최초로 완전한 **무조**(無調) 음악을 달성한 작곡가. 더 나아가 조직적인 무조 음악이라고 할 수 있는 **12음기법**에 의해 새로운 음고(音高) 구성의 체계를 창안한 작곡가 —— 음악사에서 쇤베르크의 공적을 한 마디로 정의하면 이렇게 표현할 수 있을 것이다. 그러나 쇤베르크의 무조 음악과 12음기법으로부터 파생한 다양한 문제는, 예를 들면 음의 소재와 악곡 형식의 괴리에서도, 작품과 청중 사이에서 그때마다 나타나는 자의적인 청취 체계에서도, 일반 청중과 전위적인 예술 음악의 이반에서도 쇤베르크 자신이 예상하지 못했던 현대 음악의 커다란 과제로서 현재에까지 이르고 있다. 20세기 음악사를 뒤돌아볼 때 그 영향력의 크기라는 점에서 쇤베르크의 존재는 상당한 것이라 할 수 있다.

쇤베르크는 1874년 체코에서 이주한 유태인을 양친으로 하여 빈에서 태어났다. 거의 독학으로 음악을 공부하였고 합창단의 지휘, 오페레타의 편곡, 악보 베끼기 아르바이트 등 실제 활동 속에서 작곡의 기교를 몸에 익혔다. 초기의 쇤베르크의 작풍은 포스트 바그너의 반음계적 화성과 브람스의 변주 기법을 모범으로 하는 후기 낭만파의 음악이다. 이 시기의 대표작에서 쇤베르크의 출발점이 되었던 것이 현악 6중주곡 〈정화된 밤〉이다. 여기에서 보여지는 비대칭적인 악구와 발전적인 변주의 수법, 폴리포닉(다성적)한 서법과 풍부한 표출성은 쇤베르크의 음악을 형성하는 본질적인 요소로서 그후의 무조 음악과 12음기법에 의한 작품에 계승된다.

20세기에 들어서 '불협화음의 개방'이 초래한 기능 화성의 붕괴와 조성의 위기는 한계에 달하였다. 1908년 쇤베르크는 현악 4중주곡 제2번의 제4악장과 〈슈테판 게오르게의 '가공 정원의 책'에 의한 15개의 가곡〉에서 마침내 조성을 포기한다. 이후 제1차 세계대전 발발시까지 계속된 그의 무조 시대는 조성에 의존하지 않고 어떻게 하면 자율적인 음악구조를 달성할 수 있을까 하는 모색의 시대로서 표현과 형식의 문제에 관련된 많은 중요한 작품이 씌어진다. 반복을 피하면서 극도로 형식을 줄인 '극미 형식'이 제자 베베른과 시기를 같이 하면서 시도되었고, 또 텍스트가 첨부된 작품이 다수 씌어져 무조 시대의 특징의 하나를 이룬다. 철저한 무주제주의로 씌어진 모노드라마 〈기대〉(1909년)와 무조 시대의 최후를 장식하는 〈달의 피에로〉(1912년)가 이 시기의 대표작이라 할 수 있다. 특히 〈달의 피에로〉는 그 음렬적인 수법만이 아니라 그 세기말적 이미지(텍스트는 탐미적인 지로의 시다), 표현주의와 문예 카바레과 결합되어 소편성의 앙상블에 의한 실험적인 음악극의 시도 등 표현형식에서도 점점 새로와져 스트라빈스키와 라벨르 등 동시대의 작곡가에게 강한 영향을 미쳤다.

1920년대 초 거의 7년에 걸친 창작활동의 공백 뒤에 장단조와 기능 화성을 대체하는 새로운 음고 구성의 체계로서 12음기법이 창안된다. 쇤베르크 스스로 "상호간에만 관계하는 12음에 의한 작곡"이라고 이름붙인 이 방법은 우선 옥타브 내의 12음을 한번씩 사용하여 기본 음렬을 만들어 그 반행형, 역행형, 반행의 역행형을 구성하고, 더 나아가 이 4개의 음렬의 12개의 변형(高)형을 더해 48종의 음렬을 수평(계시적), 수직(동시적)으로 결합하여 작곡하는 것이다. 1920~23년에 씌어진 〈5개의 피아노 곡〉, 〈세레나데〉, 〈피아노를 위한 조곡〉 등에 의해 12음기법으로의 이행이 이루어지는데, 정말로 중요한 것은 이 소규모 작품들에서 실제로 시도된 다양한 종류의 '음렬적 절차'였다. 쇤베르크는 기본 음렬을 몇 개의 작은 음렬로부터 구성하는 등 음렬 자체가 풍부한 내적 관련을 가지고 곡 전체의 유기적인 전개의 추진력이 되도록 하는 방법을 생각하였다. 미완으로 그친 오페라 〈모세와 아론〉은 이러한 음렬 작법의 집대성으로 불리는 것으로 단지 하나의 음렬로부터 이 거대한 오페라가 이어져 나온다.

그러나 12음기법을 확립한 때부터의 쇤베르크는 소나타, 변주곡, 조곡이라는 고전적인 형식을 사용하였는데, 특히 1920년 중반 베를린으로 이주한 이후 점점 그 경향이 뚜렷해졌다. 텍스트와 내적인 감정에 의존하는 표현주의적 무조 작품으로부터 일변하여 이러한 전통적인 음악 형식을 사용하였던 것에 대해, 그것을 동시기의 '신고전주의'의 한 현상으로 해석하기도 한다. 또한 쇤베르크의 12음기법이 조성을 음렬로 치환하였을 뿐 기본적인 전통적 서법을 계승하고 있는 것에 대해, 더 나아가 미국으로 망명한 이후의 작품이 조성적 요소를 부활시키고 있는 것에 대해 오늘날의 평가는 매우 다양하다. 주지하듯이 전후의 젊은 세대가 모범으로 삼았던 것은 음렬적 사고를 음고 이외에 적용할 수 있다는 것을 시사한 베베른의 음악이었기 때문에 12음기법도 쇤베르크가 기대한 바와 같은, 기능 조성을 대체한 보편적인 체계가 될 수는 없었다.

그러나 독일 음악의 헤게모니를 신뢰하였고 바하에서 베토벤, 브람스에 이르는 전통의 계승자를 자인한 쇤베르크에게 조성 구조를 전제하는 고전적인 형식과 12음기법의 융합은 불가피한 작업이었다. 12음기법은 살아있는 기술로서 과거의 형식에 통합되는 것에 의해 비로소 완성되는 것이라 할 수 있다. "전위적인 예술가이기보다는 정확하게 이해되는 오래된 전통의 계승자이기"를 원했던 쇤베르크는 자신의 음악에 대해 항상 그 역사적 위치를 확실히 자각하고 있었다. 이렇게 자신의 작품과 창작 미학에 대한 어떤 종류의 역사의식도 금세기의 전위적인 예술가에 공통적인 특징의 하나일 것이다.

숄렘

Gershom Scholem(1897~1982)

게르숌 숄렘은 1897년 베를린에서 대대로 인쇄업을 경영하는 독일계 유태인의 집안에서 태어났다. 베를린대학, 예나대학, 베른대학에서 수학과 철학을 전공하였다. 그러나 20세기 초 독일어권에 확산된 시오니즘 문제가 숄렘의 지성에 강한 충격을 준 것을 계기로 연구의 중심을 수학에서 카발라(Kabbala : 헤브라이 신비설)로 옮기기로 결심하였고, 1차대전 뒤에 뮌헨대학으로 간다. 그리고 현존하는 최고의 카발라 문헌 『하바히르의 서』(지혜의 책)의 번역과 주석을 1922년 박사학위 논문으로 제출한다. 그후 가장 열렬한 시오니스트 신조의 고백이라 할 수 있는 『베를린으로부터 예루살렘으로』를 집필한 것처럼, 그는 1923년 9월 홀로 예루살렘으로 건너가 헤브라이대학 유태학 연구소 강사가 된다.

다음해인 1924년 현대 문헌학과 역사학의 얌전한 외투를 걸친 26세의 청년 숄렘은 예루살렘 땅에서 200년 전부터 오리엔트 유태인의 비교적(秘敎的) 전통을 지켜오고 있던 최후의 카발라주의자 집단과 접촉하려고 힘쓴다. 이어서 그는 어떤 카발라주의자와 만났는데, 그 사람에게서 "당신에게 카발라를 가르쳐주겠소. 하지만 한 가지 조건이 있소. 그것은 질문하지 말라는 것이오"라는 말을 들었다. 숄렘은 그 조건을 받아들일 수 없었으므로 그 제의를 사양하였다. 이러한 상징적 사건이 있은 후, 그는 한번 빠지면 헤어나올 수 없다고 하는 카발라의 위험한 세계에 들어가 항상 균형을 잃지 않고 강건한 정신과 사고를 무기로 카발라의 원전과 사본을 발굴하여 번역하고 정교한 주석을 다는 전인미답의 작업을 계속해왔다. 숄렘의 업적은 유태교 신비주의 **'카발라'**를 축으로 하는 헤브라이대학 교수 시절(1933~65)의 활동과 1968년에 취임한 이스라엘 과학 인문학 아카데미 소장 시절의 활약으로 유태사상의 현대적 부활에 대해 아카데믹한 측면에서 커다란 공헌을 한 것이다.

숄렘의 역사 연구의 특징적인 방법론은 **근원적 역사**라는 말로 이름붙일 수 있다. 그는 엄격한 교조주의적 정신을 대표하는 '구약' 시대 이후의 랍비들의 사상, 즉 랍비적 유태교에 대해 반역적이며 이단적이며 게다가 급진적이기도 한 역사상을 만들어냈다. 이러한 근원적 역사가는 한편으로 랍비적 유태교의 정통성을 인정하면서도, 다른 한편으로 그 해석의 완전주의를 거부하기 때문에 수세기 동안 억압받았던 비교적 전통으로서의 카발라를 발굴하고 현대에 전하였던 것이다. 위와 같은 근원적인 역사가에게 카발라는 그 고색창연한 옷을 벗고 인간의 모든 고통스러운 체험의 근원에 의미를 두는 변증법적인 새로운 이론으로 부활하였다.

카발라는 12세기 후반 프랑스의 랑그독 지방에서 출현하였고, 13세기에는 남프랑스인 프로방스와 북스페인의 헤로너를 중심으로 하여 일대 정신운동으로 융성기를 맞이하였고, 그후에도 차례로 서클을 늘려갔다. 그리고 가중되는 유태인 박해, 추방에도 불구하고 신적인 우주와 인간의 조응관계에 의식을 집중한 이러한 지적 체계는 유태인이 거주하는 거의 모든 나라에 전파되었다. 랍비적 유태교는 신을 절대적 초월성에서 순화하기 때문에 신화의 폐절에 노력하였고 의례를 중시하였다. 숄렘은 이것에 대비되면서, 바로 신의 실증성에 접근하기 위하여 상징적 형상을 요구한 카발라를 『카발라와 그 상징적 표현』 속에서 **신화적 사고**라는 표어로 특징짓고 있다.

숄렘이 근원적인 역사 연구가로 성취한 최대의 공적은 팔레스타인의 사페드에서 탄생한 이사크 루리아(1534~72)의 후기 카발라를 에스파냐에서의 유태인 추방의 신화로서 분석하였던 것이다. 이 파국의 체험을 설명하는 데는 에스파냐 시대까지의 랍비적 유태교의 학설도, 신비파의 이론도 거의 쓸모가 없었으며 새로운 이론이 필요했다. 그 필요에 부응한 것이 루리아의 새로운 카발라 이론이라고 숄렘은 말하고 있다.

도대체 우주과정을 성립 가능하게 하는 유일한 보증이 되는 행위로서의 신은 자기자신의 내부로 수축하였다고 루리아는 생각하였다. 즉 위와 같은 신의 **자기자신 내부**로의 수축, **'철거'**(tzimtzum)에 의해 **그릇의 파괴**('세빌라트 하케림')가 생겨났고, 이리하여 신이 부재한 진공지대는 악의 세계도 존재할 수 있는 공간이 되었다. 신이 자기자신 내부로 후퇴할 때 앞서 말한 원공간에는 여전히 신성한 불꽃이 남아 있다고 루리아는 생각했다. 따라서 신성한 불꽃도 신으로부터 소외되어 있다는, 신을 모독하는 언설과 크게 다르지 않은 루리아의 주장은 성스러운 불꽃의 신격화와 재결합하여 **그릇의 수복**('티궁')이라는 구제의 단계를 제시하는 것이다.

위와 같은 루리아의 이론은 유적(流謫)이라는 악의 세계에 살면서도 그것을 구제과정의 메시아적인 추진력으로 본 유태인의 혼속에 커다란 공명을 불러일으켜 널리 확산되었다. 민족의 비극적인 운명으로부터 파국의 철학을 교양화한 루리아의 카발라에 대해 숄렘의 근원적 역사학은 그 혁명적인 상뿐만 아니라 보수적인 상에 대해서도 지적하는 것을 잊지 않았다. 즉 이사크 루리아는 그의 선구자인 코르도베와 에스파냐의 카발라주의자들의 문헌은 말할 것도 없고, 그것을 넘어서 고대 그노시스 신화를 근거로 하여 자신들의 이론을 발전시켰던 것이다. 19세기의 합리주의적 역사가들에 의해 유태 역사의 진보에 유해한 것으로 기피되던 루리아의 근대적 카발라 이론을 역으로 활력 있는 것으로 발굴한 숄렘이 거짓 예언자에 관한 주저인 『사바타이 츠비』에 향하고 있는 것은 악을 위치짓는 카발라에 대한 그의 근원적인 관심 때문이었다.

숄렘은 시오니스트로서 이스라엘로 이주하는 길을 선택하면서도, 대체로 이산(離散) 유태교도에 의해 만들어진 신비주의의 근원에 대한 문헌학적 연구에 생애를 바친 사상가이다. 숄렘의 이러한 이중성이 이산 유대교를 부인하는 시오니즘을 넘어서 유태인, 비유태인의 벽을 초월하여 이질적인 유태교 신비주의의 현실성을 현대 사상에 뿌리박게 하는 데 기여했다.

■ 주요 저작

『베를린으로부터 예루살렘으로』, 『카발라와 그 상징적 표현』, 『유태 신비주의』

Carl Schmitt(1888~1985)

"나치의 계관 법학자." 법사상가로서의 슈미트의 이미지는 오랫동안 이 말로 요약되어왔다. 슈미트가 나치시대, 히틀러의 독재체제에 이론적 근거를 부여한 것은 부정할 수 없는 사실이다. 그러나 슈미트를 나치시대의 이데올로그로만 본다면 그것은 일면적인 것이며, 결국 피상적인 것이 될 것이다. 슈미트의 매력, 그것은 그가 법학자인데 그치는 것이 아니라, 문학, 음악, 철학, 종교 등 연관 영역에 분석의 메스를 들이대어 그것들을 자신의 법 및 국가 사상의 형성에 이용한 데 있다.

슈미트는 1888년 상인이었던 아버지 요한과 어머니 루이즈의 장남으로 베스트팔렌(독일)의 작은 도시인 플레텐베르크에서 태어났다. 양친 모두 카톨릭이었으며, 어머니는 그를 성직자로 키우기를 원했다. 1907년 아테트룬의 문과 김나지움을 졸업한 후 베를린, 뮌헨, 슈트라스부르크 등의 대학에서 법학을 공부했다. 1910년에 슈트라스부르크대학을 수석으로 졸업한 후 사법관 시보로서 잠시 뒤셀도르프에 있었다. 1차대전 중에는 뮌헨에서 병역을 마쳤다. 학위논문은 『책임과 책임의 종류에 대하여』(1910년), 교수자격 취득논문은 『국가의 가치와 개인의 의의』(1914년)이다. 교직으로는 모교인 슈트라스부르크대학 사강사를 시작으로 뮌헨 상과대학, 쾰른대학, 베를린대학 등의 교수직을 역임하였다. 뮌헨 상과대학 시절에는 막스 베버의 강사용 세미나에도 참석하였다. '나치의 계관 법학자'로 불려진 것은 베를린대학 시절이다. 전후 나치의 전범 혐의를 받고 수감되었지만 뒤에 석방되었다. 그 이후에는 고향 플레텐베르크에서 저작 활동에 전념하였다.

슈미트의 학설은 제2제정기(1910~18), 바이마르공화정기(1919~33), 나치집권기(1933~45)에 이르는 격동하는 시대에 대응하여 변화·전개되어갔지만,

적어도 그의 사상의 핵심은 제2제정기에 형성되었다. 그것은 아래의 4개의 핵심적인 용어로 집약될 수 있다.

우선 첫번째는 의제(Fiktion)이다. 슈미트는 파이힝거의 『알스호프 철학』(1911년)의 의제 개념을 법학과 음악에 적용한다. 슈미트는 의제를 입법자 의사(意思)와 법률 의사(意思)에 적용하여 당시 주류였던 법실증주의적 사고를 공격하기 위한 무기로 사용하였다. 또한 그가 매우 사랑하였던 바그너의 〈뉘른베르크의 명가수〉의 해석에 의제 개념을 적용함으로써, 이 개념의 보편적 의의를 강조하였다. 요컨대 이 개념은 개개의 법조문을 의제 · 허구로 봄으로써 조문에 얽매이지 않는 재판관의 결단, 나아가 히틀러의 결단을 용인하는 요인이 되었던 것이다.

두번째는 **매개**(Vermittlung)이다. 그의 논문에 「교회의 가시성」(1917년)이란 는 신조고백과 같은 소론이 있는데, 그는 거기에서 신과 인간을 매개하는 것으로서의 그리스도 및 가시적 교회를 설정한다. 이 매개가 20년대에 절대적 주권 개념과 카톨릭 교회의 권위적인 대표 개념을 동시에 만족시키는 정치신학을 탄생하게 하였던 것이다. "주권자란 예외 상태에 대하여 결단을 내리는 자를 말한다"라는 저명한 정치신학적 테제의 배후에는 절대적인 카톨릭의 신관념과 무오류의 교황이라는 슈미트의 독자적인 사고가 있다. 그의 정치신학에는 이러한 관념을 히틀러의 독재체제에 응용하는 계기가 다분히 포함되어 있는 것이다.

그리고 세번째는 **규범으로서의 법**이다. 초기의 슈미트에게는 사실과 힘을 초월한 규범으로서의 법의 존재를 강조하는 관점이 있다. 규범으로서의 법의 구체적인 사례의 하나는 아우구스티누스가 『신국』에서 말한 바와 같은 원죄 이전의 아담과 이브의 혼인이다. 슈미트는 이 혼인을 '법적 규제'라 부르고 있다. 결국 규범으로서의 법이란 신법(神法)에 가까운 법이다. 이러한 법을 현실화 · 실증화한 것이 국가이다. 따라서 슈미트에게는 '규범으로서의 법'과 '실증화된 법'은 명확히 준별되는 것이다. 이러한 준별이 『독재』(1921년)에서의 법 규범과 법실현 규범의 구별, 혹은 『헌법론』(1928년)에서의 절대적인 헌법과 상대적인 헌법률의 구별로 발전해가고 있다. 헌법 개정 수속과 비상대권의 대상이 되는 것은 헌법률이며 헌법은 그렇지 않다는 그의 견해의 근저에는 규범으로서의 법에 대한 신봉이 있다고 말할 수 있다.

끝으로서 네번째는 **국가의 의의의 강조**이다. 앞서 지적한 바와 같이 국가는 법을 실증화한 주체이다. 슈미트에 의하면, 그것은 국가의 주권적 결단에 의해 이루어진다. 즉 국가는 그 시대의 구체적인 상황에 대응하여 동지와 적을 구별하고 자유롭게 결단을 내리는 것이 가능한 법 주체이다. "진리가 아니라 권위가 법을 만든다"(홉스)라는, 슈미트가 특히 애용한 말은 이러한 맥락에서 이해될 수 있다.

이외에 슈미트는 풍자문에도 뛰어났다. 유태인 프리츠 아이슬러와 함께 쓴 『영회』(影繪, 1913년)에서는 니체의 누이 엘리자베스와 토마스 만 등의 부르주아적 상업성을 패로디하였고, 「브리븐켄」(1918년)에서는 일기을 쓰는 교양 있는 문사를 야유하면서 근대의 개성 신앙, 사실 신앙, 역사주의, 업적주의를 통렬하게 비판하고 있다. 이와 관련해서 프란츠 브라이의 풍자서 『문학 동물 대백과』(1920년)의 「크라우스」 항목은 슈미트가 쓴 것이다. 슈미트의 나치시기의 입당과 반유태주의적 사고도 유명하지만, 이것들은 자기의 보신과 영달 때문이라고 말할 수 있을 것이다. 그것은 슈미트가 나치시기 이전에 가졌던 많은 유태인과의 친구 관계로 보면 분명하다. 실제 그가 나치의 공직을 사임할 수밖에 없었던 것도 친위대와 당에 친유태적인 요소가 폭로되어 '기회주의자' 라는 딱지가 붙었기 때문이었다. 슈미트의 법학상의 업적은 크지만, 개인적인 욕심도 그에 못지 않게 컸다. 그의 인생의 최대의 약점은 '곡학아세의 사도' 라 말할 수밖에 없는 행동을 한 데 있다.

■ 주요 저작

『정치적 낭만』(삼성출판사), 『정치신학 외』, 『정치적인 것의 개념』(이상 법문사), 『유럽 법학의 상태』, 『헌법의 수호자 논쟁』(이상 교육과학사), 『대지의 노모스』(민음사)

슈츠

Alfred Schutz(1899~1959)

1899년 빈에서 태어난 슈츠는 음악을 아주 사랑하였다. 1922년 빈대학을 졸업한 후 은행에서 일했지만 연구도 계속하여 1932년에 『사회세계의 현상학』을 출판하였다. 그러나 당시의 시국은 나치가 대두하면서 위기가 닥쳐오던 때였다. 유태계인 그는 1938년 파리로 탈출하였고, 다음해에는 미국으로 망명하였다. 그곳에서 국제 현상학회의 창설을 도왔고 사회학자 탈콧트 파슨즈와 편지로 의견을 교환하였다. 1943년부터는 '사회연구를 위한 뉴 스쿨'에서 교편을 잡았지만 은행 업무도 계속하여 현상학자와 은행가의 이중 생활이 계속되었다. 그 사이 논문도 쓰고 뛰어난 연구자도 키우면서 새로운 저작의 집필에 착수하였다. 결국 이것은 미완으로 끝났지만, 1956년에 상근 교수가 된 그는 또다른 저작의 집필을 계획한다. 그러나 이번에는 죽음이 그 계획을 가로막았다. 이것이 1959년의 일이었다. 그가 죽은 후 1962~66년에 부인과 자식들에 의해 3권의 『저작집』이 공간되어 파슨즈 비판의 주요 조류, 현상학적 사회학을 핵으로 하는 '의미의 사회학'이라는 커다란 흐름이 만들어졌다.

슈츠는 일찍부터 베버의 방법론에 끌렸으며, 베르크손에게도 관심을 가졌다. 훗설에게는 베르크손을 경유하여 접근하였다. 그리고 철학적으로는 불충분한 이해(Verstehen) 사회학을 현상학에 기초한 작업으로 변모시켰다. 그것이 『사회세계의 현상학』이다. 거기에서 그가 강조하는 것은 베버와 사회과학에서 자명한 것으로 생각하고 있는 것에 대한 질문이었다. 행위의 주관적 의미 이해를 표방한 베버이지만 의미, 행위, 동기, 이해 등의 개념은 애매하기 때문에 의문에 부쳐질 필요가 있다. 그리고 자기와 타자로 이루어지는 사회적 세계의 의미 구성의 해명이 주제로 등장한다.

우선 그는 의미부터 의문에 부친다. "의미 문제는 시간 문제이다." 그리고 행위에서는 '완수된 행위'와 '진행중인 행위'가, 동기에서는 목적 동기와 이유 동기가 구별되어야 한다. 게다가 이해도 자기 이해와 타자 이해로 구별된다. 타자 이해를 살펴보자. 그는 사회적 세계를 네 개로 구분한다. 자기와 타자가 시공을 공유하는 주위 세계(Umwelt), 시간만 공유하는 동시 세계(Mitwelt), 미래 세계(Folgewelt), 지나간 세계(Vorwelt). 그리고 그는 주위 세계에서의 타자 이해가 이해의 원형을 이루며, 동시 세계에서는 유형적인 타자 파악이 불가능하다고 말한다. 비대면적인 경우에 시간과 함께 변화하는 타자의 주관적 의미는 파악할 수 없기 때문이다. 또한 자기 **이해**는 시간적으로 항상 과거의 자신밖에 파악할 수 없지만, 대면적 타자의 경우에는 거의 동시에 현재의 상대방을 이해할 가능성이 있다. 이러한 논의는 어떤 의미에서 자기 이해의 특권성을 박탈하고 주위 세계의 자타 관계, **우리 관계**(we relation)에 착목하는 논점이었다.

그런데 행위자의 주관적 관점을 중시하는 슈츠는 연구자의 개념과 일상행위자의 개념의 합치를 요구하는 적합성이라는 공준을 제시하였다. 그것은 주관적 해석의 공준과 논리일관성의 공준과 함께 사회과학의 공준을 이룬다. 주관적 관점을 채택하면 적합성의 공준과 행위자 자신의 주관성이 충분히 검토되어야만 한다. 편지로 의견을 교환했던 파슨즈가 이러한 점을 충분히 고려하지 않은 개념 도식론을 전개한 것이 슈츠에게는 문제가 되었던 것이다.

그러한 논의에도 근거하면서 미국으로 건너간 뒤의 후기의 슈츠는 새로운 **다원적 현실**, **유형화**, 기호, 연관성 등을 논의하는 **자연적 태도의 구성현상학**을 전개한다. 그 중에서도 다원적 현실론은 유형화론 등과 함께 흥미를 끈다. 예를 들어 인간은 돌을 과학적 관점에서 볼 수 있다. 그러나 돌은 미적 관상의 대상이 될 수도 있고, 건축용으로서 실용적인 관점에서 볼 수도 있다. 또한 돌을 신이 거처하는 곳으로 보아 기도의 대상으로, 종교적 관점에서 볼 수도 있다. 같은 돌을 사람은 다른 **현실**(reality)로 본다. 다른 예를 살펴보자. 우리는 아침 일찍 일어나 식사를 하는 등 일상생활의 현실 속에서 산다. 그러나 학교에서는 이념과 과학의 세계에서 산다. 방과 뒤에 영화를 본다. **나를 잊고** 영화의 세계에 몰입한다. 결국 거기에서 전개되는 현실에 사는 것이다. 곧 영화가 끝나고 실내가 밝아지면 갑자기 나로 돌아온다. 가벼운 쇼크를 느낀다. 깊은 밤에 침대에 누워 슬픈 꿈을 꾸며 운다. 정말로 눈물이 흐른다……. 이렇게 우리는 하루 중에도 다양한 현실을 산다. 슈츠는 그러한 개개의 현실을 '한정적인 의미 영역'이라고 부른다. 한정적인 것은 거기에서밖에 통용되지 않는 일군의 의미가 있기 때문이다. 과학적 사실만이 현실이라고 말할 수 없다. 개개의 시점에서 의미 부여된 현실이 구성된다.

그러나 이상의 논의를 주관주의적으로만 해석해서는 슈츠의 논점을 놓칠 수 있다. 다른 한편으로 그는 유형화도 주장한다. "세계는 자연적 세계도, 사회문화적 세계도 처음부터 유형에 의해 경험된다." 훗설의 유형론을 이어받아 그는 **상호주관적**(intersubjective)인 유형에 의한 인식과 행위의 존재방식도 논의하였다. 그러나 그의 자연적 태도의 구성적 현상학을 단순히 일상성에 대한 추종으로 해석해서는 안된다. 물론 일상세계를 가능하게 하는 기저적인 상호주관적인 기제를 의문에 부치는 것도 그가 노리는 것의 하나였다. 그는 일상 행위가 다양한 관심과 관련성 아래에서 다양한 유형과 언어, 기호를 사용하면서 상호 행위하려는 **생활세계**를 중층적으로 기술하고 분석하였다.

그러나 슈츠의 이론은 실증적인 미국 사회학계에서 충분히 이해되지 못하였으며 파슨즈의 이론이 풍미하였다. 슈츠가 본격적으로 주목받은 것은 그가 죽은 후인 60년대로, 이때는 파슨즈 비판의 물결이 일었던 때이다. 슈츠 자신도 점차 미국 사회학과 자신의 학문이 잘 융화되지 않는 것을 느꼈으며, 만년에 이르러서는 자신의 사고를 다시 모국어인 독일어로 표현하게 된다. 더욱이 중요한 한가지는 그가 만년에 쓴 논문에서 초월적 현상학을 공허하다고 비판한 점이다. 그러나 오해하지 말아야 한다. 그는 훗설의 『데카르트적 성찰』 단계에서의 일관되지 못한 타아 구성론을 비판하였고 또한 시각 중심의 인식론에 회의를 보였던 것이다. 소리와 청각은 무엇인가? 음악에 관심을 가진 슈츠는 음악 관련 논문에서 그 주제를 다음과 같이 제시하였다. 내적 시간 속에서 타자의 경험의 흐름을 공유하는 것, 살아있는 현재를 공유하며 살아가는 것은 서로에게 파장을 합하는 관계 ('상호 공조 관계'), 즉 **우리 관계**를 구성하고 이 경험이 커뮤니케이션의 기반이 되는 것.

이 점은 오늘까지 슈츠 연구에서 그다지 착목되지 않았지만, 그의 제3의 얼굴 '음악 〈이론〉가로서의 슈츠'에 대해서는 앞으로 연구가 진척되기를 기대한다. 그것에 의해 자연적 태도의 구성적 현상학으로부터의 일종의 발생론적 논의가 본격적으로 전개될 가능성이 있을 것이다.

슘페터

Joseph Alois Schumpeter(1883～1950)

슘페터는 1883년 2월 8일 오스트리아-헝가리제국의 모라비아 지방의 트리슈에서 태어났다. 빈대학 법학부에서 칼 멩거(오스트리아학파의 창시자)의 후계자들(프리드리히 비제와 오이겐 폰 뵘-바베르크)에게 경제학을 배웠지만, 그의 탁월한 재능은 그로 하여금 오스트리아학파의 경제학자에 머물게 하지 않았다.

그가 먼저 관심을 가진 것은 레온 왈라스(로잔느학파의 창시자)의 **일반 균형 이론**이었다. 그의 처녀작『이론경제학의 본질과 주요 내용』(1908년)은 순수 경제학의 의의가 인식되지 않았던 당시 독일어권 독자를 대상으로 주로 왈라스의 **정학**(靜學) 이론의 사고법을 상술한 것이다. 정학 이론이란 무시간의 이론을 의미하는데, 이것은 생산, 교환, 소비 등이 항상 동일한 규모로 순환하고 있는 정태에 적응시키는 것은 가능하지만 경제 수량의 규모가 끊임없이 변화하고 자본축적과 기술혁신이 이루어지는 **동태**는 설명할 수 없다. 이같은 결함을 인식한 그는 동태 이론의 구축을 목표로 하는데, 그 과제에 부응하는 것이 기업가의 혁신(이노베이션)의 수행을 축으로 경제발전을 해명한『경제발전의 이론』(1912년)이다.

그의 아카데믹한 경력은 체르노비츠대학 준교수로 시작하여 그라츠대학 교수, 본대학 교수를 거쳐 1932년 하버드대학 교수에 이르는데, 다른 한편 1차대전 이후 여러 차례의 실천 활동에도 참가하였다. 예를 들어 베를린에서 설립된 '사회화 심의회'에의 참가, 오스트리아 연립내각(수반은 칼 렌너 박사)의 재무장관으로의 입각, 비더만은행 행장 취임 등이 그것이다. 그러나 정치와 비지니스의 세계에서 그는 결국 성공할 수 없었다.

하버드 시절의 그의 작업으로서는, 그의 발전 이론을 역사와 통계에 의해 확충한『경기순환론』(1939년), 자본주의의 성공이 역설적으로 그것을 쇠퇴시킨다는 독특한 주장을 담고 있는 『자본주의, 사회주의, 민주주의』(1942년), 그리고 유작이 된 『경제분석의 역사』(1954년)를 들 수 있는데, 뒤의 두 저작을 별도로 하면, 당시까지 자신의 작업을 집대성했다고 자부한 『경기순환론』이 케인즈혁명의 충격 속에서 거의 무시되었던 사실은 그에게 커다란 충격이었다.

제2차 세계대전 후인 1948년, 그는 미국 경제학회 회장으로 선출되었다. 다음해 12월 이 학회의 연례 대회에서 '사회주의로의 전진'이라는 주제로 강연하였는데, 그 강연을 논문의 형태로 완성하기 전에 뇌일혈로 사망하였다. 1950년 1월 8일 아침의 일이었다.

*　　　　*　　　　*

슘페터 경제학의 최고 걸작은 『경제발전의 이론』이라고 할 수 있다. 그의 주장은 정태경제학의 묘사로부터 시작된다. 정태에서 **본원적 생산요소**(노동과 토지)의 소유자(노동자와 지주) 이외에 경제 주체는 존재하지 않으며, 모든 생산물의 가치는 노동용역과 토지용역의 가치와 등가를 이룬다(**귀속 이론**). 그러나 거기에 매우 뛰어난 기업가가 출현하여 정태의 세계를 새로운 결합의 수행(새로운 재화의 생산, 새로운 생산방법의 도입, 새로운 판로의 개척, 원료 혹은 반제품의 새로운 공급원의 획득, 새로운 조직의 실현)에 의해 파괴하면 노동자와 지주에게 귀속되지 않는 소득(기업가 이윤)을 획득하는 것이 가능해진다. 그런데 정태에는 새로운 결합을 개척할 만한 풍부한 원료가 존재하지 않는데, 거기에서 슘페터는 새로운 결합을 수행하는 기업가에게 자금을 제공하는 주체로서 **자본가**(은행가)를 등장시킨다. 그리고 자본가에게 고유한 소득(이자)은 새로운 결합에 성공한 기업가가 획득한 이윤으로부터 지불된다고 생각했다. 이렇게 기업가 이윤과 이자가 발전 속에서만 나타난다고 하는 것이 슘페터 이론의 특징이다(**동태 이윤, 이자설**).

소수의 기업가의 성공은 대량의 모방자를 만들어내며 이러한 새로운 결합을 추구하는 집단이 경제를 **호황**으로 인도한다. 그러나 곧 새로운 결합의 성과로서 대량의 재화가 시장에 들어오면 가격이 하락한다. 또한 기업가는 은행가에게 채무를 갚아야만 하는데, 이것도 가치의 저하를 부추긴다. 이것은 경제 주체가 새로운 결합에 의해 창조된 새로운 사태에 적응하는 과정을 사고할 수 있게 하는데, **불황**이란 바로 이 과정을 의미하는 것으로 이해할 수 있다. 이상이 『경제발전의 이론』에서 제시된 가장 단순한 경기순환 모델이다.

그런데 슘페터의 경제학은 왈라스 및 맑스와 연관되어 해석되는 경우가 많은데, 실제 한가지 중요한 논점이 간과되고 있다고 보여진다. 그것은 그가 정통 경제학의 대부로 경제학계에 군림한 A. 마샬의 연속적 · 점진적 발전이라는 전망 —— 그의 주저 『경제학 원리』의 모토는 "자연은 비약하지 않는다"는 것이었다 —— 에 도전하여, 마샬과는 다른 **비연속적 발전**이라는 전망을 제출했다는 점이다. 그의 전망에는 베르크슨의 '창조적 진화'의 영향이 보인다라고도 말할 수 있는데, 이러한 평가의 진위는 차치하더라도 경제사상으로서는 마샬 비판의 형태를 취하고 있다는 점은 주목할만하다.

다만 슘페터는 좁은 의미에서의 경제 이론가가 아니며, 자본주의 쇠퇴론에서 보여지는 것처럼 경제체제의 행방을 역사적 · 사회학적 관점도 포함해서 장기적으로 전망하려 한 경제사회학자였다. 오늘날에는 그의 자본주의 쇠퇴론의 결론보다도 '경제의 영역과 비경제의 영역 사이의 장기적인 상호 교섭' 등 그의 방법론에서 배울 것이 많다는 견해도 유력하다.

■ 주요 저작

『자본주의, 사회주의, 민주주의』(삼성출판사)

아도르노

Theodor Wiesengrund Adorno(1903~69)

아도르노는 부유한 유태인 상인을 아버지로, 영국 여성을 어머니로 해서 프랑크푸르트에서 태어났다. 성악가였던 어머니의 영향도 있어서 어려서부터 음악과 친숙했다. 양친이 방문객과 연주하는 음악의 여운을, 멀리 아이 방의 침대에서 들은 적이 없는 이에게는 음악의 행복 및 시민의 생활이라고 하는 것과 인연이 없다고 하는 취지의 글을 뒤에 쓴 적이 있다. 머지 않아 찾아올 20세기의 비극의 발소리는 아직 들을 수 없었다. 철학적으로도 조숙해서 열다섯 살에 열네 살 연상의 크라카우어에게 칸트의 『순수 이성 비판』을 읽어 달라곤 했다. 그리고 철학적 개념과 시대의 객관적 현실의 균열 사이의 연관에 주목하는 방법을 깨달았다. 당시 최첨단의 학자들이 있던 프랑크푸르트대학에서 철학, 사회학, 심리학 등을 전공한다. 현대 음악의 선구자인 쇤베르크에게 배우기 위해 1925년부터 두 해 가까이 빈에서 공부한다. 12음기법 이론은 그의 현대 예술론에 결정적인 영향을 미쳤다. 또 대학 생활에서 알게 된 벤야민의, 특히 『독일 비극의 근원』에도 큰 감명을 받았다. 또 1931년 프랑크푸르트대학 부속 사회연구소의 소장이 된 호르크하이머와는 평생의 동료가 되었다. 교수자격 취득 기념 강연 「철학의 현실적 중요성」에서 아도르노는 논리적으로 개념을 연결해온 철학은 결국은 동어반복으로 끝난다는 것, 전체성의 의미이라고 하는 철학의 욕구 자체가 분해되어 있다는 것, 따라서 철학은 단편의 유물론적 해석을 행하는 것이며, 그렇게 하기 위해서는 상품교환 분석이 필요하다는 것, 그리고 어느 날인가 이 단편이 하나의 구도로서 묶여 보이게 될 희망은 버리지 않는다는 것——그런 까닭에 비판이란 것을 강조하고 있다. 이 논의에는 벤야민의 영향이 강하게 보인다. 또 1933년의 교수자격 취득 논문 『키에르케고르——미적인 것의 구조』에서는 미적인 것을 육감적인 것으로서 거부했던 키에르케고르의 내면 도피에 반대하고, 미와 예술 사이에서 시대의 균열을 뛰어넘는 계기를 보려 하고 있다. 나치가 정권을 잡자 영국을 거쳐 1938년에는 미국으로 망명한다. 영국에 머물 때 썼던 『인식론의 메타 비판』에서는 훗설을 '논리학 절대주의' 라고 규정하면서 현상학적으로 행해진 인식의 자기 비판은 필연적으로 변증법으로 귀착되지 않을 수 없는데, 훗설은 그것을 소홀히 하고 있다——그것이야말로 비판받아야 할 것이다고 하는 '비판의 비판', 결국 메타 비판이 행해지고 있다.

미국의 대중문화에 원래 호의를 갖고 있지 않던 아도르노는 오스트리아에서 망명해온 경험적 사회학자 라자스펠트와 함께 음악과 대중문화의 연관을 연구했는데, 경험적 방법과 변증법적 사고의 만남은 풍부한 성과를 낳았다. 아도르노에게는 대중문화에서 청각의 퇴화가 핵심적 테제이고, 미국의 대중문화가 지닌 민주주의의 잠재력에 생각이 미쳤던 것은 아니다. 다른 한편 미국 망명 전에, 파리에서 『파사쥬론』(*Passagenwerk*)에 몰두하고 있는 벤야민과 나눈 깊이 있는 이론적 대화는 문화와 경제를 둘러싼 금세기의 가장 중요한 '이론투쟁' 이다. 간략하게 말하면 벤야민은 무리를 해서 반영이론적 방향을 자주 나타낸 데 반해, 아도르노는 문화와 경제의 관계 그 자체의 변화에, 또 양자의 변증법적인 연관 구조에 착목했다. 동료들과 함께 했던 『권위주의적 퍼스낼리티』의 연구는 그 이론적 연장이다. 파시즘적 정신상태를 구성하는 일련의 성격 징후군과 사회과정을 연결하는 시도가 거기에서 이루어져 있다. 그러나 무엇보다도 중요한 것은 종전 전에 수년간에 걸쳐 호르크하이머와 썼던 **『계몽의 변증법』**이다. 시민적인 주체는 타자를 지배하고, 사회를 지배하고, 자기자신을 지배함으로써 성립되었다는 것이 오디세우스의 과거로 거슬러 올라가 서술되고 있다. 그것은 또 자연 속에서 인간 세계를 이룸지었던 신화의 폭력이 실제는 이성의 탄생이었다는 것과 모순된다. 신화는 틀림없이 세계사적인 계몽의 과정에 의해 소실되었는데, 반대로 신화에 존재하던 야만은 현재에서는 이성의 모습을 띠고 회귀하고 있다. 오늘날 학문은 일체의 자기 반성능력을 상실한 관리의 수단일 뿐이고, 예술은 다른 세계로의 초월이라는 비판적 기능을 잃어버리고 말았으며, 더욱이 윤리는 이미 근거를 부여하는 일이 불가능해졌다. 그러한 절망감의 배경에는 스탈린의 숙청, 히틀러의 학정, 그리고 미국 문화가 있다. 또 유태인 차별의 배후에 상표 붙이기 사고가 있는 것을 날카롭게 지적하고 있는 것도 현재 선진국의 차별 문제를 생각할 때 중요하다.

1953년에 프랑크푸르트로 되돌아온 아도르노는 독일에서 사회학을 정식 학과로 정착시키기 위해 호르크하이머와 함께 노력하는 한편, 많은 문화 활동, 강연 그리고 무엇보다도 대학 강의와 공동연구를 통해서 전후 서독 문화의 결정적인 구성 요소가 되었다. 처음에는 하이데거 철학으로 대표되는 복고주의와의 투쟁이 있었는데, 『본래성의 은어』(*The Jargon of Authenticity*)에 의해서 결정적인 승리를 얻는다. 그런 가운데 **『부정의 변증법』**(1966년)은, 하버마스가 말한 대로 가다머의 『진리와 방법』과 나란히 전후 서독 철학의 양대 저작 중 하나가 되었다. 그는 이 책에서 지배의 발생을 개념의 성립 그 자체에서 찾으려고 하고 있다. 요컨대 특수성을 일반성에 포괄하는 개념에 의해 비동일적인 것은 파괴되지 않을 수 없다. 더욱이 그같은 파괴를 행한 자아의 성립 그 자체가 이미 파멸에 의거하고 있는 것이며, 죽음의 그림자를 품고 있다. 그 귀결은 아우슈비츠이다. 그러나 그런 속에서도 참된 생활에 대한 생각은 괜찮은 이름과 이미지 속에서 계속해서 살아 있다. 그 극한으로서의 예술의 미 속에서 파멸한 생활 가운데에서의 구제의 가능성을, 또는 그 가능성의 추억을 보는 것만이 우리들에게 남아있는 것 같다. 유작이 된 『예술 이론』에서 그 문제가 전개되는 한편, 현대의 예술에 관한 뛰어난 분석이 행해지고 있다. 또 예술이 이제는 예술이 아닌 것이 되어버린 사태가 최종적으로 확인된다. 서독의 민주화에 대한 공적에도 불구하고, 1960년대 후반의 학생운동과는 관계가 나빴던 아도르노는 여학생이 강의중에 유방을 완전히 내보이는 도발적인 사건이 있은 후, 얼마 뒤에 휴양지에서 죽었다. 그러나 그의 저작은 자기의 강의를 요약하는 것을 거부했다고 말해지는 그 독특한 문체와 함께 여전히 비판적 지식인에게 읽히고 있다.

▣ 주요 저작

『아도르노의 문학 이론』(민음사), 『신음악의 철학』(청하), 『예술 이론』(문학과지성사), 『계몽의 변증법』(문예출판사), 『한줌의 도덕』(솔)

아렌트

Hannah Arendt(1906~75)

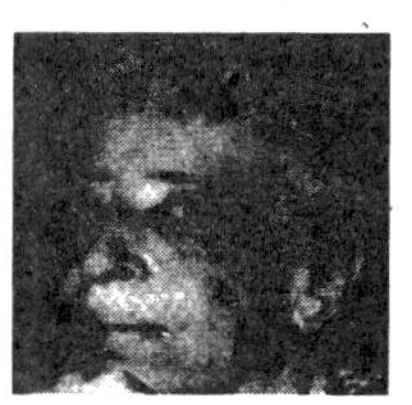

한나 아렌트는 독일에서 태어나서 제2차 세계대전 뒤에 미국에서 활약한 20세기를 대표하는 여성 정치철학자이자 정치사상가이다.

그녀는 1906년 하노버 교외의 린덴에서 유태계 중산계급의 가정에서 태어나서 쾨니히스베르크에서 성장한다. 그후 1924년부터 1929년에 걸쳐서 마르부르크대학, 프라이부르크대학, 하이델베르크대학 등에서 철학과 신학을 공부하였는데, 그곳에서 하이데거와 야스퍼스에게서 강한 영향을 받았고, 이 두 철학자의 사고양식과 기본 사상을 그녀 자신의 사상 속에서 계승하게 된다.

학위 취득 후, 훗날 『라헬 파른하겐』으로 결실을 맺게 되는 독일 낭만주의 연구에 착수했는데, 나치즘의 대두 및 히틀러의 정권 장악과 동시에 시오니즘 활동 및 독일로부터의 망명자를 원조하는 활동에 관계하였고, 1933년에는 자신도 파리로 망명한다. 파리에서는 유태 청소년의 팔레스타인 이주를 지원하는 조직에서 활동하였지만, 독일군의 프랑스 침입과 함께 프랑스로부터도 탈출하지 않으면 안되게 되어 1941년에 뉴욕으로 망명한다.

미국 망명 후에는 독일로부터 온 유태계 망명자들의 서클에서 시사평론 등의 문필 활동을 시작한다. 또 2차대전 뒤에 팔레스타인에서 유태인 국가 건설 방법을 둘러싸고 유태인 단일 민족국가를 만들려고 하는 시오니즘 주류파에 반대하여, 당시 예프다 마그네스에 의해 주창되고 있던 유태 · 아랍 양 민족에 의한 연방국가 건설이라는 계획을 지지하고 활동하다.

아렌트의 명성을 결정적으로 높인 것은 『전체주의의 기원』(1951년)이다. 이 책은 「반유태주의」, 「제국주의」, 「전체주의」의 3부로 구성되어 있고, 앞의 두 개의 부에서는 표제의 테마를 추구하면서 국민(민족)국가의 구성 원리가 이미

19세기에 현실 역사에서는 내적으로 해체되어가고 있다는 것, 민족주의의 인종주의화는 이 해체의 귀결이라는 것을 추적하고 있다. 그리고 제3부에서는 이데올로기와 테러 아래에서 자발적, 자율적 공동성을 지탱하는 것 일체를 잃어버린 강제수용소를 궁극적인 초점으로 하는 총동원과 규율화의 철저한 체계로서의 전체주의인 나치즘과 스탈린주의 사회를 그려내고 있다.

다른 한편 그녀 자신의 적극적인 정치사상은 『인간의 조건』(1958년), 『혁명에 관하여』(1963년), 『과거와 미래 사이에서』(1961년)라는 일련의 저작에서 볼 수 있다. 특히 『인간의 조건』은 그녀의 주저라고 말해지는 것인데, 그녀가 고전 고대 그리스의 자기 이해로부터 재구성했다고 일컫는 **활동 · 임무 · 노동**이라는 인간의 행위형태, '활동적 생활'(vita activa)의 세 개의 유형에 관한 반쯤은 사상사적이고, 반쯤은 현상학적인 고찰이다. 그녀는 아리스토텔레스적인 고전적 실천 철학에서 '실천' 개념을 그녀의 '활동' 개념(한마디로 말하면 복수의 인간 사이에서 주로 언어적인 상호 행위를 통한 자기 표현) 속에서 부활시키고, 그것을 통해서 사적 이익의 실현과 국민경제의 운영 방향을 부여했다는 '근대적' 정치 이해와는 다른 고전 고대 그리스, 특히 아테네를 모델로 한 고전 고대 공화주의적인 의미에서의 정치의 고유하고 숭고한 가치를 주장하고, '활동'에 '임무'와 '노동'보다 우월한 가치를 부여하였다. 그것은 고전 고대 공화주의의 실존주의적 재해석임과 동시에, 정치에 관한 경제순환론적인 이해와 사회공학적 발상이라고도 할 수 있는 맑스주의를 필두로 한 근대 정치사상의 주류파 전체를 향한 비판이었다.

고전 고대 공화주의적인 그녀의 정치관은 그후에 『혁명에 관하여』에서 다시 한번 전개된다. 미국의 독립혁명과 프랑스혁명을 비교연구한 이 책에서 그녀는 전자가 공화주의적인 정치적 자유의 제도화에 대한 관심이라는 동기를 보다 일관되게 유지하고 것에 반해서, 후자는 '사회 문제'의 해결이란 경제적 관심이 혁명의 전개를 강하게 규정하고 있다고 논함으로써 전자보다 높은 가치를 부여하고 있다. 이러한 평가는 맑스주의적인 혁명의 이미지를 역전시킨 것인데, 비경제적인 급진주의의 이론적 고전으로, 이를테면 '참여 민주주의'에 『인간의 조건』과 함께 강한 영향을 끼쳤다.

이러한 아렌트는 당시 미국에서 극단적으로 이질적인 정치이론가로서 그 지위를 확립함과 아울러, '뉴욕 지식인'의 대표적인 논객의 한 사람으로서

『예루살렘의 아이히만』을 둘러싼 대논쟁처럼 여러 차례 광범위한 주목을 받는다. 또 그녀는 60년대에는 민권운동과 베트남 반전운동에 일정한 공감을 나타낸다. 하지만 그녀의 공감은 어디까지나 그녀의 의미에서의 '정치적' 급진주의에 대한 공감이었고, 예컨대 '사회 문제' 적인 이슈——이를테면 재분배 정책, 인종 문제에 대한 대응, 페미니즘적인 이슈——등에서는 오히려 누차 보수적이라고조차 할 수 있는 입장에 섰다. 『공화국의 위기』는 그 당시의 평론을 모은 것이다.

만년의 그녀는 재차 철학적인 사색으로 회귀한다. 미완인 채 사후에 출판된 『정신의 생활』에서 그녀는 **사고, 의지, 판단력**이란 세 개의 '정신활동력' 에 관해서 고찰했는데, 정치학과의 연관이 가장 강하다고 생각되는 '판단력' 론은 유감스럽게도 씌어지지 않았다. 그렇지만 그것의 일부는 강의록을 바탕으로 사후에 편집 · 출판된 『칸트 정치철학 강의』(1982년)로부터 짐작할 수 있다. 그 곳에서 그녀가 칸트의 『판단력 비판』에서의 미적 판단력 이론, 특히 '공통감각' 이란 관념을 정치학에 적용한다고 하는 사고방식을 보여주고 있는 것이 주목을 끈다.

아렌트의 정치 이론은 20세기 철학, 특히 실존 철학과 정치 이론 · 정치철학 사이의 흥미있고 깊이 있는 교차를 보여주고 있다. 그러나 그것은 동시에 독일 철학에 의해 육성된 혼이 망명지인 미국 땅에서 정치적 고찰에 그 지적 열정을 바치게 된, 시대의 비극적인 운명에 의해 강제된 '비틀림' 이 낳은 사상적 성과였던 것이다.

▣ 주요 저작

『어두운 시대의 사람들』(문학과지성사), 『전체주의의 기원』, 『인간의 조건』, 『혁명에 관하여』, 『과거와 현재 사이에서』, 『문화의 위기』, 『칸트 정치철학 강의』, 『정신의 생활』

아르토

Antonin Artaud(1896~1948)

앙토넹 아르토는 1896년 마르세이유에서 태어났다. 아버지는 해운업자, 어머니는 그리스인 자본가의 딸이었다. 그 자신은 훗날 이렇게 쓰고 있다. "1896년 9월 4일 태어나서,/ 같은 달 8일 샤르토르 교회에서 세례를 받았다,/ 이러한 나는 이하의 일을 어떻게 해서든 알게 하고 싶다./ 1. 내가 자신의 세례를 거부한 일과 2. 사실로서 세례를 거부한 일/ 3. 그 사실을 당신에게 알리고 싶은 일". 아르토는 이를테면 평생에 걸쳐서 자신의 출생을 창작하고 있다. 가족에 대해서도 '자칭 가족' 이라고밖에 말하지 않았다. "나, 앙토넹 아르토, 나는 나의 자식, 나의 아버지, 나의 어머니이고, 그리고 나이다."

최초의 본격적인 창작 활동은 초현실주의와의 접촉으로부터 시작되었다. 1920년 연극에 몸을 바치기 위해 파리로 간 아르토는 정신과 의사 투르즈 박사의 치료와 보호 밑에서 산문 작품을 썼는데, 때마침 마니페스토와 극장 전위운동을 전개하고 있던 트리스탕 짜라 등의 파리 다다이즘에 공감하여, 1924년 화가 앙드레 마송의 아트리에에서 초현실주의자들과 만나 초현실주의운동에 가담하기에 이른다.

그 교류에서 이루어진 것이 『지옥의 배꼽』, 『신경의 저울』(모두 1925년 간행)이란 두 작품이다. "나는 작품을 삶으로부터 유리되어 있는 것이라고는 생각하지 않는다", "모든 씌어진 것은 돼지처럼 불결하다"라는 결의 속에서 씌어진 이 작품들은 "현실의 보통 수준의 끊임없는 점차적 붕괴"에서 드러난 정신의 위기, **'사고하는 것의 불가능성'** 을 기록하고 있다.

아르토는 초현실주의 연구 본부장이 되었으며, 『초현실주의 혁명』 제3호의 편집에도 관계하였지만, 아르토의 이 운동 사이의 밀월은 2년이 채 안되어서 끝난다. 본래 아르토의 시에는 이마쥬를 배제하고 현실의 삶에 직접 참가하는 경향이 뚜렷하며 ── 〈이마쥬 없는 신체〉라고 들뢰즈는 아르토의 신체에 관해서 쓸 것이다 ── 초현실주의의 '교황' 앙드레 브르통의 화려한 수사학의 세계에 익숙하지 않은 것은 애초부터 분명했다.

이것을 전후하여 연극 활동이 시작되어 1926년에는 알프레드 쟈리 극장의 설립, 1933년에 **'잔혹극'**의 선언, 1925년 〈첸치 일족〉이 상연되었는데(상업적 의미에서는 실패작이었다), 이 시도들은 아르토의 연극 이론을 집약한 『연극과 그 분신』(1938년)에서 정점에 달한다. 같은 시기에 씌어진 시, 철학, 역사소설, 자서전이 뒤섞인 『헤리오가바르스 ── 또는 왕관이 씌어진 무정부주의자』는 쇠퇴기의 로마황제 헤리오가바르스에서 제재를 취하고 지중해 문명에서의 동방으로의 지향, 네오피타고라스주의의 비교(秘敎)의 요소를 더해서, '질서-무질서', **'통일-무정부'**, '관대-잔혹'이 혼연 일체가 된 아르토의 양면적 세계를 표현하고 있다.

아르토의 비교주의적인 교리로의 경도는 1936년 멕시코로 여행을 떠난 것을 계기로 하여 가속화된다. 오지 인디오의 '타라우마라 국가'로 들어간 그는 양성(兩性)을 갖춘 신 페요트르에게 제사를 지내는 의례에 참가하였고, 또 1937년에는 아일랜드에서 '성 패트릭의 지팡이'를 돌려준다는 목적으로 그곳으로 건너갔다가, 관헌에 의해 체포되는 불우한 입장이 된다. 강제송환당하는 배 위에서 발작을 일으켜서 감금된다. 이후 시인인 엘뤼아르와 데스노스의 우정에 의지하면서 1942년 대전 중에 비점령지구 로데스에 수용되어 요양 생활에 들어간다.

1946년 파리 해방 후 파리로 귀환하였으며, 사라 베르나르 극장에서 앙토넹 아르토의 밤이 개최되었다. 같은 해 8월에는 자크 리비에르, 장 폴랑의 지지에 힘입어서 갈리마르출판사의 『아르토 전집』 기획이 결정되었고, 그 편집의 책임이 23세의 정신의학과의 여성 인턴인 폴 테비낭의 손에 맡겨진다. 그녀는 평생을 아르토에게 봉사하였고, 『앙토넹 아르토 ── 당신에게 이야기하는 절망한 자』(1993년)를 뒤에 썼다.

1947년의 『반 고흐 ── 사회에 의한 자살자』는 휠더린, 네르발, 니체의 계보에 속하며 고흐에게서 자신의 '분신'을 본 아르토의 가장 뛰어난 텍스트이다. 1월 13일의 뷔유 콜롱비에 극장에서의 아르토의 강연은 전설적인 것이 되었다. 앙드레 지드는 감격해서 노령에도 불구하고 무대에 뛰어 올라가서 아르토를 양팔로 부둥켜 안고 입을 맞추었다고 한다. 이때의 모습을 당시 20세의 시인 자크 뒤팽은 이렇게 상기하고 있다. "그는 한사람이었다——가책받는 자의 명석함을 갖고, 내부의 괴물에 반해 정당성을 주장하고, 오직 한사람 벽을 꿰뚫는 자, 만인을 거역하여 격한 정당성을 주장할 뿐인 한사람의 사람, 자기 스스로에 반대하고, 그 자신의 힘의 강탈에 반대하고, 그 자신의 삶의 근절에 반대하고, 신체를 번개에 맡겨두는 유일한 자, 신과 그 추종자를 매도한 유일한 자로서, 여기에 우리를 위해 있고, 어느 저녁 뷔유 콜롱비에 극장에서 나의 눈은 이것을 보았던 것이다……."

이미 직장암을 앓고 있던 아르토는 1948년 3월 4일, 이비리의 요양소의 침대 밑에서 손으로 신발을 잡은 채 죽어 있었다고 한다. 20년에 걸친 우정을 아르토와 공유해온 장 폴랑은 아르토의 자유에 가할 수 있는 최후의 공격은 기독교식의 장례를 치르는 것이라고 생각하고, 팔방으로 손을 써서 이것을 저지한다. "이렇게 해서"라고 테비낭은 계속한다——"폴랑은 한번 더 그가 앙토넹 아르토를 자유를 자각한 사람으로 생각한 것을 나타냈던 것이다. 그는 투쟁을 통해서 아르토의 곁에 있었으며 우정의 모든 것을 걸고 투쟁을 승리로 이끌기 위해 힘썼으며, 최후의 광기로부터 아르토를 구하는 일에 기여했던 것이다."

테비낭이 말한 '최후의 광기'는 기독교이다. 아르토의 투쟁은 **'신의 재판에 결말을 짓기 위하여'** 수행한 투쟁이었다. 그 사상은 특히 솔레스 등의 '텔 켈 그룹'에 의해서 아방가르드의 가장 첨예한 분자로서 위치지어지고 또 **'기관 없는 신체'**를 개념장치로서 구사한 들뢰즈, 가타리의 『안티 오이디푸스』에 의해 현대 사상의 일익을 담당한 선구자로서 주목받기에 이른다. '기관 없는 신체'라는 것은 '에네지를 훔친 자, 크리스트'(랭보)에 대해서 일체의 기관——눈, 입, 성기——을 폐기하고, 투쟁하는 신체를 말했던 것이다..

■ 주요 저작

『헤리오가바르스——또는 왕관을 쓰게 된 무정부주의자』, 『감각의 저울, 지옥의 배꼽』

아인슈타인

Albert Einstein(1879～1955)

남독일의 울름에서 태어나서, 바로 근처의 뮌헨으로 이사해 살면서 유년 · 소년 시절을 보냈다. 독일의 권위주의적인 교육을 싫어해서 1895년에 김나지움을 중퇴하고, 이전 해에 이탈리아의 밀라노로 이사했던 가족 품으로 갔다. 그해 스위스 연방 공과대학에 시험을 봤다가 불합격하고, 그 다음해인 1896년 재도전해서 합격하여, 1900년에 졸업했다. 졸업 후 2년 동안은 취직하지 않고 가정교사 등으로 생계를 이어가다가, 1902년 베를린의 특허국에서 특허조사 기사라는 직업을 얻는다. 그는 물리학자에 뜻을 두고, 이미 열역학 · 통계역학에 관한 논문을 발표하고 있었는데, 특허국에 취직한 후에도 틈틈히 이론적 연구를 수행하면서, '기적의 해'인 1905년을 맞는다. 이해 광양자설, 브라운운동 이론, 특수상대성 이론에 관한, 어느것이나 다 근본적이고 혁명적인 내용을 담고 있고 현대 물리학의 기초가 되는 논문을 세 편이나 발표했다. 그후 1908년 베를린대학 사강사, 1909년 취리히대학 원외 교수, 1911년 프라하의 독일계 대학의 교수, 1912년 스위스 연방 공과대학 교수를 역임하고, 1914년에는 프로이센 과학아카데미 정회원, 빌헬름 황제 연구소 물리학 부장으로 초빙되었다. 1920년대에 들어서자 그의 이름은 상대성 이론과 함께 세계적으로 알려지게 되었는데, 한편으로는 그의 평화주의와 시오니즘(헤브라이대학의 창설)에 대한 지원, 거기에 유태인이라는 출신 때문에, 상대성 이론까지도 반유태인주의 세력으로부터 공격받게 되었다. 1933년 나치 정부가 탄생하고 독일에서 추방당하자, 미국의 프리스턴 고등연구소로 옮겨, 통일장 이론에 주목해서 평생을 거기에서 연구를 계속했다.

나치에 의한 원자폭탄 개발의 가능성을 경고한, 시라드가 기초하고 아인슈타인이 서명하여 루즈벨트 대통령에게 보낸 편지가 미국의 원폭 개발을 재촉하게 되었다고 말하고 있지만, 이것은 정확하지 않다. 아인슈타인의 편지에는 오히려 원자력을 동력으로 이용하는 문제가 역설되어 있고, 미국의 원폭개발(맨하탄 계획)의 실제의 출발점은 영국의 MAUD위원회가 1941년에 제출한 보고서에 있다. 제2차 세계대전 이후의 아인슈타인은 핵무기의 폐기와 세계연방의 형성을 향해서 활동을 하고, 죽기 바로 직전에는 영국의 철학자 B. 러셀과 함께 「핵무기 폐기과 전쟁 폐지를 위한 평화 성명」(러셀-아인슈타인 선언)을 발표했다.

아인슈타인이 1905년에 발표한 광양자설은 진동파가 ν이고 파장이 λ인 빛은 $h\nu$의 에너지(h는 프랑크 정수), h/λ의 운동량을 지닌 입자라고 가정하는 것도 가능하다고 말하는 것이다. 열 방사에 관해서 프랑크가 1900년에 제출했던 에너지 양자의 개념과는 독립해서 생각할 수 있고, 게다가 물리적인 의미를 부여한 것이었다(아인슈타인은 광양자설의 증거로 들었던 광전효과에 관한 법칙으로 1921년에 노벨상을 수상했다). 그후에도 고체의 비열 양자론, 빛의 이중성(입자성과 파동성)의 증명, 양자 과정으로의 전이 확률의 도입 등 양자론의 발전에 지대한 공헌을 했다. 이러한 발전의 연장선 상에서 1920년대 중반이 되어서 양자역학이 탄생하자, 양자역학의 완전성과 실재라는 것은 무엇인가 등을 둘러싸고 양자역학에 비판적인 입장을 표명하고, 보어 등과 논쟁을 되풀이 했다. 아인슈타인, 포드레스키, 로젠이 제기한 〈EPR의 역설〉(1935년)이 그러한 비판의 대표적인 것이다.

브라운운동 이론은 액체 중에 떠다니는 미소립자가 액체 분자의 열운동에 의해 불규칙하게 운동하는 모양을 분자운동론적으로 도출한 것이다. 이 이론은 실험적으로 확인된 것이어서(페란에 의한 실험) 보르즈만 등의 분자운동론(통계역학)과, 당시에는 아직 가설적으로 생각되어지던 분자 · 원자가 강력한 증거를 얻는다. 브라운운동 이론은 그후 액체 중의 미립자에 한정되지 않고 거대한 양의 요동에 관한 이론에도 일반화되고 확률론의 발전을 촉진한 테마가 되기도 했다.

아인슈타인이 1905년에 논문 「운동 물체의 전기역학」에서 발표한 특수상대성 이론은 모든 물리 법칙은 어느 관성계에 놓여 있어도 동일하다고 하는 상대성 원리와 진공 중에서의 광속은 광원의 속도에 의존하지 않는다고 하는 광속도 일정의 원리를 출발점으로 하고, 운동하는 물제의 수축과 운동하는 시계의 지연 등 뉴튼 역학적인 시간 · 공간 개념의 포기을 강요하는 결과를 도출했다. 시간과 공간은 독립되어 있지 않고, 물리적 사상은 4차원 시공에서 파악해야만 되었다. 그해의 다른 논문에서는 질량과 정지에네지의 관계식($E = mc^2$)도 도출했다. 더욱이 1910년대에는 중력장을 다룬 **일반상대성 이론**을 완성했다. 그것은 통상의 중력장과 이에 상응하는 기준 좌표계의 가속운동이 물리적으로 완전히 동등하다는 등가 원리와 모든 물리 법칙이 관성계뿐만 아니라 모든 좌표계에서 동일하다고 하는 일반상대성 원리를 출발점으로 하고 있다. 일반상대성 이론은 태양의 중력장에서의 빛의 굴절과 수성의 근일점(近日点)의 이동 등에 의해 확인되었는데, 특히 1919년의 개기일식 때에 에딩턴 등이 행한 빛의 굴절의 관측은 아인슈타인과 상대성 이론의 이름을 높이는 데 결정적인 역할을 하였다. 일반상대성 이론은 시공의 구부러진 방향과 물질 분포의 상호작용을 표현하고 있고, 블랙홀의 존재를 예언하는 등 우주론에도 큰 영향을 끼쳤다.

상대성 이론으로 표현될 수 있는 금세기 초두의 새로운 물리학은 철학계에도 광범위한 충격을 주었다. 예컨대 아인슈타인은 상대론 논문에서 공간적으로 떨어져 있는 지점에 있는 시계를 맞추는 방법 등 물리량의 측정에 관련된 〈조작〉을 상세하게 검토했는데, 브릿지만은 그것에 영향받아서 '조작주의'를 제기했다. 또 카시러 등은 칸트가 경험에 앞서서 경험을 가능하게 하는 것으로 전제했던 뉴튼적 절대 시간 · 유클리드 공간이 상대론에 의해서 부정되는 것을 이어 받아서 칸트 철학의 재구축을 시도했다.

▣ 주요 저작

『아인슈타인의 생각을 따라서』(동호서관), 『나는 세상을 어떻게 보는가』(한겨레), 『아인슈타인이 직접 쓴 물리 이야기』(한울).

알튀세르

Louis Althusser(1918～1990)

프랑스의 철학자, 맑스주의자. 알제리에서 태어나서 마르세이유에서 소년 시절을 보낸다. 고등사범학교에 입학하기 위하여 리용에 있는 수험준비학교에 들어간다. 리용에서 장 라크루아와 장 기동의 영향을 받고 카톨릭 순수주의운동에 참가한다. 1939년 7월 고등사범학교에 입학하는데, 가을에 동원 명령을 받고 대기하다가 1940년에 전쟁에 동원되었다. 프랑스의 패주로 인해 독일군의 포로가 되어 1940년부터 45년까지 독일에서 포로 생활을 한다. 수용소에서 매년 주기적으로 정신병이 발작했는데, 친구들의 보호를 받아서 극복한다. 이 시기의 체험은 그의 인생에서 끈질기게 따라 다닌다.

1939년에 동원되던 당시, 그는 아직 정치적으로 우익이면서 카톨릭 순수주의자이고 또 왕당주의자였다. 1945년 해방된 시점에서도 아직 카톨릭이었는데, 포로 체험에서 신앙에 동요가 생기고 전후의 격동에서 큰 시련을 받게 된다. 전후 카톨릭 청년운동의 회원으로서 활약하는데, 서서히 맑스주의에 접근하고 1948년에 훗날 부인이 되는 엘렌의 영향으로 공산당에 입당한다. 1950년대 중반까지는 그는 카톨릭과 맑스주의 사이에서 동요했다.

포로 시절에 파스칼의 『팡세』를 숙독하고 괴테, 횔더린, 릴케에 친숙하게 되는데, 특히 독일 신비주의 문헌(에크하르트, 시레지우스)에 친근감을 갖다. 예컨대 그의 종교적 심성은 전면적으로 메시아주의와 종말론으로 채색되어 있다. 이러한 것이 그가 맑스주의를 수용하는데 특징이 된다. 또 카톨릭 순수주의는 그대로 맑스주의적 순수주의로 전화한다. 그의 맑스주의적 언설이 교조주의적으로 보이는 것은 이러한 배경에서 이해할 수 있다. 그의 인생의 절반은 정신병과의 투쟁이기도 했다. 이미 38년에 병이 들었는데, 포로 시절부터 전후에 걸쳐 여러 차례 심한 발병이 있었다. 가장 건강했던 것은 50년대 후반부터 60년대 전반이고, 이 시기에 알튀세르의 주요한 작업이 나온다. 이 병의 최후의 격발이 1980년에 부인을 살해하고 이 시기를 경계로 해서 그는 공적 삶의 죽음을 맞이하게 되는데, 1990년에 육체의 죽음을 맞이하게 된다. 1980년부터 1990년의 10년 동안은 정신병원에서 보내고, 이 사이에 자서전(『미래는 오래 지속된다』)를 썼다.

맑스 연구. 그의 유명한 논의로서 초기 맑스와 후기 맑스 사이의 **인식론적 단절론**이 있다. 초기 맑스(『경제학 · 철학 초고』 등)는 아직 헤겔과 포이에르바하의 지평에서 움직이고 있고, 본래의 맑스가 되고 있지 않다. 『독일 이데올로기』에서 단절이 일어나는데, 이것 이후의 맑스는 끊임없이 단절을 계속하면서 자기의 과학과 철학을 만들어간다. 이 테제의 배후에 있는 문제의 관심은 **이론적 인간주의 비판**(반인간주의)이다. 근대의 이데올로기로서 인간 주체 중심주의를 뛰어넘는 것에서 맑스주의의 독자성을 그는 보려고 했던 것이다. 주체의 개념 해체가 중심 문제였다. 그는 헤겔과 맑스의 철학적 차이를 **중층적 결정**을 중심으로 한 유물변증법과 주체 없는 과정론에서 본다. 마지막으로 『자본』의 인식론적 연구로부터 맑스에게 있어서의 과학혁명과 철학혁명의 이중 혁명론을 제기했다. 맑스는 역사의 대륙을 개척한 과학혁명을 실현한 속에서, 동시에 '실천 상태에서의' 새로운 철학을 사실상 만들어내었다. 이것을 해독하고, 이론적 표현을 부여하는 것이 철학자의 의무라고 한다.

인식론. 알튀세르의 맑스 연구를 이끈 것은 프랑스의 고유한 인식론이다. 특히 바슐라르와 캉길렘의 과학인식론의 성과를 재평가하고 그것을 맑스적 유물론에 편입시킨다. 바슐라르파의 과학론은 알튀세르에 의해 소생될 수 있었다. 이것은 그의 중요한 공헌이고, 이것 없이는 푸코의 작업도 있을 수 없었다. 알튀세르는 단지 바슐라르의 용어(인식론적 단절, 전 과학적 장애물 등)을 부활시킨 것에 머물지 않았다. 그는 맑스의 텍스트를 '읽으면서' 독자적인 개념을 구축했다. 그것이 **구조인과성**의 개념이다. 여러 관계가 결과를 산출하는데, 그 결과가 마치 부재(不在)의 원인이 되고 그것을 산출한 여러 관계를 다시 결정한다고 하는 독특한 부분과 전체의 이론이다. 여기에 레비-스트로스의 구조론 사이의 차이가 있고, 구조주의로부터의 이탈이 있다. 알튀세르는 맑스의 인식론적인 독해에 의해 맑스의 텍스트를 공개적으로 토의하는 길을 개척했다.

이데올로기론. 알튀세르의 이데올로기론에는 스피노자의 이미지네르론, 그람시의 헤게모니론, 프로이트와 라캉의 무의식론이 통합되어 있다. 이데올로기가 이마지네르이고 인간 존재에서 영원한 것임을 스피노자로부터, 이데올로기가 국가권력의 헤게모니의 매개임을 그람시로부터, 이데올로기가 무의식임을 프로이트와 라캉으로부터 배운다. 이론적 이데올로기보다도 생생한 실천적 이데올로기 쪽이 중요하다. 그것은 사회 재생산의 조건이고 그것 없이는 사회구성은 영속하지 않는다. 이러한 기능을 지닌 일체의 이데올로기 매개체를 **국가 이데올로기 장치**라고 부른다. 근대에는 재판소와 군대와 국회 등만이 아니라, 학교, 대중매체, 좌우의 정당, 노동조합 등도 이데올로기 장치이고 그 속에서 사람들은 경제와 정치의 권력에 자발적으로 복종하는 것을 신체에 각인하게 된다. 이러한 장치 없이는 권력 유지와 재생산은 있을 수 없다. 알튀세르의 이데올로기론은 심대한 영향을 주었고, 많은 성과를 낳는다 (그 하나는 푸코의 『감시과 처벌』이다).

유물론의 정의. 유물론은 과학과 한편이고, 반과학 및 전과학에 적대적이다. 유물론은 과학자의 **자생적 이데올로기**를 비판하고, 과학자를 그것으로부터 해방하고, 인식론적 단절을 실행시킨다. 유물론은 과학을 위한 길을 열어주기 위해서만 개입한다. 유물론은 과학과 같이 대상의 진리를 인식하는 것이 아니고, **입장**의 정당성을 독자적으로 주장한다. 그것은 이론에서의 계급투쟁이다. 알튀세르는 유물론의 체계화된 것를 파괴하고, 이를테면 **약한 유물론**의 의미(체계적인 것은 되지 않는 것)을 지적했다(『과학자를 위한 철학 강의』).

■ 주요 저작

『맑스를 위하여』(백의), 『자본을 읽는다』(두레), 『마키아벨리의 고독』(새길)

야콥슨

Roman Jakobson(1896~1982)

로만 야콥슨은 소쉬르 이후 최대의 언어학자의 한 사람으로 알려져 있다. 그의 입장은 구조주의, 특히 **기능주의적 구조주의**라 할 수 있다.

모스크바에서 태어난 러시아인인 야콥슨은 1915년 모스크바대학 재학중에 모스크바 언어학 서클을 창설하였다. 1920년에는 체코슬로바키아로 이주하였고, 1926년 마테시우스 등과 **프라하 언어학 서클**을 창설하여, 뒤에 참가한 트루베츠코이와 함께 이 학파를 대표하였다. 프라하학파는 코펜하겐, 쥬네브 등과 함께 **구조언어학**의 대표적 학파의 하나이며, 특히 음운론의 발전에 크게 공헌하였다. 1939년 나치 독일의 체코 침공에 따라 코펜하겐으로 도피하여 브렌달, 옐름슬레우 등과 언어 이론에 대해 논의하였다. 그후에도 오슬로, 스톡홀름 등을 전전하였다.

1941년에는 스칸디나비아에서 미국으로 옮겨갔다. 먼저 프랑스, 벨기에 출신 학자들이 설립한 뉴욕의 자유 고등연구원에서 강의하였고 또 뉴욕 언어학 서클에도 참가하였다. 인류학자 클로드 레비-스트로스와의 만남이 후일 프랑스 구조주의의 출발점이 되었다는 것은 잘 알려진 사실이다. 실제 라캉 등 언어학자 이외의 구조주의자들에게 가장 직접적으로 영향을 준 것은 소쉬르라기보다는 오히려 야콥슨이었다.

야콥슨은 전형적인 코스모폴리탄적인 삶을 살았으며 이주할 때마다 새로운 서클을 만들었고 여러 예술가, 과학자들 사이의 교류 속에서 자신의 학문의 지평을 확대하였고 또 주변에 영향을 미쳤다. '서클'이라는 전투적인 공동 연구방법은 인간 야콥슨에게 체현되어 있었다.

과학자로서의 야콥슨은 여러 과학적 지식을 종합하여온 경험주의적 정신의 체현자이며 다양한 분야에 개입한 실천적인 '분석가'이다. 그런 의미에서 소쉬르의 후계자라는 위치는 정당하지 않다. 소쉬르의 후계자란 옐름슬레우 같은 '이론가'를 말한다. 모스크바, 프라하, 미국에서 전위 시인과 화가들 사이의 교류를 통해 배양된 문학, 예술에 대한 사랑, 그것을 언어학적으로 검증하고자 했던 것을 야콥슨의 시학적 언어학이라고 말할 수 있지 않을까?

일반언어학으로부터 음운론, 문법학, 실어증 연구, 시학이라는 다양한 영역을 통해 야콥슨이 평생 기울였던 관심은 언어에서 **음과 의미의 관계**였다. 확실히 언어라는 것은 음과 의미라는 본래 이질적인 두 개의 영역으로 이루어진 현상이며, 언어라는 것은 최대의 미궁이라고까지 말할 수 있다.

조음음성학으로부터 음향음성학으로, 음성학으로부터 **음운론**으로의 전환의 필요성과 역사적 변화를 더듬어가면서 야콥슨이 강조한 것은 음의 생리학적 산출과 청취의 물리적 메커니즘이 아니라 음이 가진 '목적'과 '기능'을 이해하는 것의 중요성이다. 음의 목적, 기능이란 **'의미'**를 전달하는 것에 다름 아니라는 것이다.

만약 인간이 알 수 없는 언어로 대화한다면 우리는 당연히 먼저 이렇게 생각한다. 이 발화는 무엇을 의미하는 것일까? 이들 언어는 무엇을 의미하고 있는 것일까? 무엇보다도 중요한 것은 말의 의미를 차이화하는 음의 변별 기능이다(『음과 의미에 대한 여섯 개의 장』, 1976, p. 43).

언어기호의 **시니피앙**(sinifiant)이란 어디까지나 '의미하는 것', 의미와의 관련이 있는 음이다. 이 점에서 야콥슨의 입장은 언어의 '목적'인 의미를 언어분석의 대상에서 배제한 블룸필드 등의 미국 구조주의와 대립한다.

> 중요한 것은 담당하고 있는 의미와 관련이 있는 언어의 음, 요컨대 시니피앙(의미하는 것)으로서의 음을 검토하는 것, 그리고 무엇보다도 우선 음과 의미 사이의 관계의 구조를 해명하는 것이다(같은 책, p. 115).

예를 들어 야콥슨의 '음과 의미의 관계'에 대한 일관된 관심에 대해 말하는 것은 소쉬르의 **'듣는 입장'**에 귀착된다고 말해도 틀리지 않을 것이다. 즉 그의 언어학도 소쉬르와 마찬가지로, 듣는 **주체에 의한 의미의 이해**라는 체험에 인식론적 기초를 두고 있다.

확실히 야콥슨은 소쉬르의 계승자임과 동시에 비판자로 알려져 있다. 예를 들어 언어기호의 두 개의 원리, 자의성과 선형성(線形性)에 대한 비판자, 공시태/통시태의 구별에 대한 비판자로서 그러하다. 그러나 언어 이론의 근저에서 그가 소쉬르의 인식론적 전제를 공유하고 있다는 것은 분명하다.

> 인간은 듣기 위해 대화한다고 우리는 서술했다. 인간은 이해되기 위해서 듣는 것을 바란다고 첨가해야만 한다. 그것은 발성 행위로부터 이른바 음으로의 길이며 음으로부터 의미로의 길이다!(같은 책. p. 37)

즉 야콥슨 언어학의 근저에 상정되어 있는 '인간'이란 **말을 듣는 주체**이다. **'듣는 주체'** 란 듣는 음 속에서 의미를 읽어내려 하는 인간이다. 야콥슨적 인간은 항상 '수단' 으로서의 음(시니피앙)으로부터 '목적' 으로서의 의미(시니피에, sinifié)를 지향하는 **기능적 인간**이다.

그의 언어학에서 문제가 되는 것은 물리적 현상으로서의 음이 아니라 음의 '기능', 즉 인간적(사회적, 문화적) 현상으로서의 음이다. 거기에서 그의 관심은 음이 가지고 있는 변별 기능(의미를 구별하는 기능)으로, 변별적 단위로서의 음소로, 나아가 음소를 구성하는 **변별 특징**으로, 또한 그것들의 요소들 사이의 **이항대립**으로 향하고 있다. 이것들의 근저에 있는 것은 음을 의미에 결합시켜 이해한다라는 언어의 이해 방법이다.

따라서 야콥슨의 '기능주의' 와 '목적론' 도 '듣는 입장' 의 언어론의 한 변종이라 생각된다.

▣ 주요 저작

『일반언어학 이론』(민음사), 『문학 속의 언어학』(문학과지성사)

에코

Umberto Eco(1932~)

에코는 1932년 이탈리아 피에몬테주의 알렉산드리아에서 태아났다. 토리노대학에서 철학을 배웠는데, 특히 루이지 팔레이존의 지도를 받는다. 졸업 후 RAI(이탈리아 국영 방송)에서 근무하면서 TV의 문화 프로그램을 담당한다. 1954년에는 졸업 논문인 처녀작 『성 토마스의 미학의 문제』(1970년에는 증보 개정판 『토마스 아퀴나스의 미학의 문제』)를 간행하여 호의적인 평가를 받는다. 또 1959년에는 『미학사의 시기와 문제』 시리즈 제1권으로 「중세 미학의 전개」(뒤에 『중세 미학에서 예술과 미』로 간행)를 집필했다.

이처럼 중세 미학에 관한 연구를 하면서, 한편으로는 이미 아방가르드 예술을 둘러싼 이론적인 연구도 시작했다. 그 연구들은 1962년 『열린 작품』으로 한데 묶여 대단한 반향을 불러일으킨다. 또 1964년에는 아방가르드와는 일견 대립되는 것처럼 보이는 대중문화와 대중매체를 다룬 『묵시록파와 통합파』를 발표하여 관심의 폭이 넓음을 과시한다.

아방가르드와 대중문화라는 극단적인 현상을 다루면서 양자를 포괄하는 이론적 틀을 탐구하던 에코는 야콥슨과 바르트를 읽고서 **기호론** 연구에 몰두한다. 그 성과가 최초로 세간에서 거론된 것은 1968년의 『부재한 구조』에 의해서이다. 이 책은 건축의 기호론과 구조주의의 비판적 연구를 포괄하고 있다. 그러나 에코의 기호론 연구가 본격적인 모습으로 집대성된 것은 1975년의 『일반 기호론』(거의 같은 내용의 영어판 『기호론』은 1976년)에 의해서일 것이다.

국제적인 기호론 잡지 『버수스』(*Versus*)를 1971년에 창간하고, 같은 해부터 볼로냐대학의 비상근 강사로도 일한다. 또 1974년에는 국제 기호학회 사무국장으로서 제1회 국제 기호학회를 밀라노에서 개최한다. 1975년에는 볼로냐대학의 기호론 교수, 커뮤니케이션 · 연극 연구소 소장이 된다.

기호론 연구는 1979년의 『이야기에서 독자』에서 한층 더 텍스트 기호론으로 확장된다. 그러나 1980년대가 되면 다른 얼굴의 에코가 등장한다. 즉 소설가로서의 에코이다. 1980년의 『장미의 이름』으로 국제적인 작가가 된 에코는 두번째 소설 『푸코의 추』(1988년)로 이 방면에서 확고한 명성을 얻는다. 그러나 그렇다고 해서 기호론 연구가 방치된 것은 아니고, 1984년의 『기호론과 언어철학』, 1985년의 『반영론 등등』, 1993년의 『유럽 문화에서의 완전 언어의 탐구』 등 오히려 착실히 계속하고 있다고 말해도 좋다.

에코의 학문적인 경력을 볼 때 우선 눈에 띄는 것은 중세 미학의 연구일 것이다. 그것은 예컨대 금세기 전반의 이탈리아를 대표한 철학자 베네딕트 크로체가 무엇보다도 근대적인 학문으로서 미학을 강조한 것과 대조적이다. 미학뿐만 아니라 유럽 근대의 모태를 에코는 중세에서 찾으려고 한다. 그러나 다른 한편으로 예견 불가능한 것으로서의 시간을 소생시킬 수밖에 없는 인간 본연의 모습을 에코는 결코 잊지 않는다. TV와 컴퓨터라는 미디어의 등장과 변질에 대한 예민함도 거기에서 나온다. 그가 부르는 방식에 따르면, 묵시록파에 해당하는 프랑크푸르트학파에 대한 의심도, 이 학파가 미디어 상황의 변화에 대해서 지나치게 엘리트주의적으로 계속해서 초연하려는 데서 온다. 그렇다고 해서 맥루언적인 통합파처럼 미디어 상황에 대해 완전히 영합해버린 것도 아니다. 어떤 종류의 비판적 기능의 필요성을 에코는 계속해서 강조하고 있다. 에코에게 기호론이란 말하자면 끊임없는 변화 속에서 비판적 기능을 계속해서 유지하게 하는 것이다.

기호란 거짓말하는 것이다라는 것이 에코의 기호론의 대전제이다. 지시물의 존재로부터 독립한 기호의 세계도, 그 기호 세계를 존립시키기 위한 관례의 중요성도 거기에서 온다. 또 기호와 **거울상**의 대립도 거기에서 온다. 이렇게 말하는 것도 거울상은 지시물의 존재에 대해서 거짓말을 하지 않기 때문이다. 이처럼 일견 단순한 데서부터 출발하면서도, 기호 생산의 양태들의 구별과 텍스트 해석의 수준들의 구별 등 스콜라적이라고도 할 수 있을 정도로 자세하게 논의를 전개한다. 기호론의 연구자 자신이 기호론의 가능성에 대해서 회의적인 태도를 보이는 오늘날, 이만큼 기호론의 가능성을 정면에서 계속해서 개척하려는 사람도 매우 드물 것이다.

에코가 '열린 작품'이라 부른 것은 독자의 적극적인 참가, 더욱이 다양한 해석에 열린 작품이다. 이에 대해서 대중문화의 작품은 획일적인 반응밖에 얻을 수 없다. 아방가르드에게 '열린'이란 대중문화에서 '닫힌'이라고 하는, 이같은 당초의 구도도 곧 미묘한 수정을 받게 될 것이다. 우선 텍스트 기호론의 연구에 의하여 '열린 텍스트'는 독자의 범위가 '열려' 있음이 명백해진다. 또 미디어 환경의 변화와 함께 현재화한 **포스트모던** 상황은 아방가르드와 대중문화의 경계를 모호하게 해버릴 것이다.

에코의 소설은 단지 그 같은 포스트모던 상황 속에서 씌어졌다는 것을 잊어서는 안된다. 두 권의 소설은 중세와 현대라는 상황으로 그 중요한 무대를 달리하고, 동시에 광신과 비판이 중요한 테마로서 구성되어 있다. 컴퓨터와 같은 현대적인 미디어야말로 초자연적인 신비주의와 언제 손을 잡을지 모르는 것이다. 무엇이 일어나는지 알지 못하는 세계에서 비판정신을 계속 갖는다는 것은 어떤 것일까? 에코의 소설은 그와 같은 문제를 둘러싼 기호론적인 실험이라 할 수 있다.

▣ 주요 저작

『열린 작품』(새물결), 『기호학 이론』(문학과지성사), 『대중의 슈퍼맨』, 『해석의 한계』, 『장미의 이름』(열린책들), 『푸코의 추』(이상 열린책들), 『기호학과 언어철학』(청하)

엘리아데

Mircea Eliade(1907~86)

루마니아의 부카레스트에서 태어났다. 자연학에서 인문학에 걸친 광범위한 관심을 가지고 소년 시대부터 다방면에 걸친 연구 · 저작 활동에 종사한다. 부카레스트대학에서는 나에 이오네스코 교수 밑에서 서양 학문의 뿌리, 이탈리아 르네상스 철학을 공부하면서 이탈리아와 유럽의 학자들과 널리 교류하였다. 석사 논문을 완성한 후 인도의 철학자 다스굽타에게 사사받으면서 인도의 종교 현상으로부터 많은 것을 배운다. 1932년에 인도에서 귀국하였으며, 1940년에 영국으로 망명하여 런던과 파리에서 망명자로서 지냈으며, 1956년 이후 시카고대학에서 만년까지 종교학을 발전시키는 데 중심적인 인물로 활동하였다. 그는 또한 각각의 시기마다 풍부한 학술 활동을 전개했다. **전체적 해석학**이라고도, **종교형태학**이라고도 부를 수 있는 엘리아데의 종교학은 학문들의 통합에 의해 그 기초를 마련하였으며, 종교 현상에 가장 가까이 접근하였고, 더 나아가 동시에 인류 역사상의 종교 현상 전체를 학문적 이해의 대상으로 한 것이며, 넓은 의미에서 그 이전의 어느 학자보다도 폭넓고 깊은 물음을 가능하게 한다. 엘리아데는 종교학자이자 동시에 작가로서도 유명하여 많은 소설과 자전 문학을 썼다.

엘리아데의 종교학은 **성스러운 것**의 현상형태와 그 의미를 탐구하는 일, 즉 종교형태학이라고 불리는 해석학적인 현상학적 방법이라는 특징을 가지고 있다. 이것은 인류의 종교사에서 다양한 성스러운 것의 현상, 즉 종교적 상징의 구체적인 형태를 각각의 상징에 참여한 것에 의해 의미해석하며 인류사에서 종교 현상으로 드러내고 비교하는 것을 통해서 상징을 만든 인간의 종교 경험의 의미를 해독하고, 다양한 종교적 존재양태를 밝힘으로써 인간적 경험을 깊고 넓게 하려는 학문적인 기도이다.

엘리아데는 모든 문화와 종교의 경계 위에 서서, 호모 렐리기오스(종교적 인간)의 보편적 지평의 전체성을 밝힌다. 그 종교적 인간은 특정 종교나 종교의 표현형태에도, 역사적인 종교의 교의적 · 제도적인 구별에도 한정되지 않는다. 인류사의 종교 현상으로 드러난 상징의 형태학적 연구로 보면 성스런운 것은 결코 인류 역사에서 의식 발전의 한 단계가 아니라 인간의 의식구조의 중요한 요소인 것이다. 따라서 인류 세계의 구체적이면서 원초적인 종교 현상의 사실로 보면, 근대 서양 문화의 범주와 근대 서양 문화를 지탱한 진보사관과 세속주의의 교의는 세계의 다른 곳의 각각의 특수주의와 지방 편협주의와 마찬가지로 엘리아데에 의해 지극히 특수하고 편협된 생각으로 비판된다. 그것은 하나의 종교적, 문화적 관점을 세계의 종교 문화에 강요하는 것일 뿐이다. 인간은 균일하고 어떤 특징도 없는 단순한 연장(延長)으로서의 시간/공간, 무의미한 시간/공간을 견디는 것은 아니다. 인간이 살아있을 때 그 시공, 세계는 의미있는 것이어야만 하며 어떤한 중심, 어떤한 의미 또는 성스러운 것에 의해서 지탱될 수 있다.

그것은 이러저러한 유형의 성현(聖顯, hierophany), 세계의 축(axismundi), 우주의 나무, 원형(archtype), '영원 회귀' 라고 불리는 반복, 요가의 우주화, 샤먼의 혼을 벗어난 여행, 통과의례와 연금술 등등 다수의 인류의 원초적인 종교 현상과 그 형태의 검증으로부터 주장되었다. 그것들은 모두 종교 현상의 보편적 구조를 드러내는 것이다.

성스러운 것은 역사적, 경험적으로 상징의 구체적인 사실로서 주어져 있다. 그 같은 사실은 종교적인 지평과 동시에 문화적, 역사학적, 사회학적, 심리학적, 정치적, 경제학적 등등 다양한 측면으로 이루어진 묶음이다. 그러나 엘리아데의 종교적 인간의 관점으로 보아 중요한 것은, 그 같은 다양한 의미의 파악이 이루어지더라도 종교적 의미의 지평이 이해될 때까지는 불충분하다는 것이다. 종교 현상은 그 같은 종교적 의미 이외의 다양한 측면과 동시에 종교의 보편적, 체계적 의미로 해석되어야만 하는 것이다.

성스러운 것(상징)은 성스러운 것의 성성(聖性, 종교적 구조)과 동시에, 그것을 만든 인간의 한계 상황과 실존적 상황을 드러낸다. 그것은 성스러운 것의 양면성이기도 하다. 하늘, 땅, 태양, 달, 물, 돌 등등 모든 존재가 성스러운 것을 드러내는 가능성일 뿐만 아니라 현실성이기도 하다. 엘리아데는 상징과 관련해서 평가와 선택의 중요성을 서술할 때, 종교학자의 해석에 앞서서 종교적 인간의 종교 현상에 관련된 근원적인 해석의 작업을 지적하고 있다.

엘리아데는 종교의 창조적 순간과 퇴화, 고갈의 계기를 예리하고 중요하게 다룬다. 성스러운 것은 그것을 만든 사람에게는 늘 새로운 현실성을 드러내는 것이며, 새로움과 생명적인 것을 상실한 것은 이미 성스러운 것이 아니다. 다양한 종교(문화)의 기원과 관계된 신화와 의례도, 사회와 문화의 위기에 관련된 인간의 종교적 실존도 그와 같은 새로운 현실성의 형식에 관련되어 있다.

또한 엘리아데의 해석학에서 중요한 틀은 인간과 종교 현상의 전체성이다. 그것은 종교 현상이 전체 인간의 문제이고 인간이 전체적으로 관련됨 없이는 종교 현상이 될 수 없다고 하는 것이다. 그러나 현대 세계의 상황에서는 그것은 또 인류의 다양한 종교 현상이 드러나는 제각기 독자적인 종교적 존재방식과 함께 인류의 종교적 유산 전체가 이해됨이 없이는 다양한 문화와 사회의 지식도, 종교학도 부분적이고 단편적인 것이 된다는 것을 의미한다. 친숙한 자신의 세계와 종교를 상대화하고, 때로는 자신에게는 얼핏 야만적이고 두렵고 진부하게 생각될지도 모르지만, 다양한 종교 현상, 세계의 인류 역사상의 모든 종교 현상과 생생한 대화를 진척시킴으로써 우리들은 각각의 문화와 사회를 지탱하는 종교를 깊게 이해하고 인류 공생의 시대에 유일하게 남은 길, 억압과 약탈이 없는 세계를 만드는 것이 가능할 것이다.

이것이야말로 틀림없이 엘리아데 종교학의, '새로운 휴머니즘'이라 불리는 보편적이고 독자적인 해석학적 접근이고, 그것을 종교학의 중심으로 자리잡게 함으로써 그때까지 종교 현상의 이해에 관련해서 달성된 적이 없는 커다랗고 새로운 인간 이해의 지평을 열게 되었던 전망이다.

■ 주요 저작

『종교학 입문』(성균관대학교 출판부), 『종교사 개론』, 『샤머니즘』(이상 까치), 『종교형태론』(한길사), 『성과 속』(학민사), 『종교의 의미』, 『상징, 신성, 예술』(이상 서광사)

엘리아스

Norbert Elias(1897 ~ 1990)

엘리아스는 1897년에 독일 브레슬라우에서 태어난 사회학자이다. 나치의 대두와 함께 독일을 떠나서 잠시 프랑스에 체재한 뒤에 영국에 정주해서 주저인 『문명화 과정』을 썼다. 1939년의 일이다. 시대가 좋지 않았기 때문에 이 책이 관심을 끌게 되었던 것은 제2차 세계대전 이후의 일이다. 또 하나의 주저 『궁정 사회』는 30년대의 전반기에 씌어졌는데, 출판된 것은 1969년이 되어서였다.

엘리아스는 대부분의 역사가가 다루지 않았던 인간의 관습, 감정의 제어, 일상의 경험과 행동 등의 코드를 소재로 하여 **문명화**라는 개념을 세웠다. 이 문명화의 개념이 프랑스의 18세기 사상에서 유래했음은 명백하다. 그래서 그의 연구에는 야만에서 문명으로라는 문명의 진보, 그리고 자연상태와 관련된 인간의 위치가 전제로서 깔려 있다. 물론 이 프랑스 계몽사상의 문명화에 관련해서 독일에서는 칸트를 필두로 '문화'의 개념이 세워지고 이 '문화'로부터 독일 관념론이 발생했다는 것도 충분히 알고 있고, 그 대비와 차이는 충분히 논의되고 있다.

엘리아스는 이론가일까? 이념적인 이론가라기보다는 가설로서 연구모델을 사용하여 역사적 사실을 해석하는 연구영역의 개척자였다. 그런 의미에서는 사회학에도 역사학에도 귀속되지 않는 분과학문의 창시자라고 말할 수 있을 것이다. 이것은 『문명화 과정』이 전후에 재간될 때 붙인 서문에서 역사학과 사회학 쌍방에 대한 의문, 특히 사회학자로서는 막스 베버의 이념형, 탈콧트 파슨즈의 체계론 등을 비판하고, 자신의 방법론의 정당함을 밝히려고 한 데서도 드러난다.

엘리아스는 역사학에서는 주로 일회성의 사실을 다루고, 사회학에서는 반복 가능한 틀을 다룬다고 생각했다. 이 양자는 각각의 연구에서 다른 것을 무시할 수 없는데, 엘리아스는 그것을 통합하는 이론틀을 추구하려고 했다. 일회성의 역사적 사실이란 무엇인가? 엘리아스는 거기에 사회학적 시야를 도입한다. 예컨대 루이 14세는 돌출적인 일회성의 인물인데, 거기에는 왕권이라는 반복 가능한 지위가 있고, 게다가 그것은 귀족계급이라는 특권적인 집단 속에서 형성 · 유지되어온 변동 모델이었다. 『궁정 사회』의 어떤 부분은 권력의 형성과 행사에 관한 연구라고 할 수 있는데, 지배가 어느 정도 상호의존 관계 속에서 실천되는 양태를 연구했다고 말할 수 있다.

다른 한편 사회학 연구의 방법에서는 개인들이 서로의 관계에서 만들어지는 틀을 반복하는 것이라는 생각으로부터 모델 또는 체계라는 사고방식이 등장한다. 그러나 엘리아스는 베버가 이념형을 이루는 가상의 모델을 인간 사회에 강요했다고 본다. 더욱이 탈콧트 파슨즈의 경우에 현재 시점에서의 구조와 기능에 중점을 두었으며, 그 때문에 장기간에 걸친 인간의 변화 과정을 무시한 정태적인 체계론이라고 엘리아스는 비판했다. 물론 여기에는 논의의 여지가 있다. 특히 이념형은 현실 그 자체가 아니고, 언제나 현실과 왕복하여 탐구에 도움이 되었던 것임을 이해하고 있지 못하다고 생각할 수도 있다. 체계론에서도 파슨즈 이후의 많은 체계론 연구는 시야에 넣지 않고 있는데, 이것은 시대적인 제약이라고 할 수 있을 것이다.

그는 "사회란 상호관계를 이루는 인간들의 **결합체**(Figuration)일 뿐이다"라고 생각하고, 이 결합체가 장기간에 걸쳐서 변화하는 원인을 해명했던 것이다. 결합체는 사료를 독해하고 변동을 발견하기 위한 모델이다. 연구해보면 분명히 시대에 따라 감정의 제어, 혹은 신체와 청결에 관한 쾌 · 불쾌의 준거는 다르다. 엘리아스는 비교적 장기간의 과정을 시야에 넣고 틀의 구성의 변동을 탐구했다고 말할 수 있을 것이다. 엘리아스는 『문명화 과정』에서는 중세와 르네상스 사이에 일어난 일을 주요한 주제로 삼으면서도, 실제로는 부르주아지가 궁정 사회에서 중세 이래 천천히 형성되었으며 17세기 프랑스 궁정에서 최고 정점에 도달했고 구제도의 유럽 여러 나라의 궁정을 지배했던 인간의 매너, 일상의 생활방식의 커다란 틀과 세부 사항 모두를 물려받았다고 보고 있다.

그는 에라스무스의 『소년들의 예절론』을 상세히 취급하는데, 그것은 사실은 중세에는 궁정인에게만 예절이 보급되어 있었으며, 이런 의미에는 중세와 르네상스 사이에 사회적인 계층의 확대를 볼 수 있다고 할 수 있다. 또 신체에 해로운 것은 하지 않는다는 가치보다, 사회적으로 용인되는 행동 코드의 준수를 중요한 가치로 보는 사회의 형성을 간파했던 것이다. 엘리아스는 인간의 감정 제어, 신체 콘트롤의 "더 강화되고 분화되는 구조 변화를 밝히는" 것을, 18세 귀족에서 19세기의 부르주아지에 걸친 지배층의 변동을 탐구하는 것과 함께 그 자신이 생각했던 것 이상으로 중요한 목표라고 보았다.

그는 '문명화' 란 명칭과 함께 점차 '개인화' 하고 있는 유럽의 인간상의 변화를 사회관계 속에서 매너를 통해 연구했던 것이고, 동시에 그것은 인간이 세속화되어 덜 종교적이게 되었던 한편, 보다 도덕적(대인 관계에서의 매너로 나타난다)으로 되었다고 하는 기묘한 과정의 연구이기도 했다. 이러한 관점에서 보면 개인의 성립 경위에 대한 언급이 적으며, 종교, 세속적 도덕 등의 분석이 결여된 점이 마음에 걸린다. 더욱이 그것은 자본주의 성립으로 중요해졌던 것이므로, 자본주의 문화의 연구에서 불충분함이 문제가 되지 않을 수 없었다. 동시에 그는 문명화 개념이 역사적인 사실과의 관계 속에서 자본주의의 정신을 '프로테스탄티즘의 윤리' 로서 연구했던 막스 베버의 보다 복잡하고 중요한 업적과의 관계가 문제가 된다.

어떤 의미에서 풍속사의 연구에 방법을 제의하고, 그것에 장기적 변동의 시야를 부여한 것에 그의 공적이 있다고 말할 수 있다. 사소하게 보이는 것을 통해서 사회적 결합체의 변동을 연구함으로써 풍부한 성과를 가져왔다. 세부에서 시작해서 감정과 신체의 제어가 넓어지고, 유럽 여러 나라의 궁정을 필두로 한 특권계급을 형성해온 힘에 이르는 과정을 해명했던 것도 그의 뛰어난 업적일 것이다. 그가 다루었던 대상은 지금도 역사 연구에서 커다란 위치를 차지하고 있다. 역사사회학의 연구에 하나의 시야와 방법적인 새로움을 초래한 업적의 위대함은 지울 수 없을 것이다.

▣ 주요 저작

『문명화 과정 : 매너의 역사』(신서원), 『사회학이란 무엇인가』(비봉출판사)

오스틴

John Langshaw Austin(1911~60)

J. L. 오스틴은 1911년 건축가의 아들로 랭카스터에서 태어났다. 옥스포드대학에서는 고전학을 전공했는데, 특히 아리스토텔레스 연구에 집중했던 일은 그후에 그의 철학적 전개에 큰 영향을 주었다. 1933년에 올 소울즈 칼리지의 연구원이 되면서 연구자의 길을 걷기 시작한 그는 전쟁중인 수년 동안은 대학을 떠나서 정보장교로서 육군에서 근무했다. 그곳에서 발휘된 정보분석 능력은 두드러졌던 듯하고, 노르망디 상륙작전을 성공적으로 이끈 공으로 영국뿐만 아니라 프랑스와 미국으로부터도 훈장을 받았다. 제대 후 옥스포드대학으로 되돌아온 그는 1952년 화이트 기념 도덕철학 교수에 선임되어 명실공히 영국 철학계에서 중진으로 군림했다. 라일, 스트로슨 등과 함께 그가 일상언어학파를 주도했던 전후 십수년 동안은 영국 철학이 가장 눈부시게 발전했던 시기라고 말해도 좋을 것이다. 그러나 극단적으로 과작(寡作)이었던 그는 생전에 한 권의 저서도 간행하지 않았으며, 1960년에 암을 앓다가 48세의 젊은 나이에 병으로 죽었다. 사후 제자들의 손에 의해 강의록 2권, 논문집 1권이 편집되어 발간된다.

이상에서 보다시피 선량한 가정인이기도 했던 오스틴의 생애는 군대에 있었던 시기를 제외하면, 파란없는 평범한 학자의 삶이었다고 말할 수 있다. 그러나 그가 남긴 철학적 족적은 비할 데 없는 것이며, 특히 **언어철학** 분야에 끼친 영향력은 비트겐슈타인의 그것보다 뛰어났으면 뛰어났지 뒤지지는 않는 것이었다. 제자인 G. J. 워노크가 묘사한 오스틴의 모습을 베드 메터는 다음과 같이 전하고 있다. "비트겐슈타인과 마찬가지로 오스틴은 천재였는데, 비트겐슈타인이 천재의 대중적 이미지에 부합했던 반면 오스틴은 불행하게도 그렇지 못했다. 그럼에도 불구하고 그는 대부분의 영국 철학자의 머리를 괴

롭히는데 성공했다. 그의 동료에게 그의 날카로운 지성은 한시도 쉬지 않는듯이 생각되었다. 그들 대부분은 밤중에 뼈만 앙상하게 남은 오스틴이 맹수처럼 머리맡에 서 있는 모습를 보고 잠을 깨었던 것이다. ……그들은 무언가 철학 문장을 쓰면 오스틴이 안에 있는듯이 표정없고 냉정한 목소리로 그것을 반복해서 읽는다. 그러면 피마저 어는 것처럼 생각되었다. 그들 중에 어떤 이들은 그가 그저 존재하고 있다는 사실만으로도 움추려들어 그가 살아있는 동안 한 편의 논문도 발표할 수 없었다."

여기에 생생하게 묘사되어 있듯이, 오스틴은 냉철하고 비정한 논쟁가로 두려움을 불러일으키던 철학자였다. 동료인 에야 등은 "자네는 자신은 달리고 싶지 않기 때문에 주변의 개에 물려서 달릴 수 없게 된 그레이하운드와 같은 걸"이라고 그를 야유하고 있는 정도이다. 그 반면 오스틴은 일상생활에서는 온후하고 독실한 신사로서 경애의 대상이었다. 그것은 그가 옥스포드에서 수년 동안 중요한 행정직을 역임한 것에서도 엿볼 수 있다.

현대 철학에서 오스틴이 차지하는 위치는 단지 '일상언어 분석'의 방법을 확립한 철학자에 머물지 않는다. 그는 오늘날 무엇보다도 **언어행위론**의 창시자로서 알려져 있다. 1955년 봄 오스틴은 하버드대학에 '윌리암 젬즈 기념 강의'에 초청되어, 뒤에 유작인『언어를 사용해서 어떻게 내용을 이루는가』로 편찬될 일련의 강의를 했다. 그 속에서 그는 그때까지의 철학이 빠졌던, 언어의 기능을 사실의 기술만으로 일면화한 오류를 '기술주의적 오류'라고 비판하고, 우리들의 언어 사용에는 사실을 기술하는 **사실확인적 발언** 이외에, 약속이나 경고나 의뢰 등 언어를 사용해서 행위를 이루는 **행위 수행적 발언**이라고 이름붙일 만한 범주가 존재한다는 것을 분명히 했다. 예를 들면 "나는 당신을 부인으로 맞이한다"는 신랑의 선서는 그의 심리상태를 기술하고 있는 것은 아니다. 그는 그 글을 발표함으로써 결혼을 성립시키는 극히 실천적인 행위를 수행하고 있는 것이다. 그러므로 행위수행적 발언에 관해서 그 '진위'를 묻는 것은 무의미할 것이다. 그러나 앞에서 신랑이 이미 결혼해 있다면, 그의 선서는 무효가 될 수밖에 없다. 거기서 오스틴은 행위수행적 발언은 '진위'가 아닌, '적절/부적절'이라는 별개의 기준으로 평가되어야 한다고 제안했다.

이 강의 도중에 그는 중요한 사실을 깨닫게 된다. 즉 사실확인적 발언 속에도 '주장'이나 '요구'처럼 행위수행적 요소가 포함되어 있고, 반대로 행위수행적 발언도 순수하게 수행적 요소만으로 성립되는 것이 아니라 사실에 관련된 기술을 수반하고 있다는 것이다. 거기에서 오스틴은 이 이분법을 폐기하고 모든 언어 행위가 **발어 행위, 발어 내 행위, 발어 매개 행위**라는 중층적 구조에 기초해서 분석되어야 한다고 제의했다. 그에 의하면, 우리들은 "창문을 닫아주세요"라는 일정한 문법 구조와 의미를 지닌 글을 발성하고(발어 행위), 그것에 의해서 동시에 다른 또 하나의 행위(명령하다)를 수행함(발어 내 행위)과 함께, 그 결과로서 상대를 기쁘게 하거나 불쾌하게 하거나 하는 어떤 효과를 발생시키는 것(발어 매개 행위)이 가능하다.

오스틴은 이러한 고찰(그것을 그는 언어론적 현상학이라 부르기도 한다)을 바탕으로 언어행위의 체계적 분류와 일반이론의 구축을 지향했는데, 그 구상은 그의 갑작스러운 죽음으로 아깝게 중단되었다. 그후 그의 뜻은 미국의 철학자 J. 설에 의해 계승되고 『언어행위』(1969년)에서 그 이론적 체계화가 시도되었다. 언어행위론이 70년대에 들어서 **용어론**(用語論)의 한 분야로 크게 발전하고, 언어학, 사회학, 법학 등 인접 분야들에 커다란 영향을 끼치게 된 것은 설의 공적이라 할 수 있을 것이다. 또 하버마스가 언어행위론을 기반으로 해서 '보편적 용어론'을 제기하고, 데리다가 오스틴을 비판하면서 설과 격렬한 논쟁을 교환하는 등 오스틴의 영향은 영미권뿐만 아니라 유럽 대륙의 철학에까지도 미치고 있다. 그가 앞서 선구적으로 주창한 언어행위론은 인문 · 사회과학의 기초학으로서 그 흔들리지 않는 위치를 현대 철학 속에서 차지하고 있다.

▣ 주요 저작

『언어와 행위』, 『지각의 언어』, 『오스틴 철학 논문집』

워홀

Andy Warhol(1928~87)

워홀은 피츠버그의 가난한 체코슬로바키아 이민 가정에서 태어났다. 1949년에 카네기 공과대학을 졸업하고 뉴욕에서 상업 예술 일을 시작한다. 드러난 윤곽선으로 표현된 서정시적인 삽화로 인해 상업 예술의 세계에서 명성을 확립하는데, 50년대 말에는 다시 구상으로 향하기 시작한 조형 예술의 세계로 변신을 꾀한다. 그때까지의 작풍을 버리고 예술적인 감정과 필치를 느끼게 하지 않는, 윤기 있는 표면에 가리워진 작품을 그리기 시작했다. 변신과정을 더듬어보면 새로운 작풍은 상당히 의식적으로 선택된 것임을 알 수 있다.

1962년에 팝 아티스트로서는 늦다면 늦은 데뷔를 한다. 데뷔 시기는 늦었지만 미술과는 양립하지 않는다고 생각되던 캠벨 수프 깡통이라는 상품을 회화적인 필치 없이 현실적으로 그린 작품은 큰 파문을 일으켜, 잡지를 시작으로 대중매체에서 화려하게 받아들여져 그는 눈 깜짝할 사이에 팝 아티스트의 선두주자격이 된다.

은빛 가발에 검은 선글라스, 가죽 잠바라는 개성적인 패션과 스캔들적인 발언으로 인해 60년대 뉴욕의 아방가르드 문화에서 인기를 누렸으며, 팩토리라는 이름을 가진 스튜디오에는 평상시에도 추종자들이 많이 모였다. 그러한 추종자들과 함께 회화뿐만 아니라 설치 미술도 포함한 미술과 영화의 제작, 록 밴드 '벨벳 언더그라운드'의 프로 데뷔, 『인터뷰』지의 창간 등 다채로운 활동을 전개한다.

마약 문화의 소굴로 비쳐지고 있던 팩토리에서는 '사건'에 사건이 끊이지 않았는데, 1968년에는 광신적인 페미니스트에 의해 총기 난사 사건이 일어나 치명적인 상처를 입는다.

회복 후 워홀은 다시 변신한다. 그때까지 은박지로 온통 둘러싸여 있었고 마야 냄새가 풍겼으며 출입이 자유로웠던 팩토리가 창을 넓게 달고 하얀 색을 기조로 한 기능적인 사무실로 변하였으며 워홀도 '언더그라운드의 제왕'에서 '여피'로 변모한다. 워홀의 작품 제작도 보다 직업적으로 되고 매일 밤 나이트클럽과 파티 장소를 돌아다니면서 알게 된 유명인들의 실크스크린을 제작하곤 했다. 이러한 생활 속에서 '미디어의 총아'로서의 입장은 확고하게 된다.

워홀의 몇 개의 작품에는 '죽음'의 이미지가 강하기 때문에 죽음에 의지한 아티스트라고 말해지는 한편, 상품을 제재로 했기 때문에 대중소비사회를 반영한 것이라고 말해지기도 하며, 익명적인 일을 가능케 한 실크스크린을 대폭 받아들이고 동시에 이미지를 반복한 작품 때문에 복제 기술 시대의 예술로서 논의되는 등 다양한 사회적인 문맥에서 독해되는 경우가 많다. 그것은 경력을 대충 살펴보아도 알 수 있듯이, 그때그때의 시대 조류에 접하면서 교묘히 변모를 되풀이한 '시대의 나침반'이었던 것에서 연유하는 것이라 할 수 있다.

그러한 그의 생애를 돌아보면 잡지 문화와 깊은 관계가 있음을 알 수 있다.

전후의 미국 문화는 결정적으로 잡지 문화의 영향 하에 들어가게 되었다. 폴록의 작품이 『라이프』지에 게재된 1949년을 계기로 미술계의 사건이 사회적인 사건이 되는 '미술의 사회화'가 일어났으며, 미술의 움직임이 사회 일반에 강한 충격을 주게 되었다. '미술의 사회화'는 잡지 문화가 강화되면서 함께 진전되었으며 이해하기 어려운 추상 미술로 바뀌었고 누구도 친하기 쉬운 소재를 선택하여 잡지의 지면과 잘 맞는 팝 아트가 탄생한 시점에서 하나의 정점을 이룬다.

고전주의 시대의 궁정 문화 이래 수백 년 동안 전위적인 예술운동은 미술에 관심을 가진 소수의 공동체에 의거해서 발생했다. 새로운 예술은 우선 구전의 '이야기' 내지는 '평판'으로서 소공동체 안에서 인지되고, 이윽고 공동체 밖의 세계로 그 '이야기'와 '평판'이 침투하고, 시간이 지나 다음 세대의 주류가 되는 과정을 걸어왔다. 그 경과에 필요한 시간이 같은 뜻을 가진 사람을 모이게 하고 운동체를 형성했던 것이다.

그러나 잡지 문화의 성립은 그 예술운동의 형성과정을 근본적으로 파괴했다. 집단이 무엇인가를 할 수 있는 여유도 없이 우연처럼 개인이 발탁되어 비난받는 입장이 되고, 갑자기 넓게 사회에서 인정받는 때가 오며, 곧 잊혀져왔다. 예술의 소비가 매우 일찍 발생한 사회에서는 예술운동은 성립하기 어렵다. 예술가는 데뷔와 동시에 사회의 탐욕스러운 소비력에 대항하고, 자신의 풍화를 지체시키는 것에 에너지를 쏟아붓지 않으면 안된다.

워홀은 이러한 예술의 패러다임 변화를 직접 겪었던 최초의 아티스트가 아닐까?

워홀이 잡지를 시작한 것은 우연이 아니다. 자신이 잡지 문화와 함께 탄생한 아티스트임을 잘 알고 있었던 것이다. "누구도 15분이면 유명해진다"는 것은 워홀의 말인데, 그것은 "15분 이상 계속해서 유명해지기는 어렵다"는 뜻이기도 하다.

데뷔 당시와 마찬가지로 계속해서 사회에 충격을 주는 것, 그것이 워홀이 자신에게 부과한 임무였다. 그러기 위해 잡지라는 매체를 통해 스캔들을 퍼뜨리고, 3백 년 이상 걸려서 예술을 예술로서 유통시켰던 '이야기'를 대중을 상대로 조작하려 했다. 워홀에게 잡지는 우선 무엇보다도 '이야기'의 매체였다.

워홀은 TV에도 등장했는데, 잡지와 비교해서 훨씬 대중적인 운명을 가진 TV는 예술과의 관계에서 결국 지금에 이르기까지 잡지 문화를 대신하는 것은 불가능한듯이 생각된다. 각 가정에 TV가 들어갔지만 잡지 문화는 근본적인 위기에 빠져들지 않았던 것이다.

그러나 예술의 분야에서 압도적인 영향력을 과시해온 잡지 문화도 1990년대가 가까와지면서 그 영향력이 흔들리는 것처럼 보인다. 15분에 사람을 유명하게 하고 소비해온 탐욕에서 사람들이 물러서기 시작했는지도 모른다.

그런 풍습에 감동받기 시작하던 1980년대의 어느 날 워홀은 담낭 염증 수술을 받던 중 뜻밖의 사고로 어이없게 세상을 떠났다.

위너

Norvert Wiener(1894～1964)

위너는 미주리주 콜롬비아에서 유태인의 피를 이어받은 양친 사이에서 태어났다. 하버드대학 슬라브어 교수였던 아버지로부터 영재교육을 받아 14세 때 하버드대학 대학원에 입학하였으며, 18세 때 박사학위를 취득했다. 수리철학을 전공하여 영국에서는 러셀, 독일에서는 힐베르트의 지도를 받았다. 순수수학보다도 응용수학에 관심을 가졌으며, 1919년에 메사추세츠 공과대학(MIT)에 자리를 얻어 시종 그 대학에 머물렀다.

위너는 **사이버네틱스**라는 새로운 과학을 설립했다. 이 말은 본래 파일럿이라든가 항해사의 기술이라는 정도의 의미로 쓰였다. 위너 자신은 이 과학을 통신문의 연구, 특히 제어용의 통신문에는 어떤 것이 효과적인가를 연구하는 것이라고 보고 있다.

사이버네틱스 내에는 역사적인 흐름으로서 3개의 커다란 지주가 포함되어 있다. 첫째로 기계의 고도화, 즉 초기 컴퓨터의 연구이다. 기계는 시대와 함께 최첨단의 전형적인 형태로 변했다. 시계(17세기), 수차(18세기 후반), 화학공장(19세기 후반), 포드형 콘베이어벨트(20세기 전반)로 진전하여, 제1차 세계대전의 정보전을 시작으로 통신기술이 급속하게 진보했다. 이것들은 기계 자체가 내부의 복잡함을 증대시키며, 자동적인 조절기능을 비축해가는 과정이기도 하다.

위너의 시대, 최초의 컴퓨터는 1931년에 IBM에 의해 제작되었다. 이것은 **선형기계**라고 불리는 것으로, 복수의 입력의 차이가 출력의 차이에 대응하는 것, 하나의 입력에 대해 이상적인 출력이 하나로 정해지는 것을 의미한다. 이노먼 형(型)의 컴퓨터는 기본적으로는 학습능력을 갖춘 선형기계에 포함되어 있다.

위너가 구상한 **학습하는 기계**는 입력의 변환이 기계의 작동 자체에 포함되는 기준에 따라 작동 자체를 개선하도록 되어 있다. 그 때문에 동일한 입력에 대해 작동에 따라 다른 출력을 보여준다. 또 위너는 자기자신을 만들어내는 기계로서의 **자기 증식하는 기계**를 생각하고 있었다. 이것은 자기자신의 기능적 패턴을 스스로 만들 수 있는 기계이다.

두번째 지주로서 생체의 제어기구에 대한 해명이 있다. 캐논은 생명체가 다양한 외적 자극에도 관계없이 생리학적 상태를 일정하게 갖는 기구를 **호메오스타시스**(homeostasis)라고 불렀다. 이 기구의 중심에 있는 것이 신경시스템에 의한 조절이다. 예를 들면 출혈로 제법 많은 혈액을 잃게 되면, 교감신경-부신계(副腎系)가 작동하여 말초혈관을 수축시켜 혈액의 유출을 막으려고 한다. 산소의 공급이 감소한 경우에 심장은 대량의 혈액을 밀어내어, 생명유지에 불가결한 기관의 피의 흐름이 빨라진다.

호메오스타시스에는 다양한 제어기구가 관여하고 있지만, 위너가 중시하고 있는 것은 **피드백**(feedback)이다. 이것은 가장 단순한 기구로서는 화학반응에서 모두 볼 수 있다. 반응생성물이 반응 자체를 조절하는 것 같은 촉매기능을 갖는 경우이다. 반응을 가속시키는 경우가 포지티브 피드백, 반응을 감속시키는 경우가 네거티브 피드백이라고 불린다. 이것은 자동조절의 가장 기본적인 기구로, **자기 촉매**를 포함하는 조절의 기구를 오늘날에는 **자기 언급적 작동양식이**라고 부르고 있다.

위너는 이 조절기능을 모든 경우에 적용하였다. 인간이 눈 앞에 있는 어떤 물건을 잡으려고 할 때, 목표물을 주시하고 그것에 맞추어 손을 뻗는다고 통상적으로 이해하고 있다. 이 경우에 행위는 합목적적이다. 이에 대해 위너는 사물과 손 사이의 낙차(落差)가 그때마다 입력되어 손을 뻗는 일에 새로운 조절이 작동하여 사물을 잡는 것이라고 지적한다. 신체적 행위의 활동에 대해 이 지적은 탁월하다.

세번째 지주로 수학의 혁신이 있다. 특히 힐베르트의 **공리적 방법**에 의해 수학은 경험이나 직관으로부터 분리되어 순수하게 공리적 체계에 의해 규정되게 되었다. 점(点)을 크기가 없이 위치만 갖는 것이라고 직관적으로 이해하는 것이 아니라, 오히려 공리적 정식화에 의해 규정되는 주어의 이름의 하나에 지나지 않는다고 한다. 그러므로 공리적 기하학에서는 점, 선, 면이라는 말이

없이도 완전하게 될 수 있다. 수학적 명제는 단순한 기호의 나열이 되며, 기호와 기호의 관계가 독자적으로 자기 발전하는 계열을 생각할 수 있게 된다. 수학이 직접적인 경험에서 분리됨과 동시에, 예상 밖의 영역에 적용하는 것도 가능하게 된 것이다.

예를 들면 신경 시냅시스의 반응은, 자극이 전달되는가 전달되지 않는가라는 양자택일이다. 이 반응에는 명확한 경계치가 있어서 전부이냐 전무이냐의 반응이 생긴다. 이 반응을 수식으로 표기하면, 1과 0에 대응시켜 이진법(二進法)의 수학으로 표기하는 것이 좋다. 이렇게 해서 컴퓨터의 기술과 생체의 조절기능과 수학이 결합되어 사이버네틱스의 독자적인 영역을 형성한다. 여기에는 몇 개의 특징이 있다.

기계의 제어에서 문제가 되고 있는 것은 특정한 부분이 아니며, 또 부분 사이의 관계가 아니다. 제어계는 무언가가 전달되어 전달된 것이 거듭 입력되어 작동을 계속하는 시스템이며, 거기에서 전달되는 것은 물질이 아니라 정보이다. 정보는 공간 내의 물질이 아니라 오히려 정보라고 하는 위상공간을 만든다. 그러므로 사이버네틱스는 제어계에서 **정보과학**을 개시한 것이다.

사이버네틱스는 피드백을 포함한 복잡한 기구에 대한 응용수학이다. 이 과학의 성립 여부는 수학적 정식화가 성공하느냐에 달려 있다. 따라서 위너는 사회조직에 사이버네틱스를 응용하는 것에 신중했다. 수학적 정식화의 성공을 충분히 예상하고 미리 계산에 넣지 못했기 때문이다. 모든 현상을 수학적 기호의 관계로 표기한다는 점에 대해서는 라이프니츠를 시조로 하는 보편적 기호학의 현대적 계승의 기획이기도 하다.

이런 것으로부터 사이버네틱스는 다른 연구영역을 횡단적으로 연결하는 학제연구의 전형적 예처럼 보인다. 기술, 생체제어, 수학을 묶는 것만이 아니라, 제어기구를 모델로 하여 다른 영역에 대한 고찰이 가능하게 되었다. 인간의 호메오스타시스를 유지하는 범위 내에서 사회 그 자체의 자기 갱신의 가능성을 최대화한다는 것이 그 일례이다.

▣ 주요 저작

『사이버네틱스』, 『인간 기계론』, 『과학과 신』

융

Carl Gustav Jung(1875～1961)

칼 구스타프 융은 프로이트보다 거의 20년 늦게 19세기에서 20세기를 살았던 스위스의 심리학자이다.

프로테스탄트 목사를 아버지로 두고 스위스에서 태어난 융은 바젤대학에서 의학을 공부한 후 정신의학을 선택하여 취리히의 부르그횔츠리 정신병원에서 근무하였다. 이 병원에서 정신분열증의 치료 실천을 모색하는 것과 아울러 환자에게 언어 연상 검사를 실시하였다. 그런 가운데 '콤플렉스'라는 개념을 처음으로 사용하여 언어 연상에 관한 논문들과 『분열병의 심리』를 발표하였다. 1907년 빈의 프로이트를 처음 방문하여 두 사람의 협력 관계가 시작되었다. 융은 프로이트로부터 후계자로 촉망받게 되었고, 1909년부터 1913년까지 국제 정신분석학회의 초대 회장을 맡는 등 정신분석운동의 중심 인물로 활동하였다.

그러나 프로이트가 성적 욕동(欲動)으로 사용한 리비도의 개념을 『리비도의 변환과 상징』에서 생명 에네르기 일반으로 확장하였던 것, 혹은 분열병의 치료 경과에 기초하여 오이디푸스 콤플렉스 이전으로 소급되는 심적 세계에 주목한 것 등을 계기로 하여 차츰 프로이트와의 인간적, 이론적 갈등이 생겨나 1913년 정신분석학회를 나온다. 프로이트와 헤어짐으로써 학문적 방향을 잃어버린 것과 함께, 제1차 세계대전이라는 유럽의 위기도 심해진 그후 수년간 융은 분열병에 비할 수 있을 정도의 심각한 내적 위기를 겪었다. 그러나 자신이 내면 세계로부터 솟아오르는 이미지의 범람에 직면한 경험으로부터 융의 이론 및 실천적 방법론의 골격이 만들어진다. '창조의 병'으로서의 위기는 1919년에 끝나고, 이 사이의 사색은 1921년의 『심리학적 유형』으로 결실을 맺었다. 이것은 프로이트와의 인간적, 이론적 갈등을 심리학적으로 이해하는 것을 넘어서 자신의 입장을 확립하려는 시도였다.

이후 융은 정력적인 저작 활동, 임상 활동, 학회 활동을 하였으며 위기의 시대의 체험으로부터 얻은 지식을 '분석심리학'(analytical psychology)으로 전개하였다. 융의 이론은 그 명칭에서 알 수 있듯이, 마음(psyche)의 학문으로서의 '심리학'으로 규정할 수 있다. 융에 의하면, 마음이란 물질적 영역과 정신적 영역의 중간에 있는, 직접 경험 가능한 유일한 영역이며, 우리의 경험은 모두 '이미지'로서 마음의 영역에서 나타난다.

환자와 자신의 내면 세계에서 생겨난 이미지를 경험하는 가운데 융은 개인의 경험으로 환원할 수 있는 개인적 무의식을 초월하는 영역이 있다고 생각하여 그것을 **집합적 무의식**이라 불렀다. 마음은 집합적 무의식까지도 포함하는 영역이며, 자아에서 외적 현실과 같은 의미에서 객관적인 존재이다. 또한 무의식으로부터 생겨나는 다양한 이미지 가운데 유형이 나타나는 것으로부터 원형이라는 것의 존재를 가정하였다. 원형은 환원적 · 생득적으로 우리에게 묻혀 있는 가능성이며, 마음의 영역만이 아니라 신체적 영역에까지 걸쳐 있는 존재이다. 이러한 위치는 마음의 영역과 물리적 영역의 상관관계를 의미하는 **공시성**과 관계한다. 융이 상정했던 원형에는 개성(persona), 아니마(anima), 아니무스(animus), 그림자, 그랜드 마더, 노현인(老賢人), 자아 등이 있는데, 모두다 이미지를 생산하는 비개인적인 기반을 심리학적으로 이해하기 위한 틀이다.

융은 자아가 개인을 초월하는 존재와 만날 때의 억압적인 경험을 중시하여 누미노스(Numinos)라는 말로 그것을 불렀다. 누미노스한 체험을 본질적 계기로 포함하는 종교에 융은 깊은 관심을 보였는데, 그가 종교적 경험을 심리학적으로 취급할 때 종교를 개인의 심리로 환원하여 설명하는 것이 아니라 자아를 다시 한번 초월적 존재와의 관계에 위치짓는 것이 중요하다.

마음의 과정을 고찰할 때 융은 통합 불가능한 대립물에 주목한다. 의식과 무의식, 남성성과 여성성, 선과 악 등이 그 예이다. 이들 대립물의 한쪽으로 치우치지 않고 대치한다는 윤리적 과제가 달성되면, 무의식의 초월 기능에 의해 양자를 통합하는 상징이 생겨난다(『결합의 신비』). 이러한 상징 속에서 가장 전체적인 성격을 가진 것으로서 만다라가 있다. 융은 자신의 내적 위기의 시대에 자발적으로 묘사했던 그림이 불교 세계의 만다라와 상응한다는 것을 뒤에 알고 동양에 대한 관심을 가지기 시작하였다. 네 개로 이루어진 전체성의 상징으로서의 만다라의 관점에서 보자면, 삼위일체설을 근본 교의로 하는 기독교는 네번째 것(악 혹은 여성)의 배제로 특징지어진다.

융의 심리학적 행보는 자신의 존재의 배경을 이루는 기독교, 더 나아가 서양 문명 일반에 대한 심리학적 인식으로 나아갔다. 이런 의미에서 그의 작업은 서양 문명의 심리학적 해석이라는 측면을 가지고 있다. 기독교사의 분석이 당연히 거기에 포함되지만(『욥에게 답한다』, 『심리학과 종교』), 동시에 그 그림자 부분을 구성하는 연금술(『심리학과 연금술』)과 그노시스주의의 심리학적 의미를 재발견한 것도 융의 커다란 업적이다. 또한 서양 문명에 대한 비판적 고찰이 비서양 문명(인도를 필두로 하여 동양, 아메리카 인디언, 아프리카 등)에 대한 관심을 불러일으켰다.

융의 심리학은 개인이 집합적인 마음 사이의 관계를 확립하는 것에서, 분할 불가능한 통일체로서의 개체가 되어가는 과정——이것을 융은 '개성화'라 불렀다——의 탐구이며, 더 나아가 확대한다면 그 과정이 거쳐가는 마음의 세계를 다른 영역 사이의 관계도 포함하여 연구하는 것이었다. 실천적으로는 분석 치료에 의해서 분석자-피분석자의 전이 관계 속에서 상호 개성화 과정을 찾는 것이 목표이지만, 이론적으로는 인간의 모든 활동을 심리학적으로 해독하는 것이 과제였다.

융의 작업의 영향권은 특히 넓다. 심리 치료의 유력한 한 학파를 형성한 것은 물론, 이미지의 중시로부터 뒤에 예술 요법의 선구자가 되었으며, 분열병의 심리 요법을 아주 초기에 시도한 것도 선구적인 일이었다. 또한 심리학에 머무르지 않고 사상계 전반에 광범위한 영향력을 행사하였다. 개인을 초월하는 마음의 영역에 대한 관심은 미국에서의 트랜스퍼스널 심리학에 영향을 미쳤다.

■ 주요 저작

『현대의 신화』(삼성출판사), 『인간과 무의식의 상징』(집문당), 『심리학과 종교』(창), 『유형론』, 『욥에게 답한다』, 『융 자서전』, 『심리학과 연금술』, 『자아와 무의식』

조이스

James Joyce(1882～1941)

취리히의 프룬테른에 있는 조이스의 묘지를 방문한 적이 있다. 입구에 서 있는 안내판에는 조이스의 묘지로 가는 길이 눈에 잘 띄게 표시되어 있다. 그 길을 따라가면 얼마 가지 않아 화살표가 보이며 사진에서 본 조이스가 다리를 꼬고 앉아 책을 읽고 있는 조상이 눈에 들어온다. 그가 펴고 있는 책 위에는 여러 장의 그림엽서와 꽃, 발 앞에는 페이퍼백으로 된『율리 시즈』가 놓여 있다. 옆에는 카메라를 지닌 중국인 여학생들이 내가 물러나기를 오랫동안 기다리고 있었다. 나는 그 전날 방문했던 취리히(근교)에 있는 토마스 만의 묘지에서 느꼈던 감정과 비교됨을 느꼈다. 토마스 만의 묘지는 사람의 흔적이 별로 없는 검소함 그 자체였지만 침해할 수 없는 기품이 감돌았다. 그것에 비해 거의 관광지화한 조이스의 묘지의 통속성은 어떻게 이해할 수 있을까? 나는 이 매우 난해한 텍스트를 남긴 작가가 동시에 지닌 대중성을 생각하지 않을 수 없었다. 외로운 예술가 스티븐 디덜러스만이 아니라 대중적 외경심의 화신인 레오폴드 블룸도 창조한 조이스의 '대립물의 일치' 의 수법이 아닐까?

그는 1882년 더블린 남부 교외에서 태어났다. 1902년 유니버시티 컬리지 더블린을 졸업할 때까지 받은 카톨릭계 교육의 영향은 매우 컸고, 그것의 편협함에 반발하여 종교를 버린 것은 그의 모든 작품에 깊게 새겨져 있다. 아버지의 문란한 생활 때문에 가난했던 가정에서 자라났으며 일찍부터 글재주를 보였고 어학에도 뛰어났다. 특히 입센의 연극에 빠져 노르웨이어로 편지를 쓸 정도가 되었다. 그러나 예이츠를 중심으로 하는 아일랜드 문예부흥운동에는 공감하지 않았다. 카톨릭교회와 마찬가지로 조국의 민족주의도 그가 목표한 예술의 자유에는 부족한 것이었다. 1904년 후일 아내가 된 노라를 만나 대륙으로 간 이후 트리에스테, 취리히, 파리 등을 전전하는 '망명 작가' 가 된다

(1912년 이후에는 조국의 땅을 밟지 않았다). 그러나 역설적으로 그의 작품의 무대는 항상 더블린이었다.

1907년에 씌어진 『더블린 사람들』(1914년)의 15개의 단편은 유년부터 중년에 이르는 더블린 사람들의 생활의 다양한 '마비 상태'를 묘사한 것인데, 플로베르 풍의 '적확한 언어'(mot juste)에 의한 그 아름다운 산문은 20대 전반에 조이스가 성숙한 소설가였다는 것을 증명한다. 그 수법은 세밀한 리얼리즘임과 동시에 에피파니(일상적인 사건의 본질을 순간적으로 나타냄)의 미학에 입각한 상징주의적 요소를 함께 가지고 있으며, 이 이중성은 그후의 작품에서도 발전적으로 계승되어 조이스의 예술가로서의 한 특질을 이룬다. 1916년 반(半)자전적 장편 『젊은 예술가의 초상』을 출판한다. 스티븐 디덜러스(신화상의 공장〔工匠〕 다이다로스로서의 상징성을 지닌다)가 종교상의 번뇌와 연애를 통해 성장하고 최종적으로 예술가로서의 자각에 도달하여 가족, 교회, 조국을 버릴 것을 결심하기까지의 과정이 다면적인 문체로 묘사되어 있다.

1922년 파리에서 출판되어 문학에 일대 혁명을 초래한 대작 『율리 시즈』는 1904년 6월 16일의 더블린의 상황을 철저한 리얼리즘으로 재현하고 있으며, 『젊은 예술가의 초상』에서 재등장한 스티븐, 보잘 것 없는 중년의 유태인 레오폴드 블룸, 그의 처 몰리라는 세 사람의 주요 인물을 둘러싸고 전개된다. 세 사람의 내면 묘사에는 이미 앞선 작품들에서 그 맹아가 발견되는 **의식의 흐름** 수법이 대대적으로 구사되고 있으며, 과거의 이야기 기법에서는 볼 수 없었던 의식의 미세한 영역이 직접적으로 다루어지고 있다. 다른 한편 제목이 가리키는 대로 이 현대의 시공(時空)은 호메로스의 『오디세이아』와 조응하고 있다. 세 사람은 각각 텔레마코스, 오디세우스, 베네로페이아의 비소한 현대판이며 원래 『오디세이아』에 연관된 표제가 붙어 있는 18개의 삽화에는 대응관계에 대한 암시가 풍부하게 들어 있다. 『초상』에 예시되어 있는 이 '신화적 방법'을 T. S. 엘리어트가 현대라는 혼돈에 질서와 형식을 부여한 것이라 불렀던 것은 유명하다. 또한 한 권의 책 속에서 모든 사실과 지식을 가득 집어넣은 백과사전적 시도는 파운드가 간파한 바와 같이 플로베르의 『부바르와 페퀴세』와 유사하며, 다른 한편으로 말라르메적인 책=우주의 미학을 받아들이고 있다. 다만 이것은 플롯과 등장인물이라는 틀을 파괴하여 언어 자체가 자립하여 서로 참조하면서 합쳐지는 장치라 생각되는 자족적 언어 우주이다.

또한 조이스는 특히 후반부터 몽타쥬와 패로디 등 다양한 문체의 실험을 각 삽화마다 시도하고 있는데, 언어는 마치 가소성 있는 물질인 것처럼 자유자재로 가공되며 소설은 그것을 위한 대실험장이 된다. 말하자면 주역은 언어인 것이다.

그러나 조이스는 간격을 두지 않고 이루어지는 혁명에 착수한다. 『진행중인 작품』으로 파리에서 썼던 『피네건스 웨이크』(Finnegans Wake, 1939)는 이번에는 더블린의 한 밤의 꿈을 묘사한다. 그러나 그것은 다른 언어, 복수의 언어(영어를 포함하여 60여 개의 언어)를 혼합시킨 **다중적 언어 우주**이다. 단순한 예를 들자면 "Jungfraud's Messonge book"이라는 어구에는 "Jung/Freud/young/fraud/Jungfrau/message/songe/mensonge"라는 영어, 독일어, 불어 3개국어의 단어가 용해되어 있다. 책 전체에서 이 표현에 대립하거나 공존하는 것으로, 독자는 의미의 무한증식 속에서 스스로 작품을 만들어갈 것을 요구받는다(U. 에코가 말하는 '열린 작품'). 게다가 비코의 역사 순환론 등을 틀로 하는 인류사 전체에 대한 언급이 작품을 아주 난삽하게 만들고 있으며 이미 통상의 독서는 불가능하게 되는 한편, 해독 작업이 '조이스 산업'을 발전시키기도 하였다.

조이스의 혁명은 후속 작가가 그의 연장선상에서 기교에 집착하든가, 아니면 베케트와 같이 정반대로 달리든가, 또는 알면서도 모르는 체하도록 부추겼을 정도로 컸기 때문에 카프카, 크리스테바, 데리다 등의 사상의 전위들의 열띤 관심을 끌었다. 그러나 그의 예술은 동시에 (『피네건』적 언어 실험조차) 『켈즈의 책』 등으로 대표되는 아일랜드 문화의 전통을 계승하는 것이기도 하다는 점을 부언해둔다.

▣ 주요 저작

『더블린 사람들』(창작과비평사), 『젊은 예술가의 초상』, 『율리 시즈』

죠제스쿠-뢰겐

Nicholas Georgescu-Reogen(1906~)

현대 루마니아는 엘리아데라는 종교학·민속학의 거장과 함께, 죠제스쿠-뢰겐이라는 경제학의 거장을 낳았다. 죠제스쿠-뢰겐의 생애 전반부는 애로우, 사뮤엘슨 등과 나란히 수리경제학의 기초를 닦은 것으로 알려져 있으며, 후반부는 **엔트로피 법칙**을 경제학에 도입한 것과 생물경제학의 제창 등에 의해 환경 위기의 시대의 **에콜로지** 경제학의 제1인자로 알려져 있다.

그는 1906년 흑해 연안의 항구 도시 콘스탄차에서 태어났다. 8세 때 아버지가 사망한 이후 어머니 혼자서 키웠는데, 수학에 두각을 보였으며 부카레스트대학 수학과에서 1926년 석사학위를 취득하였다. 루마니아 정부 장학생으로 같은 해 파리 소르본느대학에 가서 볼레르를 필두로 한 우수한 수학자들이 있는 환경에서 통계학을 연구하였고 1930년에는 박사가 되었다. 이후 런던대학에서 피어슨 밑에서 공부하고 1932년 귀국하여 부카레스트대학 통계학 교수(1946년까지 재직)가 되었으며, 1934년 록펠러재단 객원 연구원으로 도미하여 하버드대학에 갔는데, 거기에는 슘페터가 있었다. 그의 영향을 받아 경제학으로 방향을 바꿔 소비자 행동 이론에서 선구적인 업적을 쌓았으며 1937년 귀국하였다. 1948년에는 아내와 함께 다시 미국에 건너가 거기에 자리를 잡았다. 하버드대학 강사를 거쳐 1949년 이후 테네시주의 밴더빌트대학 경제학부 교수로 일했다.

소비자 행동에 관한 현현(顯現) 선호 이론의 기초를 만들고 레온티에프 형(型) 투입/산출모델에서의 기술 선택의 비대체(非代替)정리의 증명을 시작으로 1950년대 말까지 그가 차례로 전문지에 발표한 논문은 수리경제학을 경제학의 중심에 자리잡게 하는 데 공헌하였다. 그러나 그를 진정으로 위대하게 만든 것은 그가 이러한 수학적인 심미의 세계에 안주하지 않고 질서정연하고 아름다운 것과 동시에 공해와 환경 파괴라는 추악함을 포함하는 인간의 경제의 본질은 무엇인가라는 사상과 철학의 세계에 들어섰다는 점이다.

죠제스쿠-뢰겐이 그러한 지적 모험을 시작한 동기의 하나는 조국 루마니아의 농업을 관찰한 결과, 미분학을 활용한 수리경제학에서의 한계 분석은 공업생산의 분석에서는 일정한 의미를 가지지만 생물을 축으로 움직이는 농업의 고찰에서는 별다른 역할을 하지 못한다는 생각 때문이다. 그는 이 점을 지적한 중요한 논문을 1960년에 발표하였고, 그때부터 열역학에서의 엔트로피 증대의 법칙과 경제학의 관계를 탐구하기 시작하였다. 수리경제학 쪽의 저작으로서는 쿠프만 등과의 공동 저작인 『생산과 분배의 행동 분석』(1951년), 단독 저작인 『분석적 경제학』(1967년)이 있으며 엔트로피 문제를 취급한 획기적인 저작으로 『엔트로피 법칙과 경제과정』(1971년)을 간행하였다. 1976년에 하버드대학을 퇴직하였지만, 그후에도 이 대학의 명예 교수로서 연구를 계속하여 생물경제학을 지향하는 중요 논문을 차례차례 발표하였다.

전통적인 경제 이론은 가역적인 역학적 세계상을 상정하여 경제의 움직임을 균형상태를 규범으로 하는 모델로서 정식화하는 것이 대부분이지만, 죠제스쿠-뢰겐의 특징은 경제를 균형상태로 분석하는 것이 아니라 **엔트로피적 진화의 과정**으로서 취급한다는 점이다. 여기에서 진화란 일체의 사물이 단순한 저차원의 것으로부터 복잡한 고차원의 것으로 변화한다는 의미가 아니라 변화의 불가역성을 의미한다. 예를 들어 석탄을 증기기관의 연료로 태워서 동력을 발생시킴으로써 인간은 기관차를 움직일 수 있다. 그리고 교통 · 수송이라는 서비스를 향유할 수 있지만, 그 결과 나오는 폐열, 매연, 이산화탄소 등을 모아도 그것으로 석탄을 만들 수는 없다.

이것에 대해 통상의 경제학에서는 원재료 등의 투입으로부터 제품과 서비스가 산출되며 사람들은 그것들의 소비를 향유하는 대가로 노동 등의 이른바 생산요소를 제공하며 그러한 요소의 투입을 통해서 다시 제품과 서비스가 산출된다라는 연쇄를 상정한다. 그리고 생산량, 소비량, 고용량 등의 경제 변수 사이에 불균형이 생기는 경우에 균형의 회복에 어떠한 정책이 유효한가라는 문제를 논의한다. 석탄을 사용하여 없어지면 다시 채굴하면 되고, 만약 고갈되면 대체자원을 개발하면 된다. 환경 오염은 분명히 문제이지만, 그것은 경제의 외부에 있는 것, 즉 외부의 비경제이며 그 제거비용을 발생자에게 부담시키는 등의 방법으로 내부화하면 된다. 그러나 죠제스쿠-뢰겐에 의하면, 폐열과 폐기물의 발생은 외부의 비경제적인 것임에도 불구하고 경제 활동의 주축이다. 에너지 자원의 문제에 대해 말하면, 원자력과 태양 전지가 석탄과 석유를 대체한다는 의견이 있지만 석탄과 석유를 대체한 1톤의 핵연료로부터 1톤을 상회하는 핵연료가 만들어지든가 한 개의 태양 전지로부터 2개, 3개의 태양 전지가 만들어지는 것은 아니기 때문에 그것들에 전망은 없다. 요컨대 원자력 발전과 태양 전지는 발전용 기술로서 실행 가능한 것이지만, 자기재생산의 능력은 가지고 있지 않다는 의미에서 자립 가능한 것은 아니다.

이렇게 생각한 그는 현대 문명을 지하자원에 대해 취약한 특징을 가지고 있으며, 인류가 오늘날 환경 위기를 극복하는 길이 만약 있다면 그것은 경제의 제로 성장으로 충분하지 않고 철저한 절약 자원, 절약 에너지에 기초한 생산규모의 축소밖에 없다고 주장한다. 화학 비료와 농약을 다량 투입하는 농업도 지하자원에 의존하는 것이기 때문에 유기농업으로 전환하는 것이 필수적이다.

만약 에너지원이 충분히 있다면 폐기물의 재자원화는 가능하다는 미국 경제학자 볼딩에 대한 그의 비판은 철저하여 에너지원의 경우와 마찬가지로 물질도 또한 엔트로피 법칙에 따라 열화(劣化), 산일(散逸)한다고 논하는 그는, 리사이클의 가능성도 전면적으로 부정하고 있다. 이것은 물질의 본성에 대해 다시 생각할 것을 촉구하는 논의로서 존재론 · 인식론의 수준에서 중요성을 가지고 있다. 대기권 내의 물의 순환으로 대표되는 물질 순환의 존재를 생각할 때 일체의 순환이 있을 수 없다는 것은 지나치다는 반론이 있다 하더라도, 현대 경제학에 대한 그리고 지구 환경을 둘러싼 근년의 논의에 대한 그의 문제제기는 커다란 의의를 가지고 있다. 과학철학의 면에서 말하자면 그의 이론과 벨기에의 화학자 프리고진의 비평형 열역학 사이의 가교가 추구되고 있다.

▣ 주요 저작

『엔트로피 법칙과 경제 과정』, 『경제학의 신화』

짐멜

Georg Simmel(1858～1918)

독일의 저명한 철학자. 대학에서의 지위를 살펴보면 1885년 베를린대학 사강사, 1900년 동대학 원외 교수, 그리고 겨우 1914년에야 슈트라스부르크대학 정교수가 되었다.

짐멜은 다루는 주제가 매우 다양한 데다가, 얼핏 보기에는 연관성이 없는 듯한 전기와 후기 사상의 커다란 차이 때문에 그의 전체상을 파악하기 어려운 사상가라 할 수 있다. 그렇지만 그에게는 그의 철저한 실체적, 체계적 사고의 거부에도 불구하고 생애를 통하여 매우 일관된 문제관심이 존재하였다. 그것은 **개인의 자유와 개성에 대한 인간학적, 윤리학적 관심**이다.

이 관심은 전반기에는 현실주의적인 방향을 취했다. 짐멜은 존재해야 하는 개인을 가공의 이상적인 공동체에서가 아니라 현실의 역사·사회적 현실과의 관련 아래에서 질문하였다. 거기에 낭만주의적인 '개인과 공동체' 론과 명확하게 구별되는 그의 **'개인과 사회'** 문제의 특징이 있다. 이러한 짐멜의 현실주의적 경향은 그가 당초 사회의 기능 분화라는 근대화 과정과 개인의 확립 사이의 촉진적인 관계를 사고하였다는 것에서 유래하였다. 이 사고에 입각하여 전반기 짐멜의 관심은 주로 역사의 동태에서 개인의 해방 과정을 추인하고 반성하는 **'개인과 사회'** 에 대한 관심에 기초한 사회의 과학의 확립과 근대화의 의미의 통찰로 향했다.

짐멜의 사회과학론으로서는 개별 과학으로서의 형식사회학론이 유명하지만, 사상가로서의 그의 근본적 관심은 어디까지나 사회의 인식의 일반적 형태이며 상호작용의 형식적 관계를 질문하는 형식사회학론은——불가결한 것이지만——그 부분적인 문제요소의 하나에 불과하였다. 짐멜은 그의 과학론에서 리케르트와 베버에 앞서서 구성주의적 인식관을 제시하는 것과 동시에 경험적, 실증적 인식과 윤리 · 철학적 사변의 가치자유적인 구별 위에 있는 연관의 윤리를 모색하였다.

짐멜은 실제적인 사회 분석을 시도했어도, 자신은 개별 과학들에서 전문가적인 연구를 수행하지 않고 아날로지-유추에 의한 본질 파악이라는 독특한 수법을 구사하여 근대와 개인의 관계를 둘러싼 역사 · 사회철학적 통찰에 힘을 쏟았다. 그 결정이 오늘날 짐멜의 근대성론으로서 각광받고 있는 『화폐의 철학』이다.

후반기의 짐멜은 전반기의 현실주의로부터 이반하여 그 '생(生)의 사상' 에서 시대의 신낭만주의적 경향에 동조하면서 형이상학적, 미학주의적 위상으로 전환하였다. 그러나 주의해야 할 것은 생의 사상 자체는 전반기 이래의 윤리학적 개인 관심의 발전형태였다는 것이다. 그는 생의 이념 창조적인 형이상학적 특성을 더욱 강조하기 시작하였지만, 그럼에도 불구하고 다른 한편으로 어디까지나 생을 지상적인 현실적 존재로서도 파악하였다. 이렇게 보면 이 생은 전반기의 사회와 과학으로서의 현실주의적 지향과 반드시 모순되지는 않는다. 그러면 왜 후반기에 이 지향이 현저히 후퇴하는 것처럼 보이는 것일까? 이것은 짐멜 해석상 최대의 난제이다. 어쩌면 그것은 그에게서 있어야 하는 이념적 개인과 현실의 사회의 친화성이 파괴되었기 때문일 것이다.

짐멜은 당초 윤리학적 개인상의 내실에 대해서 애매한 태도를 취했지만, 니체 등과의 대치를 통해 서서히 확고해졌다. 그는 그것을 18세기적인 인간의 보편적 동등성과 공리주의적인 인간 속성론에 기초한 개인관(양적 개인주의)과 구별되는 **질적 개인주의**로서 정립한다. 이는 자기의 타고난 성품과 재능, 문화 창조성을 개성적으로 높은 수준에서 완성하려고 하는 윤리적 인격주의의 그것이다. 짐멜의 생의 철학의 핵심으로서 후일 실존주의에 영향을 미친 '개성적 법칙' 은 이 질적 인격주의의 다른 표현이다.

짐멜은 그 근대성론의 심화에서 근대는 이러한 질적 인격성을 반드시 보증하지는 않는다는 것에 주의하였다. 그에게는 근대의 특성은 **질적인 것, 인격적인 것의 양적인 계산 가능성과 사상적인 몰인간성으로서의 주지주의적 전환**이었다. 이 전환은 틀림없이 개인이라는 고유의 권한 영역을 낳지만, 동시에 그 개인으로부터 현실 전체의 가능성과 생의 의미있는 가능성을 박탈함으로써 개인을 합리적인 도구적 기구의 기능적인 한 부분으로 폄하하는 것이었다. 이러한 인식에서 짐멜은 사회학적 소외론의 중요한 선구자의 한 사람이었다.

근대 사회와 있어야 하는 인간상의 이러한 단절을 둘러싸고 짐멜에게는 2개의 모순되는 대응이 존재한다고 생각된다. 즉 하나는 생의 이념적 · 형이상학적 측면의, 주로 예술철학을 매개로 하는 보다 깊이있는 통찰에 틀어박혀 있는 길이다. 그의 후반기의 사상을 생의 형이상학 내지 신낭만주의적인 문화비극론으로서 보는 입장은 여기에서 유래한다. 이것은 오랫동안 짐멜 해석의 정형이었다.

오늘날의 관점에서 보면 특히 중요한, 그러나 연구사상 거의 탐구되지 않은 길은 근대와 개인의 가교를 모색하는 방향이다. 짐멜은 질적 인격을 위해서는 '**~로부터의 자유**'라는 소극적 자유와 분업의 체제가 제도적으로 불가결하다고 생각하며 그런 의미에서 근대를 긍정하였다. 그는 이러한 관점에서 사회주의를 근대의 자유를 파괴한 것으로서 부정하였다. 문제는 이 소극적 자유를 어떻게 적극적인 개성적 인격 형성에 결합시킬 것인가이다. 그는 이 결합을 주로 인간학적인 육성론의 시각에서 사고하였다. 요컨대 그는 주체의 현실 소화력의 강화에 의해 '~로부터의 자유'를 '**~로의 자유**'로 인격론적으로 전환할 수 있는 강한 개인의 양성에 눈을 돌리는 것이다. 그가 만년에 교육론으로 눈을 돌렸던 것은 그 때문이다. 그 사이 그는 전반기의 학문론을 계승 · 심화하는 것으로 육성론의 기초에 대해, 경험적인 현실주의적 사회과학과 역사 · 사회철학적인 현실 해석을 수행하였다. 거기에서 그는 개인에게 현실에 냉정하게 맞서는 가운데 그 전체성과 의미에 대한 통찰을 보증하려 했다. 만년의 그의 학문은 매우 난해한데, 그것은 철학적 사회 고찰과 해석학적 의미 이해의 문제에 대한 검토를 중심으로 **실증적인 경험과학과 '철학적 문화'**의 접합의 논리를 완성하려 하였던 것에서 베버적 과학론과도 변증법적 사회 이론과도 다른 매우 독특한 것이었다.

짐멜은 오랫동안 실존 철학의 선구자 내지는 전문적인 형식사회학자로서, 말하자면 '간단하게' 처리된 사상가이다. 그러나 그의 사상은 개인과 사회에 있어야 하는 관계를 둘러싼 윤리, 철학, 과학, 근대, 교육, 예술 등 여러 테마에 걸친 광범위한 것이며, 오늘날 사회철학과 과학론의 수많은 주제를 '보다 깊이' 선취한 것이었다. 그의 진가와 전체 내용에 대한 해명은 오히려 이것들 때문에 요청된다.

카네티

Elias Canetti(1905~94)

카네티는 1905년 불가리아의 도나우강 하류에 있는 오래된 도시 루스츄크(루세)에서 태어났다. 카네티는 스페인으로부터의 유태인 추방령에 의해 1492년 쿠엔카의 작은 읍 카니에티를 뒤로 하고 투르크의 아드리아노플(에디루네)로, 이어서 불가리아로 이주한 스페인계 유태인의 자손이다. **세파르디**(스페인, 포르투갈, 북아메리카계 유태인)가 루스츄크에 세운 이른바 '언어 섬' 속에서 그는 15세기의 스페인어를 모국어로 하여 교육받았다. 여섯 살 때 일가는 영국으로 이주한다. 8세에 아버지를 잃은 카네티는 이후 가족과 함께 이주한 빈, 취리히, 프랑크푸르트에서 독일어로 교육을 받는다. 1924년부터 빈대학에서 화학을 전공하여 1929년에 박사학위를 취득한다. 히틀러가 오스트리아를 병합한 1938년 파리를 거쳐 영국으로 망명한다. 그 이후 런던과 취리히에서 독일어로 작가 활동을 계속한다. 1981년 노벨 문학상을 수상하였다.

카네티가 시오니즘으로는 향하지 않고 유럽에서 머물면서 작품을 독일어로 쓰겠다는 결의는 자서전 『귀 속의 횃불』에 씌어 있다. 여기에 관통하고 있는 것은 모든 권위에 대한 그의 단호한 거부의 태도이다. 1928년 알리크출판사의 경영자 헤르츠펠데의 편집을 도와주기 위해 베를린에 간 카네티는 그로스와 브레히트 등 베를린의 황금 시대를 대표하는 예술가들을 알게 된다. 그러나 베를린 정복을 의미하는 그들의 '글쓰기' 혹은 '묘사하는' 행위를 공허하다고 느낀 카네티는 권위와 명예, 그리고 돈도 없이 수동성, 무명성, 환상성을 수반한 세계의 '외부'에 있는 자신의 내부에서 '글쓰기'의 의미를 구하려 한다. 이러한 '글쓰기' 행위에 대한 의미의 전도에는 미지의 나라로의 망명과 방황을 자신들의 현실로서 받아들였던 세파르디의 과거의 체험이 감추어져 있다.

이러한 체험과 함께 개종자 '마라노'의 존재를 근저로부터 위협하는 이단자의 화형 판결에 대한 강박 관념이 카네티의 '글쓰기'로 재귀한다. 따라서 1931년에 26세의 카네티에 의해 씌어진 소설 『현기증』 가운데 중국 문학자 페터 킨이 사악한 불에 현기증을 느끼면서 등장한다.

이 소설 가운데에서 상징적으로 취급되고 있는 군중은 1922년에 프랑크푸르트에서 외무장관 라테나우 암살 사건에 항의하는 데모를 목격한 이래 카네티가 철저하고 포괄적으로 다루게 된 테마이다. 1960년에 결실을 보게 된 필생의 저작 『군중과 권력』은 서두에서부터 **'접촉 공포의 전화'**를 문제삼고 있다. 자신의 외부 없이 내부의 미지의 것과의 접촉에 의해 이미 안전하게 자신을 지킬 수 없다는 인간의 이 접촉 공포로부터 도피하는 유일한 공간은, 카네티에 의하면 군중이다. 군중 가운데 각 개인의 거리가 최소가 되는 때, 그때 인간은 접촉 공포로부터 해방된다. 이것을 카네티는 접촉 공포의 전화라고 부른다. 그 경우 죽음조차 최대의 미지의 것이지만 죽음과의 접촉 공포로부터 해방되기 위해 집단을 증대시키려는 인간의 충동이 군중의 기본 역학으로서 계승된다. 그것이 현대에는 생산의 물신 숭배화를 산출하는 거대한 군중으로까지 성장한다는 것은 말할 것도 없다. 카네티가 이러한 군중의 형성을 보는 것은 인간의 접촉 공포로부터의 구제 동경에 조응하는, 군중 가운데 살아남아 있는 의지 혹은 불사(不死)에 대한 동경이다.

그러나 선조와 마찬가지로 추방을 경험한 카네티는 앞서 살펴본 살아남은 순간에서 **권력**의 순간을 보려 한다. 이러한 것도 일종의 쾌락이라고 할 수 있는, 살아남은 것에 대한 만족은 어떤 위험한 만족을 알지 못하는 권력에 대한 정열을 쉽게 바꾸어 얻을 수 있기 때문이다. 권력자의 편집증적 타입은 이리하여 신변으로부터 위험을 멀리하여 살아남기 위해 모든 수단을 구사한다. 그의 권력은 우선 적들에게, 이어서 부하들에게 죽음을 명하는 권력을 독점적으로 존속시키고 있는 한 절대적이다. 그러나 명령에 따른 자가 명령의 속박에 깊이 상처를 입은 만큼 권력의 내부에도 명령의 속박이 그만큼 깊이 각인되어 있다. 명령의 빈번한 수행에 의해 점차 증대되는 공포로부터 도피하기 위해 권력자는 접촉 공포의 심리적 선동과 군중 형성에 의한 접촉 공포로부터의 해방을 정치적으로 이용한다. 군중의 내부에서만 명령의 속박이 초래하는 공포의 해방이 가능하다는 것을 권력자는 숙지하고 있으며, 거기에서 자신이 승리자로서 살아남는 쾌락을 보여주는 것이다.

접촉 공포로부터의 해방을 둘러싼 고찰을 관통하고 있는 독자적인 권력 철학을 구축한 카네티의 이러한 날카로운 분석도 세계의 '외부' 가 되는 자기 속에 있는 정신의 소산 이외에 다름 아니다. 그는 『단절된 미래』 가운데에서 그 내부에 스페인어와 독일어 두 개의 **'추방의 언어'** 가 특히 밀접하게 공생하고 있는 유일한 문학자로서 자신을 규정하고 『마녀 셀레스티나』의 작가 페르난드 데 로하스와 『꿈』의 케베드와 혼연일체가 된 자신의 요행에 대해 말하고 있다. 이러한 것도 추방 명령 하의 스페인에서 마라노로서 산 문학자, 법률가의 로하스조차, 세계를 정복하기 위해 접촉 공포를 선동하고 살아있을 때도, 살해하려 하는 죽음으로부터도 살해하는 권력자들과는 정반대의 인간이었기 때문이다. 그는 자신과 동시대를 산 창녀들도 그의 작품 중에 존재하는 것에 의해 그들을 불사로 인도한다. 따라서 로하스의 세계로부터는 죽은 자들이 오백 년이 지난 오늘날에도 산 자들에 대한 특히 고귀한 양식으로 나타나 얻어지게 된다. 퇴폐를 펜으로 비판한 게베드에 대해서도, 언어를 혼자의 힘으로 정화한다는 사명을 자신에게 부과한 스탕달에 대해서도 똑같이 말할 수 있을 것이다.

이 지점에서 말하면 카네티는 승리자로부터 그 가치를 박탈하고 이렇게 살아남은 자를 잃어버린 유고라는 『군중과 권력』의 대단한 제언을 앞서 말한 문학자들의 '죽은 자에 대한 의식의 전도' 의 계보로부터 행한 근원적인 사상가이다.

■ **주요 저작**

『현기증』, 『군중과 권력』, 『단절된 미래 ── 평론과 대담』

카프카

Franz Kafka(1883~1924)

보헤미아(오스트리아-헝가리제국)의 고도 프라하에서 유태계 양친의 큰 아들로 1883년에 태어났다. 프라하대학에서는 법률을 공부하여 법률학 박사가 되었으며, 1908년부터 1922년에 퇴직할 때까지 프라하의 노동자 재해보험국에서 일했다.

카프카에게서 흥미있는 것은 무엇보다도 작가였던 그가 외적 · 사회적으로는 이른바 작가가 아니었으며 공무원으로 생계를 꾸려갔다는 점이다. 그리고 그 인생의 대부분을 소규모 상점을 경영한 프라하의 비교적 부유한 양친 밑에서 보냈다. 게다가 특히 예술가로서의 파란만장한 삶을 살았던 것도 아니고, 그 외적인 경력에서 특히 눈에 띄는 것은 펠리체 바우어라는 여성과 두 번이나 약혼하였다가 파혼하였다는 점뿐이다.

이 펠리체를 시작으로 율리에 보리체크, 밀레나 옌스카 등 여러 명의 여성과 관계하였지만 누구와도 결혼까지는 이르지 못했다. 그의 서한집과 일기 등을 보면 글쓰기와 결혼하는 것을 둘러싼 내적 갈등의 심대함은 아버지와의 굴절된 관계와 함께 지속된 고통이었다는 것을 느낀다.

이 갈등으로 카프카는 1917년에 객혈을 하기에 이른다. 이후 폐병이 점차 진행되었고, 그 결과 1923년에 퇴직하지만, 그후 그는 마침내 프라하의 양친 집을 떠나 1923~24년의 겨울을 1차대전 후의 미증유의 인플레로 고통받고 있던 베를린에서 생애 최후의 반려자가 된 젊은 도라 디아만트와 자립적인 생활을 꾸려간다. 그러나 물자의 부족과 혹심한 추위 때문에 병세가 악화되어 베를린을 떠나 1924년 오스트리아의 클로스타노이부르크 근교의 세나토리움에서 후두로 결핵이 전이되어 물도 마시지 못하는 채 41세의 나이로 세상을 떠났다.

뒤에 카프카의 주요 문헌으로 간주되는 것 가운데 최초의 세 개는 장편 소설이다. 그것의 완성도는 매우 높은데, 모두 미완성이며 생전에 공표되지 않았지만 그의 사후에는 그때까지 발표되었던 몇 개의 단편을 제외하고는 모두 태워버리라는 유언을 남겼다. 그 유언에도 불구하고 카프카의 저작을 간행한 사람은 대학 시절부터의 친구인 작가 막스 브로트이다. 브로트는 편집인으로서 유고에 제멋대로 제목을 붙였고 자구들을 자의적으로 해석하였는데, 1982년 독일에서 간행되기 시작한 카프카 전집 개정판에 의해 그 폐해가 교정되었다.

카프카의 작품은 특히 이미지적 성격이 풍부하며 메타언어를 거의 사용하지 않고 심리적인 설명도 일체 없다. 모든 해석틀을 빠져나가는 그 모습은 『가장의 걱정』에 씌어진 저 '오드라데크' 그 자체 때문에 여러 비평가와 철학자들의 해석을 불러일으켰고, 그들의 비평의 발자취는 그때까지 20세기의 사상사를 재현할 수 있는 그런 양상을 띤다고 볼 수 있다.

또한 그 문체는 당시의 프라하 출신의 작가들에게 일반적으로 보이는 공허한 비유적 장식으로 가득찬 독일어와는 정반대의 매우 냉정하고 장식성이 없지만 조야하지 않은 독특한 것이었다.

독일에서는 이미 그가 죽은지 10년이 지난 후 그 풍부하고 구체적인 형상성 그 자체에 영향을 받은 벤야민의 몇 개의 카프카론이 씌어졌지만, 1933년 히틀러가 정권을 탈취하자 유태인 카프카의 작품은 분서의 대상이 된다. 이러한 시대에 카프카를 수용하였던 것은 독일에 점령당했던 프랑스인들이었다(이후 카프카의 독자로서 흥미있는 역할을 하였던 것은 프랑스인들이라고 생각된다). 30년대의 프랑스인들 중에서 제일 먼저 카프카에 흥미를 갖고 번역을 시작한 것은 초현실주의 계열의 사람들이었다. 어느 날 아침 불안한 꿈에서 깨어나자 커다란 독충으로 변신한 세일즈맨의 이야기를 쓴 카프카란 우선 무엇보다도 초현실주의적 작가로서 읽혀졌다.

해방 후 40년대에는 사르트르, 카뮈 등이 『성』에서는 거대한 관료기구, 『심판』에서는 우리가 이해할 수 없는 재판소와 싸우는 주인공 K 속에서 반항의 문학, 실존주의의 선구적인 모습을 보고 전세계에 일대 카프카 선풍을 일으켰다.

50년대, 60년대가 되자 실존주의적 사상의 선구자로서만 보는 것에 만족하지 않는 블랑쇼와 마르트 로베르 등에 의해 카프카의 작품은 우선 무엇보다도 문학으로서 간주되어 그 구조를 분석한다고 하는 구조주의적인 **내재 비평**이 행해지기 시작하였고, 70년대, 80년대가 되면 포스트구조주의라 할 수 있는, 예를 들어 들뢰즈, 가타리에 의한 포스트모던적 카프카 상이 나오게 된다.

이와 같이 이것으로부터 새로운 사상과 철학이 생겨나는 한 그 시금석으로서, 혹은 스스로의 사상의 방패막이로 카프카를 사용하는 것은 계속될 것이다.

이것은 근대 이후 문학의 의미가 퇴화하는 가운데 사상에서도 비평의 의미뿐만 아니라, 무엇보다도 문학이 문학으로서의 본래의 힘을 카프카의 이야기가 잉태하고 있는 것에 의해 존재하기 때문이라고 생각된다.

전후의 독일에서는 바겐바하에 의한 젊은 날의 전기 등에서 약간의 성과가 보여지지만 카프카는 아카데미즘의 연구 대상이 되지 못했고, H. 빈터로 대표되는 실증적, 문헌학적인 논문이 카프카의 주위에 쌓여지게 되었다.

한편 냉전 하의 소련과 동구 나라들에서는 루카치가 말하는 바의 부르주아 데카당스의 '거품' 으로서 카프카의 작품은 오랫동안 읽는 것이 금지되었다.

이와 같이 이른바 정치적인 발언이 표면상은 전혀 드러나지 않는 카프카의 작품은 매우 정치적으로 기능하였으며 정치적인 상황과 결부되어 읽혀지게 되었다. 덧붙여 이러한 카프카 문학의 정치성을 들뢰즈, 가타리는 1975년에 출판된 그들의 저서에서 소수자 문학으로 정식화하였다.

▣ 주요 저작

『심판』, 『성』(이상 여명출판사), 『아메리카』(세계문학사), 『집으로 가는 길』,(민음사), 『변신』

칸딘스키

Wassily Kandinsky(1866~1944)

모스크바에서 태어나 모스크바대학에서 법률학과 경제학을 공부하고 1896년 드루파트대학의 법률학 강사로 초빙되었으나 사퇴하고 같은 해 뮌헨으로 가 본격적으로 미술을 공부하기 시작한다. 예술 아카데미에서 프란츠 슈투크 밑에서 공부하였지만, 아카데미의 예술 교육을 받아들이지 않고 1901년 독립 미술가 집단 '팔랑스'를 결성하여 다음해 회장으로 취임하였다. 1909년 '뮌헨 신미술가 협회'의 설립과 함께 회장이 되었다. 1910년 처음으로 완전한 추상화를 발표한다. 추상도를 강화해가던 그의 작품은 아카데미파의 화가들뿐만 아니라, '신미술가 협회' 회원들도 이해할 수 없는 것이었기에 협회를 나온다. 같은 해 프란츠 마르크와 함께 전위 예술 잡지를 목표로 한 **'청기사'**(靑騎士) 편집부를 결성한다. 연간지인 이 잡지 자체는 한 번도 발간되지 않았지만, '청기사' 그룹은 독자적인 전람회 등을 개최하는 전위 예술의 거점이 되었다. 1차대전이 일어나자 모스크바로 가서 러시아혁명기 미술 교육에 기여하였고 러시아 예술 과학원을 창설하였다. 그러나 예술에 정치가 지나치게 개입하는 것을 혐오하여 1921년 다시 독일로 가서 그로피우스의 초빙으로 바우하우스의 교수가 된다. 1933년 나치에 의해 바우하우스가 폐쇄당할 때까지 창작과 교육 양면에서 독자적인 추상 예술을 전개하였다가 바우하우스 폐쇄 이후 나치를 피해 파리로 이주하여 1939년 프랑스 국적을 취득하였고 1944년 파리 교외에서 사망한다.

정신성의 표출로서의 예술을 추구한 칸딘스키의 창작의 원점은 학생 시절 모스크바에서 본 모네의 〈짚가리〉라는 그림과 바그너의 〈로엔그린〉의 상연, 그리고 민속학 연구차 방문한 러시아 농촌에서 본 민족 예술의 장식 모양의 색채가 빚어낸 신비적인 세계였다고 한다. 이때부터 "대상이 나를 방해한다.

언젠가 대상이 없는 그림, 나아가 장식에 빠지지 않는 그림을 그리고 싶다"고 느꼈다고 후일 그는 말하고 있다. 그에게 모네의 그림은 대상성에 속박되지 않은 색채의 독립성을, 바그너의 음악은 "대상 없이 말하는" 예술 표현의 가능성을, 또한 러시아 민족 예술은 신비적인 정신세계와 추상 표현의 관계를 가르쳐주었던 것이다. 아카데미를 떠나 독자의 창작 기법을 추구하기 시작한 1901년부터 아직은 비교적 추상적이지 않은 풍경화 분야에서 인상파의 기법에 몰두한다. 그러나 인상파의 기법에서 색채는 형식(Forum)에 대한 종속에서 완전히 벗어나고 있지 않다고 느꼈다. 이때 장식적인 템페라화 및 러시아의 동화와 전설을 제재로 하는 회화에 몰두하였던 것도 대상에 붙잡혀 있지 않은 색채 고유의 표현을 탐구하였기 때문이다. 이들 그림에서는 유겐트슈틸의 영향과 신인상주의의 점묘화법의 영향이 보이지만 이미 독자적인 색채가 나타나기 시작한다. 사실성으로부터 탈출하는 수법의 하나로 목판화에 몰두하는 것도 1910년까지의 모색기의 특색이다.

이 시기에는 색채론에 관한 고찰도 깊어지는데, 그것들은 그의 추상 예술론의 정수인 『예술에서 정신적인 것』(1910년)에 잘 정리되어 있다. 여기에서 칸딘스키는 현대를 물질주의의 지배로부터 '혼'이 다시 자각하기 시작한 시대라고 파악하고 물질주의적 합리성에 의한 외계 인식에 붙잡히지 않고 불안, 고뇌, 감격 등 현대인의 정신이 그대로 표출되는 회화의 방법을 추구하고 있다. 일반적으로 필연성이라 보여지는 과학적 합리성의 인식이 그에게는 '외적 우연성'에 불과하며, 역으로 정신의 비물질적인 상태가 **'내적 필연성'**이며 예술 창조의 원리로서 요청된다. 한때는 브라바츠키의 '신지학'(神智學)과 슈타이너의 '인지학'(人智學) 등 반합리주의의 조류에 강한 관심을 보이기도 했다. '내적 필연성'의 표출로서의 예술은 우선 자연의 위협, 불안을 합리적 사고로 극복하지 못했던 원시 시대의 예술과 공통점을 지닌다고 말할 수 있다. 여기에는 20세기 초 예술에서 추상화의 경향을 원시 예술과의 유사성에서 논한 보링거의 『추상과 감정 이입』(1908년)의 영향이 있다. 칸딘스키의 경우, 합리주의적 세계관에 대한 깊은 회의를 가지게 된 계기가 되었던 것은 물리학 분야에서 그때까지 세계를 구성하는 최종 단위였던 원자의 붕괴에 관한 이론이 발견되어 확실한 세계 인식의 기반이 동요한 경험과 "모든 가치의 전환"을 설파한 니체의 사상이었다. 비대상적인 예술의 이상을 음악에서 본 그는 작곡을 모델로 하여 추상 회화를 구성한다. 혼은 "많은 현을 가진 피아노", 색채는 "혼에 직접적인 영향을 주는 수단"이며 화가는 색채라는 건반을 사용하여 "합목적적으로 혼을 진동시키는 손"이다. 개개의 색채와 형태에 각각 고유한 내적 가치가 있으며, 그것에 기초한 **회화의 화성학**에 의해 대위법적 콤포지션이 가능하게 된다고 확신하고 있었다. 1910년부터 여러 차례 작성한 10 연작의 〈**콤포지션**〉은 제목으로 보면 우선 작곡 기법의 응용을 이야기하는데, 최후의 〈콤포지션〉(1939년)까지의 각각에서 칸딘스키의 발전단계를 추적할 수 있다. 〈콤포지션 7〉(1913년)은 완전히 대상성이 소멸한 최초의 작품이다. 또한 '청기사'에 발표한 무대 예술 작품 〈황색의 울림〉(1912년)은 예술의 요소들의 독립성을 충분히 발휘하면서 융합된 〈무대의 작곡〉이며 바그너의 〈미래의 예술〉을 염두에 둔 종합 예술의 시도이다.

1915~21년의 모스크바 시대에 '구성주의' 화가들을 알게 되어 추상적 표현주의로부터 기하학적 요소를 기조로 하는 **구체 예술**로 이행한다. 이 경향은 바우하우스 시대에 '데 스틸'의 도스부르크와의 만남에 의해 한층 강화된다. 그러나 기능주의, 응용 예술로의 경사를 강하게 띤 구성주의로부터는 거리를 유지하고 바우하우스의 구성원 중에서는 크레와 함께 표현주의의 흐름을 퍼뜨리는 데 일익을 담당하였다. 1925~28년의 '원의 시대'라 불리는 시기의 작품에서는 원에서 단순한 기하학 모양 이상의 '우주적 요소'를 읽어냈다는 점에서 『예술에서 정신적인 것』과 연관성이 보인다. 바우하우스에서 교육을 위해 쓴 『점, 선, 면』(1926년)은 기하학 모양과 내면적 생명성 사이의 결합을 강조하여 '구성주의'와 '데 스틸'을 수용하면서도 거리를 두는 자세를 보여준다.

칸딘스키는 창작 활동뿐만 아니라, 조형 예술가 중에서는 비교적 달변으로 예술론을 남겼다는 점에서 금세기 초의 아방가르드에서 예술에 관한 반성적 사고를 알게 해주는 증인이다.

▣ 주요 저작

『예술에서 정신적인 것에 대하여』, 『점, 선, 면』(이상 열화당), 『예술과 예술가』, 『칸딘스키의 회상』

케이지

John Cage(1912~92)

케이지는 1912년 로스엔젤리스의 발명가 집안에서 태어났다. 가족의 이사 때문에 갔던 산타모니카에서 처음으로 피아노를 배웠다. 로스엔젤리스의 고등학교를 우수한 성적으로 졸업하였지만 학업에 흥미를 잃고 1930년에 유럽으로 건너가 근대 회화, 근대 음악과 조우했다. 마죠르카를 방문했을 때 처음으로 작곡을 해보았다. 헨리 카웰의 추천을 받았고, 1934년 쉔베르크에게 배웠으며, 오스카 피싱거를 만나 영화 음악을 의뢰받아 그 영향으로 노이즈에 흥미를 느꼈다. 1937년 시애틀의 코니슈 스쿨에서 댄스 음악 강좌의 작곡가 겸 반주자로 일했다. 1942년 〈글래드 인 어스〉에서 매스 커닝햄과의 공동 작업을 시작하여, 뒤에 커닝햄의 댄스 컴퍼니의 음악 감독이 되었다. 1943년경 인도에 관심을 가지기 시작하여 1945년에는 콜롬비아대학에서 스즈키(鈴木大拙)의 강의를 들었다. 1948년 블랙 마운틴 컬리지에서 에릭 사티 페스티발을 개최하였다. 1949년 파리에서 피에르 블레즈와 만나 이질적인 것에 대한 관심으로 수 년 동안 빈번히 편지 연락을 한다. 1951년 『역경』(易經)에 흥미를 가졌으며, 우연성의 발상이 생겨 1952년 커닝햄, 디비드 츄드어, M. C. 리차드 등과 함께 최초의 '이벤트'를 연다. 같은 해 우드스톡에서 〈4분 33초〉를 초연한다. 1958년 다시 유럽으로 건너가 '과정으로서의 작곡'에 관한 세미나를 개최한다.

1960년 웨슬리언대학 연구센터의 교수가 되었으며, 자기 테이프와 라이브 엘렉트로닉스에 대해 관심을 가진다. 1962년 츄드어와 함께 처음으로 일본을 방문한다. 뉴욕 균류(菌類)학회를 창설하였다. 1964년 커닝햄 댄스 컴퍼니와 함께 세계 순회공연을 하였고 다시 일본을 방문한다. 이후 세계 각지를 제작, 초연, 순회공연, 페스티발을 위해 방문한다. 1967년 신시내티대학의 전속 작곡가가 된다. 컴퓨터를 사용한 〈HPSCHD〉에 착수한다. 1969년 캘리포니아대학 데이비스분교의 전속 예술가, 1970년에는 웨슬리안대학 연구센터 연구원이 된다. 1971년 렉처 퍼포먼스에 흥미를 가진다. 1978년 아메리카 예술과학 아카데미의 회원으로 선출된다. 1979년 파리 퐁피드센터의 음악 부문 IRCAM으로 일한다. 〈로아라트리오〉로 칼 스튜커상을 수상한다. 1986년 캘리포니아 예술학회로부터 '모든 예술의 명예 박사학위'를 받는다. 1989년 '교토상' 수상식에 출석한다. 1992년 뇌일혈로 뉴욕에서 사망한다.

케이지의 사상과 말은 다른 사람의 사상과 말의 **콜라쥬**로서 간주될 수 있다. 케이지 스스로 '장해 없는 상호 침투'라는 말을 되풀이하고 있으며, 그러한 사태가 '다수의 목소리의 **상호 침투**' 등으로 표현되기도 한다. 게다가 그것은 씌어진 텍스트로 남아 있지 않고 매스 커닝햄을 필두로 한 제작 현장에 있는 공동 작업의 존재에도 스며들어 있다.

그들의 공동 작업의 장은 커닝햄의 댄스 스튜디오이며, 블랙 마운틴 컬리지라는 미술 학교이며, 빈의 20세기 미술관 등 방법상으로 관습에 얽매이지 않는 장소였다. 그것들이 극장이라는 제도에 대한 안티테제가 되지 않았던 것은 케이지가 오페라 극장이라는 제도의 역사가 없는 아메리카라는 토지에서 태어났기 때문일 것이다. 유럽의 작곡가, 비평가들은 액션을 수반한 작품과 이벤트는 오페라 몰락 후의 새로운 음악극의 가능성을 보여주는 것은 아닐까라고 생각한다. 그러나 케이지가 "여기서부터 우리는 어디로 향하고 있는가? 연극의 방향으로. 이 예술은 음악 이상의 것에 가깝다. 우리는 귀만이 아니라 눈도 가지고 있으며 살아있는 한 그것을 사용하는 것은 우리의 임무이다"라고 할 때 **믹스트미디어** 작품에 대한 희구를 가지고 있으면서도, 연극은 사람이 존재하는 곳에서 발생하며 그것이 생명이라는 의미에서의 아르토의 영향도 빠뜨릴 수 없다. 오페라의 장래라는 생각은 무엇보다 케이지에게는 인연이 없었다. 유럽의 작곡가 가운데 그러한 자세를 공유하고 있는 사람은 그리스의 작곡가 죠르쥬 아펠기스 등을 거론할 수 있을 것이다.

커닝햄과의 공동 작업 이전에 시네아스트, 오스카 피싱거의 영화 제작에 참가한 것도 무시할 수 없다. 당시 리듬 구조에 강한 느낌을 가졌던 케이지에게 그의 "세계의 모든 것에는 그 자신의 정신이 깃들어 있다. 물을 진동시키는 것에서 이 정신은 귀에 들리게 된다"라는 사상은 커다란 영향을 미쳤으며,

음을 어떤 특권적인 작자의 지배 하에 있는 자세를 강화시켰다. 이후 케이지는 타악기, 프리페어드 피아노, 일상음(《4분 33초》), 필림과 마임을 수반하는 음과 재즈 등(블랙 마운틴 컬리지의 이벤트)으로부터 음의 정신을 얻으며 오페라의 다양한 장면의 콜라쥬인 〈유러페아 Ⅰ & Ⅱ〉(1987년)에서는 그 영역을 유럽의 역사를 배경으로 한 오페라의 레퍼토리까지 그 영역을 넓혀갔다.

케이지의 "작곡은 하나의 것, 연주는 또다른 하나의 것, 듣는 것은 제3의 것"이라는 말은 작곡, 연주, 청취 사이에 위계가 없으며 각각이 음의 존재이며 그것 각각에서 음이 **존재할 수 있는 것**으로 파악할 수 있을 것이다. 음의 정신을 얻는다는 것은, 말을 바꾸어 말하면 '듣는다'는 것이다. 의식적으로 대상을 준별할 수 없는 이 '듣는다'는 행위는 케이지에서는 주체의 능동적인 행위로서 간주할 수 없는 넓이를 보여주며, "누구도 아니며 누구이기도 한 인간이 음에 반응하며 음과 함께 음 가운데 있는 것에 반응한다"라는 사태를 불러일으킨다. 케이지는 〈4분 33초〉에 대해 "어떤 작품은 어떤 사람들이 함께 있을 것을 요구한다"라고 말했다. 다수의 목소리뿐만 아니라, 다수의 **신체**의 상호 침투의 문제에 대해서도 케이지에 의해 열려진 지평의 중요성을 지적할 수 있을 것이다.

케인즈

John Maynard Keynes(1883~1946)

케인즈는 1883년 6월 5일 영국의 케임브리지에서 태어났다. 케임브리지대학 킹스 컬리지에서 수학을 공부하였지만, 학생 시절부터 수학 이외의 분야에서의 활동(정치 문제의 토론, 문학과 철학에 대한 관심, 그리고 전통있는 케임브리지대학의 비밀 학생단체인 '더 소사이어티' 에서의 활동)에 열심이었고, 이것은 후일 정치평론가, 철학자, 그리고 경제학자로서의 케인즈의 사상 형성에 커다란 영향을 미쳤다. 특히 '더 소사이어티' 의 회원들을 매료시킨 G. E. 무어의 『윤리학 원리』(1903년)로부터는 첫째로 선(善)이란 정의할 수 없는 것이라는 점, 둘째로 전체는 부분의 단순한 합이 아니라는 것을 배웠는데, 전자는 확률이란 직관적으로 이해되는 개념이며 정의를 필요로 하지 않는다는 그의 『확률론』(1921년)의 주장에, 후자는 경제학에 **케인즈혁명**을 불러일으킨 『고용, 이자, 화폐의 일반이론』(1936년)에서 신고전파 경제학의 방법론적 개인주의 비판에 연결되어 있다.

케임브리지대학을 졸업한 후 잠깐 인도성에서 근무하였지만, 얼마 후 케임브리지에서 연구 활동을 하기 위해 사표를 내었다.

제1차 세계대전 발발 후 재무성에서 국제금융 문제를 담당하였는데, 그 사이 빨리 승진하여 파리 평화회의에는 재무성 수석 대표로 참가하기에 이르렀다. 그러나 독일에 대해 가혹한 배상을 부과하는 조약안에 불만을 품고 중도에 그 자리를 버린 것은 유명한 일화이다. 그 직후 파리 평화조약을 통렬히 비판한 『평화의 경제적 귀결』(1919년)로 유럽 평단에 데뷔하였다.

케인즈는 이렇게 보면 단순히 아카데믹한 경제학자가 아니라 실제로 많은 실천적 활동에 연계되어 있는 인물이었다. 예를 들어 내셔널 상호생명 보험회사의 회장 역할, 자유당의 주간 기관지 『네이션』의 조사역 회장의 역할, 세계적인 경제 전문지 『이코노믹 저널』의 편집자로서의 역할 등등. 그럼에도 불구하고 그가 20세기 최대의 경제학자로서 평가받는 것은 『일반이론』에서 1930년대의 세계적인 대불황을 이론적으로 해명하고 그것에 대한 유효한 대책을 제시하였기 때문이다. 실업은, 실질임금률이 노동에 대한 수요와 공급이 일치하는 수준보다 높은 경우에 발생하지 않고 **유효수요**(외국무역과 정부의 활동이 사상된 폐쇄 체계에서는 투자수요와 소비수요로 구성된다)가 부족한 경우에 발생한다는 그의 주장은 케인즈혁명이라 불릴 정도로 큰 충격을 학계에 던졌지만, 그가 거기에서 자리를 차지하기까지는 그가 후일 말했듯이 우여곡절이 적지 않았다.

제2차 세계대전의 발발은 케인즈를 다시 실천 활동(전시 하의 인플레 대책, 전시 대외금융 문제, 그리고 전후를 겨냥한 국제금융 제도개혁에 대한 계획)으로 이끌었는데, 그 중에서 『전비 조달론』(1940년)에서 제시한 '강제 저축' 안과 '국제 청산 동맹' 안(1943년) 두 가지가 특히 가치 있는 작업이다. 그러나 과로로 인해 그는 심장 발작을 일으키게 되었고, 1946년 4월 21일 사망하였다.

경제학자로서의 케인즈는 A. 마샬의 『경제학 원리』(1890년)로 대표되는 정통파의 충실한 사도로 출발하였다. 일찍부터 화폐경제학 분야에 관심을 가지고 있던 케인즈는 마샬의 **케임브리지 현금 잔고 방정식**형의 화폐 수량설을 발전시킨 『화폐 개혁론』(1923년)을 저술하였다. 그 저서에서 케인즈의 견해는 화폐 수량의 증가가 실제 물가의 증가에 연계되어 있다는 정도로 소박한 것은 아니었지만, 장기적 명제로서는 화폐 수량설을 승인했다고 해도 좋을 것이다. 그러나 D. H. 로버트슨의 『은행 정책과 가격 수준』(1926년)의 사고방식을 받아들여 다음으로 『화폐론』(1930년)을 저술하였다. 그 사고방식이란 저축을 넘어서는 투자가 가격 수준을 끌어올리며 그것이 다음으로 산출량을 변화시킨다는 것인데, 그것을 명확하게 제시하기 위해 고안한 것이 『화폐론』의 **기본 방정식**이다. 그러나 그 저서를 상세하게 검토한 케임브리지의 경제학자들로부터 투자와 저축의 관계로부터 가격 수준의 변화를 설명할 때 '산출량이 일정하다고' 가정하고 있는 것은 아닌가라는 중대한 의문을 제시받았다. 결국 그 비판에 답하기 위해서는 산출량 결정의 이론을 제시해야만 했는데, 그 과제를 해결한 것이 바로 『일반이론』이라 할 수 있다.

『일반이론』의 체계는 **승수 이론**과 **유동성 선호설**이라는 두 개의 지주를 가지고 있다. 전자는 투자가 그것에 대등한 수준의 저축을 산출하는 곳에서 산출량(또는 국민소득)을 결정한다는 것, 후자는 이자율은 유동성의 수요와 공급이 동일하게 되는 곳에서 결정된다는 것을 주장하는 것인데, 그때 케인즈가 **단기간을 상정**(인구, 기술, 자본설비는 주어진 것)하는 것에 주의해야 한다. 그렇지만 『일반이론』의 해석으로서는 승수 이론과 유동성 선호설을 통일적으로 파악한 J. 힉스의 IS/LM(거기에서는 IS곡선과 LM곡선의 교차점에서 이자율과 국민소득이 동시에 결정된다고 주장된다)이 표준적인 것이지만, 그것에 대해서 케인즈는 "(원인으로부터 결과로의) **인과 순서의 명확한 모형**"의 모델을 제시한 것이라는 L. 바시네티의 반론이 있다.

단기간을 상정하는 데 만족하지 않고 후일 케인지언들은 케인즈 이론의 장기화라는 과제에 도전하지만, 그러나 최근에는 그 전제인 '장기' 적인 함의(여기에서 장기란 지속적인 힘들이 작용하고 있는 상태를 말한다)에 주목하는 **포스트케인즈 학파**(J. 이트웰과 M. 밀게이트)의 새로운 해석도 제시되었다. 『일반이론』은 간행된 지 벌써 60년이 다 되어가지만 지금까지 그것을 둘러싼 논쟁이 끊이지 않고 있다는 점에서 케인즈의 심오함을 잘 알 수 있지 않을까?

▣ 주요 저작

『화폐 개혁론』, 『화폐론』, 『고용, 이자, 화폐의 일반이론』(이상 비봉출판사)

코제브

Alexandre Kojève(1902～68)

러시아 출신의 프랑스 철학자. 모스크바의 부유한 집안에서 태어나 1917년 러시아혁명 때까지 러시아에서 소년 시절을 보냈다. 코제브의 가계는 과거에 걸출한 사상가와 문인을 여러 명 배출했다. 러시아혁명 중에 투옥된 경험도 있다(부르주아지는 암거래가 아니면 식량을 구할 수 없었다). 친구와 함께 러시아를 탈출하여 폴란드를 거쳐 독일로 갔으며 독일의 여러 대학에서 철학을 공부했다. 독일에서의 연구 테마는 솔로브예프의 사상이었다. 1928년에 프랑스로 이주하여 1933년부터 39년까지 파리의 고등연구원에서 헤겔의 『정신현상학』에 대해 강의했다. 제2차 세계대전 이후 유럽 공동체의 고급 관리가 되어 브뤼셀에서 일했다. 1968년에 거기서 죽었다. 이 사이 미국과 일본을 방문하여 세계의 일본화를 예언하였다.

20년대 전반에 코제브는 **'비-실재'**(In-Existant)의 철학을 구상하였다. 이것은 불교에서 시사받은 '무의 철학'에 가까운 것으로, 사실 그는 불교에 강한 관심을 가졌고 그것을 연구하기 위한 도구로 중국어와 일본어를 공부하기까지 했다. '비-실재'의 철학적 체계를 구상하는 도중에 헤겔 철학과 만난다. 헤겔과의 만남으로 비-실재의 철학은 변경되어 오로지 헤겔 철학에 내재하는 가능성을 끌어내는 독해에 열중하게 된다. 다른 한편으로 그는 20년대 말부터 30년대 전반에 20세기의 물리학혁명을 연구하였고, 코이레의 자극도 받아 자연과학의 인식론적 고찰을 시도하였다(『고전 물리학과 현대 물리학에서 결정론의 이념』, 1932년 ; 『불연속 세계의 문제』, 1929년).

물리학의 인식론적 연구를 기초로 하여 그 자신의 독자적인 철학 체계의 이념이 탄생하였다. 그의 말에 따르면, 그것이 **에네르골로지**이다. 그렇지만 그가 헤겔 철학과 만났을 때는 이미 그 자신의 독자적인 에네르골로지론이 형성되어 있었으며, 고등연구원에서의 헤겔 강의는 그의 에네르골로지론으로부터의 헤겔 독해라고 말할 수 있다. 코제브의 헤겔론은 자주 하이퍼 헤겔주의라고 말해지지만, 오히려 에네르골로지에 의한 헤겔 철학의 개작이라고 말하는 것이 나을 것이다.

『헤겔 독해 입문』. 이것은 1933~39년에 행했던 헤겔 강의록을 제자인 레이몽 케노가 정리하여 출판한 것이다(초판 47년, 제2판 68년). 고등연구원에서의 코제브의 강의에는 전후 프랑스를 대표하는 지식인들이 참가하였을 뿐만 아니라 커다란 영향을 받았다(유명 인사만 거론해도 케노, 코르벵, 페사르, 바타이유, 라캉, 클로소프스키, 베이유, 귀르비치, 메를로-퐁티, 데장티). 소설가 케노의 작품은 코제브 철학의 문학판이라 할 수 있으며, 특히 바타이유와 라캉은 일생 코제브주의자였다. 전후의 라캉과 바타이유의 작업은 코제브의 존재 없이는 말할 수 없다. 또한 책으로 편찬된 강의록은 60년대 말까지 이폴리트의 연구서와 함께 프랑스의 헤겔 연구를 주도하였다. 코제브가 죽고 난 후 구조주의와 포스트구조주의의 시대에는 코제브=헤겔적 체계주의가 비판받아, 그는 이른바 망각된 철학자가 된다. 그러나 이러한 움직임은 『헤겔 독해 입문』만으로 코제브를 판단하는 것이기 때문에 일면적이다.

헤겔론의 주요 명제. (1)인간과 동물의 단절. 인간은 자연에 대한 노동과 승인을 구하는 투쟁에 의해 인간으로 생성된다. (2)완전한 자기 의식으로서의 절대지. 절대지는 인간에 관계된 모든 질문에 이성적으로 답할 수 있는 지혜이다. (3)역사의 종언. 절대지 및 지혜와 함께 부정할 수 없는 것이 되며 노동과 투쟁의 인간 형성의 역사는 종료한다. 포스트 역사의 세계란 만인이 현자로서 행동하는 유일한 보편 국가이다.

노동과 투쟁의 역사가 끝나고 철학사가 헤겔 철학을 가지고 완료된 것으로 본다면 남는 작업은 지적으로는 헤겔 철학의 구상을 반복하는 것이고 실천적으로는 현자로서 보편 국가를 만드는 것이다(코제브는 EC공동체를 보편 국가를 목표로 하는 도구로 보았다). 그러나 현실의 역사는 미국에서 동물 상태를 만들어내었다고 본 코제브는 『헤겔 독해 입문』의 테제에 일정한 수정을 가할 수밖에 없게 된다. 포스트 역사의 인류는 동물로 회귀하는 것이 아닌가라는 의심을 제거하기 위해 형식에 의한 인간적 삶의 보존을 일본 문화 속에서 발견하려 한다. 여기에서부터 '세계의 일본화'라는 테제가 나온다. 그럼에도 문제는 포스트 역사에서 현자의 삶의 방식의 조건을 드러내는 것이지만, 이것은 아직까지 해결되지 않은 문제로 남아 있다.

『법의 현상학』(원고의 완성은 1943년, 출판은 1981년). 『헤겔 독해 입문』 속에서 코제브는 자기의 역사철학과 법철학의 구상을 약간이나마 제시하였다. (1) 노동과 투쟁에 의한 **인간의 형성**, 즉 역사. (2)노동과 투쟁의 종언에 의한 **역사의 종언**. 역사가 끝난 후의 인간 세계는 어떻게 될 것인가? 이 포스트 역사의 세계를 묘사한 것이 이 책이다. 그것은 **유일한 보편적 · 등질적 국가**에서의 **법과 정의**의 이론이다. 이것은 헤겔의 『법철학』 마지막 절에 입각한 일종의 속편이라고도 할 수 있는 세계 국가의 법철학적 기술이다. 20세기의 기념비적 작품이라고 말할 수 있는 노작이다.

『그리스 철학사』(제1권 68년, 제2권 72년, 제3권 73년 간행). **『칸트』**(72년 간행), **『개념, 시간, 담론』**(90년 간행). 이것들은 『헤겔 독해 입문』에서 개시한 헤겔 체계의 개작과 헤겔적 체계 이념에 기초한 철학사의 재기술이다. 그것은 동시에 코제브의 에네르골로지의 전면적인 전개이다.

코제브의 작업은 헤겔 주해와 해석(독창적인 것이라고도 폭력적인 것이라고도 말할 수 있다)에 그치지 않는 독자적인 존재론(에네르골로지)의 구상이었다. 그 구상은 서구 철학의 가장 근저에 있는 반복(재기술의 형태를 취한다)의 기도이다. 그것은 하이데거적인 반복과는 다른 독자적인 반복이며, 양자의 공통성과 차이를 음미하는 것은 이후 흥미있는 과제가 될 것이다. 그는 결코 망각되어서는 안되는 사상가이다.

실제 코제브의 전체 작업은 아직 활자화되지 않고 있다. 숙부 바실리 칸딘스키와의 왕복 서한 및 다른 사람들과의 왕복 서한은 아직 발표되지 않았으며 그의 철학적 텍스트도 원고 상태로 잠자고 있다. 이 모든 것들이 출판되지 않는다면 코제브의 진수를 맛보기는 어려울 것이다. 그런 의미에서 그는 이후 다시금 부활할 사상가이다.

■ 주요 저작

『역사와 현실의 변증법』(한벗)

쿤

Thomas Samuel Kuhn(1922~)

패러다임론으로 유명한 쿤은 1922년 7월 미국의 오하이오주의 신시네티에서 토목 기사의 아들로 태어났다. 1943년 하버드대학에서 물리학을 전공하여 최우등으로 졸업한 후, 전시에는 연구 개발국 실험소의 연구 조수로 일했으며 전후 하버드로 돌아가 물성론(物性論)으로 박사학위를 취득하였다. 그 사이 1948년부터 3년간 장래가 촉망되는 우수한 젊은 연구자로, 인접 영역에 대한 관심의 발전 등 자유로운 연구의 기회를 부여받는 쥬니어 펠로우로 선발되었다. 1951년부터는 같은 대학의 일반 교양과 과학사 담당 강사, 조교수가 되었고 1956년 캘리포니아대학 버클리분교로 옮겨 과학사 조교수부터 부교수를 거쳐 교수로 승진하였다. 1964년부터는 프린스턴대학 교수, 1979년 이후에는 매사츄세스공과대학(MIT) 교수가 되어 정년(70세) 직전에 퇴직하였다. 그 사이 1982년에는 과학사 분야에서 서튼상을, 또한 과학의 사회적 연구학회로부터 다음해 버날상을 수상하였다.

이와 같이 물리학자로서의 훈련을 받았던 그가 과학사가로 바뀐 것은 당시 하버드대학 총장 제임스 B. 코넌트의 영향이 컸다. 코넌트는 실험과학의 사례 연구를 통해 과학사를 가르쳤으며 책을 간행하는 프로그램을 동료 화학교수 낫슈와 함께 하버드에서 시작하였는데, 여기에 쿤이 참가할 것을 요청하였던 것이다. 이 과학사와의 만남의 성과는 1957년 『코페르니쿠스혁명』의 간행으로 나타났다.

『과학혁명의 구조』가 시카고대학 출판부의 통일 과학자 총서로 세상에 나온 것은 1962년이었다. 거기에서 **패러다임**은 "일반에게 인정된 과학사 업적에서 일정 시기 전문가에 대해 질문하는 방법과 대답하는 방법의 모델을 부여하는 것" 혹은 "일련의 과학 연구의 전통을 만든 모델이 되는 것"이라고 설명되어 있다. 패러다임은 사물을 보는 방법이라고 생각되지만 그러한 관념적인 것에 한정되지 않고 실험 장치도 포함하는 과학 연구상의 문제설정과 해법의 표준적인 실례로, 과학자는 이것을 모델로 하여 그것과의 유추 속에서 새로운 문제를 취급하는 것이다. 그러한 패러다임을 공유한 과학자 집단이 "일정한 과거의 과학적 업적을 받아들여 그것을 기초로 하여 진행시킨 연구"를 정상 과학(normal science)이라 불렀다. 정상 과학 안에서는 이렇게 결정된 절차에 따라 문제의 해답을 찾게 되며, 이것을 쿤은 "수수께끼 풀기"라고 부른다. 정상 과학의 진전과 함께 패러다임에 반드시 합치하지 않는 변칙 사상(anomaly)이 출현하며 이것이 빈번하게 인정되게 되면 위기 상황이 된다. 이 위기에 대한 반응을 통해 낡은 패러다임과 양립할 수 없는 새로운 패러다임이 제기되고 이것이 정상 과학이 되어 연구가 이루어지게 된다. 이 패러다임 전환이 **과학혁명**이었던 것이다. 그러나 과학혁명을 초래한 과학자란 패러다임을 공유하여 정상 과학을 일상적으로 수행한다는 점에서는 전통 보지자이며, 동시에 이 전통을 타파하고 새로운 패러다임을 제창한다는 의미에서 전통의 파괴자라는 양면성을 가지는 이 역설적 관계조차 그가 **본질적 긴장**이라 불렀던 것이었다.

이와 같은 쿤의 과학혁명론은 패러다임의 수용→정상 과학→위기→과학혁명→새로운 패러다임의 수용→정상 과학이라는 패러다임의 혁명적 전환으로 과학사를 파악하는 능동적 과학사관이다. 그것은 궁극적 진리를 설정하고 실험과 관찰에 의해 발견된 사실의 누적과 엄밀한 과학적 방법을 적용하여 진리를 향해 점진적으로 접근한다는 전통적 과학사관에 대한 비판이었다. 이것은 과학적 지식이 누적적인 것이라는 과학의 진보사관에 대한 비판으로, 그후의 과학사 연구에 커다란 영향을 미쳤다.

쿤의 패러다임론은 주로 철학자들로부터 비판을 받았으며, 70년대에 들어와 활발해진 논쟁을 통해 정치학과 사회학 등의 분야로 확대되어 이용되었다. 또한 본래의 과학사의 문맥에서 벗어나 크게 유행하였다.

비판의 하나는 패러다임 개념의 다의성에 있었다. 어떤 연구자는 쿤은 21종의 다른 의미로 이 말을 사용한다고 지적하였고, 또 패러다임과 정상 과학은 순환적으로 정의되고 있다고 비판하였다. 이에 대해 쿤은 제2판에 추가한 「보유」(1969년)에서 패러다임을 전문 모형(disciplinary matrix)이라고 재정의

하였지만, 거기에서도 중심적 요소가 되고 있는 것은 표준례라고 부른 앞서의 모델의 역할이다. 또한 낡은 패러다임을 대신하는 새로운 패러다임의 채용을 종교적인 개종에 비교하여 그 패러다임 전환에서 과학자는 수학적 정식화가 보다 간결하게 될 수 있는 심미적 감각에 따른다고 주장하여 과학의 합리적 기준과 절차를 신봉하는 사람들로부터 심리주의이거나 비합리주의라는 비판을 받았다.

오늘날 하나의 중요한 논쟁점은 이른바 **공약 불가능성**(共約不可能性)이다. 쿤에 따르면, 신구 패러다임 사이에는 그 우열을 비교할 수 있는 공통의 척도가 존재하지 않으며, 새로운 패러다임 아래에서는 "낡은 용어, 개념, 실험은 새로운 관계를 가지고 결합하게 되기" 때문에 패러다임 상호간의 이른바 번역은 불가능하다는 것이다. 그러한 이 비교 및 양립 불가능성은 곧바로 이해불가능성을 말하는 것이 아니라는 점에 유의해야 한다. 이것들을 등치하게 되면 각각 다른 패러다임의 동정(同定, identify)에 불과한 것이 되기 때문이다.

쿤 자신은 젊었을 때부터 역사보다는 철학에 관심이 있었고 또 거기로 회귀하고 있는 1992년의 하버드에서의 로스차일드 강연에서도 술회하고 있지만, 철학자로부터 그의 주장은 조잡하고 소박하다는 평가를 받고 있다. 그러나 그가 제기한, 패러다임을 공유하는 과학자 집단 또는 **과학자 공동체**라는 개념은 과학자의 활동의 사회적 차원에 대한 분석이라는 새로운 연구의 지평을 열었다. 그로부터 R. K. 머튼으로 대표되는 연구방법과 달리, 과학자의 행동을 문맥의 중심으로 재구성하는 수법 등을 사용하는 과학사회학이라는 연구분야가 정착되었다. 난점에도 불구하고 누적적 · 직선적인 과학의 진보사관을 타파하고 과학사회학의 출현을 자극한 패러다임론은 패러다임이라는 말의 광범위한 유행을 넘어서 학문사에 커다란 흔적을 남기고 있다.

▣ 주요 저작

『과학혁명의 구조』(동아출판사)

크리스테바

Julia Kristeva(1941～)

1941년 불가리아의 소피아에서 태어났다. 1966년 파리로 유학하여 골드만, 바르트, 벤베니스트, 라캉 등에게서 배웠다. 『텔 켈』(*Tel Quel*) 그룹의 총수 필립 솔레스와 결혼하여 그 그룹의 일원으로 활동하였다. 60년대 후반부터 문필 활동을 계속하고 있는데, 그 분야는 언어학 · 기호론 · 정신분석학 · 종교론 · 여성론 등에 걸쳐 있다. 『텔 켈』지 폐간 후에는 『엥피니』(*Infini*)지에 가담하였다. 국립 과학 연구소 연구원을 거쳐 현재 파리 제7대학 교수이자 정신분석의사이다.

크리스테바의 출발점이 된 저작 『세메이오티케, 기호 분석을 위한 탐구』(1969년) 및 동시기의 『텍스트로서의 소설』(1970년 간행, 집필은 66～67년)은 서구적 로고스를, 구조주의의 그것도 포함하여 근본적으로 의문시한다는 60년대 이후의 프랑스의 사상적 조류 속에 위치하며 기호론 분야에서 새로운 지평을 개척한 것이었다. '구조'는 실제 항상 외부로 열려져 있으며 구조 속에는 이질적인 '타자'가 물질성으로서 항상 침입하여 관통하고 있음에도 불구하고, 구조가 정태적인 폐쇄된 영역으로 가정될 수 있는 것은 외부로의 개방이 간과되어 은폐될 수 있기 때문이라는 인식에 입각하여 포스트구조주의라고 부를 수 있는 그의 기호론은 기호의 구조를 성립시키면서도 구조의 외부에 '타자'로서 머무르고 있는 물질적 이질성의 움직임을 파악하는 새로운 이론 구축을 겨냥하고 있다.

의미 생산에 의해 생긴 생산물이며 의미 생산의 일시적 정체 국면인 기호＝의미＝의미작용만을 대상으로 할 수 있었던 그때까지의 언어학과 기호론의 한계를 파악하고 그것을 넘어서기 위해 기호론은 의미가 산출되는 생산의 장의 동태 그 자체를 대상으로 하는 새로운 기호론으로 해체 · 구축되어야만 한다고 선언하는 『세메이오티케』는 **의미 생성**이라는 중심 개념을 사용하여 문제설정을 하면서 의미 생성의 과정을 분석하는 기호론의 방법으로서 기호분석학을 제기하였다.

언어 활동에서 이질적 타자를 파악하기 위한 '텍스트' 라는 장의 의미 생성의 분석이 목표가 되었지만, 그때 참조한 선행 업적은 헤겔의 '부정성', 벤베니스트의 '담론', 바흐친의 '대화 이론', 소쉬르의 '애너그램'(anagram) 등의 이론이며, 특히 프로이트의 정신분석 이론이다. 대화 이론에 기초하여 이론화된 **상호 텍스트성** 개념에 의하면, 텍스트는 읽는 방법과 다른 텍스트와 다른 기호 체계 및 문화와, 요컨대 항상 '타자' 와 대화를 나누고 있는 것이다. 폐쇄적 구조로서의 텍스트 개념은 파기되고 텍스트는 역사와 타자성에 관통된 다성성(多聲性)으로서 나타난다.

또한 애너그램 이론에서 보여지는 바와 같이, 말의 선상 연쇄에 따르는 일의적 의미작용과는 다른 면에서 전개되는 다의적 의미 생성에 착목함으로써 텍스트의 다성성은 **페노-텍스트**(현상으로서의 텍스트)와 **제노-텍스트**(생성으로서의 텍스트)의 다층성으로서 고찰되기에 이른다. 전자는 시니피에의 교환(커뮤니케이션)을 보증하는 구조로서의 텍스트로 종래의 기호론의 대상이 되었던 것이며, 후자는 시니피앙이 의미를 생산하는 운동태로서의 텍스트로 거기에서는 주체의 정립 이전의 무의식의 욕동(慾動)이 움직이고 있다. 신체적인 활동의 물질적 이질성에 들어가 있는 텍스트라는 개념은 기호론을 정신분석 이론에 직결시키게 하였다.

이러한 이론 전개를 수용한 후인 70년대의 크리스테바의 기호론은 정신분석 이론으로 강하게 기울어지면서 『시적 언어의 혁명』(1974년)과 『폴리로그』(1977년) 등으로 결실을 맺었다. 의미 생성의 과정은 르 상볼리크(기호상징론)와 르 세미오티크(전기호태)라는 두 양태의 이질적 접합으로 파악되고 있다. 전자는 욕동의 억압에 의해 성립하는 기호와 통사적 규범의 차원, 상징 질서와 문화의 영역이다. 라캉의 '상징계' 에 해당하는 이 차원에서 상정되어 있는 주체는 홋설적인 초월론적 자아가 된다. 후자는 전자의 성립을 준비함과 동시에 그것에 의해 억압되는 욕동과 그 비의미론적 분절의 영역이며, 라캉의 '현실계' 에 거의 상당하는 전오디디푸스적 양태를 가리킨다. 내/외, 자/타의 분리 이전의 상태에 있는 욕동의 소통과 정체의 리듬에 따라 일시적 분절을 반복하는 모자 일체적인 이 장은 플라톤의 『티마이오스』에 따라 **코라**

(chora)라고 말해지며 모성 내지 여성의 모습으로 파악되고 있다.

이 두 가지 양태에 걸쳐 있는 의미 생성 과정에서 추진력으로서 움직이는 원리는 반복하는 분리로서의 욕동의 부정성이다. 프로이트의 죽음의 욕망 이론에 기초하여 가정되고 있으며 망각이라 불리는 이 부정성은 자/타를 분리하여 주체의 정립을 향하며, 또한 대상을 기호로서 정착하는 것을 가능하게 하여 르 상볼리크의 성립에 불가결한 계기가 되는 동시에 오이디푸스기의 거세 위협에 의해 그려진 정립 단계에서의 억압에 의해서도 전적으로 폐기될 수 없는 반복적 회귀이며 일단 성립한 르 상볼리크를 공격하여 이전으로 돌려주려는 것이다. 결국 의미 생성의 무한의 갱신 가능성을 보증하고 있다. 망각은 뒤에 『공포의 권력』에서 **아브젝시옹**(abjection)으로 이론화되기에 이른다.

의미 생성 과정에 위치하는 주체는 초월론적 자아에 있을 수 없으며 의식/무의식의 분할을 수행하며 욕동의 부정성을 관통하는 **과정에 있는(중재되는) 주체**라고 할 수 있으며 시적 언어가 그 실천형태가 된다. 어쨌든 성립한 정립적 의식이 조작하는 의미작용과 논리적 판단에서 억압의 굴레를 넘어서 관통하는 세미오테크한 기저가 가장 현저하게 나타나는 것이 시적 언어이다. 이것에서는 논리성의 최대의 보증인 통사 구조가 변형을 일으키며 단일 논리의 이론은 기각에 의한 여러 번의 절단에 의해 음과 리듬과 인토네이션의 항목이 세분화=무한화되어 **다수의 로고스**로 분쇄된다. 르 상볼리크의 규범의 파괴인 이 **폴리로고스**는 논리 이전 내지 이후의 신체성의 로고스이며 근친상간의 금지를 침범하여 전오이디푸스기를 되찾으려 하는 유아 언어와도 같은 쾌락의 로고스이다. 그것은 동시에 권력의 분쇄=다수화를 의미하며 사회성의 갱신을 함의하고 있다.

80년대 이후 전오이디푸스기에 초점을 맞춘 정신분석 이론의 구축이 시도되었으며 **아브젝시옹**, **상상적 아버지** 등의 개념이 제기되었는데, 이것은 의미 생성 과정으로서의 '상상계'에서의 기호의 존재형태의 변경을 탐구하려는 것이다.

▣ 주요 저작

『사랑의 역사』, 『언어, 그 미지의 것』, 『사랑이 시작되었을 때』,(이상 민음사), 『사무라이』(솔), 『세메이오티케 1, 2』

파노프스키

Erwin Panofsky(1892 ~ 1968)

파노프스키는 1892년에 하노바에서 태어났다. 프라이부르크대학에서 독일 르네상스 화가 뒤러의 예술 이론을 다룬 논문으로 1914년 박사학위를 받았다. 1912년에 파노프스키는 신설된 함부르크대학에 강사로 초빙되었고, 1926년에는 미술사 정교수로 취임하였다. 함부르크에는 바르부르크가 창설한 문고(현재 런던대학 부속 워버크연구소의 전신)가 있었고 바르부르크, 철학자 카시러 등 이 문고의 활동에 참가한 연구자들로부터 파노프스키는 커다란 자극을 받았다. 유태인이었던 파노프스키는 나치 정권의 탄생과 함께 1933년 교수직에서 해임되어 이미 1931년부터 교편을 잡고 있던 미국으로 옮겨갔다. 1935년부터 1962년까지 프린스턴대학 고등연구소 교수로 일했다.

파노프스키는 젊었을 때부터 이론의 고찰을 중시하고 학문의 체계화를 목표로 하였으며 방법론에 강한 관심을 보였다. 칸트, 그리고 오스트리아 미술사가 리구르의 **예술 의지**의 사상에 자극을 받은 파노프스키는 1920년의 논고에서 '예술 의지'를 '예술 작품에 들어 있는 내적인 의미'로 보면서 '예술 의지'를 파악하는 것, 그리고 예술 작품의 내적인 의미를 측정할 수 있는 선천적인 기초 개념을 창조하는 것을 예술학의 과제로 간주하였다. 1925년의 논고에서 그는 이 기초 개념들을 체계화하였으며, '예술 의지'의 인식으로 나아가는 것, 즉 미술사는 '해석적' 고찰법을 견지해야 한다고 주장한다. 이론적 · '해석적' 고찰에 의해 하나의 예술가의, 혹은 하나의 역사상의 시대의 근본적인 예술 문제에 대한 항상적인 태도를 견지할 수 있게 된다. 거기에서 '예술 의지'는 드러난다. 이러한 고찰은 파노프스키에게 일정한 문화에서 예술과 예술 이외의 문화 현상의 '내적인 의미'의 공통성으로 시야를 확장시킬 수 있도록 해주었다.

파노프스키가 함부르크에 체류하고 있을 때 카시러는 주저의 하나인 『상징 형식으로서의 철학』을 집필하고 있었다. 카시러는 뒤에, 미국에서 1940년에 간행된 『인간』 속에서 앞의 저작의 내용을 요약하여 "모든 인간의 업적은 특별한 역사적, 사회적 조건 아래에서 이루어진다. 그러나 이러한 사건을 지탱하고 있는 일반적 구조 원리를 파악할 수 없는 한 우리들은 결코 이 특수한 조건들을 이해할 수 없을 것이다. 언어, 예술, 신화의 연구에서 의미의 문제는 역사적 발전의 문제에 우선한다"라고 쓰면서 의미의 문제의 중요성을 강조하고 있다. 이 주장은 앞의 1925년의 논고에서 광범위한 문화 현상에 공통적인 내적 의미를 '해석적'으로 고찰할 필요성을 주장한 파노프스키에게 중요하였다. 1924년부터 25년 겨울에 바르부르크 문고에서 강연되었고, 1927년에 간행된 파노프스키의 『'상징 형식'으로서의 원근법』은 원근법을 카시러가 제창한 **상징 형식**의 하나로 취급하여 고대부터 근대에 이르는 유럽의 원근법적 공간관의 변천과 각각의 시대의 공간관, 그리고 세계관의 대응을 훌륭하게 다루고 있다.

1931년에 행해진 강연에서 파노프스키는 그때까지의 고찰을 발전시켜 미술 작품의 내용을 둘러싼 해석 체계의 소묘를 시도하였다. 그는 미술 작품의 의미에 (1)외적인 '현상적인' 의미, (2)지시적 의미, (3)본질적이라고 파노프스키가 보았던, 즉 '예술 의지'라 불렀던 '기록적' 의미의 3단계가 있다고 보았다. 이것들을 해석하는 데에는 각각의 단계에 따라 (1)생활의 전반적인 체험, (2)문헌적 지식, (3)항상적인 세계관을 갖추는 것이 필요하다. 또한 각각 (1)양식, (2)이코노그라피(도상학)상의 분류, (3)지적 문화의 일반사 등의 객관적인 역사 지식에 의해 해석으로부터 주관을 배제해야 한다. 이 도식은 1939년에 영어로 간행된 『이코놀로지 연구』의 서문에서 개정되었는데, 파노프스키는 해석의 방법이라는 항목을 새로 설정하여 의미의 3단계에 따라 (1)이코노그라피 이전의 기술, (2)협의의 이코노그라피상의 분석, (3)깊은 의미에서의 이코노그라피상의 해석, 혹은 이코노그라피상의 종합을 제창하고 있다. 제3단계의 '의미'는 '내적 의미 혹은 내용'이라고 불려지는데, 이 '의미'를 탐구하는 데에는 일반적인 문화적 상징, 즉 카시러가 상징(심볼)이라고 부른 것에 대한 역사적 통찰이 필요하다고 서술하고 있다. 파노프스키는 "다양한 인문과학의 각 부분이 서로 시녀로서 봉사하는 것이 아니라, 공통의 장소에서 만난다는 것은 내적 의미 혹은 내용의 탐구에서이다"라고 쓰고 있으며, 이 방법론이 인문과학들에 부과하는 보편적인 역할을 강조하였다. 1955년에 앞의 저서가 다시 출판되었을 때, 이 탐구에 일찍이 바르부르크가 제창하였던 미술사의 방법론의 명칭에 의한 **'이코놀로지**에 의한 해석'이라는 이름이 붙여졌다.

이후 '이코놀로지'의 연구방법은 인기를 얻었다고 말할 수 있는데, 파노프스키는 많은 추종자의 연구에 의문을 나타내어 미술 작품의 과잉 해석을 경계하였다. "미술사가는 그 '소재'를, 〈작품의〉 '질'을 지각하고 평가하는 것을 포함하여 직관적으로 미적인 재-창조에 의해 구성한다"라고 쓰고 있는 그는 작품의 미적 요소를 크게 평가하였다. 그의 감식력에 대한 평가는 매우 높다.

미국 시절의 파노프스키는 많은 대중을 상대로 강연을 많이 했고, 그것을 토대로 하여 『초기 네덜란드 회화』 등 많은 저작을 남겼다. 미술사 연구자는 현실에 관심을 가진다. 그리고 현실을 파악하기 위해서는 현재로부터 한 걸음 물러나는 것이 필요하다고 쓰고 있는 파노프스키는, 그렇지만 "두려움 때문에 자신의 도덕과 지성에 반하는 성명에 서명하거나 악한 것에 대해 발언하지 않는, 침묵하는 교사"를 강하게 비판하였다. 교양이라는 측면에서도, 시대에 대한 날카로운 관심이라는 측면에서도 파노프스키는 그가 존경하고 사랑했던 르네상스인과 마찬가지로 훌륭한 인문주의자였다.

▣ 주요 저작

『이데아』, 『'상징 형식'으로서의 원근법』, 『이코놀로지 연구』, 『르네상스의 봄』, 『토성과 멜랑콜리』

파슨즈

Talcott Parsons(1902～79)

파슨즈는 1902년 미국 콜로라도주의 목사의 가정에서 태어났다. 애머스트대학에서 생물학, 경제학을 공부하였고, 졸업 후 영국, 독일로 유학가서 1927년 하이델베르크대학에서 학위를 취득하였다. 같은 해 하버드대학 강사가 되었다. 1937년에는 『사회적 행위의 구조』를 출판하였다. 1944년에 교수, 1949년에 미국 사회학회 회장이 된다. 1951년에는 『사회 체계』 등을 간행하였고, 1953년 『행위 이론 작업 논문집』에서 **AGIL도식**을 제시하였으며, 이후에도 저서를 차례로 공간하였다. 1979년 서독에서 강연한 다음날 급사하였다.

그의 이론 전개는 최소한 전기와 후기로 나눌 수 있다. **주의주의적 행위 이론**을 제창한 전기의 『사회적 행위의 구조』에서 그는 사회사상의 전통을 논하면서 한편으로 공리주의를 중심으로 뒤르껭에 잇닿아 있는 실증주의적 전통을, 다른 한편으로 관념론(idealism)의 흐름 속에서 베버에 잇닿아 있는 이상주의적(idealistic) 전통을 보여준다. 그러나 전자에서는 행위의 목적이 임의적이기 때문에 규범도 경시되며, 후자에서는 목적에 착목하지만 행위의 객관적 조건을 경시한다. 이로부터 양자를 수렴한 주의주의적 행위 이론이 제기되었다. 행위는 행위자, 목적, 상황(행위자가 통제할 수 없는 조건과 통제할 수 있는 수단), 규범으로부터 이루어진다는 것이 그의 주요한 생각이었다.

이상의 생각은 1951년의 『행위의 일반 이론을 위하여』에서 다소 변화된다. 거기에서는 상황에 대한 행위자의 지향을 중심으로 다음과 같은 주장이 전개되고 있다. 행위는 욕구 충족을 중심축으로 움직이지만 행위자의 지향에는 **동기 지향**과 선택의 기준인 **가치 지향**이 있다. 지향은 행위자에 외재하는 가치와 규범에 의해 구속되지만 사회화의 과정에서 가치와 규범은 행위자의 개인성(personality)에 내면화된다. 그리고 가치 지향에서 선택에는 일정한 유형이 있으며, 행위자가 행위할 때에 직면하는 딜레마의 선택의 유형을 이분법적으로 제시한 것이 **'패턴' 변동**이다. 그것은 보편주의/개별주의, 소속 본위/업적 본위, 한정성/무한정성 등으로 기술(記述)에는 유용하다. 예를 들어 "미국의 직업 체계는 보편주의적으로 업적 본위를 지향하면서 동시에 한정적이다"라고 말할 수 있다.

그러나 이론병자임을 자칭하는 파슨즈는 이러한 개념을 사용하여 사회를 경험적으로 분석하는 것 이상으로 자신의 도식을 다듬는 것에 관심을 강하게 가졌다. 이리하여 후기 파슨즈의 이론 전개가 이루어진다. 50년대 전반 이후 그는 행위로부터 이루어진 사회는 체계(system)를 구성하고 있다고 하면서 체계의 관점에서 사회를 보는 입장을 분명히 한다. 체계라는 발상은 생물학과 공학 등에서도 볼 수 있는 것으로 그것을 간결하게 표현하기는 어렵지만, 적어도 그 발상의 기초는 ①내부의 요소들의 상호의존 관계와 ②외부와의 일정한 경계 유지 등이다. 거기에서 욕구 충족의 상호의존적 행위 체계에서 보여지는 패턴이 구조를 이루며 구조-기능분석이 제창된다.

즉 사회 체계의 분석에는 그 구조 분석과 체계의 유지, 존속을 위한 기능 요건의 분석이 요구되었다. 그 기능 요건으로 네 가지를 들 수 있다. 체계의 외부/내부의 종축과 행위의 수단/충족(목적)의 횡축의 조합으로부터 네 가지를 얻을 수 있다. 체계의 유지, 존속을 위해서는 그 외부에 대한 적응(Adaptation)과 목표 달성(Goal-attainment)이 필요하다. 체계 내부에서도 그 요소들 및 구성원들의 통합(Integration)과 그것을 위한 행위의 동기 부여가 필요하다. 이 마지막 요건은 잠재성(Latency)이라 말할 수 있다(유형의 유지 내지 긴장 처리라고도 부른다). 이상이 각 기능 요건의 머리 글자를 따서 **AGIL도식**이라 부르는 사고법이며 기능주의의 사회 체계론의 관점이다.

이 도식에 기초하여 파슨즈는 가족, 경제, 정치 등의 영역에 대해서도 언급하였다. 국가 레벨에서 보면 A기능은 경제, G기능은 정치, I기능은 협의의 사회(법과 사회 통제), L기능은 문화(교육과 종교 등)가 담당한다. 또 각각의 기능 요건의 하위 분류와 기능 요건 사이의 관계 등에 대해서도 언급하지만, 파슨즈는 이 지점에 머무르지 않고 여러 과학의 성과를 취합하고 또 자신의 도식에 대한 비판에도 응답하기 위해 이 도식을 더욱 다듬어간다. 예를 들어 기능 요건 사이에서는 A → G → I → L의 방향에서 조건지어지지만 L → I → G

→A의 방향에서 제어가 이루어짐으로써 에너지와 정보의 사이버네틱스한 발상이 나타난다. AGIL도식이 몰역사적이라는 비판에 대해서는 신진화주의를 표명함으로써 역사를 설명한다. 더 나아가 상징 미디어론도 전개한다. 이하에서는 만년의 모든 것을 AGIL에서 논한 것과 같은 장대한 시도만 언급할 것이다.

1979년 파슨즈는 『행위 이론과 인간의 조건』을 간행하였다. 거기에서 그는 AGIL 도식의 방법을 반전시켜 그것을 '인간의 조건'에까지 적용하였다. 사회 체계는 보다 상위의 행위 체계의 하위 체계이며, 더구나 그 행위 체계도 '인간의 조건'의 하위 체계에 불과하다. '인간의 조건'이란 체계는 L—텔릭 체계, I—행위 체계, G—인간 유기 체계, A—물리 화학 체계로 이루어진다. 이리하여 그는 종교적 가치를 배경으로 한 텔릭 체계를 포함하여 인간의 조건으로부터 전체 사회까지를 논하는 장대한 체계를 구축하였다. 그것은 마치 맑스주의의 하부구조, 상부구조라는 도식과 같은 거대한 것이었다.

파슨즈의 영향은 매우 크다. 그의 구조-기능주의를 현실 사회 분석에 적용한 것도 나타나고, 루만 등도 포함하여 사회학에서 **기능주의**의 흐름을 형성하였다. 그러나 그의 영향은 그러한 점에만 있는 것은 아니다. 60년대 이후 기능주의 사회학이 정착하는 듯이 보였던 시점에서 그것에 대한 반대의 움직임도 나타난다. 파슨즈의 영향은 역설적인 말이지만, 그의 비판자들에 의한 새로운 사회학 이론의 흐름을 형성한 점에서도 컸다. 파슨즈의 체계론은 투쟁과 변동의 관점을 결여한 균형 · 통합론적이기 때문에 현상유지의 보수적인 이데올로기라고 비판받았으며, 개념도식뿐이기 때문에 현실 사회의 인과적 설명을 결여하고 있다는 비판도 있다.

또한 특히 그의 이론은 너무 거시적인 것이기 때문에 다양한 일상적인 현실에 적용할 수 있는가, 주관성과 창조성을 어떻게 평가할 것인가, 그것은 살아있는 육체를 가진 인간이 없는 사회 이론이 아닌가라는 등의 비판도 받았다. 그것은 '의미의 사회학'이라 불려지는 조류였다. 슈츠 이후의 현상학적 사회학, 슈츠의 영향을 받은 민속방법론(ethnomethodolgy), 더 나아가 상징적 상호작용과 드라마투르기(dramaturgy)적 사회학 등이 그 예이다. 그 비판들이 모두 적절한가는 재고할 필요가 있지만, 파슨즈의 출현으로 사회학은 이후 흥미진진한 전개과정을 거쳤다고 말할 수 있을 것이다.

포퍼

Karl R. Popper(1902~94)

포퍼는 법률가 아버지 밑에서 1902년 빈에서 태어났다. 열여섯 살부터 비정규학생으로 빈대학에서 수학, 이론물리학 등 폭넓은 공부를 하였다. 박사 논문 「사유 심리학의 방법론 문제」는 게슈탈트(형태) 심리학의 창시자의 하나인 뷰러와 물리학자 슐릭에게 제출되었다.

그의 사상은 **비판적 합리주의**로 알려져 있으며, 주로 과학철학과 정치(사회) 철학의 영역에서 20세기 사상과 정치에 커다란 영향을 주었다. 이 사상의 중심에 있는 것은 **오류 가능주의**라 불리는 것이며, **반증 가능성**(falsiability)의 원리로부터 발전하였다. 그것으로부터 그의 정치철학도 이해할 수 있다.

여기에서는 반증 가능성의 원리에 대해서 간략하게 다루어보겠다. 그 중심이 되는 사고방식은 매우 간략하게 말해서, (경험과학적) 이론은 그 원리로부터의 귀결 언명(예를 들어 예측 언명)이 어느 정도 참인 것이 이해되어도 해당 이론 그 자체를 참으로 하는 것은 불가능하다(검증주의의 좌절)는 것에 대해, 그것들 속에서 하나라도 거짓인 것이 있는 경우에는 이론의 방법을 틀렸다라고 볼 수 있다(반증)라는 사고방식이다(물론 반증하는 측의 것 또한 그 자체 반증의 대상이 된다). 여기에서부터 포퍼는 반증의 시도로서의 공공적인, 추적 가능한 실험과 테스트에 의해 반증되는 이론만이 본래의 의미에서 경험과학에 속한다고 생각했다. 이렇게 함으로써 과학은 엄격하게 반증의 시도를 통하여, 우선 반증되지 않으면서 그 위에 풍부한 설명력을 가진 이론을 추구하는 일이 된다. 새로운 이론을 착상하고 그것을 반증되어가는 것이라는 입장에서 보면 귀납법적 사고방식, 요컨대 관찰 언명을 쌓아나가면 법칙 언명이 나올 수 있다는 사고방식은 부정된다. 이것은 어떤 문제 상황에서 법칙적 언명을 착상한다는 비약이 중요하다는 의미이다. 이러한 사고는 일찍이 그가 17세경에 착안한 것이지만, 1934년에 그의 과학철학상의 주저인 『과학적 발견의 논리』에서 상세하게 전개된다. 그후 이 사고방식은 매우 일반화되어, 인식의 획득은 문제 상황(P1)에서 어떠한 해결안(TT)을 시험적으로 제출하고 그것들을 엄격한 비판에 의해 도태시키고(EE), 비판에서 살아남는 것을 약속을 통해 보존하는 것에서 새로운 문제(P2)를 마주대해 가는 과정이 되기에 이른다. 여기에서 보여지는, 우리의 이론과 입장은 오류이거나 혹은 비판된다는 것이 오류 가능주의의 중심적 사고방식이다. 그리고 포퍼는 이것을 오류의 배제를 통해 진리에 접근하는 것으로서 **진리에 대한 접근도**(verisimilitude)라는 개념을 제출하였다.

포퍼 자신은 인식론에 머무르지 않고 양자역학과 시간의 화살의 문제, 더 나아가 진화론에 대해서도 파고들어 논의를 전개하였다. 그 논의들을 통해 포퍼는 과학의 중추를 이루고 있던 결정론을 철저하게 비판하였고, 우리의 무지 때문에 세계가 비결정론적으로 보일 수 있는(확률의 주관적 해석) 것이 아니라 객관적인 세계 그 자체가 비결정적인 것이라는 장(場)의 **경향성**의 이론을 제출하여 세계의 **창조성**의 근거를 마련하였다.

포퍼가 자신의 사상을 사회과학의 영역에 적용하려 한 것이 파시즘의 위기 가운데 씌어진 『역사주의의 빈곤』과 정치철학의 주저인 『열린 사회와 그 적들』이다. 이 저작들 속에서 포퍼는 과학의 방법의 오류 위에서 발생한 역사주의를 비판하고 있다. 역사주의란, 예를 들어 맑스주의의 예에서 보이듯이 역사의 법칙적 전개를 믿는 입장인데, 이것들은 포퍼에 의하면 일정한 조건이 성립하는 한에서 성립하는 경향을 법칙으로 착각하며 결정론적인 것을 가져야 과학적인 것이라고 생각하며 모든 것을 설명할 수 있는——이것은 결국 반증될 수 없다는 것이다——까닭에 '과학적' 이라고 오인하는 입장이다. 포퍼는 역사주의를 반증주의의 입장에서, 그리고 좌우의 전체주의에 대해 투쟁하는 입장에서 그 비과학성을 철저하게 비판하였다. 또한 포퍼는 사회주의 혁명을 통해 이상 사회를 실현할 수 있다는 유토피아 사상 아래서 다수의 희생자가 생기는 것을 지적하면서 자유의 종말을 설명함과 동시에, 유토피아 사회 공학을 **단편적인 점진적 사회 공학**으로 대체하였다. 그가 구상한 자유롭고 민주주의적인 사회는 **열린 사회**라 불리며, 보수와 혁신을 불문하고 많은 정치가에게 커다란 영향력을 줌과 동시에 사회주의 국가들의 현실에 대한 이론적 비판의 원천이 되었다.

60년대에 들어서면서 포퍼의 사회과학론은 한편으로 프랑크푸르트학파(아도르노, 하버마스)와 이른바 **실증주의 논쟁**을 불러일으켰으며, 다른 한편으로 그의 (자연)과학(사)론은 토마스 쿤의 패러다임론으로부터 비판을 받아 이것과 논쟁 관계에 이르렀다.

또한 포퍼는 이 사이 물리적 실재 세계를 세계 1, 우리의 주관적인 의식상태를 세계 2, 그리고 기호와 문장이 읽혀질 때 나타나는 세계를 세계 3이라고 부르는 **3세계론**을 전개하기에 이르렀다. 포퍼에 의하면 이 3개의 세계는 객관적으로 존재하고 있으며 ── 세계 3이 세계 2로부터 독립하여 존재하고 있다는 주장에 주의하라 ── 동시에 상호작용하면서 자율적으로 전개한다. 세계 2와 세계 3은 장대한 진화의 과정을 경과하여 세계 1로부터 **창발**되었다(『객관적 지식』). 포퍼는 이 논의를 근거로 하여 P1 → TT → EE → P2에서 오류 배제(도태)의 과정이 생물 진화에서 자연선택의 과정에도 있다는 것을 지적하여 **진화론적 인식론**을 전개하기에 이르렀다. 이러한 생각을 근거로 하여 대뇌생리학자인 에클즈와 함께 쓴 것이 『자아와 뇌』(1977년)이며, 거기에서는 **심뇌**(心腦) **상호작용설**이 전개되어 있다.

포퍼는 아인슈타인혁명으로 시작한 금세기 과학의 격동, 그리고 파시즘과 공산주의라는 미증유의 재앙에 대해 본격적인 사고를 전개하여 자연과 인간의 세계에 걸쳐 있는 코스몰로지로서의 철학을 산출하였다는 점에서 고대 그리스에 시작한 철학의 본류에 뿌리를 두고 있을 뿐만 아니라, 진실로 20세기를 대표하는 철학자의 한 사람이라 말할 수 있다.

▣ 주요 저작

『역사주의의 빈곤』(청하), 『열린 사회와 그 적들』, 『추측과 논박』(이상 민음사), 『과학적 발견의 논리』(고려원)

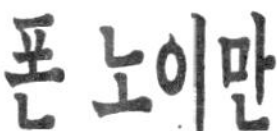
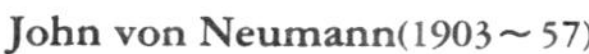

과학기술의 근간의 변혁에 공헌하였으며 시대의 방향을 설정하는 전략 구상의 실무를 담당하였던 과학자를 금세기에서 들라면 폰 노이만을 들 수 있을 것이다. 아래에서는 수학, 물리, 게임 이론, 핵병기의 개발, 계산기 과학, 냉전 하의 전략 결정 등 다양한 분야에서의 그의 활동을 개관할 것이다.

1차대전 직후 헝가리는 공화국이 되었으며 자유주의적인 카로이 정권이 성립한다. 1919년에는 러시아혁명의 영향을 받은 사회민주주의와 공산주의 연합 정권으로 이행하였다. 하지만 5개월 후 보수 귀족과 파시스트 군인에 의한 반혁명 정권으로 교체되었다. 아버지 막스가 근무하였던 은행의 행장 카르만 셀이 수상에 취임하자 노이만 집안은 은행계에서 두각을 나타내었다. 오스트리아 자본으로부터의 경제적 독립을 꾀하는 데서 은행의 협력은 중요한 정책 과제였다. 연합 정권 아래에서 노이만 집안은 도망갔다가 보수 귀족의 정권이 부활하자 귀국하여 은행가로서 다시 정부에 중용되었다. 1913년에 아버지는 작위를 받기까지 하였다. 유태교는 종교로서가 아니라 노이만 집안의 전통으로서 기능하였다. 아버지가 죽은 후(1929년) 가족 전체가 기독교로 개종하였다. 존 자신은 죽음을 앞 둔 만년에 병상에서 카톨릭 사제의 교시를 받았다.

1914~21년, 노이만은 부다페스트의 김나지움을 다니는 한편, 집에서 대학 강사로부터 지도를 받았다. 이 시기에 부다페스트의 김나지움에서 교육을 받은 과학자로 지라드, 위그너, 테일러 등이 있다. 1921년 부다페스트대학에 입학하여 1926년 집합론의 공리계에 관한 논문으로 학위를 받았다. 시험 기간에는 부다페스트에만 있었지만 그 이외의 기간에는 독일, 스위스 등의 대학에서 청강하였다. 1923년에는 취리히 공과대학에 입학하여 25년에 과학공

학으로 학위를 취득한다.

수학 논문은 김나지움 재학 때부터 발표하였다. 각 서수는 그것보다 작은 서수 전체의 집합이라고 귀납적으로 정의하여 극한 귀납에 의한 정의법을 확립하였다. 이것은 데데킨트의 『수란 무엇인가』라는 책에서 증명된 귀납 정리를 극한수로 확장한 것이다. 집합론 공리계의 구축은 10대 때의 업적이며 초고의 완성은 1922년경으로 추정된다. 함수를 기본으로 하는 그의 공리계에서는 치환 공리, 분출(分出) 공리, 선택 공리가 모두 하나의 공리로부터 도출될 수 있다. 기저 공리도 도입되었으며 상대적 무모순성 증명의 과정에서 **폰 노이만 우주**가 도입되었다.

양자역학의 설명을 힐베르트에게서 의뢰받았던 조수 노르드하임의 보고서를 옆에서 본 노이만은 며칠 후 힐베르트 공간과 대수적 연산에 기초한 정식화를 만들어냈다(1926년). 양자역학의 수학적 기초는 1932년에 출판된다. 이 방면의 연구는 연산자 환(rings of operator), **연속 기하**로 전개되었다. 1927년 가을부터 베를린대학 강사로 일했으며, 1933~55년에는 프린스턴 고등연구소에서 일하면서 22년간 75편의 논문을 발표하였다. 나치 정권이 들어선 1933년에 미국으로 이주하여 1937년에 미국으로 귀화하였다. 고등연구소에서는 무리 수학으로부터 게임 이론, 계산기로 연구를 진전시켰다. **게임 이론** 연구는 H. 모르겐슈테른과의 공저로 1944년에 간행되었다.

충격파 연구를 진행하면서 폭약의 실험 데이타 등 군사 기밀에 접근하려 했기 때문에 1938~39년, 육군에 들어가 소위가 되었다. 효율적으로 화약을 폭발시키려는 의도였던 충격을 알려는 계산을 하여, 휴대 가능하면서도 전차도 파괴할 수 있는 폭발력을 가진 화기의 개발에 관여하였다고 생각된다. 이것은 후일 로스알라모스 연구소에서 핵폭발을 일으키기에 충분한 고온 고압을 얻을 수 있기 위해서는 통상의 화약을 사용해야 하는가라는 연구로 연결된다. S. 우람과의 공동 연구로부터 울람의 렌즈라 불리는 핵기폭 착상이 나왔다(1945년 5월 10일 원폭 투하 목표 선정 회의에서 노이만은 교토, 히로시마, 나가사키, 코쿠라를 선택하였다).

원폭 제조에서는 기폭제뿐만 아니라 폭풍에 의한 파괴 효과가 최대가 되는 폭발 고도의 계산도 필요했기 때문에, 방대한 계산을 단기간에 처리하는 것이 긴급한 일이었다. ENIAC(컴퓨터의 원조)이 1초에 323회의 연산을 할 수 있다는 것을 골트슈타인으로부터 들은 것은 1944년 8월 첫째 주였다고 추정된다. 1944년 늦여름에 ENIAC은 제작 기사의 손을 떠났으며 계산기 설계에 흥미를 가진 관계자는 EDVAC으로 옮겨갔다. **프로그램 내장 계산기**의 기본 구상을 둘러싼 논쟁은 아타나소프(Atanasof)에 선취권을 주는 방향으로 결정되었다.

구소련은 1949년에 원폭 실험에 성공하였고 사하로프는 이미 1948년부터 수폭 개발에 착수하였다. 1950년에 트루만 대통령이 수폭 개발을 결정하자 페르미, 베터, 테라우람 등과 로스알라모스, 리버모어 연구소에서 노이만도 수폭 개발에 관여한다. 핵 융합을 일으키는 조건의 계산 등에 계산기가 활용되었다. 트루만 정권 아래에서 원자력위원회와 공군 과학 자문위원회를 겸임하고 있던 노이만은 1953년 성립된 아이젠하워 정권 아래에서 통칭 폰 노이만위원회라 불리는 자문위원회 의장으로서 **핵 전략**을 구상하였다. B-52 전략폭격기로 운반 가능한 열핵병기, 아틀라스형 대륙간 탄도탄으로 투하할 수 있는 핵탄두 등의 개발, 군산복합체의 구상 등등의 자문은 국가 최고 기밀에 두루 걸쳐 이루어졌다. 핵에 의한 선제 공격 이후에도 충분한 핵 회복 능력를 확보하는 것으로 핵 사용을 억제하는 전략 방침을 설정하여 냉전 시대의 기본 구조가 정립되었던 것이다.

왼쪽 어깨에 거세포 종양이 발견된 후에도(1955년 8월 11일) 병상에서 정부 고문으로서의 일을 계속하여 침대 주위에서 위원회가 열렸다. 연구도 계속하여 자기증식형 오토마튼을 연구한다. 이것은 괴델의 불완전성 정리에 대해 노이만이 시도한 하나의 회답으로 간주될 수 있다. 1956년 9월 이후에는 표정으로 의사를 전달할 뿐이었고 1957년 2월 8일 사망하였다. 냉전 초기에 상정된 최악의 사태의 회피가 확인될 수 있는 시점에서 뒤돌아보면 폰 노이만위원회가 구상하였던 핵 전략은 최선의 목표를 처음부터 포기한 것이라고 비난받을 수 있어도, 최악의 사태의 회피는 계산을 통해 어느 정도 완성되었다는 평가를 내릴 수 있지 않을까? 노이만의 업적을 개관하면 라이프니츠의 꿈의 실현에 가까이 갔다는 착각을 느끼게 된다.

폴라니

Karl Polanyi(1886~1964)

폴라니는 1886년 빈에서 태어났다. 1944년에 출판된 『거대한 전환』은 30년에 이르는 그의 연구를 집대성한 것으로 '20세기의 고전' 으로 평가되고 있다.

어린 시절에는 철저하게 서구풍의 엘리트 교육을 받았고 부다페스트대학에 입학하였다. 부다페스트대학 시절에 진보적인 학생들을 모아 '갈릴레오 서클' 을 조직하여 교육받지 못한 노동자에게 읽기와 쓰기를 가르치는 한편, 학생, 지식인에게 근대적 문화, 과학, 예술, 사회학 등을 소개하여 반동적인 대학, 권력 지향의 교회, 경직된 관료체제에 도전하였다.

1906년 아버지가 사망하면서 가정교사와 변호사를 해서 가계를 도왔고, 1915년에는 정신과 신체가 피폐해진 가운데 오스트리아-헝가리 군의 기병 장교로 1차대전에 참전하였다가 1917년 병세 악화 때문에 입원하였다. 1918년 「우리 세대의 사명」을 썼으며, 전쟁의 참상을 깊이 생각하지 않고 참전한 것을 반성하면서 사회과학의 길을 걸을 것을 결심하였다.

폴라니는 맑스, 멩거, 비제, 뵘-바베르크, 슘페터 등의 저작을 읽었으며, 미완성 원고 「비히모스」 가운데서 경제학과 사회학의 결정론적 이론들을 거부하였다. 세계대전이 끝난 후 빈에서 인민대학의 강사로 일했으며, 망명 러시아인 활동가와 헝가리 난민들과 교류하면서 거기서 알게 된 공산주의 활동가 이로나 두친스카와 1923년에 결혼하였다.

1920년대 초에 사회주의 '경제 계산 논쟁' 에 참가하였는데, 「기능적 사회원리와 사회주의의 계산 문제」(1924년, 이것은 『경제의 문명사』에 수록되어 있다)를 발표하여 이론경제학의 권위자 미제스의 사회주의 부정론을 반박하였다. 또한 1924년에는 빈의 지도적인 금융지 『에스타 라이히세 폴크스비르트』의 편집진의 일원이 되어 다수의 자극적인 논문을 발표하였다(「세계 경제공황의 메커니즘」(1933)은 『경제의 문명사』에 수록되어 있다).

나치의 대두에 따라 영국으로 건너간 폴라니는 '노동자 교육협회'와 런던대학, 옥스포드대학의 공개 강좌의 강사로 일했으며, 나치의 본질과 그 위협에 대한 계몽 활동(「파시즘의 본질」(1935년)은 『경제의 문명사』에 수록되어 있다)에 밤낮으로 종사하면서 영국 사회사, 경제사 연구에 몰두하여 『거대한 전환』을 집필하였다. 1947년 미국으로 건너가 1947~53년에 콜롬비아대학의 경제학 담당 교수로 일했으며, 퇴임 후에는 고대 사회, 미개사회를 주대상으로 한 비시장(非市場) 사회 연구를 계속하여 '실체론적인' 경제인류학을 수립하였다.

이제까지 경제사 연구를 지배하였던 맑스와 로스토우의 자본주의상은 재산 혹은 상품의 생산 · 기술을 인간의 경제 활동 · 경제 영역의 중심 개념으로 보아 그것의 차이에 의해 인간 사회를 몇 가지로 구분하였다. 또한 양자는 생산 · 기술은 시간이 경과함에 따라 고도화되며 인간 사회는 낮은 단계에서 높은 단계로 계기적으로 발전 · 진화한다라는 진보사관에 입각해 있다. 이에 반

경제의 유형		경제의 내용	사회조직	동기
비시장형	호혜	집단간의 대칭적인 점 사이의 재화와 용역의 이동	상대성을 가지고 있는 집단(혈연, 이웃, 친구 등)	사회적 의무의 이행, 협동 행동의 이행
	재분배	집단 내부의 각 점으로부터 중심점으로, 중심점으로부터 각 점으로 재화와 용역의 이동	중앙의 권력으로부터 지령이 발동되는 집단(국가, 지방자치체, 촌락 등)	사회의 질서, 규범의 유지
	가정	폐쇄적 공간에서 중심점으로부터 각 점으로의 재화와 용역의 이동	위와 같음(가족, 씨족 등)	가족의 유지
시장형	교환	불특정한 개개인들로 구성된 집단의 두 점 사이의 재화와 용역의 이동	가격 결정 시장	이득 효율의 추구

해 폴라니는 재산 · 상품의 생산 · 기술보다도 그것의 저장 · 이동 · 분배를 경제의 중심 개념으로 놓고 그것들을 수행하는 ①방법, ②사회적 조직, ③동기 등을 기준으로 하여 인간 사회를 **비시장형**과 **시장형** 두 가지로 구분하였다. 아래의 표는 그것을 보여주는 것이다.

폴라니는 맑스와 로스토우와 같은 진보사관을 거부하여 시장형 사회를 비시장형 사회보다 고도한 것이라고 생각하지 않았으며, 전자는 오랫동안 인간의 인격적 굴레를 지배한 혈연 · 이웃 · 친구 · 동포 등 사회적 조직——인간이 생래적으로 가지고 있는 사회성을 구현한 자연적인 것——을 파괴하고 경제적 이득의 추구를 동기로 하는 불특정 개인들 사이의 교환이 행해지는 시장을 최우선시하는 부자연스럽고 인위적인 특이한 사회, 요컨대 **경제가 다른 활동들, 영역들로부터 분리된 사회**라고 생각할 수 있다. 『거대한 전환』에 의하면, 19세기 시장 사회의 탄생은 전통적 사회와 그것을 지지하고 있었던 제도들과 조직이 인간을 원자적인 개인으로 존재하는 호모 에코노미쿠스로 보고 자유주의적 시장조차 그러한 인간에 적합한 것이다라고 하는 영국 고전파 경제학의 놀라운 영향력에 의해 인간이 본래 사회적 존재라는 것이 망각되고 부정된 것에 의한 것이다. 그러나 그러한 자유주의적 시장 이념에 의해 사회의 해체 · 편성을 추진하면, 사회적 존재로서의 인간이 보호주의와 간섭이라는 형태를 가지고 그것에 저항한다. 19세기 시장 사회는 그 **두 가지 대항운동이** 초래한 긴장을 견딜 수 없어서 붕괴에 이른 것이다.

폴라니가 경제인류학적 연구로 보여준 것, 예를 들어 미개사회와 고대 사회에서는 19세기 시장 사회와 같이 다목적 화폐가 존재하지 않았다는 것, 인간의 경제 활동은 정치적 · 문화적 성격을 가진 제례, 의식, 제사 등 사회적 의무, 협동 행동, 사회적 질서 · 규범의 유지를 목적으로 하는 활동과 일체화되어 있었다는 것은 시장 사회가 파괴한 전통적 사회 · 비시장형 사회의 틀을 제시하면서 거대한 집권 국가에 의한 중앙지령 경제에 의해서가 아니라 길드 사회주의적인 형태로 시장을 통제하는 것을 생각한 폴라니가 통제의 구체적 방법을 예시하는 작업의 하나라고 생각할 수 있다.

■ 주요 저작

『거대한 전환』(민음사), 『경제의 문명사』, 『인간의 경제 1, 2』(풀빛)

푸코

Michel Foucault(1926～84)

미셸 푸코는 1926년 프랑스의 푸아티에라는 오래된 도시에서 태어났으며 외과 의사인 아버지를 둔 카톨릭 가정에서 자라났다. 그 도시에는 역사를 느낄 수 있는 오래된 교회가 줄지어 서 있어 종교적 분위기가 가득차 있었다. 1946년에 파리의 고등사범학교에 진학하였고 심리학에 흥미를 가져 정신병리학을 전공한다. 1950년에 루이 알튀세르와 알게 되어 그의 영향을 받는다. 다음해 철학 교수 자격 시험에 합격하였고 1953년에 릴대학의 심리 조수가 된다. 그후 스웨덴, 폴란드, 독일 등지를 다닌 후 1960년에 귀국하여 클레몽 페랑대학 문학부 심리학 강사로 취임한다.

1961년에 푸코는 최초의 대저 『고전주의 시대의 광기의 역사』로 박사학위를 취득한다. 이 저작에는 고전주의 시대부터 근대에 걸쳐 서구 사회에서 '광기'의 경험이 어떻게 성립하였고 변화하였는지가 문헌자료를 통해 밝혀져 있다. 사람들이 광인을 자신의 타자로 생각하고 배제해온 역사적인 과정을 통해 푸코는 서구적인 인간과 그 이성의 은폐된 계보를 조명하고 있다.

푸코는 이 『광기의 역사』에서 구조론적인 분석의 스타일을 취하고 있다. 1963년의 『임상의학의 탄생』에서도 구조론적인 역사 분석이 이루어진다. 그것은 베스트셀러가 된 1966년의 『말과 사물』에서 한층 두드러지게 나타난다. 이러한 사정으로 푸코는 레비-스트로스, 알튀세르, 롤랑 바르트 등과 함께 '구조주의'의 중요한 논객으로 간주되었다. 『말과 사물』은 서구의 인간과학들(sciences humaines)의 역사를 분석한 것이다. 매우 도식적이긴 하지만 르네상스부터 고전주의 시대, 19세기 이후의 근대성으로 이어지는 서구의 지식과 담론의 역사에 대한 푸코의 전망이 전체적인 모습으로 보여진다.

그러나 1950년대 초부터 푸코는 하이데거와 니체에게서 큰 영향을 받았다.

그들의 담론(discours)은 역사의 인간주의적인 이해를 근저에서부터 해체하는 계기를 내포하고 있었다. 그때부터 푸코의 분석도 서구의 인간 중심주의에 의문을 던지는 스타일이 되며, 그것은 '구조주의'와 문제틀을 공유하는 것이다. 『말과 사물』의 끝에서 말하고 있는 '인간의 종언'은 그것의 다소간 낭만주의적인 표현이었을 것이다. 거기에서 가장 중요한 것은 역사가 하나의 인간학적 주체 —— 그것이 개인이건 공동체이건 —— 의 의사와 활동으로 환원되지 않는다는 것이다. 그러나 그것은 역사의 거부가 아니라 오히려 역사를 그 고유한 존재양태에서 포지티브하게 보려는 시도이다.

역사의 존재양태를 보면, 우리는 일어난 사건의 수가 의외로 제약되어 있다는 것을 알게 된다. 역사는 무한한 가능성으로 보여지지만, 실제로는 생각 밖으로 한정된 사건의 반복이라는 양상을 가지고 있다. 사건의 가능성은 제약되거나 혹은 배제되며 희소화되고 거기에는 일정한 '경제'(économie)가 작동하고 있는 것으로 간주할 수 있다. 푸코는 이 아이디어를 1969년의 『지식의 고고학』, 1971년의 『담론의 질서』(콜레쥬 드 프랑스 교수 취임 강의) 등에서 밝히고 있다. 이 저작들에서 푸코는 '담론'(discours)을 사건으로 보아 이 담론의 영역에서 작동하는 '경제'를 분석의 주제로 설정한다.

그러나 이 **담론의 경제**는 단지 부정적인 것이 아니라 사회구성에서 오히려 적극적인 효과를 산출한다. 문제는 이 담론의 경제를 실현하고 오히려 그 경제 자체로서 작동하는 힘이다. 거기에서 푸코는 **권력**이라는 새로운 주제를 도입한다. 1975년의 『감시와 처벌』, 1976년의 『성의 역사』 제1권인 『앎에의 의지』에서 이 힘의 기능양태가 분석되고 있다. 이 분석은 질 들뢰즈의 '욕망'의 분석론에도 영향을 미쳤다. 이 권력 분석의 시기에 푸코의 활동은 정치적, 사회적으로 넓혀져 세상의 주목을 받았으며 그것은 지식인의 새로운 스타일의 창출이었다. 이 시기는 1968년 5월 이전의 문예 비평적인 활동의 시대와 대조를 이룬다고 할 수 있다.

그러나 『성의 역사』는 그 예고와 달리 오랜 침묵 후 1982년에 제2권 『쾌락의 활용』, 제3권 『자기에의 배려』가 간행된다. 이 침묵의 시기에 푸코는 어떤 굴절 지점을 경유하였던 것이다. 거기에 있는 것은 권력의 문제계로부터 삶의 양식과 **윤리의 문제계**로 주제가 이행한 것이다. 권력 분석 이전에 임상의학과 인간과학의 분석을 통해 지식과 진리의 문제계를 주제로 하였던 것을 생각해보면 크게 보아 ①진리의 문제계, ②권력의 문제계, ③윤리의 문제계라는 세 개의 지주가 있음을 알 수 있다. 『앎에의 의지』에서는 『감시와 처벌』과 함께 서구 근대 사회에서 인간의 '주체화'(assujettissement)의 메커니즘을 분석하는데, 거기에서의 주체란 지식과 권력의 관계 속에서 모든 인간에게 규범적으로 강제되는 '규격'으로서의 주체이며 네가티브한 것이었다. 다른 한편 그리스, 로마 등 고전고대를 다룬 『쾌락의 활용』과 『자기에의 배려』에서 고찰하는 것은 자기의 삶에 미적인 가치와 윤리적 양식을 부여하려는 적극적인 주체의 형식이다. 거기에서는 자기를 통치하고 육성하여 자기의 '주인'이 되는 것이 주체이다.

이 두 개의 주체 사이에는 틀림없이 차이가 있다. 그러나 서구의 특이성을 총체적으로 고찰하자면 고전고대부터 근대까지 다양한 변화양태를 거듭해오는 서구적인 욕망의 주체에 관한 방대한 계보학의 구성이 필요할 것이다. 그러나 푸코는 그 간격을 메우는 작업의 와중인 1984년 병으로 세상을 떠났다.

▣ 주요 저작

『광기의 역사』(인간사랑), 『말과 사물』, 『지식의 고고학』, 『이것은 파이프가 아니다』(이상 민음사), 『담론의 질서』(새길), 『감시와 처벌』, 『성의 역사 1, 앎에의 의지』, 『성의 역사 2, 쾌락의 활용』, 『성의 역사 3, 자기에의 배려』(이상 나남)

프레게

Gottlob Frege(1848～1925)

프레게에 대해 말할 수 있는 첫번째 것은 '불우한 천재'라는 말이다. 지금까지조차 프레게는 논리학의 역사에서 아리스토텔레스와 나란히 있는 존재이지만, 그가 생전에 공간한 저작은 거의 모두 묵살되었으며 그 진가가 일반에게 인정되기까지는 그의 사후 사반 세기가 지나야 했다. 그런데도 역시 프레게의 업적을 정당하게 평가한 소수의 중요한 예외가 있는 것은 다행이라 할 것이다. 그 예외란 훗설, 러셀, 비트겐슈타인이라는 금세기 철학에 커다란 영향을 끼쳤던 3인의 철학자이다. 『산술의 철학』부터 『논리학 연구』 제1권까지 프레게의 방향전환은 전자에 대한 프레게의 가차 없는 비판이 없었으면 이루어지지 않았을 것이다. 훗설은 프레게의 작업의 중요성을 인정하여 그를 소개하는데 힘을 쏟은 최초의 철학자이다(하지만 뒤에 서술하는 바와 같이 훗설은 프레게의 생애에 걸친 작업에 대해 치명적인 타격을 가하는 운명이 된다). 비트겐슈타인에 이르러서는 그의 『논리철학 논고』의 서문에서 그로서는 이례적으로 프레게와 훗설의 이름을 거론하는데, 그때 프레게의 작업에 관해서는 특별히 '위대한'이라는 수식어를 붙이고 있다. 그의 이른바 후기 철학에 관해서조차 프레게의 존재를 빼놓고는 말할 수 없다.

프레게는 그의 생애의 대부분을 예나대학 수학과라는 좁은 사회에서 보냈다. 그의 작업은 수학과 철학 모두에 걸쳐 있지만, 수학에 관해서는 오로지 논리적 연구에 한정했으며 철학에 대해서도 논리와 수학의 철학 이외의 분야에 관심을 보이지 않았다. 그럼에도 불구하고 이러한 좁은 영역에서 프레게가 성취한 업적은 바로 시대를 그려낸 것이라고 말할 수 있다. 첫째로 그는 아리스토텔레스 이래의 논리학을 대신하는 **현대의 논리학**을 창시하였다. 아리스토텔레스에서 시작한 논리학의 역사는 프레게 이전과 프레게 이후로 나뉘어진다. 두번째로 그는 수의 개념의 분석에 의해 수, 특히 자연수의 개념을 논리적 개념만으로 정의함으로써 논리학에 의해 수학의 기초를 마련한다는 **논리주의** 프로그램을 엄밀한 방법으로 수행하려 하였다. 금세기에 수학의 철학이 테크니컬한 수학적 탐구와 분리될 수 없다면 그러한 상황을 만들어낸 것은 프레게이다. 끝으로 자신의 논리 체계를 정당화하기 위해 프레게가 전개한 언어철학적 고찰은 임의의 언어에 대한 **체계적 의미론**을 구성하기 위한 지침과 개념적 도구를 부여하는 것으로서 20세기가 끝나가는 현재에도 그 의의를 전혀 잃지 않고 있다.

현대의 논리학의 기본적 체계는 프레게의 최초의 저서인 『개념 기법』이라는 소책자에 거의 완전한 방법으로 포함되어 있다. 이 소책자가 출판된 1879년이야말로 현대 논리학이 탄생한 해이다. 프레게의 일견 이상한 표기법 때문인지 이 책의 중요성은 거의 인식되지 않았다. 이러한 불행한 패턴은 프레게의 일생을 통해 여러 차례 반복된다. 1884년의 『산술의 기초』는 산술적 진리를 논리 법칙과 정의만으로 증명한다는 '논리주의' 프로그램을 거의 기호를 사용하여 서술하고 있는 것이다. 이것도 또한 백 페이지가량 되는 소책자에 불과하지만 테크니컬한 개념 구성과 예리한 철학적 논의가 완벽하게 조화를 이루고 있으며, 프레게의 저작 중에서뿐만 아니라 철학의 역사 전체를 통해서도 걸작으로 평가될 만한 것이다. 그럼에도 프레게 자신이 그의 일생의 작업으로 간주한 것은 세 권으로 이루러진 『산술의 기본 법칙』이다. 제1권은 1893년에, 제2권은 그로부터 10년 후인 1903년에 출판되었는데, 제3권은 씌어지지 않았다. 이것은 『산술의 기초』에서 그 개념이 소묘된 논리학으로부터의 수학의 도출을 자연수론뿐만 아니라 실수론에 대해서도 엄밀한 방법으로 수행하려 한 것이었다. 이 도출은 프레게가 『개념 기법』에서 처음으로 제시한 논리학의 기호언어 속에서 행해진다. 『산술의 기초』로부터 『산술의 기본 법칙』 제1권에 이르는 사이에 프레게는 자신의 논리 체계의 기초를 재고하면서 몇 가지 중요한 변경을 가한다. 이 변경은 『산술의 기본 법칙』 제1권에 서술되어 있지만, 그보다 앞서 발표된 3개의 논문 「함수와 개념」(1891년), 「의의와 의미에 대하여」(1892년), 「개념과 대상에 대하여」(1892년)에서 프레게는 그러한 변경이 왜 필요한지를 논하고 있다.

이러한 모든 성과는 거의 한결같이 어떻한 반향도 불러일으키지 못했다.

거의 기호만을 이용하여 씌어진 『산술의 기초』조차 수학자와 철학자 모두에게 무시당하였다(집합론의 창시자인 칸토르가 쓴 짧은 서평도 결코 호의적이지 않았다). 『산술의 기본 법칙』 제2권의 간행이 제1권 간행 이후 10년이 걸린 것도 마찬가지 이유에서였다. 그러나 프레게에게 있어 특히 비극적인 것은 제2권의 교정 단계에서 그의 논리 체계의 기초에 모순이 잠재되어 있다는 것을 안 훗설로부터 편지를 받은 일이었다. 이것이 유명한 **훗설의 패러독스**이다. 프레게는 패러독스를 피하기 위한 방책을 서술한 「후기」를 급히 써서 제2권에 추가하였지만, 그것이 해결될 수 없다는 것을 뒤에야(아마 1906년에) 비로소 알게 된다. 일생에 걸친 작업이 그 토대부터 붕괴되는 것을 보는 것만큼 비극적인 것은 없다. 프레게는 이후 몇 편의 논문만을 발표한다. 그러나 자신의 논리적 연구의 결산으로서 씌어진 「사상」(1918년), 「부정」(1918년), 「복합 사상」(1923년)이라는 세 편의 논문에서는 어떠한 지적 쇠퇴도 발견할 수 없다.

러셀과 비트겐슈타인의 저서를 통해 프레게의 이름이 알려지게 되었지만 정당한 평가는 1950년대가 되어서야 이루어지기 시작한다. 프레게를 **분석철학**의 기점으로 볼 수도 있지만, 프레게의 중요성은 역사적인 것에 한정되지 않는다. 수학의 철학과 언어철학에서 계속되고 있는 논쟁의 많은 부분에서 프레게의 주장과 논의는 지금까지 진지한 검토의 대상이 되고 있다.

■ 주요 저작

『프레게 철학 논집』, 『개념 기법』, 『산술의 기초』, 『산술의 기본 법칙』.

프로이트

Sigmund Freud(1856~1939)

프로이트는 1856년 체코슬로바키아의 소도시인 프라이부르크의 유태인 상인 가정에서 태어났다. 네 살 되던 해에 빈으로 이주하여 빈대학 의학부를 졸업하고나서, 처음에는 주로 뇌 해부학 및 신경생리학을 연구하였다. 1882년 브로이어를 통해 다양한 히스테리 증상을 보이는 안나 O의 병례를 알고 심리학에 흥미를 가지게 된다. 1885년 파리로 유학하여 샤르코 밑에서 히스테리와 최면 현상을 배운다. 귀국 후 최면 하에서 외상적 사건을 상기시키는 암시에 의해 그것을 정화한다는 기법에 의거하는 히스테리 환자 치료를 시작한다. 이 정화법에 의해 흥분량을 발산시켜 그것을 낮은 상태로 유지한다는 사고방식 자체는 그후 **쾌감 원칙** 등에 계승되어 정신분석의 기본적인 개념의 하나로 발전해가게 된다. 1895년에는 심리학과 신경학 사이에 길을 만든다는 의도로 『과학적 심리학 초고』를 쓴다. 이러한 시도는 프로이트에게서 생애 내내 포기되지 않으며, 후일 이것은 꿈의 이론 등에서 보여지는 기계에 의해 움직이는 심적 장치 등에 모델을 제공하게 된다. 또한 같은 해 브로이어와 함께 『히스테리 연구』를 집필하지만, 최면 정화법이 환자의 저항과 욕망을 다루지 않는다는 점에 불만을 느낀 프로이트는 자유연상법을 사용하는 정신분석의 길을 가게 된다.

그런데 이렇게 기법을 변화시켜온 과정에서 그는 히스테리 환자가 샤르코의 앞에서 현전화하여 보여주었던 관계를 이비인후과 의사 프리스에게 몰입한 가운데 체험하여 **감정 전이**의 문제에 접근해갔다. 또한 1897년 아버지 일주기 며칠 뒤 그동안 삼가하였던 자기 분석 과정에서 프로이트는 존경의 대상일 수밖에 없다고 생각하였던 아버지에 대해 질투의 감정을 가지고 있음을 발견한다. 이것이 **오이디푸스 콤플렉스**로 이론화되어 명실상부하게 **아버지라는 문제**를 중심에 두는 정신분석학이 탄생하게 된다. 그런데 신화와 이야기의 테마가 되며, 개인을 넘어서는 곳에 있는 보편적 환상이라고도 부를 수 있는 오이디푸스 콤플렉스의 발견 이전에 프로이트는 정신적 외상의 기원을 현실 속에서 개인에게 새겨져 있는 유혹 이론에 의해 설명하려 하였다. 그러나 정신외상설을 폐기함으로써 죄는 아버지로부터 자식에게로 이동하며, 더 나아가 선사 시대의 원(原)-정신외상이라고도 부를 수 있는 원부(原父) 살해의 신화가 구해지게 되었다. 그리고 이때부터 그의 질문이 항상 주체의 존재근거를 탐구하고 인간의 시원을 새기고 있는 흔적을 현실 속에서 구하여 혼란스러운 모습을 우리는 볼 수 있다.

1900년 그는 상세한 꿈의 분석의 기록인 이르마의 주사의 꿈을 포함한 『꿈의 해석』에서 무의식의 구조를 중심으로 하는 심층심리학의 기본적인 개념을 확립하였다. 그에게 꿈이란 무의식의 왕국에 이르는 왕도이며, 다른 심적 장치의 이론화를 진전시키는 데서 그 모델을 제공하는 것이었다. 게다가 『꿈의 해석』을 근거로 프로이트의 사상은 히스테리론의 범주로부터 출발하여 심적 장치 일반을 문제시하는 이론으로 그 중심 범주를 확대해갔던 것이다.

이제 그의 꿈의 이론의 특징은 다른 그것과는 다르며 무의식의 속에서 실체론적으로 잠재한 사상과 환상 가운데 숨어 있는 의미만을 탐구하는 것이 아니게 되었다. 그에게는 정신분석을 무의식의 어둠 속에서 분출해 나오는 사상을 해독하기만 하는 해석학의 체계로 만드는 것에는 조금도 관심이 없었다. 그의 의도는 **꿈의 작업**이라 부를 수 있는 압축, 치환 등의 움직임이 꿈의 소재를 변형, 편집하는 기제에 주목하고 이것을 심적 장치 일반에 적용하는 것이었다. 이것이 뒤에 융과 차이를 보여 그가 어디까지나 일상 생활인 지상에 발을 굳게 딛고 서게 되는 이유라 할 수 있다.

게다가 그는 말 실수 행위와 말하는 것의 차이 등의 사고를 『일상생활의 정신병리학』과 몇몇 논문에서 써서 꿈의 이론에서 획득한 지점을 밀고 나갔다. 이리하여 서서히 인격의 제2의 영역이며 의식으로부터 독립하여 이것과는 다른 논리로 작동하는 무의식의 구조가 명확한 윤곽을 드러내게 되었다. 무의식이란 항상 의식에 영향을 주며 내가 존재하는 곳에는 없으며 내가 생각하지 않는 곳에서 생각하는 것이다.

한편 1905년의 『성욕론에 관한 3편의 논문』에서 프로이트는 **부분 욕동**(欲動)의 움직임에서 흐르며, 통합되지 않고 뿔뿔히 흩어져 투여되어 있는 **유아**

성욕의 문제를 다룬다. 이러한 욕동 이론은 1911년의 「정신 현상의 두 가지 원칙에 관한 정식」에서 브로이어의 우울증 이론 이후 보존되어 흥분량의 발산이야말로 쾌락이라는 쾌락 원칙이라는 에피쿠로스적 원리를 정식화하였고, 1920년의 「쾌락 원칙을 넘어서」에서의 **에로스**/**타나토스**의 2대 욕동론으로 그 장소를 옮겨간다. 그리고 인간이 어떻게 하여 과거의 불쾌한 상황의 재현을 싫증내지 않고 되풀이하는가가 질문되고 있다. 이 질문에 대해 그는 인간을 생명 이전의 상태, 무기물이 가지고 있는 안정성으로 회귀하게 하는 **타나토스**라는 존재를 가정하는 것으로 답하고 있다. 그러나 이것만으로 문제가 해결되지는 않는다. **에로스**가 쾌락이라는 엑스터시를 지향한다고 한다면, 어머니가 되는 것으로서의 프로티노스적 합일을 향하려는 **타나토스**의 방향도 무기물이 가지고 있는 안정성 이전의 상태로 회귀하는 경향이 있다.

이리하여 프로이트는 주체에게는 억제할 수 없으며 주체의 외부로서의 욕동이라는 문제를 탐구해갔던 것이다. 그는 1923년의 「에고와 이드」에서 에고(자아)에 외적인 욕동의 분석에 중심을 두는 심층심리학의 입장에서 욕동의 압력, 즉 이드로부터 에고를 어떻게 지킬 것이며 그것을 강화해가는가라는 자아심리학으로 이행하였다. 거기에서 욕동의 소용돌이치는 불가능의 영역인 이드의 분석에 빠지기보다 이드와 슈퍼에고(초자아)로부터 어떻게 에고를 지킬 것인가라는 방위 기제의 문제가 탐구되고 있다. 이리하여 프로이트의 사상은 내부에서 뿌리깊은 분열이 각인되어 있는 결여로서의 인간의 통합을 지향하면서도, 최후에는 그 영토를 크게 후퇴시키는 것이 되었다.

바야흐로 현대에 이르러 프로이트의 사상은 치료학으로부터 이미 세계관으로까지 전환되었다. 더 나아가 매스컴 문화의 가운데에서 대중화라는 사태를 경유하여 인간의 내면에 하나의 풍경을 묘사하는 제도로서의 측면도 부분적으로 드러내게 되었다. 그러나 이러한 상황을 겪으면서도 즐거히 가치가 구해지며 환유적 욕망이 은유적 욕망으로 비대화되어가는 현대 사회에서 모습을 드러내지 않는 분석적 주체가 욕망하는 자아로 변모해가는 장면을 탐구하는 것은 결코 무의식적인 것은 아닐 것이다.

■ 주요 저작

『정신분석 입문』(삼성출판사), 『꿈의 해석』(박영사), 『토템과 타부』(문예마당)

프루스트

Marcel Proust(1871 ~ 1922)

마르셀 프루스트의 생애는 그가 쓴(말라르메적 의미에서) '한 권의 책'이라 말할 수 있는 『잃어버린 시간을 찾아서』와 마찬가지로 한 사람의 소설가의 이야기로 볼 수 있다.

프루스트는 파리 근교의 오퇴르에서 1871년에 태어났다. 아버지는 일리에 출신의 의학 박사였고 어머니는 부유한 유태계 주식 중개인의 딸이었다. 소년 시절부터 천식으로 병약하여 모친에 대한 애정이 과도하였고 동성애적 경향도 두드러졌다.

파리의 사교 생활, 노르망디 지방에서 보낸 여름 휴가, 지드, 와일드 등 작가들과의 교류, 세기말의 세련된 부르주아 사회에서 몸에 밴 풍부한 교양은 1896년 최초의 작품집 『즐거움과 삶』으로 결실을 맺었다(서문은 아나톨 프랑스가 썼다). 여기에는 만년의 프루스트를 예견하는 테마가 아직 맹아 상태로만 드러나 있다.

같은 때 2인칭의 장편 『장 상퇴이유』의 집필에 착수한다. 이것은 작가의 생전에는 발표되지 않았고 필생의 대작 『잃어버린 시간을 찾아서』에 몇 개의 에피소드를 제공하는 데 그친다. 오히려 이 시기에 러스킨에 심취하여 『아미엥의 성서』의 번역에 착수한 것이 더 중요한 일일 것이다. 프랑스의 러스킨 순례를 하고 러스킨과 성당에 관한 글을 발표한다. 1900년 어머니와 함께 베네치아에서 한 달 동안 머물렀고 파두아에서 지오토의 프레스코화에 감명을 받은 것도 프루스트라는 작가가 탄생하는 데 커다란 계기가 되었다. 또한 같은 해 프루스트의 시간 개념에 커다란 영향을 미친 베르크손의 콜레쥬 드 프랑스에서의 강의를 청강하였다.

1902년 네덜란드의 헤이그에서 페르멜의 〈델프트 풍경〉을 감상한다. 페르멜의 그림의 '조그만 황색의 벽면' 앞에서 작중의 소설가 베르고트가 죽음 앞에서 써야 했던 작품의 계시를 받는 삽화는 『잃어버린 시간을 찾아서』에서 결정적인 장면의 하나이다.

그때부터 번역, 서평 등은 본래의 일이 아니었고 "백 명의 소설의 인물, 천 개의 사고가 피와 살을 부여해주도록 요청한다"는 느낌을 갖게 되었고, 1905년 34세가 되던 해에 전기가 마련되었다. 그가 가장 사랑했던 어머니의 죽음이 그것이다. 이 죽음과 함께 소설가 마르셀 프루스트가 탄생하였다고 말할 수 있다. 이리하여 **어머니의 죽음에 대한 속죄**로서의 예술 작품이라는 생각이 중심 과제로 자리잡게 된다.

1906년 러스킨의 『참깨와 백합』의 번역을 메르퀴르 드 프랑스에서 간행한다. 플로베르, 발자크 등 그가 심취했던 작가의 **문체 모방**을 『피가로』지에 발표한다. 오스망 거리의 아파트로 주거를 옮겼고, 후일 『잃어버린 시간을 찾아서』로 발전하게 되는 창작 노트를 집필하기 시작한다. 1908년에는 "어느 정도 장기간이 걸리는 일에 착수해야겠다는 생각"을 어느 편지에서 표명한다. 1인칭 문체를 채용한 평론 『생트 뵈브에 반대하여』는 저자의 생전에 간행되지 않았지만 『잃어버린 시간을 찾아서』에 직접 연결되는 작품이며, 그의 생애의 대작의 구상은 여기에서 단서를 찾았다고 말할 수 있다.

1909년 이후의 프루스트의 삶은 글을 쓰는 사람의 삶 이외에 그 어떠한 것도 아니었다. "문학은 인생의 최후의 표현이다"라는 확신을 가지고 오스망 거리의 아파트에서 누구와도 만나지 않은 채 집필에 전념한다. '무의지적 기억', '마음의 간헐' 등 『잃어버린 시간을 찾아서』의 핵심이 되는 주제을 가지고 초고를 써 나갔다.

그런데 곤란했던 문제는 출판이었다. 갈리마르사, 파스켈사, 오랑드루프사 등에서 차례로 출판을 거부당했으므로 그랏세에서 자비 출판을 할 수밖에 없었다. 프루스트의 교정은 철저했기 때문에 삭제와 가필에 의해 원형은 거의 남지 않을 정도였다. 1913년 제1권 『스완네 쪽으로』가 간행되었다. 갈리마르사의 편집위원 앙드레 지드는 앞서 프루스트의 원고를 거부했던 잘못을 깨닫고 지형을 갈리마르로 옮겨 『잃어버린 시간을 찾아서』의 간행이 계속된다.

1차대전의 발발은 저작의 간행을 지연시켰지만, 당초의 구상보다 더 길어진 전체 7권으로 되어 조이스의 『율리 시즈』와 나란히 20세기 문학의 기념비적 저작이 된다. 1919년 제2권 『꽃핀 소녀들 그늘에서』로 공쿠르상을 받는다.

이후 『게르망트 가』, 『소돔과 고모라 Ⅰ, Ⅱ』는 생전에 간행된다. 『소돔과 고모라 Ⅲ』과 『갇힌 여자』, 『알베르틴 사라지다』, 『되찾은 시간』 등은 사후 간행되었다. 기관지염이 폐병으로 발전하여 1922년 죽음에 이르기까지 가필 교정을 계속하였다. 글쓰기에 헌신했던 작가의 51년의 생애가 마감되었던 것이다.

『잃어버린 시간을 찾아서』는 작가의 자전적 소설이며 '마르셀' 이라는 1인칭 문체의 주인공이 **소설가의 '사명'** 을 발견하기에 이르는 이야기이다. 이러한 발견이 이루어지는 것은 마지막 권 『되찾은 시간』의 말미에 이르러서이지만, 그 의미로는 화자 마르셀은 '쓰는 것' 을 작품의 마지막까지 지연시킨 것이라고 말할 수 있다. 프루스트 이후 사르트르의 『구토』에서부터 블랑쇼, 바르트, 솔레스의 근작에 이르기까지 20세기 후반의 주요한 작품은 이 방법론 아래에서 씌어지고 있다고 말할 수 있을 정도로 저자 마르셀의 탄생은 프랑스 문학의 그 이후의 방향을 결정지었던 사건이었다.

이 소설의 주인공은 마르셀(나)임과 동시에 눈에 띄지 않는 투명한 '시간' 이다. 프루스트는 이 시간――잃어버린 시간――을 과거의 환기를 가능케 하는 것으로서 '의지적 기억' 과 '무의지적 기억' 두 가지를 구별한다. '의지적 기억' 이 유추에 의해 과거로 거슬러가는 것인데 반해, **'무의지적 기억'** 에서는 망각이 중요한 모멘트가 된다. 망각이라는 일종의 죽음을 중간에 놓는 것에 의해 시간의 연속성이 없어지며 과거와 현재는 이질적인 시간성을 가진다. 이 이질적인 시간이 서로 만날 때 **'마음의 간헐'** 이라는 사건이 생기며 예술 작품 제작의 계기가 되는 진정한 기쁨이 부여된다. 이것이 차에 적신 마드렌의 맛이 화자 마르셀에게 줄 수 있는 특권적 순간의 계시의 의미이다.

프리고진

Ilya Prigogine(1917～)

프리고진은 1917년 모스크바에서 태어났지만, 얼마 후 베를린으로 이주하였다가 다시 브뤼셀로 이주하여 거기에 자리를 잡았다. 학생 시절은 역사와 심리학에 흥미를 가졌으며 시간과 역사성에 관심을 기울였다. **비평형 열역학**, 특히 **산일구조론**(散逸構造論)에 대한 공헌으로 1977년 노벨 화학상을 받았다. 현재 솔베이 국제물리화학 연구소장, 텍사스대학 통계역학 · 열역학 연구센터 소장을 겸임하고 있다.

역학은 일반적으로 초기 조건을 결정하면 끝의 상태가 정해진다는 의미에서 결정론이며, 오른쪽에서 왼쪽으로 운동한 물체를 왼쪽에서 오른쪽으로 운동시켜도 동일한 법칙이 적용될 수 있다는 의미에서 가역적이다. 오른쪽에서 왼쪽으로의 운동을 시간의 경과(증가)로 표시하면, 왼쪽에서 오른쪽으로의 운동은 시간의 되돌림(감소)으로 표시할 수 있다. 역학 법칙에서 표시되는 물리적 현상은 시간에 대해 가역적이다.

이에 대해 **열역학 제2법칙**(엔트로피 증대의 법칙)은 비가역적인 사태를 나타낸다. 비이커 안의 물에 푸른 잉크를 한 방울 떨어뜨려보자. 푸른 잉크는 금방 확산되면서 물 전체가 혼탁해진다. 그러나 확산된 잉크가 단지 응축될 수 있는 한 방울의 잉크로 다시 모이는 것은 아니다. 이것은 시간의 경과에 대해 비가역적이다. 이때 수용액 전체의 균질성 정도를 계량하면 균질함이 자꾸 증대하는 방향으로 변화한다.

이 균질성의 정도를 정하는 상태량이 **엔트로피**이다. 수용액 전체의 매크로한 상태의 변화는 엔트로피의 증대 방향에 따를 뿐이다. 그리고 겉보기에 변화하지 않는 것처럼 보이는 곳에서 엔트로피는 극대에 달한다. 이 법칙은 자연계에 비가역적인 현상이 광범위하게 존재한다는 것을 보여준다. 그러나 초기 조건을 결정하면 최종 상태가 정해진다는 의미에서 여전히 결정론적 법칙이다.

매크로한 현상을, 개개의 분자의 운동의 통계적 집합량으로 기술하는 과학이 **통계 열역학**이다. 푸른 잉크 개개의 분자는 물 전체에 확산되는 것으로 운동하는 것이 아니다. 그러한 분자의 경향을 전제한다면, 18세기형의 **물활론**(物活論)에 기초하는 것이다. 분자의 임의적인 운동으로부터 엔트로피 증대와 같은 법칙성이 어떻게 생겨나는 것일까? 여기에서 통계 열역학이 필요하다.

다수 분자의 임의적인 운동은 특이한 것을 서로 부정하는 집합적 통계량으로 보면 전체로서 일정한 경향성이 생긴다. 슐레징거는 『생명이란 무엇인가』에서 이렇게 설명하고 있다. 하나하나의 임의적인 운동의 막대한 통계량을 가지면 일정한 규칙성이 생긴다는 것이다.

그러나 이것에 의해 열역학 제2법칙에 재해석의 여지가 생긴다. 엔트로피가 증대하는 것은 확률적으로 최대 경향에서 그러기 쉽기 때문에 확률적으로 가장 일어나기 쉬운 것을 지적하는 것에 불과한 것이 될 수 있다. 여기에서는 규칙성 그 자체가 확률적인 경향으로서 해석되고 있다. 이렇게 하면 역으로 엔트로피 증대에 역행할 가능성도 어느 정도 포함하게 된다. 엔트로피 증대에 역행하여 질서를 형성할 가능성은 분자의 임의적인 운동 속에 어느 정도 포함되어 있다. 이 가능성을 프리고진은 **요동**이라고 불렀다. 이리하여 혼돈으로부터의 질서 형성이 가능하게 된다. 이러한 계를 **자기 조직 시스템**이라고 부른다. 이것에 의해 초기 조건을 결정하면 결과가 정해진다는 결정론도 붕괴한다.

더구나 이 가능성은 평형 상태로부터 충분히 멀어진 비평형 상태에서 크게 된다. 그리고 평형 상태에 가까와질수록 이 가능성은 적어진다. 거기에서 엔트로피 증대의 법칙을, 시간의 경과에 대해 비가역성이 증대하는 것을 보여주는 법칙이라고 보는 것이 가능하다. 프리고진이 주요한 연구 영역으로 삼았던 것은 비평형 열역학이다.

계에 내재적으로 포함되어 있는 요동은 폐쇄계에서는, 가령 생겨난다 하더라도 대다수는 얼마 후 소멸한다. 요동이 질서 형성으로 가기 위해서는 평형으로부터 충분히 멀어진 비평형 상태가 필요한데, 비평형 상태를 보존시키기 위해서는 폐쇄계에서는 없는, 요컨대 에너지의 흐름에 들어가지 않으면 안된다. 그 때문에 자기 조직 시스템은 기본적으로 개방계가 된다.

유동하는 에너지 상태를 가진 계에 현실적인 구조가 생기기 위해서는 계의 엔트로피가 감소해야만 한다. 예를 들어 용액 내에서 결정될 수 있기 위해서는 외부에 열과 함께 엔트로피를 방출함으로써 공간적 구조가 만들어진다. 완성된 결정은 환경과 열평형에 이르러도 구조가 파괴되지 않는다. 이러한 구조를 **평형구조**라 한다.

이에 반해 물방울 등의 구조는 높은 열원으로부터 엔트로피의 적은 열을 받아들이고 낮은 열원에서 엔트로피의 큰 열을 버림으로써 구조가 유지된다. 이 경우에는 계가 주위의 환경과 열평형에 이르게 되면 구조는 금새 붕괴하고 말 것이다. 이러한 구조를 **산일구조**라 한다. 산일구조는 동적인 구조이기 때문에 끊임없이 내부에서 에너지를 산일(소비)한다. 그 때문에 산일구조는 비평형 상태 속에서조차 지속될 수 없으며 입력과 출력은 필수불가결하다. 프리고진의 최대의 공적은 이 산일구조를 수학적으로 정식화한 점에 있다. 이럼으로써 개방계 열역학의 논의 수준이 일거에 높아졌을 뿐만 아니라, 자기 조직화의 가장 기본적인 기구가 해명되었던 것이다.

자기 조직화의 고차의 현상에 대해서도 프리고진은 약간이나마 해명을 시도하고 있다. 예를 들어 생태계에서 새로운 종이 생겨나는 경우에는 그 종은 소멸하든가 아니면 낡은 종을 대체하든가 할 것이다. 이러한 존재방식을 **구조 안정성**이라고 한다. 이 사태는 선형 안정성 해석의 방법으로 정식화되고 있다.

이는 또한 도시 형성에도 적용되고 있다. 도시의 발전에서 경제적 기능은 요동과 동일한 의미를 가진다. 경제적 기능의 출현은 한 지점에 인구를 집중시키는 고용의 기회를 창출함으로써 인구 분포를 파괴하기 때문이다. 도시의 자기 조직화는 인구 증대와 연관된 생산물의 필요도와 경쟁 상대의 생산물 사이의 경쟁 그 자체를 변수로 하는 함수이다. 이리하여 자기 조직화라는 새로운 방법으로 가능한 넓은 연구 영역이 열리게 되었다.

▣ 주요 저작

『있음에서 됨으로』(민음사), 『혼돈으로부터의 질서』(고려원), 『산일구조』, 『구조, 안정성, 동요』, 『복잡성의 탐구』

피아제

Jean Piaget(1896~1980)

피아제는 1896년 프랑스어권 스위스 뇌샤텔주에서 태어났다. 조숙했던 10대에는 연체동물 연구자였다. 10대 후반 베르크손의 『창조적 진화』를 읽고 인식의 생물학적 설명에 일생을 바치기로 결심하였다. 그후 실험적 기초를 결여한 베르크손의 논의에 만족하지 않고 생물학과 인식 분석 사이에는 철학이 아닌 어떤 것이 필요하다는 것을 느끼게 되었다. 그 어떤 것을 피아제는 심리학에서 구하였다. 1918년 연체동물학으로 이학 박사학위를 받은 후 취리히에서 심리학을 공부하기 시작하였고 다음해에는 파리로 이주하였다.

원래 피아제는 실험 연구를 모든 영역의 목표라고 생각하였다. 그때 시몽으로부터 바트의 추론 테스트를 표준화하는 일을 맡게 되었다. 피아제는 표준화에 의해 오답 이유의 탐구방법이 흥미있다는 것을 알고 아이들 사이의 대화로부터 추론의 과정을 명료하게 하는 시도를 하였다. 이리하여 예를 들면 전체 가운데 부분을 포함하고 있는 단순한 추론이 12세 전후까지는 매우 어렵다는 것을 알았고, 약 2년 동안의 이러한 성과를 세 편의 논문으로 정리하였다. 그 가운데 두 편을 프랑스 심리학 잡지에 발표하였다.

1921년 쥬네브의 크라팔레드가 세번째 논문 발표의 장과 함께 루소 연구소의 연구주임 자리를 피아제에게 주었다. 루소 연구소는 1912년 창립된 교육과학 연구소로 쥬네브 출신의 루소의 탄생 200주년을 기념하여 붙여졌다. 피아제는 다음과 같은 결심으로 이 제안을 수락하였다. 즉 몇년 동안을 예비연구의 기간으로 지능의 구조를 밝히기 위한 아동심리학 연구에 바치며, 다음으로 과학적 인식론의 구축에 진력하겠다고 결심하였다.

1925년 피아제는 뇌샤텔대학의 철학 교수가 되었다. 쥬네브에서 아동심리학 연구를 계속하면서 과학철학의 강의는 과학사에서 관념의 발달과 아이들에게서 관념의 발달를 병행해서 연구하는 것으로 충당하였다. 또한 같은 시기 자기자신의 3명의 아이들의 지능의 탄생을 관찰하였다. 그 유아기 연구로부터 언어 출현 이전에 지적 조작이 감각운동 수준에서 준비된다는 것이 밝혀졌다. 더욱이 **감각운동 지능**의 존재는 유아 및 아동기 발달 연구에 대해서도 언어뿐만 아니라 물건을 사용한 실험 연구의 필요성을 보여주었다.

1929년 피아제는 쥬네브대학 이학부의 과학사상사 교수가 되어 수학, 물리학, 생물학에서 주요 개념의 출현과 발달을 집중적으로 연구하였다. 다른 한편 심리학에서는 10년 동안 탐구하여온 아동기의 지적 조작의 전체 구조를 **구체적 조작**의 모습으로 보여주었다.

1940년에는 쥬네브대학 이학부의 심리학 실험실의 주임이 되어 지각의 연구를 진행하여 지각과 지능의 관계를 해명하여 **게슈탈트 이론**을 비판적으로 검토하였다. 그 사이 공간, 운동, 속도라는 기본적인 물리적 개념에 대한 연구도 병행하였다.

그런데 인식의 생물학적 설명, 즉 과학적 인식론의 저작을 만든다는, 젊은 날의 피아제의 계획은 1950년에 이르러 실현되었다. 『발생적 인식론 서설』 전3권의 간행이 그것이다. 제1권은 '수학 사상', 제2권은 '물리학 사상', 제3권은 '생물학 사상, 심리학 사상, 사회학 사상'을 담고 있다.

어떤 과학이 과학이기 위해서는 연구대상을 한정하여 문제를 제출하는 것과, 그 문제의 해결을 가능하게 하는 고유의 연구방법을 가져야 한다. 연구대상을 인식의 확대 메커니즘으로 한정하고, 연구방법으로서는 논리학에 의한 형식적 분석과 발생적 방법을 사용함으로써 피아제는 과학으로서의 **발생적 인식론**을 구축하였다. 발생적 방법에는 인식의 계통 발생과 개체 발생에 대응하여 역사비판적 방법에 의한 과학사의 재구성과 심리 발생적 방법에 의한 아이들의 인식의 발달과정의 재구성이 있으며, 어느 것이나 인식의 획득에서 주체와 객체의 관계, 수학적 연역과 물리학적 실험의 관계, 혹은 발견과 발명의 관계 등의 인식론적 문제를 해명하려 하는 것이다.

피아제는 학제적 연구의 필요를 통감하고 1955년 발생적 인식론 국제센터를 쥬네브대학에 만들어 물리학자와 논리학자 등 여러 과학의 전문가와 심리학자의 공동 연구를 통해 이론적 검토와 실험적 분석을 동시에 진행하였다. 이러한 작업은 피아제가 죽기 직전까지 계속되어, 그 성과가 1957년 이후

『발생적 인식론 연구 개요』를 중심으로 출판되었다.

피아제의 발생적 방법은 연구 결과의 인식론적 해석에 대한 예단을 의미하는 것이 아니었다. 즉 인식의 구축이라고 보았던 것이 실제로는 아프리오리한 인식의 의식화에 불과하다는 것이 밝혀진다면 선험론을 지지하는 것으로 되거나, 아니면 인식의 구축이 반드시 경험의 결과가 아니라는 것이 밝혀진다면 경험론을 부정하게 될 여지가 있는 것이었다. 그러나 방법적 예단에 의한 발생적 연구들은 인식의 **구축설**을 파기하는 방향으로 나아가지 않고 인식의 점진적 구축을 분명하게 하였다.

『인지 구조의 균형화』(『발생적 인식론 연구 개요』 제3권, 1975년)는 피아제 이론의 도달점을 보여준다. 피아제는 인지 체계를 상호 보존으로 간주한다. 그것이 안정되는 데에는 동화와 조절이라는 두 개의 기본적 과정이 균형을 이루어야만 한다. 그러나 발달 초기의 추론 양식에서는 대상의 포지티브한 측면만이 지각되는 등 긍정이 부정보다 우위에 있기 때문에 불균형(n)은 불가피하다. 이 불균형은 조정 기능에 의해 보상되어 균형(n)을 회복한다. 그러나 인지 체계는 항상 교란되기 때문에 조만간 다시 불균형(n+1)에 빠진다. 그리고 보상에 의해 다시 균형(n+1)을 회복한다. 인지 발달은 이 순환을 거듭하지만 조정 기능은 보상시에 인지 체계에 새로운 구축을 부가하기 때문에 균형(n+1)은 균형(n)에 비해 보상 능력의 확대라는 의미에서 개선되어 있다. 따라서 균형(n) → 균형(n+1) → 균형(n+2) → ……라는 과정은 인지 발달에 고유한 **확대 균형화**를 보여준다. 피아제는 연구대상을 인식의 확대 메커니즘에 한정하였지만, 그것은 타당한 인식의 구성 조건의 연구라는 철학으로서의 인식론의 주요 과제를 배제하는 것이 아니다. 모든 과학적 인식은 항상 발전도상에 있으며 최종적으로 타당한 인식에 도달하는 것은 아니기 때문이다.

▣ 주요 저작

『지능의 탄생』, 『지능의 심리학』, 『발생적 인식론 서설』(전3권), 『철학적 지혜와 환상』, 『새로운 아동심리학』

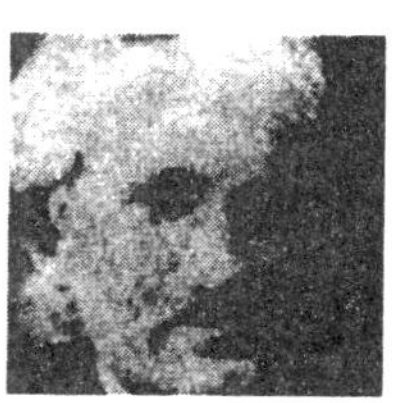

하버마스

Jurgen Habermas(1929~)

호르크하이머와 아도르노의 제자로 **프랑크푸르트학파**의 제2세대 사회학자이자 철학자. 2차대전 말기, 14세의 소년 시절에 히틀러의 유겐트의 일원이었다는 것은 본인도 인정하고 있다. 로타거 밑에서 고전적인 정신과학적 철학을 배웠으며 하이데거에게도 경도되었었지만 셸링에 대한 박사 논문 집필시 호르크하이머와 아도르노의 『계몽의 변증법』과 루카치의 『역사와 계급의식』을 알게 된 것을 계기로, 앞에 썼던 부분을 고쳐 쓰면서 비판 이론 및 서구 맑스주의 이론 전통의 계승과 발전을 이해하게 되었다.

그의 이름을 널리 알리게 된 책은 『공공성의 구조 전환』(1962년)이다. 이 책의 테마는 17세기, 18세기의 유럽에서 시민들의 언론의 장(공공성 혹은 공공권)의 성립이다. 그때까지의 공공적인 내용이 바로크 군주들의 현시적인 공사(公事)가 독점하였던 것에 대해, 위로부터 본다면 사적인 것에 불과한 민간의 토론이 공적인 성격을 획득하여 이른바 **세론**(public opinion)의 장이 형성되어온 과정을 영국, 독일, 프랑스 각국에 관하여 정밀하게 추적하고 있다. 전반적으로 말하면 사람들은 때로는 커피하우스(영국)에서, 때로는 살롱(프랑스)에서, 또는 경우에 따라서는 만찬토론회(독일)에서 처음에는 문학과 예술에 대해서 자유로이, 그리고 얼마 지나지 않아 정치에 대해서 비판적으로 토론하게 되었다. 이 과정은 또한 시민적인 가정의 친밀함이 형성되는 것과 함께 하였다. 요약하면 언어에 의한 합리적인 일치의 영역이 이렇게 만들어질 수 있었다는 것이다. 그러나 이 책의 의도는 이 계몽 시대를 회고하면서 그 정신의 부활을 주장하는 것은 아니다. 오히려 이렇게 성립한 공공성이 19세기 후반 이후의 거대 미디어에 의해 변질되고, 나아가 전후의 대중민주주의에서 압력단체가 의사 결정의 주도권을 장악하게 된 것에 대해 강도 높은 비판을 수행하고 있다. 이 책은 1967～68년의 학생운동 세대에 강력한 충격을 주었다.

『인식과 관심』(1968년)도 학생운동의 시대에 독일에서는 마르쿠제의 책과 나란히 가장 많이 읽힌 것의 하나이다. 학생들의 비판은 베트남전쟁과 나치의 과거를 미화하는 교수들에게 향했던 것만은 아니다. 또한 새로운 라이프스타일의 자기 주장이라는 측면에서, 반란이 끝났다고 할 수도 없다. 반란은 학문의 본연의 길에 대해 엄중한 질문을 던진 것이었다. 요컨대 사회과학이 사회공학적인 조작으로, 테크노크라트의 수단으로 축소되고 있는 사태에 대한 비판이며, 인문과학이 교양과 문화적 정체성 창출에 의해 현상을 고정화하는 기능을 가지고 있는 것에 대한 이의표명이었다. 『인식과 관심』은 이러한 학문의 실증주의화의 과정을, 객관성을 표방하는 인식을 실제로 움직이고 있는 이해관계를 파헤치는 것으로 재구성하려는 것이었다. 헤겔의 칸트 비판에서 시작하여 콩트의 실증주의, 딜타이의 정신과학으로부터 니체에서의 인식 관심의 단절까지가 논의되고 있다. 퍼스와 마하에 관해서도 언급되고 있지만, 전체적으로 보면 학문의 인식 관심에 대한 반성이 자기 비판의 기능을 가지며 그러한 반성과 자기 비판은 학문의 외부에 있는 것이 아니라 학문에 내재하는 것이라는 점을 보여주고 있다. "나의 확언에서는 학문의 자기 반성은 학문의 진보에서 수단이며, 이러한 자기 반성은 정치적 결정에 대해서 합리적으로 논의하는 것과 결합되어 있습니다. 그것은 양자에 공통의 비판이라는 형식에 의해서 입니다"라는 발언은 이 책과 그것이 씌어진 시대의 정신을 잘 표현하고 있다.

『후기 시민사회의 정당성 위기』(1973년)와 『역사유물론의 재구성』(1976년) 그리고 해석학을 둘러싼 가다머와의 논쟁도 중요한데, 그 과정에서 이른바 언어학적 전환이 일어난다. 요컨대 이때부터 『공공성의 구조 전환』 이래 계속된 문제, 즉 근대 사회에서 경제 및 행정 제도와 나란히 있는 하나의 커다란 요소, 요컨대 언어를 통한 연대라는 요소를 언어학적인 용어로 다시 쓰는 작업이 개시된다. 대화의 당사자가 설정되어 있는 조건, 그리고 합의에 이르는 조건이 분석된다. 그 집대성이 대저 『의사소통 행위 이론』(1981년)이다. 거기에서는 사회사상의 고전적 사상가들과의 대화를 통해 막스 베버를 다르게 읽은 근대화론과 보편어용론에서 유래하는 대화 이론이 긴밀하게 결합되어 있다. 근대화에 의해 **생활세계**와 **체계**가 분리되는 것과 함께, 생활세계 그 체계가 **타당성 청구**(진리성, 도덕적 올바름, 자기 표출의 순정함)에 의해 분화되고 합리화되어가는 과정이 재구성되어 그 합리화된 생활세계가 **체계에 의한 식민지화**에 어떻게 대항하는가가 테마로 되어 있다.

『현대성의 철학적 담론』(1985년)은 80년대 이후 구서독의 신보수주의에 대해 '기획으로서의 현(근)대'를 옹호하기 위해 씌어졌다. 인륜성을 중시하는 독일형 보수주의의 심연을 헤겔로까지 거슬러 올라가 추적하고 있다. 다른 한편으로 니체, 하이데거에서 시작하여 바타이유, 푸코, 데리다에 이르는 청년 보수주의적인 시대 비판과의 대결도 행해지고 있다. 그러한 비판이 근대의 이성의 잠재력을 방기하고 미와 순간성의 개념에 매몰되든가, 냉소적인 계보학과 자기 문화의 민속학(ethnology)으로 끝나버리는 것을 비판하고 있다. 특히 푸코와 데리다를 다루고 있는 부분은 국제적으로도 많은 파문을 던졌다. 전체로서 초기의 헤겔, 『미적 교육에 관한 서한』의 쉴러, 낭만파 그리고 「역사의 개념에 관하여」의 벤야민이 긍정적으로 취급되고 있으며, 그에 반해 신보수주의와 청년 보수주의, 더 나아가 맑스에게 날카로운 비판을 퍼붓고 있다. 이러한 근대의 철학적 담론이 최종적으로 주체 중심적인 논의였다는 것이 드러나며, 그것을 의사소통 행위 이론으로 대체하고 있다.

또한 최근 저서 『사실성과 타당성』(1992년)에서는 법과 행정 조직의 성립 그 자체를 의사소통 행위로 설명하고 그것에 의해 국민주권과 개인의 자율성이 불가분의 것이라는 것을 근거로 하면서 동시에 관료에 의한 행정 행위의 독주을 이론적 · 실천적으로 막는 방법이 모색되고 있다. 의회제 민주주의가 공동화한 가운데 민주주의 이론의 재구축이 시도되고 있다. 그러나 냉전 종료 훨씬 전부터 기획된 것이라는 이유도 있어서 그후의 선진 공업국가에서의 민주주의의 위기, 더 나아가 급진 민주주의의 여러 시행착오에까지 눈을 돌리기는 어려웠을 것이다.

■ 주요 저작

『인식과 관심』(고려원), 『소통 행위 이론 1』(의암), 『현대성의 철학적 담론』(문예출판사), 『후기 자본주의의 정당화 문제』(청하), 『사실성과 타당성』(새길 근간)

하이데거

Martin Heidegger(1889 ~ 1976)

남부 독일의 소도시 메스키르히에서 태어나 프라이부르크대학에서 후설에게서 배웠다. 한때 마르부르크대학에서 가르치기도 했으며, 1928년 이후 프라이부르크대학에서 교편을 잡았다. 그러나 나치 정권에 상당히 긍정적인 태도를 가졌기 때문에, 제2차 세계대전 이후에는 교권이 정지당했으며 그후 강의, 세미나는 했어도 교수직이 완전히 복구되지는 못했다. 사상적 출발점은 키에르케고르의 영향을 받은 기독교 신학과 후설의 **현상학**이다. 1927년의 『존재와 시간』은 '번개와 같이' 정신계에 충격을 주었다. 현상학에서 '사상'(事象)이란 존재이다. 그러나 서구의 형이상학은 이제까지 신과 자연과 인간이라는 존재자에 대해서만 질문했을 뿐이며, 존재에 대해서는 질문하기를 계속해서 은폐해왔다. 그러나 '존재한다'는 것은 무엇인가라는 것조차 형이상학의 은폐된 본래의 질문이며, 이 **존재에 대한 물음**을 세우기 위해서는 지금까지의 형이상학의 역사를 파괴해야만 한다는 강력한 주장이 처음으로 나왔다. 이러한 파괴는 해석학적인 작업과 결합되어 있었다. 왜냐하면 우리 인간의 현존재에 있어서는, 게다가 자기의 '존재'가 중요한 이상 현존재는 존재를, 가령 몽롱하나마 무엇인가의 형태로 이해해야 하기 때문이다. 이 몽롱한 이해를 명확하게 분절화해가는 것 이외의 방식으로도 존재란 무엇인가라는 질문에 답할 수 있지만 그 질문을 정확하게 세우는 것은 불가능하다. 그것은 문헌의 몽롱한 이해를, 세부에 대한 면밀한 점검에 의해 차례차례 분절화해가는 해석 작업과 마찬가지이다. 따라서 존재에 대한 질문을 정확하게 세우기 위해서는 해석이 지니는 순환 구조를 두려워 하지 않으면서 거기에 들어갈 필요가 있다. 이러한 방법 의식에 기초하여 현존재와 세계 및 타자와의 관계방식이 분석된다.

이 과정에서 '불안'과 '죽음'에 대한 모든 실존주의적인 언사가 생겨난다.

존재에 대한 질문을 생각하지 않고 일상성에 매몰되어 있는 비본래적인 상태(**다스 만**, Das Mann), 그것에 대해 곧 죽어야 하는 존재자인 것을 자각하고 결단적으로 살려는(**선구적 결의성**) 본래적인 상태의 구별 등이 그것이다. 현존재와 세계의 관계 상태도 단지 단순하게 세계와 자아라는 2극 관계로 파악될 수 없으며 세계의 대상화를 가능하게 한다. 세계와 절대적으로 해소할 수 없는 관계가 있다. 우리는 철두철미하게 관계하고 있는 존재(**세계 내 존재**)라고 할 수 있다. 대상화된 사물의 본래 상태는 눈 앞의 존재, 자신의 수족의 일부라고 하는 친숙한 수공업적인 도구 등은 손 안의 존재라고 하는 존재양식의 구별도 시도되고 있다. 서술의 특징은 추상도가 높은 문체로 현대의 고독한 자아를 그것이 끌어들이고 있는 구체성 그 자체에서 묘사하고 있는 데 있다. 이것은 특히 현존재의 수행 형식을 근본적으로 지지하고 있는 시간의 분석에서도 분명해진다. 우리는 죽음을 자각하면서 미래를 향해 자기 설계('자기 기투'〔企投〕)하고, 또한 이렇게 함으로써 위대한 과거의 부탁에 답할 수(반복) 있다고 주장하는 것에는 기독교와의 동시성으로 생겨난 키에르케고르의 모티브가 있다. 다른 한편으로 그러한 실존적 측면과 긴장관계에 서 있으면서 그리스 이래의, 존재에 대한 은폐된 질문을 진실로 끌어들이는 것, 요컨대 형이상학의 파괴조차 '반복'이라는 함의도 들어 있다. '과거의 가능성'을 현재에 재래시킨다라는 사고방식에는 강한 영웅적 삶의 존재방식에 대한 니체 이래의 갈망도 계승되어 있다. 이것들이 하나가 되어 1차대전에서 자신을 상실하였던 독일 지식인의 새로운 문화운동의 열기를 체현하고 있었다. 기술 문명과 저널리즘에 대한 혐오감이 철학적 의상 아래에서 전개되고 있는 것도 소크라테스 이전의 시원에 서려는 의지와 더불어, 근대의 복잡성을 넘어서려는 보수적 혁명의 갈망과 무관하지 않다.

이 책이 "헤겔의 『정신현상학』 이후 가장 중요한 책"(하버마스)이라는 데에는 이견이 없지만, 저자 자신은 그러한 보수 혁명적인 계기 때문인지 나치에 대해 면역을 가지지는 못하였다. 민족 공동체의 운명으로 현존재를 집중시킨다라는 사고방식은 이미 『존재와 시간』의 후반부에 나타나 있다. 1933년 나치가 정권을 잡은 직후 프라이부르크대학 학장에 취임하였을 때의 강연인 「독일 대학의 자기 주장」은 존재하는 것의 전체(자연) 앞에서 자기 규정하는 민족적 정신문화의 성립을 그리스에서 보고 그 전통이 독일 민족에 계승되었다는 내용에 더해, 학생들에게 '지식에 의한 봉사', '노동에 의한 봉사', '국방에 의한 봉사'를 주장하여 체제 영합적인 것이었다고 전후 강하게 비판받았다.

1930년대 후반부터는 나치로부터 거리를 두면서 니체 강의를 계속하여 **근대적 이성에 대한 비판**을 전개하였고 또 점차 기술 비판으로 경사하였다. 근대에서 자연의 대상화를 세계가 그리게 된 것과 나란히(「세계상의 시대」, 1938), 존재하는 것의 전체를 대상으로서 파악하려는 우리 인간으로 하여금 방향을 잡게 하는 것은 결국 스스로를 은폐하는 것에 의해 언젠가 도래할 것이라는 것을 고지하고 있는 존재라는 사고방식, 요컨대 **존재사**의 구상이 점차 분명하게 된다. 우리는 세계에 대한 대응을 자각적으로 변혁할 수는 없다. 근대의 문제성을 극복한다는 발상 그 자체가 주관성의 형이상학의 발상이며, 그러한 주체 중심주의야말로 존재가 부여받아온 역사적 운명에 다름 아니다. 현대의 위기 속에서 우리에게 가능한 것은 "위험이 있으므로 구원도 또한 자라난다"는 휠더린의 시에 조용히 귀기울이며 **존재의 집으로서의 언어**에 따라가는 것이다는 체념적인 사상이 전쟁 때부터 전후에 걸쳐 전개된다. 또한 예술에 대해서 논한 「예술 작품의 기원」(1936년)도 황량한 바위산 위의 그리스 신전이 세계를 개척하는 기능을 가지고 있다는 것, 거기에서조차 예술과 민족 사이의 그리고 예술과 형이상학 사이의 관계를 볼 수 있다고 주장하여 존재사의 구상의 일부를 이룬다. 이러한 후기 사상은 「휴머니즘에 대한 서한」(1947년)에 잘 나타나 있다. 또한 휠더린론 등의 시와 사유에 대한 여러 문장은 조지 스타이너도 말하고 있는 바와 같이 다른 종류라고 볼 수 없다는 것이다. 이러한 그의 사상은 인간과 세계의 관계에 대한 새로운 반성을 요구하는 가운데 포스트구조주의 등에서 현실성을 획득하고 있다.

▣ 주요 저작

『존재와 시간』(시간과공간사), 『기술과 전향』, 『세계상의 시대』(이상 서광사), 『형이상학 입문』, 『현상학의 근본문제들』(이상 문예출판사), 『시와 철학』(박영사), 『사유란 무엇인가』(고려원)

하이젠베르크

Werner Karl Heisenberg(1901～76)

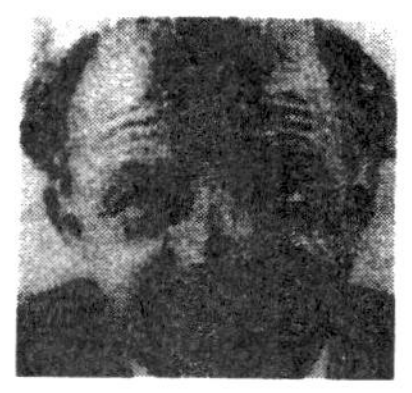

독일의 뷔르츠부르크에서 태어났다. 1910년 뮌헨으로 이주하였고 1920년에 뮌헨대학에 입학하였다. 거기에서 좀머펠트에게 물리학을 배웠으며, 한 살 위인 파울리와 함께 어울렸다. 그때에는 이미 코펜하겐의 보어가 러더포드의 원자 모형에 양자가설을 적용하여 수소의 스펙트럼을 설명하면서 '대응 원리'를 제창하여 양자론의 완성을 위한 노력을 기울이고 있었다. '대응 원리'란 양자수가 충분히 큰 극한에서 양자론은 고전론과 일치하며, 따라서 양자수가 적은 경우에도 둘 사이에 형식상 대응 관계가 이루어지 않으면 안된다는 것이다. 하이젠베르크는 보어가 1922년에 괴팅겐대학에서 행한 강의에 좀머펠트에 이끌려 출석하여 예리한 질문을 던져 그의 주목을 받았다. 하이젠베르크는 1923년 뮌헨대학에서 학위를 받은 후 괴팅겐대학의 보른의 조수가 되었고 교수자격도 취득하였으며, 1924년 코펜하겐의 보어 밑에서 반 년간 유학하였다. 뒤에 그는 "좀머펠트 밑에서 낙천주의를, 괴팅겐에서는 수학을, 그리고 보어 밑에서는 물리학을 배웠다"고 말했다.

다시 괴팅겐으로 돌아온 하이젠베르크는 1926년에 행렬 형식의 **양자역학**을 창시하는 위업을 이루었으며, 다음해에는 26세의 나이로 라이프치히대학 교수가 되어 중요한 업적을 계속 남겼다. **불확정성 원리**의 정식화(1927년), 금속 내의 전자에 양자역학을 응용한 강자성체의 이론(1928년), 파울리와 공동으로 장(場)의 양자론을 체계화하였고(1929년), 1932년 채드윅이 중성자를 발견하자 양자 이외에 중성자도 원자핵의 구성 요소라는 원자핵 구조론을 발표하였다(1932년).

1933년에 나치가 정권을 잡자 많은 과학자들이 국외로 추방당하거나 자신들의 의지로 출국하는 가운데 하이젠베르크는 전후의 독일 재건의 시기를 위해서 학문이라는 '외딴 섬'을 탁류 속에서 지키는 것이 중요하다고 생각하였다. '핵분열의 실용화'를 위한 계획에 대해서는 원폭의 가능성에 대해서 부정적인 보고를 하였고 동력 이용을 위한 소규모 연구만을 받아들였다. 제2차 세계대전 이후에는 중간자의 다중 발생 이론 등 이론물리학 분야의 연구를 수행하는 한편, 학술 연구 체제의 재편성을 위한 행정적인 일에서도 활약하여 1949년 과학자를 대표하는 조직으로서 독일 과학자 협의회를 설립하고 총재에 취임하는 등 전후 독일 과학의 부흥에 진력하였다. 국제 협력, 교류에도 뜻이 있어 유럽 합동 원자핵 연구기구(CERN) 창설에 힘을 쏟은 것 이외에도 훔볼트 재단의 총재로 22년간이나 일했다.

하이젠베르크의 이름이 영원히 남게 된 것은 무엇보다도 그가 금세기 최대의 지적 유산인 양자역학을 창시했기 때문이다(하이젠베르크는 이 공적으로 1932년에 노벨상을 받았다). 양자역학 자체는 자연과학 이론이지만 자연과학의 범위를 넘어서 심대한 영향을 미쳤다.

코펜하겐의 보어 밑에서 돌아온 하이젠베르크는 1925년 5월 병 때문에 북해의 헤르고란트 섬에서 요양중에 양자역학의 구축을 위한 결정적인 아이디어를 얻어 논문 「운동학적 · 역학적 관계들의 양자론적 재해석에 관하여」를 완성하였다. 원자 안의 전자의 위치(궤도)와 같은 관측 불가능한 물리량이 아니라, 원자가 방출하는 빛의 강도와 진동수 등 관측 가능한 물리량을 대응 원리를 이용해서 고전적인 양을 양자론적인 양으로 치환하였고 양자 조건도 기술하였던 것이다. 하이젠베르크에게서 이 원고를 본 보른은 하이젠베르크가 얻은 결과가 행렬의 연산으로서 정식화될 수 있다는 것을 발견하였고 요르단과 함께, 그리고 얼마 안 있어 하이젠베르크도 가세하여 1925년에 행렬역학을 만들었다. 다른 한편으로 이러한 움직임과 별도로 빛의 이중성(파동성과 입자성)의 문제를 축으로 한 고찰이 드 브로이와 아인슈타인, 슈뢰딩거에 의해 진척되었으며 1926년 슈뢰딩거의 손으로 파동역학이 결실을 보았다. 그리고 같은 해 행렬역학과 파동역학의 동등성이 증명되어 하나의 양자역학으로 통합되었다.

하이젠베르크는 나아가 1927년에 불확정성의 원리를 제창하였다. 양자와 소립자 등의 미시적인 대상에 대해, 예를 들면 위치 x와 운동량 p를 측정하면 측정할 때마다 측정치가 달라지며 여러 측정치가 이러저러하게 결정된 확률로 얻어진다. 그때의 측정치의 오차의 크기를 Δx, Δp로 표시하면 $\Delta x \Delta p \geq h/2\pi$라는 관계가 성립된다는 것이다. 이것에 의하면 예를 들어 원자 내의 전자의 운동량과 위치를 동시에 확정적으로 결정하는 것은 원리적으로 불가능하며 한 가지를 확정하면 다른 한 가지는 확률적으로만 구할 수 있게 된다. 아인슈타인은 양자역학의 이러한 확률적 본성에 만족할 수 없었고 "신은 주사위를 던지지 않는다"라는 신념을 가지고 1930년에 불확정성 관계를 파기하는 관측법을 차례차례 고안하여 논쟁이 일어났으며 보어가 그것에 대해 반박하였다. 불확정성 원리를 둘러싼 논쟁과 보어에 의한 '상보성 원리'의 제기를 경과하면서 양자역학의 '코펜하겐 해석'이 확립되었다. 이것은 결국 고전적인 인과율의 포기를 필요로 하는 것이었고, 하이젠베르크는 고전역학적인 세계관에서 벗어날 것을 강력하게 호소하였다.

그러나 양자역학은 오늘날 미시적인 대상이 양자역학에 의해 기술되는 것에 대해 관측 장치가 거시적인 대상으로서 고전론에 따르는 것에서 유래하는 관측의 문제 등 중요한 논쟁점을 가지고 있다. 예를 들어 '슈뢰딩거의 고양이'의 역설이 유명하다. 상자 안에 독물과 함께 들여보내진 고양이를 생각할 수 있는데, 고전역학적으로는 고양이는 살아 있는가 죽었는가가 문제이지만 양자역학적으로는 상자 안을 들여다 보아 생사를 관측할 때까지는 살아있는 상태와 죽어있는 상태의 혼합된 상태라는 기묘한 것이 된다. 이처럼 양자역학은 오늘도 상식화된 자연상을 계속해서 뒤흔들고 있다.

■ 주요 저작

『부분과 전체』(지식산업사), 『철학과 물리학의 만남』(한겨레), 『현대 물리학의 자연상』(이론과실천), 『현실의 질서』(따님), 『입자, 인간, 자연에 관한 단상』(민음사)

호메이니

Ruhollah Musavi Khomeini(1902~89)

호메이니의 이름은 호메인 출신을 의미한다. 그의 고향인 이 소도시는 이란 서부의 해발 1,800m 고지에 있다. 아버지는 마을의 울라마(종교학자)였는데, 지주의 폭정에 대한 비판을 계속했기 때문에 습격을 받아 어린 호메이니를 남기고 세상을 떠났다. 중간 이름인 무사비는 예언자 무하마드의 남계 자손이라는 것을 가리킨다. 호메이니가 속한 시아파는 예언자의 가계를 존중한다. 성인이 되었을 때부터 그는 항상 울라마의 복장인 터번을 하였는데, 그 색깔은 무하마드의 자손만이 할 수 있는 흑색이었다.

호메이니도 아버지와 같은 울라마가 되기를 원했다. 전하는 이야기에 의하면 아버지가 최초의 교육을 해야 하지만, 그의 경우에 나이 든 큰 형을 통해 이슬람 학문들을 배웠고 뒤에 멀지 않은 아라크 마을에서 하이리 야즈디에게서 배웠다. 더 나아가 이 선생과 함께 곰 마을로 이주하였는데, 야즈디야말로 곰을 시아파의 학문의 중심으로 크게 발전시킨 인물이며, 그의 문하에서 호메이니를 비롯한 쟁쟁한 대학자들을 배출하였다. 호메이니는 1930년대 중반 독립된 자격을 가지고 **울라마**의 지위에 올랐지만, 60년대 초까지는 교육에 전념하면서 그 사이 고위 학자로서의 지위를 확립하였다. 전문은 철학, 윤리학, 신지학(神智學), 법학이다.

많은 저작을 남겼지만, 정치적 저작은 1944년의 『비밀의 폭로』가 처음이었다. 거기에서는 세속주의 사상의 이슬람 비판에 대해 반박하였고 또한 왕조의 압정을 날카롭게 비판하였다. 실제 정치의 전면에 등장한 것은 1963년의 '백색혁명' 반대투쟁 때였다. 강권적인 정책에 반대하는 광범위한 민중봉기에 놀란 국왕은 호메이니의 영향력을 고려하여 그를 국외로 추방하였다. 그는 터키를 경유하여 이라크의 성지 나자프에 주거를 마련하였다. 1970년까지 15년 동안 호메이니는 이란의 공권력의 개입을 받지 않으면서 혁명 사상을 발전시켰고 제자들을 혁명적 울라마로 육성하였다(후일 혁명 후의 이란 정권을 담당하는 학벌이 된다). 또한 이때의 나쟈프는 이란, 이라크를 함께 묶는 시아파계 혁명세력의 네트워크의 중심이 되었다.

1970년에 발표한 **『법학자의 감독』**에서는 왕제를 철저하게 부정하고 울라마가 지도하는 이슬람적인 정체의 필요성을 주장하였다. 이것은 전통적인 정치 사상으로부터 결별한 새로운 이념이며 여기에서 이란혁명의 이론이 확립되었다. 1978년에 이란에서 반체제 민중운동이 확대되는 것을 보면서 그 지도자로서 모습을 나타내었고 국제적으로도 명성을 획득하였다. 체제측에서는 비무장의 민중 데모에도 유혈 탄압을 가하였지만, 그는 일체 타협을 거부하고 이슬람을 위한 투쟁을 고무하였다. 1979년 2월 중동의 최강이라 일컬어지던 왕제가 붕괴하고 호메이니는 귀국하였다.

반체제운동에는 우로부터 좌까지 여러 파가 연합하였는데, 호메이니는 혁명 국가의 '최고 지도자'가 되어 헤게모니를 장악하여 **이슬람 공화국**을 수립하였고 미대사관 점거 사건으로 대표되는 반미 투쟁, **이슬람 헌법**의 채택 등을 통하여 이슬람 체제의 확립을 위해 노력하였다. 이란의 혁명 정권을 전복하기 위해 1980년에 이라크가 침공하자 국제적인 이란 포위망에도 불구하고 8년에 걸친 전쟁을 수행하였다. 혁명 성취로부터 1989년 사망하기까지 10년 동안 중동만이 아니라, 국제 정치에서도 그의 그림자가 짙게 드리워져 있었다고 말할 수 있다.

이란 · 이슬람혁명은 당시 20세기 후반에 '종교에 의한 혁명'이 출현했다는 점에서 불가사의한 현상이었다. 또한 그 지도자로서 **아야톨라**(신의 징표)의 칭호를 지닌 노학자가 모습을 드러낸 것도 세계인을 곤혹스럽게 하였다. 그 이전 동서를 막론하고 근대화에 수반한 세속화에 의해 종교는 개인의 내면적인 문제로 축소되었다는 것이 공통된 인식이었다는 것을 생각하면, 이 정치 변동은 그것을 전복시켰다는 점에서 혁명적이었다. 혁명의 길에서 쓰러지더라도 그것은 천국을 약속받는 '순교'에 해당한다고 고위의 법학자가 신도를 고무하는 민중 봉기는 그 예를 찾아보기 어려운 것이었다.

물론 순교 정신만으로 혁명이 성취되지 않는다. 이란의 경우에, 울라마가 사원과 기부재산의 관리자로서 커다란 재원을 지니고 있었고, 바쟈르(시장)

상인들이 혁명운동을 지지하여 자금을 제공하는 등 혁명측에 경제적 기반이 있었다는 것을 무시해서는 안된다. 더욱이 호메이니의 설교와 성명을 녹음한 카세트가 밀수입되어 혁명운동에 확산되었기 때문에 '카세트혁명' 이라 부를 수 있다. 그후 출판, 방송의 검열이 엄격한 중동 국가들에서 이것이 반체제파의 상용 수단이 되었다.

호메이니의 중요성은 이슬람적인 정교 일치를 현대에 부활시켰다는 점에 있으며, 그것을 통해 이슬람의 이념이 현실적인 활력을 가지고 있다는 것을 증명했다는 데 의의가 크다. 말할 필요도 없이 서구의 문맥에서 '정교 일치' 라는 말은 종교전쟁을 필두로 하여 불행한 역사에 대한 기억을 불러일으킨다. 그러나 이슬람 세계에서는 정교 일원론적인 정책이 힘을 얻은 시대는 세력이 충실하여 종교 분쟁도 없던 시대이며, 반대로 '정교 분리' 가 소리 높여 주장되던 근대란 외국 세력이 침투하여 주권이 무너지던 시대였다.

실제로 그의 오랜 인생을 조감해보면 팔레비 왕조 이전에 태어나 그것을 타도한 뒤에 세상을 떠났다고 할 수 있다. 그로서는 왕조에 정통성이 없다고도 당연하게 말할 수 있는 것이 그가 태어난 시대의 이란은 끊임없이 열강, 특히 영국, 러시아, 미국으로부터 간섭을 받았기 때문이다. 과거의 왕조는 이슬람 세계의 독립을 수호하기 위해 존재하였지만, 이 왕조는 외국과 결탁하여 그 후원 하에서 민중을 학대하는 권력이었다. 밖으로부터의 간섭은 연합국이 이란을 점령하여 국왕을 교체한 때(1941년)와 민족주의적인 모사비크 정권이 실각시킨 국왕을 CIA가 부활시켰던 것(1953년)에서 가장 잘 드러난다. 호메이니가 '외국 세력'(특히 미국)을 '악' 으로 보았다면 그것은 현대 이란의 현실 체험에서 나온 것이다.

그의 정치 이론이 혁명의 시대를 넘어서까지 이슬람 정치의 일상을 지탱할까 하는 문제는 시대의 시련을 경험하지 않으면 안될 것이다. 그러나 그가 지도한 혁명이 중동 전역에 미친 충격은 그후에도 반향을 불러일으켜 각지의 이슬람운동에 계속해서 추진력을 부여하고 있다.

▣ 주요 저작

『우리 혁명 —— 이란 정부에의 길』

호킹

Stephan William Hawking(1942~)

스티븐 W. 호킹은 영국을 대표하는 이론물리학자의 한 사람이다. 그는 현재 케임브리지대학의 루카스 기념강좌 수학 교수직에 있는데, 이 지위는 일찍이 뉴튼과 디랙이 가졌던 유서 깊은 것이다. 그리고 호킹의 업적을 생각해보면 이 두 사람의 선인을 계승하고 있다고 보아도 좋다. 즉 극대에서 극소에 이르는 우주의 전체를 지배하는 수학적 법칙을 탐구하는 것이 그의 과제이다. 그는 일반인에게 '휠체어의 천재 물리학자'로 알려져 있다. 물리학자로서 큰 업적을 쌓았을 뿐만 아니라, 신체적인 약점을 극복하고 창조적인 활동을 계속하고 있는 그의 삶이 사람들에게 강한 인상을 주었기 때문일 것이다.

호킹의 작업을 분석해보면 거기에는 일정한 경향이 있음을 알 수 있다. 우선 『시간의 역사』라는 저작에서 명확하게 보여지는 바와 같이, 시간과 공간이라는 물리적 세계의 가장 기본적인 틀의 근거를 탐구하는 철학적 자세이다. **빅뱅 우주론** 그 자체가 우주의 시작을 탐구하여 일반적으로 인간의 지식의 한계에 도전하려는 시도가 될 수 있다면 그것은 어떤 의미에서 당연한 일일 것이다. 그의 주된 연구 대상은 블랙 홀과 빅뱅이다. 모두 아인슈타인의 일반상대성 이론이 예견한 현상인데, 블랙 홀은 우주의 국소적인 종말이며 빅뱅은 우주의 전체적인 시작이라는 의미에서 우주 시간의 '특이점'이라는 것이 공통적이다.

1965~70년에 그는 로자 펜로즈와 공동으로 행한 연구에 의해 블랙 홀의 내부에서는 무한대의 밀도와 무한대의 시공의 만곡율을 가진 특이점(시간의 끝)을 피할 수 없다는 것을 보여주었다. 이 이른바 특이점 정리에 의하면, 경험적으로 검증 가능한 통상의 물리학의 기본 법칙에서는 원리적으로 다룰 수 없는 영역을 물리학 자신이 인정하게 된다고 한다. 적어도 우주론이 중력의

기본 이론으로서의 일반상대성 이론에만 의거하는 한, 이러한 특이점에 관한 지식의 한계를 승인하는 것을 피할 수 없게 된다. 이렇게 보면 우주의 생사 문제라고도 할 수 있는 블랙 홀과 빅뱅은 이 우주 가운데 의식을 가진 하나의 존재인 인간의 생사 문제와 조응하고 있다는 것이 이해된다. 그것은 인간이 생의 시작에서도, 죽음의 끝에서도 저승의 인간도 또한 직접 경험할 수 없는 생과 사의 필연성을 자각해야만 하는 존재이기 때문이다. 여기에서 과학자로서 걸을 수 있는 길은 두 가지가 있을 수 있다. 하나는 전체를 인식한다는 우주론의 궁극의 과제를 형이상학적인 것으로 포기하고 어디까지나 관찰에 의해 실증할 수 있는 단편적인 증거를 모으는 것에 의해 인식 가능한 물리학의 틀 내에 머무르는 것이다. 예를 들면 빅뱅 우주론에 대한 비판자로 알려진 알벤(노벨상을 수상한 스웨덴의 물리학자)은 우주의 시작과 끝에 대해 논의하는 일을 현대 과학의 옷을 걸친 신화라고 배격한다. 다른 하나는 호킹과 '우주가 무에서 창조되었다는 이론'을 제창한 빌렌킹에 의해 대표되는 물리학자들이 선택한 길인데, 그들은 지금 여기에서 확인할 수 있는 기본적인 물리 법칙에 의해 우주의 시작과 끝을 기술하는 것이 원리적으로 가능하다고 생각하여 우리 자신을 포함한 우주의 전체를 문제로 삼을 때 따라 나오는 인간 지식의 한계를 돌파할 수 있다고 믿는다. 호킹은 미시적 우주를 다루는 양자론을, 거시적 우주를 지배하는 상대성 이론과 결합함으로써 이러한 지식의 한계를 돌파하려고 한다. 왜냐하면 블랙 홀의 내부와 빅뱅의 순간에는 극대와 극소가 일치하고 무한소로 수축한 우주 전체에 양자역학이 적용되어야만 하기 때문이다. 그의 작업은 우선 우주의 국소적인 종말인 블랙 홀의 특이성을 이해하는 데서 시작하였다. 그 최초의 성과는 블랙 홀의 표면 가까이 있는 진공의 '양자적 요동'으로부터 빛의 복사가 존재한다는 **호킹의 복사 이론**이다. 이 이론을 일반인이 이해할 수 있도록 해설한 것이 『시간의 역사』의 제7장 「블랙 홀은 그렇게 검지 않다」의 주제이다. 이 이론은 호킹의 이름을 세계적으로 유명하게 만들었는데, 그것은 어린 나이에 난치병을 얻어 '자기자신의 죽음'이라는 인생의 블랙 홀에 직면한 호킹이, 그럼에도 불구하고 그것으로부터 광명을 보았다는 경력을 상징하는 이론이었다. 이전에는 전부가 암흑으로서, '돌아오지 않는' 영역으로서 이해된 블랙 홀의 '빛'을 발견한 호킹이 다음으로 한 것은 우주의 시작인 빅뱅의 특이점을 같은 방법으로 이해하는 것이었다. 그것은 인간의 지식의 한계에 도전하는 시도임과 동시에, 우주의 전체를 파악함으로써 "신의 마음을 아는" 기도라고 말해도 좋을 것이다.

우주론의 이율배반으로서 옛날부터 알려져 있는 것의 하나는 우주의 유한성의 경계가 있는가 하는 문제이다. 우선 우주가 공간적으로 유한하다고 가정하면 경계의 저편이 있게 되고 경계의 내부는 존재하는 것의 총체, 즉 우주가 아닌 것이 될 것이다. 이에 대해 우주가 무한하다고 하면 그 총체를 인간이 인식하는 것은 애당초 불가능하게 될 것이다. 호킹의 이론에서는 주변도 경계도 없는 폐쇄된 유한 우주에 물리학의 법칙을 적용함으로써 통상의 경계조건을 '무경계 조건'으로 치환한다. 이 착상은 이미 아인슈타인이 '경계 없는 유한 우주'라는 아이디어에 의해 최초의 우주 모델을 제공한 때 시도한 것이다. 호킹은 이 아이디어를 양자론과 우주 전체에 적용할 때에도 채택하였다고 할 수 있다. 아인슈타인의 유한 우주 모델은 시간에 대해서는 무한 경계조건을 적용하지 않지만, 호킹의 우주론에서는 이 착상을 시간에도 적용하고 있다. 그가 말하는 '허수 시간'(imaginary time)이란 시간의 시작과 끝이라는 특이점을 이해하기 위한 아이디어이며, 여기에 유한하지만 시작도 없고 끝도 없는 시간 개념을 부여한다. 이것은 종래의 양자론에서는 단순한 수학적 허구로 취급되었던 것인데, 호킹의 이론에서는 보다 실재론적인 의미를 지니며 직선적인 시간 개념을 보완하는 원환적인 시간 개념의 역할을 담당하고 있다. "우주의 시작 이전을 탐구하는 것은 지구상에서 북위 91도에 무엇이 있는가를 탐구하는 것이다"라는, 그가 '허수 시간'을 설명할 때 쓰는 상투적인 이야기이다. 이같은 호킹의 사변은, 그것에 동의하든 반대하든 현대 물리학의 하나의 극한적인 가능성을 보여준 것이다.

▣ 주요 저작

『시간의 역사』(삼성출판사)

홉스봄

E. J. Hobsbawm(1917~)

홉스봄은 1917년 알렉산드리아의 영국계 유태인 가정에서 태어났다. 1932년 베를린으로 이주하였지만 나치의 대두로 다음해인 1933년 영국으로 이주하였고, 1936년에는 영국 공산당에 입당하였다. 1953년 소비에트 정부가 헝가리에 대한 군사 개입을 감행하였을 때에도 소비에트 정부의 방침을 지지하여 탈당하지 않았다. 1939년 케임브리지대학 킹스 칼리지를 졸업하였고 제2차 세계대전 때에는 영국군으로 종군하였다. 1949~55년 케임브리지 대학 킹스 칼리지의 특별 연구원으로 일했으며 1947년에 런던대학 버벡 칼리지의 사회경제사 담당 강사가 되었고, 1970년 교수로 취임하여 1982년 정년 퇴임하였다. 그후에는 명예 교수가 되어 오늘에 이르고 있다.

홉스봄은 J. 졸과 함께 영국을 대표하는 역사가이다. 주요 저작 ①, ②에서 알 수 있듯이, 당초에는 영국 노동운동사 연구에 주력하였지만, ④를 계기로 하여 근현대 유럽사로 연구 대상을 확대하였다. ④, ⑤, ⑥은 영국의 산업혁명과 프랑스혁명을 시작으로 하여 제1차 세계대전을 끝으로 하는 기나긴 19세기를 해박한 지식과 통찰력을 가지고 대하소설과 같은 필치로 써내려간 3부작이며 홉스봄의 대표작이라 말해도 좋다.

③은 ① 간행 후 15년간 집필한 일련의 논문을 수록한 것으로, 노동자의 조직과 지도자를 살펴보면서도 노동자계급의 전통 · 관습 · 의식, 산업혁명기의 미숙련 노동자, 기계파괴운동(러다이트운동), 생활수준, 감리교 등을 논하고 있다. 특히 조직적 노동운동을 중시한 나머지, 이전에는 무시되었던 러다이트운동과 같은 자연발생적 요소가 노동운동에서 중요하였다라든가, 클래팜 교수가 『영국 근대 경제사』(전2권)에서 하몬드와 토인비 등의 종래의 정설을 부정하고 산업혁명기 노동자의 생활수준이 상승하였다고 단정하는 것은

문제가 있다는 등의 주장은 활발한 논의를 불러일으켰다. 특히 후자에 대해서 홉스봄은 노동자가 소비한 생활 자료와 주택 환경 등을 제시함으로써 클래팜 교수의 주장을 반박하였다.

②는 사회인류학 연구와 동시대의 케냐의 모우모우단의 반란 등에 자극받아 집필한 것으로, 여기서 홉스봄은 도적, 마피아, 폭도, 기독교도의 신비주의적인 행동 등 **원초적**이며 **정치 이전적인** 운동이 근대적 노동운동과 사회주의 운동에 귀중한 요소를 제공하였다고 주장하고 있다.

홉스봄의 3부작 ④, ⑤, ⑥은 거의 때를 같이 하여 발생한 **두 개의 혁명**, 즉 구체제를 타도하고 민주 정치를 탄생시킨 프랑스혁명과 그다지 극적이지는 않지만 사회에 준 변화의 크기에서는 그것을 상회하는 영국 산업혁명에 의해 유럽의 한 구석에서 탄생하여 나머지 세계를 석권했다가 1차대전에 의해 종말을 본 19세기 부르주아 사회의 역사적 특성을 보여주고 있다. 이 3부작에는 헤겔, 맑스의 변증법적 역사관과 노동자계급을 중요시하는 것을 제외하면, 맑스주의 역사가에서 보여지는 협애함이 없으며 백과사전을 생각나게 하는 홉스봄의 폭넓은 지식이 도처에 새겨져 있다. 영국, 프랑스에서 부르주아지의 승리와 그것의 유럽 세계 및 비유럽 세계로의 보급을 논하고 있는 ④, ⑤보다도 부르주아지의 대항세력――노동자계급에만 한정되지 않는――의 대두, 부르주아 국가 상호간의 대립, 비유럽 세계의 동요와 태동에 의해 부르주아 사회와 선진적인 유럽 지역이 붕괴로 치닫는 긴장된 과정을 논하고 있는 ⑥에서 홉스봄의 본령이 발휘되고 있다.

그는 제국의 시대(1875~1914년)가 대중 정당과 사회주의 정당의 출현, 보통선거――지도자가 대중을 동원하는 절호의 기회이다――에 기초한 민주정치의 보급, 복지 입법의 출현, 일상 생활의 3대 혁신(광고, 매스미디어, 영화의 보급), 그리고 과학기술의 사회적 통용(자동차, 항공기, 전화 · 무선 통신)에서 보여지듯이 백년 후의 현대 대중사회의 맹아라고 생각한다. 그는 1873~96년의 '대불황기'를 '사회적 긴장의 시대'라고 하는데, '제국의 시대'는 '자본의 시대'와는 달리, 팍스 브리타니카의 근저가 흔들리고 복수의 적대적인 국민경제로 이루어진 시대라고 생각한다. 차별적인 인종주의와 호전적인 민족주의가 제국주의에 의해 고양되고 확고한 기초를 결여한 신흥 화이트칼라와 중간계급이 제국주의의 강력한 지지층을 형성하였다는 견해를 제시한다. 긴장된 국제관계에 더해 국내에서는 사회주의적 노동운동이 대두하여 배외주의적 경향을 강하게 띠는 민족주의와 격렬하게 충돌한다. 여기에서 '국민'이라는 **환상적인 공동체** 개념이 신분과 서열, 교회 등의 전통적인 힘들을 대신하여 사람들을 통합하여 경쟁 국가에 승리를 거둘 수 있는 무기로 승화한다. **국가적 효율**을 높이는 중요한 도구로서 '공용어'의 존재의의도 커지며 오스트리아-헝가리, 오스만 제국 등 다민족 국가는 지배적인 언어와 문화를 둘러싸고 위기에 빠진다. 게다가 제국주의적 지배의 대상이 된 비유럽 세계에서는 서구의 기술과 사상으로 무장한 엘리트가 반서구운동의 조직화에 착수하여 유럽 부르주아지의 불안을 가중시킨다.

이러한 홉스봄의 19세기 사회에 대한 역사 인식은 다른 역사가의 추종을 불허하는 문학·사상, 예술, 음악(그는 재즈 평론가이다), 과학, 미디어 등의 영역에 대한 그의 조예와 통찰력으로 인해 더 한층 풍부해졌기 때문에 독자를 매료시키는 것이다.

■ 주요 저작

①*Labour's Turning Point 1800~1900*(1948), ②『원초적 반란』, ③『영국 노동운동사 연구』, ④『혁명의 시대』(한길사), ⑤『자본의 시대』(한길사), ⑥『제국의 시대』

화이트

Hayden White(1928~)

현재 캘리포니아 대학 산타 크루스 분교의 교수이자 의식사(意識史) 교수인 헤이든 화이트는 잡지에 실린 논문들을 제외하면 세 권의 저작을 간행하였다. 『메타 역사——19세기 유럽의 역사적 상상력』(1973년), 『담론의 문채학(文彩學)——문화 비평론』(1978년), 『형식의 내용——역사의 담론과 역사의 표상』(1978년)이 그것이다.

헤이든 화이트의 업적은 문화에서 **담론**의 중요성을 주장한 데 있다. 여기에서 담론이란 문학적, 신화전승적 담론만이 아니다. 예를 들어 지금 나는 헤이든 화이트의 주장을 해설함으로써 워드프로세서를 마주대하고 있다. 무엇인가를 '정리하는' 문장 작업은 구체적으로 말하면 그것을 담론화하는 것이다. 내가 지금 특히 염두에 두고 있는 담론 패턴은 아니지만, 그럼에도 불구하고 이것으로부터 충분히 나의 워드프로세서의 하얀 화면은 무엇인가의 담론을 전개하는 장이 될 것이다.

역사가로서의 화이트가 취급하는 것은 소재로서의 역사적 사건이 아니라 그것을 말하는 역사 기술(記述)이다. 역사 기술에 대한 역사 기술. 역사 기술의 역사. 그것을 가리켜 화이트는 '메타 역사'라 부른다. 이러저러한 역사 기술이 역사를 '말하는' 것인 이상, 거기에 '담론적 성격'이 있다는 것은 누구라도 예상할 수 있는 일이다. 그러나 그것을 어떻게 처리하는 것인가? 화이트가 제창하고 실천해 보인 것은 문학 이론과 담론 이론의 성과를 적극적으로 흡수하여 체계적 이론을 구축하는 것이었다. 화이트에 의하면, 전통적인 역사 기술은 과학(science)이자 역사가의 예술(art)이기도 한데, 거기에는 이론적인 고찰이 들어갈 수 있는 여지가 없었을 뿐만 아니라 이론적인 것을 적대시하기까지 하였다. 이론적이지 않는 것——이것이 역사가의 긍지였다.

이에 반해 화이트는 『메타 역사』(1973년)에서 '역사의 시학'을 제창하여 역사 기술의 이론적 기술을 시도한다. 화이트는 역사 기술을 조직하는 것에 사용된 4개의 플롯 유형, 4개의 논의의 유형, 4개의 이데올로기 전략을 분류 정리한다. 그리고 『메타 역사』의 속편이라 할 수 있는 『담론의 문채학』(1978년)에서는 '역사의 시학'을 구성하는 3개의 분석 카테고리에 다른 하나의 카테고리를 더한다. 그것이 '문채의 이론'이다(여기에서 말하는 '문채'란 "trope"를 말한다).

장 바티스타 비코와 케네스 버크를 원용하여 화이트가 구축한 '문채학'은 역사가가 재료와 자료를 전체로 정리할 때 의거하는 심층 구조를 들추어낸다. 이 심층 구조는 4개의 비유 형식에 의해 지지된다——은유(metaphor), 환유(metonymy), 제유(synecdoche), 반어(irony). 4개의 구성 요소로 이루어진 4개의 분석 카테고리는 역사 기술의 표현형식 분석에 머무르지 않고 커다란 충격적인 결과를 초래하게 된다. (1)역사가가 말하는 역사상(像)은 역사적 증거에서 직접 끌어낸 것이 아니라, 화이트의 '역사의 시학'이라든지 '문채학'이 들추어낸 문화적 담론 패턴에서 내용, 형식에 따라 좌우되고 있다는 것. (2)역사가가 말하는 역사상의 차이는 역사가가 의거한 담론과 문채 패턴의 차이라는 것. (3)어떠한 역사상을 선택하는가는 역사적 증거의 문제가 아니라, 어떠한 도덕적 · 미적 가치를 선택하는가의 문제라는 것.

역사 기술과 역사적 논의의 선택은 이미 존재하는 지배적인 문채 내지 담론 패턴에 의거한다는 화이트의 이러한 사고방식에 여러가지가 영향을 끼쳤다는 것을 알 수 있다. 예를 들어 자유와 선택과 책임의 문제로서 실존주의를 들 수 있다. 역사적 표현의 선택이 가능한 미래의 선택과 관계되어 있다는 점에서 칸트적인 개념의 영향을 인정할 수 있다. 패턴화하고 구조화하여 파악한다는 점에서는 **구조주의**의 영향이 뚜렷하다(화이트의 사고에 가장 큰 영향을 끼친 것은 구조주의적인 문학론 · 장르론을 전개한 노스롭 프라이이다). 또한 사고와 논의와 발견을 좌우하는 틀을 설정한다는 점에서 토마스 쿤의 패러다임론, 역사가의 담론에서 진실 사이의 대응이 아니라, 수사학적인 성격을 본다는 점에서, 예를 들어 드 만의 수사 비평과 통하는 것을 볼 수 있다.

화이트의 4개의 문채는 부분이 전체로 통일될 때의 형태로 집약된다. 당연히 '통일'이 문제가 된다——만약 역사 기술을 포함한 모든 담론이 이 통일성을 구성하는 것에 관여한다면, 그것은 어떻게 하여 어떠한 시점에서 지배적인 것으로 되는가? 화이트의 『형식의 내용』(1987년)은 이 문제를 취급한다. 현실의 사건을 역사로서 담론화하는 것은, 합쳐져서 의미있는 '아름다운' 과거와 현재의 모습을 드러내며 혼돈으로서 무의미한 '숭고한' 현실상을 억압하는 것이다. 역사를 말하는 것은 이러한 이데올로기 기능에 가담하는 것이다. 역사 담론이라는 '형식'은 역사의 통일성과 질서를 암묵의 '내용'으로 가지고 있다. 화이트에 의하면, 통일성의 환상을 주는 '형식의 내용'은 근대 국가의 성립과 함께 탄생하여 그 이후 지배적인 것이 된다. 그리고 정합적 · 합리적 표상 이외의 것은 참된 리얼리즘으로 인정받지 못하게 된다.

화이트의 관점은 담론 형식 일반에도 적용될 수 있으며 문화적 활동의 동학을 해명할 수단을 제공한다. 동시에 비평은 주관적, 역사는 객관적이라는 진부한 구도를 성립시키고 있는 문학 연구와 비평이 계속 건재한 현재, 또한 문학 비평에 신역사주의가 대두한 영향으로 역사적 문맥으로 연구대상을 위치시키는 것으로만 스스로의 연구와 비평에 권위를 부여하려는 아류의 신역사주의가 횡행하는 현재, 역사를 최종 심급으로 하지 않기 위해서도, 역사의 권위를 분쇄하기 위해서도 화이트의 이론은 경청할 만하다. 어쨌든 화이트에 의하면, 역사적 문맥이라고 말하더라도 그것은 이전에 해석되고 선택된 이미지가 현실로 위장된 것에 불과하다. 예의 화이트의 상대주의에도 비판이 존재하며 근년에 카를로 긴즈부르그와의 논쟁에서 발단된 '최종 해결과 표상의 한계' 연구회의가 개최되어 논쟁이 진행되었다.

▣ 주요 저작

『19세기 유럽의 역사적 상상력 —— 메타 역사』(문학과지성사)

화이트헤드

Alfred North Whitehead(1861~1947)

1차 세계대전과 제2차 세계대전 사이의 시기는 유럽의 근대 문명에 대한 철학적 반성이 행해진 시기였다. 과학기술의 진보가 인류에게 행복을 약속하지 못하고, 근대화가 커다란 대가를 강요한 사건이 비참한 전쟁의 형태로 나타났기 때문이다. 훗설이 『학문의 위기와 초월적 현상학』에서 생활세계로부터 이반한 과학적 지식이 삶에 대해 의의를 상실하였다고 지적한 것과 거의 같은 때에, 화이트헤드는 『과학과 근대 세계』에서 우리의 생활세계의 현장에 뿌리를 두는 새로운 우주론의 필요성을 역설하였다. 그것은 오늘날 우리가 읽어도 거의 낡은 점이 느껴지지 않는다는 의미에서 포스트 근대를 조명하는 새로운 철학의 방법서설이라고 부르는 것에 어울리는 저작이다.

『과학과 근대 세계』는 근대 유럽에서 생겨난 기계론적 자연관의 문제를 부각시켜 그것이 **추상을 구체로 잘못 대체한 오류**(The fallacy of misplaced concreteness)에 기초하고 있다는 것을 지적하고 있다. 화이트헤드는 17세기 철학으로부터 현대 철학이 계승한 기계론적 자연관을 분석하고, 그것을 대신하는 것으로서 **유기체론적 자연관**을 제창하였다. 이 착상은 그의 주저인 『과정과 실재』에 체계적인 형태로 제시되어 있다. 유기체의 철학은 근대 자연과학의 발흥에 의해 폐기되었던 형이상학의 구도를 현대의 첨단 과학의 영역을 매개로 한 사건에 의해 부활시키려는 시도였다. 그것은 가능성과 현실성, 보편성과 개체성, 생성 · 소멸과 영속성 등 전통적인 형이상학의 범주의 틀 내에서 우주론과 신학을 전개한다는 점에서 근대를 뛰어넘어 플라톤적인 자연관을 현대에 소생시킨 것이 아닌가 하는 인상을 주지만, 그와 동시에 양자론과 상대성 이론과 같은 20세기의 첨단 과학 이론을 매개로 하여 근대 자연과학의 한계를 돌파하려는 시도이기도 하였다.

『과정과 실재』의 기본적인 존재 범주는 **현실 존재**(actual entity) 혹은 **현실적 생기**(actual occasion)라 불린다. '물'로서의 성격이 강조될 때는 전자가, '사건'으로서의 생활이 강조될 때는 후자가 사용된다. 현실적 생기란 일회적인 대체 불가능한 '사건'(개별자)이며 시간의 반복 불가능성, 역전 불가능성의 기저를 이루는 것이다. 주어가 되며 술어가 되지 못하는 실체의 개념은 유기체 철학에서는 부정되기 때문에 하나의 현실적 존재는 개체임과 동시에 다른 현실적 존재 가운데에 내재하는 보편자라는 성격을 모두 가지고 있다. 이렇게 개별에 대해 보편이라는 대립하는 성격을 모순되는 것이 아니라 모든 것을 가지는 사건이 일어나는 근거가 현실 존재의 생성, 즉 구체적인 것이 지금 여기에서 성립하는 움직임(현성〔現成〕= concrescence)에서 구해진다. 이 움직임에서 모든 현실 존재는 생성의 주체(subject)로서 다른 우주의 존재들을 **파악하여**(prehend) 선행하는 우주를 스스로의 중심에 비춘다. 다른 한편 개개의 현실 존재는 그 현성의 움직임에 의해 새로운 개별 사물을 만들며 다른 현실 존재의 가운데에 자기자신을 투사한다(superject). 이같은 서로 대립하는 성격을 대조(contrast)로서 가지면서 생성 · 발전하는 세계의 모양을 기술하는 일이 유기체 철학의 존재론이다. 이 존재론은 기계론적 자연관에서 그러한 것과 같이 가치를 가지지 않는 단순한 존재라는 개념을 "추상을 구체로 잘못 대체한 오류"로 배척함으로써, 의식을 가진 인간에 만물의 척도가 되는 특권을 부여하는 인간중심주의를 취하지 않는다. 의식은 현실 존재의 하나의 기능에 불과하며 의식을 가지지 않는 존재들도 그것이 현실적이라면 자신의 가치를 가진다는 견해를 화이트헤드는 명확하게 하고 있으며, 이 점에서 최근의 '심오한 에콜로지' 운동가의 사고를 선취하고 있는 점이 흥미롭다. 플라톤의 티마이오스의 우주론이 우주 전체를 하나의 생명있는 존재로 생각한 것과 같이, 화이트헤드의 체계에서도 모든 존재는 강약의 정도의 차이는 있어도 어떤 의미에서든 주체성을 가지고 있다(pan-subjectivism). 이렇게 살아 있는 자연과 사귀며 자연을 우리 자신 내부에서 느끼는 움직임(physical feeling)이 자연을 초월하는 영원한 것을 관념으로 촉발시키는 움직임(conceptual feeling)과 결합되어 있다. 세계 가운데에서 하나의 존재인 우리의 내부에 세계 전체가 어떻게 내재되어 있는 것이 가능한가라는 문제, 그리고 우리 자신이 어떻게 주어진 세계를 초월하는 존재가 되는가, 또 우리와 공시적인 세계가 우리와는 어떤 의미에서 독립적인 타자로서 존재하는 일은 어떻게 가능한가 등이 유기체 철학의 기본적인 범주를 구사하여 설명되고 있다.

『과정과 실재』의 마지막 장은 신과 세계의 문제를 어떠한 기성 종교의 교조로부터도 독립시켜 순수한 철학적 입장에서 논의하고 있다. 그것은 찰스 하츠혼의 말을 빌면, "우리 시대의 가장 우수한 자연신학"이며 신과 세계의 기본적 관계에 관한 전통적인 계시신학 대신에 자연과 신과 인간이라는 세 존재의 레벨 사이의 동학과 조화와 질서가 주제가 되고 있다. 근대의 단순한 인간중심적인 사고틀을 바꾸어 인간이 그 환경 세계(자연)와 인간을 초월하는 존재(신)에 깊이 관계되는 사건에 의해 처음으로 인간들이라고 할 수 있는 기본적인 관점이 관철되고 있다. 여기에서 말하는 자연신학이란 계시신학에 대립하는 개념이며 철학의 입장에서 사고되는 신학이다. 특정한 종교 내부에서만 통용되는 계시를 권위로 삼는 것은 철학적인 신학의 길이 아니다. 화이트헤드가 출발점으로 삼은 것은 누구나 체험하는 경험의 직접성 가운데에 모든 신학이 잠재적으로 포함하고 있는 유기체 철학의 근본적인 직관이다. 자연계에 있는 것으로 만족하지 못하는 먼지와 같은 존재도 "현실에 존재한다"라는 움직임에서는 신과 마찬가지이며, 그 현실 존재를 완전하게 아는 일은, 요컨대 신을 아는 것과 마찬가지이다. 그러나 자연과 신은 동일한 것이 아니며 신은 자연적으로 생성되는 사물과는 역대응적으로 움직이며 자연에서 선행하는 것은 신에게는 뒤에 오는 것이며 자연에서 뒤에 오는 것은 신에게는 선행하는 것이 된다. 화이트헤드에게는 형태가 있는 것으로의 신을 초월하는 '보편의 보편'(궁극의 범주)으로서 모든 피조물을 초월하는 순수한 창조 활동(creativity)이 있으며, 자연과 신 쌍방을 존재하게 해주는 근원적인 움직임으로서 자각된 것에 의해 신이 아니라 자연 가운데 하나의 존재에 불과한 우리가 그럼에도 불구하고 신에 대해 말하는 것이 가능한 근거가 되는 것이다.

■ 주요 저작

『과학과 근대 세계』(서광사), 『관념의 모험』(한길사), 『과정과 실재』(민음사)

훗설

Edmund Husserl(1859~1938)

훗설은 모라비아의 프로스니츠에서 태어났다. 라이프치히대학, 베를린대학에서 수학을 공부한 후 빈대학에서 브렌타노의 강의를 들었고 그것을 계기로 하여 철학으로 방향을 바꾸었다. 할레대학을 거쳐 1901년 괴팅겐대학 객원교수로 취임하였다. 1900~01년에 『논리학 연구』를 공간하였다. 가이거, 잉켈튼, 셸러 등이 훗설의 강의를 들었다. 1916년부터는 리케르트의 후임으로 프라이부르크대학 정교수로 일했다. 하이데거, 슈타인, 베커, 레비나스, 거기에 만년에 조수로 일한 핑크, 란트그레베 등 뒤에 현상학자로 이름을 떨친 많은 철학자를 배출하였다. 30년대가 되어 반유태주의의 물결이 대학까지 밀려오고 나치즘 체제 아래에서 활동의 제약을 받게 되었다. 이 사이 빈과 프라하, 파리 등에서 강연을 하여 커다란 반향을 얻었다. 1938년에 세상을 떠났다. 같은 해 반 브레다가 벨기에의 루벵대학 안에 훗설 문고를 설치하고 훗설의 유고의 보존·정리를 담당하였다. 그 작업에 따라 1950년부터 『훗설 저작집』(Husserliana)의 간행이 시작되어 60년대 이후 '훗설 르네상스'라 불릴 정도로 현상학 연구가 활발하게 진행되었다.

수학자 훗설은 처음에 브렌타노의 이른바 기술심리학의 영향을 강하게 받았고 전체와 다수, 기수와 서수 등 집합론과 수학의 기본 개념의 기원을 인간의 심리과정 속에서 구하려 하였지만, 얼마 안 있어 수라는 것을 '계산한다'라는 심적 작용에 의한 구성물로 간주하는 심리주의적인 사고방식에 대해 비판적이게 되었다. 그것으로는 수학적 개념의, 경험을 초월한 아프리오리한 타당성이 충족될 수 없기 때문이다. 『산술의 철학』(1891년)부터 『논리학 연구』 제1부(1900년)로의 이행은 심리학주의로부터 객관주의·논리주의로의 이행이었으며, 이것과 함께 훗설의 관심은 수학의 기초론으로부터 논리 일반으로,

다시 말하면 학문을 학문으로 만들어주는 형식적 조건을 탐구하는 논리학으로 확장되어갔다.

『논리학 연구』의 제2부(1901년)부터 『이념들 I』(1913년)로의 전개 속에서 훗설은 심리주의와 논리주의의 대립을 지양하려는 새로운 입장을 제시한다. 그것은 의식의 지향적 분석이라는 입장이다. 거기에서는 주관적인 인식 체험과 객관적인 인식 내용(이데아적 대상)의 상관관계가 지향성이라는 의식의 동적 연관(**노이에시스-노에마 연관**)으로서 파악되어 있다. 어떠한 존재가, 그것이 대상으로서 의미를 가지고 있는 한 그것에 대응하는 의식의 구성적인 작용에 반대로 관계되어야만 한다는 사고방식이다.

의식의 그러한 세계구성적인 움직임이 훗설이 말하는 **초월론적 주관성**이며, 그것으로 분석의 작업장을 전환하는 조작이 **현상학적 환원**이다. 이 조작은 또한 자연적 태도로부터 현상학적 태도로의 태도 변경이라고도 말할 수 있다. 우리가 세계에 매몰되어 살아있을 때에는 세계의 존재와 그 의미규정은 자명한 것으로 받아들여지지만, 현상학은 세계로부터 새삼스럽게 그러한 자명성의 외피를 벗어버리는 한 세계가 그러한 것으로서 우리에게 나타나게 되는 과정을 분석하려는 것이다.

그런데 대상은 결국 일정한 '지평' 속에 주어져 있다. 우리가 어떤 대상을 지향할 때에는 동시에 여러 의미의 지평이 언제나 그 지향을 미리 규정하는 틀로 함께 움직인다. 요컨대 대상은 항상 그러한 교차하는 지평들 속에서 일정한 대상으로서 나타나며, 이 지평들이 서로 착종하여 포함되어 있는 하나의 전체 지평을 이룰 때 그것이 세계적인 것으로부터 대상은 요컨대 세계를 지반으로 하여 세계 속에서 나타난다고 말할 수 있다. 대상은 항상 그러한 '의미의 역사' 속에서 나타나는 것이다. 그 위에 현상학은 세계를 경험하는 우리의 의식에서 언제나 이미 움직이고 있는 과정(수동적 종합), 게다가 그러한 선행적인 구성 과정 전체의 시간적인 생성에 보다 깊은 분석의 메스를 들이대는 것이다. 이 분석 작업이 **발생적 현상학**이라 부르는 것이다.

그리고 그 과정에서 현대 철학의 새로운 문제 지평을 연 몇몇 중요한 문제가 부상된다. 그 핵심에 있는 것은 초월론적인 의식으로의 환원이라는 현상학의 가장 근간이 되는 조작의 불가능성이라는 문제이다. **현상학적 환원**의 잔여로서 석출된 코기토(cogito)로서의 지향적 의식의 분석은 현재적인 의식 작용(작용 지향성)에 선행하며 그 근저에서 이미 잠재적으로 익명인 채로 움직이고 있는 구성 기능(작용하고 있는 어떤 지향성)의 분석으로 전개되어가지만 그 속에서 코기토로서의 지향적인 의식이 코기토적인 주체 자신이 구성으로 산출되는 것은 아니며, 따라서 스스로 제어할 수 없는 하나의 익명적인 초월론적 사건을 기저로서 가지고 있는 것이 명확해진다. 그것이 예를 들어 **신체성**이며 **상호주관성**이다. 이들 코기토의 내부에서 이미 회수 불가능한 지향성의 분석은 그후 전통적인 심신 문제와 타자 문제, 감각론과 사회성론에 새로운 전망을 여는 것으로서 현상학 이외의 철학 · 인문사회과학의 연구에도 커다란 영향을 끼치게 된다. 또 이들 과정 전체가 **생활세계론**으로서 전개되는 것이지만 그 속에서 우리가 항상 현상으로서의 세계가 나타나는 배후에 상정하고 있는 과학적 · 객관적인 세계의 존립도, 이러한 '근원적인 교조의 세계' 로서의 생활세계에 입혀진 '이념의 옷' 에 불과한 것으로서 상대화된다. 객관주의적인 사고방식이 되는 과학에서는 〔이념화라는〕 방법의 산물에 불과한 것과 존재 그 자체를 잘못 이해하고 있다는 것이다. 이 과학 비판은 '궁극적인 기초' 의 불가능성, 상대주의 등 현대 과학철학의 문제에 커다란 영향을 끼쳤다.

이리하여 코기토라는 초월론적 주관성의 분야의 분석으로부터 그 작업을 시작한 훗설의 현상학은 하이데거, 메를로-퐁티, 레비나스 등의 후계자에 의해 더욱더 그 분석이 심화되어가는 가운데 코기토의 내부로부터 외부로, 혹은 순수한 의식으로부터 그것을 매개하고 있는 불투명한 지평(신체성 · 상호주관성 · 생활세계 · 수동성 등)으로 그 분석의 메스를 옮겨갔으며, 그리하여 현대 사상의 여러 문제 차원을 절개하였던 것이다.

■ 주요 저작

『유럽 학문의 위기와 선험적 현상학』(이론과실천), 『현상학의 이념』, 『엄밀한 학으로서의 철학』(이상 서광사)

히틀러

Adolf Hitler(1889～1945)

히틀러에 관한 장편 만화 『아돌프에게 고한다』의 작가 오즈카 데사무(手塚治蟲 : 만화 영화 『우주소년 아톰』의 작가로 우리에게도 잘 알려진 일본의 만화가 —— 역자)는 어떤 대담에서 이렇게 말하고 있다.

"오늘날, 만화가 많이 나오고 다양한 것이 씌어지고 있는 것은 영웅과 대립하는 인물로 악인을 설정하고 그쪽을 영웅화하여 주인공을 이겨버리기 때문이다. 오히려 밉살스러울 정도로 뻔뻔하게 악한 일을 하는 것에 독자들은 공감할 수 있다. 그렇게 되면 당초 의도했던 테마가 전복되며 스스로 무엇을 쓰고 있는가를 이해할 수 없게 된다."

이 아포리아를 피하는 것으로서 그는 히틀러를 기존의 이미지에 따라 '단순 명쾌한 악' 으로 그리지만, 대담자의 다음과 같은 발언을 이해할 수 없다고 생각한다.

"악이라고 알려져 있으며 악을 행한다는 정치는 나 자신의 기준에서 보자면 고도의 정치라고 생각된다. 그것조차 정치다운 것이라 생각된다. 일본인과 미국인에게는 그것이 결여되어 있다"(手塚治蟲 · 鶴見俊輔, 「대담 : 만화와 기호 —— 현대의 말」, 『역사와 사회』 제6호).

현대 사상에서 히틀러의 의의는 이러한 고도의 정치에 있다고 말할 수 있을 것이다. 요컨대 지적 엘리트가 아니라 대중을 상대로 하는 대중인의 '고도의 정치' 의 문제이다. 국가 사회주의를 지성과 인도(人道)의 관점에서 단죄하는 것만이 아니라 히틀러의 눈으로 조망하는 것, 즉 악마도 천재도 아닌 대중인으로서 고찰해보는 것이 우선 필요할 것이다.

히틀러는 오스트리아의 세무 관리의 아들로 라인강변의 프라우나우에서 태어났다. 실업학교를 중퇴한 뒤 빈에서 화가가 되려 했지만 좌절하고 말았다. 이 사이 빈 시장 루에거의 반유태주의와 세네러의 범게르만주의 사상을 접하고 맑스주의의 대중운동을 가까이서 관찰하였다. 1차대전의 발발과 함께 군에 지원하였고 공을 세워 제1급 철십자 훈장을 받았다. 1919년 독일혁명의 와중에 '독일 노동자당'에 참가하여 이것을 대중운동으로 발전시켰다. 1923년 11월 무솔리니의 로마 진군에 맞추어 일으킨 뮌헨 봉기는 실패하였지만, 그에 대한 재판을 정치선전에 이용하여 **국가 사회주의 독일 노동자당**의 이름을 전국에 알렸다. 옥중에서 자전적으로 구성한 『나의 투쟁』 제1권을 구술하였다. 1924년 석방되자 선거에 의한 합법적 정권 탈취를 목적으로 정하였고, 1927년에는 당의 조직론과 선전론을 중심으로 운동의 목표를 논한 『나의 투쟁』 제2권을 출판하였다. 다음해인 1928년에는 오로지 외교 문제에 관해서 논한 『두번째 책』을 집필하였지만, 정치적 고려 때문에 생전에는 출판되지 않았다. 이러한 저작에서 표명된 세계관과 당의 이름에서 분명히 알 수 있듯이, 히틀러는 **노동자계급의 '국민화'**에 선전의 중심을 두었고 명망가 정당과 계급 정당을 뛰어넘는 국민 정당을 목적으로 하였다. 1929년의 세계공황에 의한 사회적 혼란의 와중에 선거에서 큰 성공을 거두었고, 1933년 1월 30일 대통령 힌덴부르크의 수상 지명으로 **국민혁명**을 달성하였다. 나아가 의회에서 전권 위임법을 통과시켜 좌익 세력을 탄압하였고 '제2혁명'을 주장하는 돌격대를 숙청하였다.

힌덴부르크 사후 '총통'으로서 독재체제를 확립하였다. 1933년 국제연맹 탈퇴, 1935년 재군비 선언 후 1938년 오스트리아를 합병하고 즈데텐 지방을 병합하여 '대독일 국가'를 수립하였다. 총력전 체제의 구축을 목표로 한 4개년 계획과 아우토반 건설을 필두로 한 노동 수요의 창출로 완전 고용을 실현하여 국민적 지지를 획득하였다. 나아가 **생존권**(生存圈)을 요구하는 동방 진출을 꾀하며 제2차 세계대전을 일으켰다. 전시 체제 아래에서 유태인 학살은 잘 알려져 있지만, 점령지에서도 다수의 강제 노동자를 들여와 전시경제를 확대 · 유지하였다. 그 결과 독일인 노동자의 지위는 상대적으로 향상되어 화이트칼라와의 격차도 줄어들었으며, 3D 노동을 외국인 노동자에게 의존하는 현재 독일 연방 공화국의 사회경제체제의 기초가 마련되었다. 히틀러는 1945년 베를린 함락과 함께 자살하였고, 결국 국토를 초토화시키고 동서 분열을 초래하였다.

그러나 전시 동원 체제의 구축과 군부 및 교회 등 전통적 보수 세력을 탄압함으로써, 설령 의도한 결과가 아니었을지라도 전후 평준화된 근대적인 독일 사회를 탄생시켰다. 이러한 시각은 히틀러의 사회혁명으로서 논의될 수 있지만, 최근 연구에서는 더욱 적극적으로 근대화를 추진한 혁신으로 나치당을 위치짓는 입장도 유력해졌다. '진보로서의 근대'라는 진보 사관의 낙관적 관점에서 벗어나 '근대=합리화 · 규율화' 비판의 입장에 섰을 때 프린츠-슈텔만 편 『국가 사회주의와 근대화』(*Nationalsozialismus und Modernisierung*, 1991)에서 보여지는 '근대의 전체주의적 가능성에의 나치즘', '전체주의적 복지국가로서의 제3제국'이라는 구도를 볼 수 있다. 이 경우 근대화는 민주화가 아니며 또한 민주주의도 의회주의와 동일한 것은 아니다. 대중에게 참가의 느낌을 주는 '**새로운 정치**'의 발전을 분석한 역사가 모세는 히틀러 지지자에는 그들 자신의 민주주의가 있으며 나치즘은 '선전 조작'의 체제가 아니라 '공감 합의'의 운동이었다는 것을 지적하고 있다. 대중이 정치에 참가할 수 있다고 예감하는 감각을 기준으로 보면 '나치즘의 민주주의'는 존재한다고 말할 수 있을 것이다.

그렇다 하더라도 종래의 히틀러관에서 압도적으로 영향을 준 것은 나치즘을 **니힐리즘의 혁명**이라고 부른 라우슈닝의 견해이다. 이 때문에 히틀러는 완전히 무원칙한 기회주의자로 파악되었고, 히틀러의 저작 등도 내용이 없는 무의미한 것이며 히틀러의 세계관이란 자본주의의 광고 기술과 제국주의적 대중 선동의 통합물이라는 견해가 주류를 이루었다. 그 결과 『나의 투쟁』은 "읽혀지지 않는 베스트셀러"라고 무시되었다. 그러나 역사를 배운 뒤에 『나의 투쟁』을 편견 없이 읽어보면 '악'의 사상과 목표를 이 정도로 의식적으로, 그리고 명확하게 표명한 책은 거의 없다는 것을 알게 된다. 대중 정치의 리얼리즘을 고찰하기 위해서도 히틀러의 사상은 재검토되어야 한다.

■ 주요 저작

『나의 투쟁』

힐베르트

David Hilbert(1862 ~ 1943)

금세기 전반부 최대의 수학자. 1900년의 국제 수학자 회의에서 20세기 수학 발전의 기폭제가 된 23개의 미해결 문제를 거론하였다. 자연수론 공리계의 무모순성 증명(힐베르트의 프로그램)도 그것의 하나이다.

여기서는 그것의 철학적 가치에 초점을 맞추어보자. 집합론의 역리(逆理)가 초래한 **수학의 위기**에 대한 대응으로서 힐베르트의 프로그램이 생겨났다고 말할 수 있는데, 물론 이 말은 틀리지는 않지만 중요한 점을 놓치고 있다. 역리의 회피만이 목표가 되면 공리적 집합론과 유형(타입) 이론과 같이 어떤 계층을 가지고 들어가면 해결된다. 형식적 자연수론의 **무모순성 증명**이라는 프로그램은 역리의 회피를 목적으로 하는 것으로서는 과장된 것이 아니었을까? 대답해보자면 더 커다란 과제를 목표로 하였다는 것이다.

그는 자신의 과제를 $\varepsilon-\delta$논법에 의해 해석학으로부터 무한대/소를 소거한 바이어슈트라스에 비교하고 있다. 무한소가 단순히 말하는 반복되는 것에 불과하다는 것과 마찬가지로, 실수 전체의 집합, 무한 수열, 양화 등의 형태로 나타나 계속되는 무한도 환상에 불과한 것으로서 배제한다는 뜻이다. 그런데 왜 **무한의 배제**인가? 그 이유는 인식론일 것이다. 요컨대 유한한 대상에 대해서는 감성적인 직관에 의해 확실한 인식이 가능하지만 무한에 대해서는 그것이 무엇인가라는 것이다.

무한의 배제란 무한을 사용하여 확인할 수 있는 증명을, 마찬가지 결과를 초래하는 유한적 수단으로 치환하는 것이다. 힐베르트는 무한을 **이념적 요소라** 이름붙여 이것을 명확하게 하였다. 이념적 요소란 사영기하학(射影幾何學)의 무한 원점과 같이, 그것 자신에는 직관적 내용이 없지만 이론에 부가되는 것으로 통일성과 단순성을 초래하는 요소이다. 그는 무한도 이러한 이념적 요소에 불과하다고 생각했다.

수학의 명제는 **실명제**와 **이념적 명제**로 이루어진다. 실명제란 2+3=5처럼 직관적 · 유한적인 방법으로 정확성이 확인될 수 있는 명제이다. 힐베르트는 이러한 명제를 Ⅰ, Ⅱ, Ⅲ이라는 도형(**수기호**)에 대한 사실을 말하는 것이라고 생각했다. 예를 들면 '3 〉2' 이라는 명제는 도형Ⅲ이 Ⅱ보다 길다는 것을 표현하는 방식이다. 이것의 정확성을 직관적 · 유한적으로 확인할 수 있음은 분명하다. 우리에게는 구체적인 도형의 형태, 배열을 식별하는 능력이 있기 때문이다. 이상이 그가 말하는 '직관' 이다.

한편으로 "전체의 자연수에 대해 말하는" 것과 같이 범위의 무한정한 양화를 포함하는 등, 어떤 방식으로든 무한에 관한 명제를 **이념적 명제**라 한다. x+y=y+x는 이념적 명제이다. 이 명제는 실명제와 마찬가지 방법으로는 확인할 수 없다. 이념적 명제는 직관적 의미 내용을 결여한 단순한 기호열 · 도형이며, 실명제만을 사용하여 실명제를 유도하는 증명(**실증명**)에 대해 간단하게 파악해도 충분한 증명을 부여하기 위한 이념적 요소, 요컨대 추론을 위한 도구이다. 이념적 명제를 경유한 **이상 증명**(理想證明)은 실증명의 지름길이라고 말할 수 있다. 수학적 명제의 대부분은 이러한 방식이다. 이념적 명제의 비대화한 집적이 현실의 수학이다. 그런데 이 추론 간략화의 방법은 과연 예상한대로 기능할 것인가? 그것을 보증하기 위해서는 다음을 보여줄 필요가 있다. ①참된 실명제로부터 이념적 명제를 경유하여 증명된 실명제도 모두 참이다. 이것이 성립하지 않으면 추론의 도구로서는 부적절하다. 그리고 어떤 조건 아래에서 무모순성을 증명하는 것은 ①을 증명하는 것이 된다. 이것이 힐베르트가 무모순성 증명을 필요로 한 참된 이유라고 말할 수 있다. 결국 무모순성의 증명은 이념적 명제가 추론을 위한 **적절한 도구**라는 것도 동시에 보여준다.

그런데 실증명과 이상 증명에는 커다란 인식론적 차이가 있다. 실명제는 직관적으로 확인할 수 있는 내용을 가지기 때문에 실증명으로는 개개의 명제가 다음에 나타낼 명제를 받아들이는 근거를 부여한다. 결국 실증명은 그 자체가 결론에 대한 지지가 된다. 그러나 이념적 명제는 내용을 가지지 않기 때문에 이상 증명에서는 앞의 명제가 뒤의 명제를 받아들이는 근거를 부여할 수 있는가를 직관적으로 확인할 수 없다. 따라서 이상 증명은 결론으로 인식론적 지지를 부여하지 않는다. 이러한 의미에서 이상 증명은 참된 실명제만을 유도한다는 것이 증명되어도 적당한 과정을 거쳐 이따금 올바른 결론에 이르는 것은 아닌가라고 왜 말할 수 없는가?

이 문제에 대해 답하는 것이 **유한의 입장**이라고 생각한다. 무모순성을 증명할 때는 대상이 되는 수학 이론을 형식화하여 그 형식 체계 내에서의 증명을 무의미한 기호 연쇄로 취급한다(**형식주의**). 이것은 증명을 유한적 · 구체적 도형으로서 보는 것이다. 힐베르트적 직관이란 구체적 대상으로서의 기호의 형태와 배열을 파악하는 능력에 다름 아니다. 이렇게 함으로써 **초수학**(超數學)의 입장에 서서 처음으로 우리는 이상 증명을 직관이 미치는 대상일 수 있다고 말할 수 있다. 따라서 초수학에서 허용하는 것은 유한적 · 직관적 · 내용적 추론뿐이다. 이렇게 되면 이상 증명의 결론도 실증명의 결론과 같은 정도의 인식론적 근거를 가지게 된다. 무모순성 증명이 긴급한 임무이다, 어떤 수단을 사용하는 것이 좋은가라고 힐베르트가 생각할 수 없었던 이유가 이것이다. 모순이 없다는 것을 알고 안심하였다면 초수학에서 사용하여도 좋은 수단에 대해서 제약을 가할 필요가 없었을 것이다. 요컨대 힐베르트류의 무한의 배제는 유한적 · 구체적 대상에 대한 직관에 의해 수학의 모든 범위를 포괄할 수 있다는 것을 보여주고 그것에 의해 수학에 확실성을 회복하려는 인식론적 초조함이다.

그의 도구주의는 이념적 요소는 추론의 도구이기 때문에 존재하지 않는다는 것이 아니라, 존재할리 없는 이념적 요소를 사용하는 것에서 왜 우리는 확실한 수학적 지식을 가지는 것인가라는 물음에 답하는 데 역점을 둔다. 힐베르트의 프로그램이 **괴델의 제2불완정성 정리**에 의해 타격을 받은 것은 그것이 이러한 인식론적 시도이기 때문이다. 그는 이 정리가 유한의 입장을 더 한층 확대해서 사고할 필요가 있다는 것을 보여준 것에 불과하다고 정색하고 나섰다. 물론 수학자로서는 그것이 좋다. 실제 유한의 입장을 어느 정도 완화하면 좋은가라는 문제는 활발하게 연구되고 있다. 그러나 **인식론적 기초자로**서의 철학자 힐베르트의 프로그램은 결국 숨이 끊어지는 어떤 것은 아닐까?

■ 주요 저작

『수학의 기초』, 『기하학 기초론』

Plus 33인의 사상가

뒤르껭 Emile Durkheim(1858~1917)

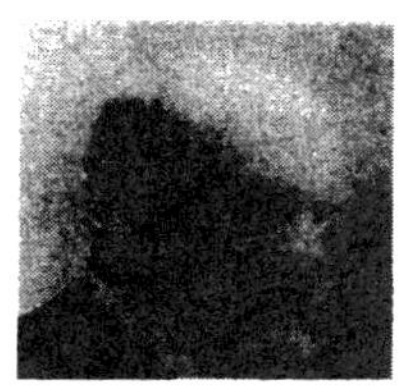

뒤르껭은 1858년 프랑스 롤랭 지방의 아피날시에서 유태 율법 교사의 아들로 태어났다. 고등사범학교를 졸업하여 교수자격을 얻고, 1889년 보르드대학 강사, 1896년 동대학의 교수가 되었다. 1902년 파리대학에서 사회학 강좌를 개설하여 그의 조카인 모스를 비롯한 여러 탁월한 제자들을 길러 뒤르껭학파를 형성한다. '통합된 전체는 그 각각의 부분보다도 실재적'인 것으로 파악하고 사회사상(社會事象)의 의미를 그 전체를 유지하기 위한 관계 속에서 구하는 **기능주의**의 기반을 마련했다. 『사회분업론』(*De la division du travial social*, 1893)에서의 **'기계적 연대/유기적 연대'**('미개' 상태에서 동일한 생산활동을 하는 분절〔分節〕 사이의 자유로운 이합관계/근대에서의 이질적인 생산활동을 하는 개인 사이의 의존관계), 『자살론』(*Le suicide*, 1897)에서의 근대 사회에 잠복한 무절제한 욕망에 의한 병리현상으로서의 **아노미**, 「분류의 미개형태」나 「종교생활의 원시적 형태」(*Les formes elémentaires de la vie religieuse*, 1912)에서 개인의식을 초월한 물화(物化)된 가치의 상징기호로서의 **집합표상**(集合表象) 등의 의미는 현재에 이르기까지 사회학적 연구를 자극하는 유산이라 할 것이다.

러셀 Bertrand Russell(1872~1970)

버트란드 러셀은 화이트헤드와 공동으로 저술한 『수학 원리』(*Principia Mathematica*, 1903~1913)를 통하여 수학의 기호 이론 및 **기호논리학** 분야에서 획기적인 영향을 미쳤다. 이 저작의 기본 사상은 뒤에 논리실증주의, 비판적 합리주의의 입장에 선 사상가들에게 계승되어, 과학적이고 엄밀한 방법론에 의해 전통적인 인식론적 과제를 철학자 개인의 이데올로기와는 독립시켜 객관적으로 해결하고자 하는 근거가 되었다. 또한 그는 영국의 사회민주주의 전통 위에서 사회운동가, 반전운동, 문명 비평가로서도 활약했다. 이 분야에 관한 그의 저작으로는 오늘날에도 그 신선함을 잃지 않는 것으로서 러시아혁명 뒤에 쓴 「볼셰비키의 이론과 실천」이 있다. 여기서 그는 러시아혁명의 문제점과 그후의 전개과정을 보여준다. 그밖에 노벨 문학상을 수상하기도 한 그의 인생론이나 수필도 많이 읽혀지고 있다.

■ 주요 저작

「수학 원리」, 「인간의 지식, 그 범위와 한계」

레잉 Ronalld David Laing(1927~89)

영국 글래스고우에서 태어남. 영국 육군에서 군 신체 검사 정신과 의사로 근무하고, 글래스고우대학에서 잠시 교편을 잡은 뒤, 타비스톡병원과 타비스톡 인간관계 연구소에서 정신분열증에 대한 연구로 많은 시간을 보낸다.

정신분열증도 인간적 과정의 일환이라고 보는 사리반류의 인간관계적 사상과 사르트르의 실존주의 등의 영향을 받아 정신분열증이라는 질병 자체를 부정하기에 이른다. "광기(madness)란 요컨대 그로부터 이성을 회복해가는 인간에게는 극히 자연스러운 것이다. 안온한 상황이 주어진다면 이성으로 회귀할 가능성을 지닌, 하나의 여로에 지나지 않은 것이다. 종종 여러 과학적 치료법 가운데 이 자연스러운 귀결을 방해하고 있는 경우가 있다. 오늘날 우리들이 필요로 하는 것은 여러 가지 치료를 행하는 정신병원이 아니라 여로를 완수하는 데 도움을 주는 장소이다."

그는 이런한 급진적 사상을 실천하기 위해 대규모 시설을 만들어 치료자와 환자, 이성과 광기라는 경계를 허물어 버리는 시도를 한다. 그러나 그 시도는 실패로 끝나고, 이후 그는 자취를 감추고 말았다.

■ 주요 저작

『분열된 자아』, 『정신적 건전, 광기 그리고 가족』, 『가족의 정치학』

룩셈부르크 Rosa Luxemburg(1870~1919)

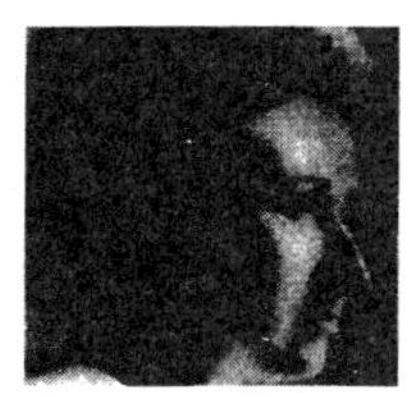

러시아령 폴란드 자모슈치에서 중산층 유태 가정의 막내로 태어나 스위스 취리히대학에서 수학한다. 1894년 폴란드 사회민주당을 결성하고 사회당에 대항하여 민족주의가 아닌 사회주의를 지향하는 국제주의를 주장한다.

학위 논문 「폴란드의 산업 발전」에서 사회민주당의 입장을 이론화한다. 1898년 베를린으로 옮겨 독일 사회민주당에 입당, 베른슈타인과의 수정주의 논쟁에서 좌파의 논객으로 등장한다. 러시아의 1905년 혁명에 참가, 혁명의 교훈으로 정치적 **대중 스트라이크론**을 역설하고 관료화된 당과 조합을 비판하였다. 1907년 이후 사회민주당 학회의 강사로 활동하면서 『자본 축적론』(*Die Akkumlation des Kapitals*, 1913)을 저술한다. 1차대전에 반대하여 전쟁기간 중의 대부분을 감옥생활로 보내면서 칼 리프크네히트를 비롯한 좌파 동지들을 규합하여 스파르타쿠스단을 조직, 비합법의 반전혁명을 전개한다. 1918년 11월 독일혁명으로 출옥한 후 독일 공산당을 창설했으나, 1919년 1월 칼 리프크네히트와 함께 반혁명군에 위해 피살되었다.

▣ 주요 저작

『사회개혁이냐 혁명이냐』, 『대중파업, 정당, 노동조합』, 『사회주의의 위기』, 『러시아혁명』

만 Thomas Mann(1875 ~ 1955)

만은 1875년 독일의 상업도시 뤼벡에서 곡물상을 하는 부상(富商)의 아들로 태어났다. 1891년 아버지가 죽자 곡물상회를 정리하고 일가는 뮌헨으로 이주한다. 한때 화재보험회사에서 근무하기도 했고 풍자 주간지 『짐플리치시무스』(*Simplicissimus*)의 편집을 맡기도 했으나, 얼마 안 가서 소설을 쓰는 데만 전념했다. 1901년 3대에 걸친 한 일가의 몰락사를 그린 첫 장편소설 『부덴부로크가의 사람들』(*Die Buddenbrooks*)을 발표하여 작가의 지위를 굳힌 그는 이 소설로 1929년 노벨 문학상을 수상한다. 대표작 『토니오 크뢰거』나 『마의 산』(1924년)에는 포르투갈에서 브라질로 이주한 그의 외가(外家)쪽의 남방적 혈통이 짙게 배어 있다. 1933년 나치를 피해 망명, 1938년 미국으로 이주한다. 전후 1952년 다시 유럽으로 돌아와 스위스 취리히에 정착한다. 망명 문학자만은 끝내 조국인 독일로 돌아가지 않았다.

■ 주요 저작

『요셉과 그의 형제들』

만델라 Nelson Rolihahla Mandela(1918~)

남아프리카의 흑인 정치지도자, 1942년 버트바터스란트대학에서 법률 학위를 취득하고 동료인 올리버 탐보와 함께 변호사 사무소를 개설했다. 1944년 인종차별 철폐를 목표로 하는 아프리카 민족회의(ANC)에 참여했고, 1952년 이후 흑인 해방운동의 지도자로 부상했다. 1948년 이후 집권 국민당과 **흑인분리**(Apartheid) 정책에 '불복종 투쟁과 의회운동' 등으로 대항하였으나, 1960년 경찰의 발포로 스하르페빌레에서 비무장 군중들이 살상된 것을 계기로 ANC에도 금지령이 내려지면서 만델라는 그때까지의 비폭력 노선을 포기하고 무장조직 '움콘토 웨 시즈웨'(민족의 창)의 지도자로서 지하 생활에 들어간다. 1962년 리보니아에서 체포되었는데, 이른바 이 '리보니아 재판'에서 그가 행한 모든 진술은 유명하다. 그 요지는 『투쟁은 나의 인생』(*The Struggle is My Life*, 1961)에 "목숨이 다하는 날까지 자유를 위한 싸움을 계속할 것이다"라는 의지로 압축되어 있다. 남아프리카 흑인과 아파르트헤이트에 비판적인 국제 사회의 항의로 인해 사형의 위기를 면하고 종신형으로 감형된다. 1990년 28년 만에 석방되고 곧이어 ANC 의장에 취임한다. 그후 남아프리카 백인 정권의 아파르트헤이트 정책 포기와 더불어 1994년 5월 사상 초유로 전인종이 참여한 총선거를 거쳐 대통령에 취임했다.

■ 주요 저작

『험난한 자유의 길』, 『나는 죽을 각오가 되어 있다』

만하임 Karl Mannheim(1893～1947)

부다페스트 태생의 사회학자, 독일 유학 중 짐멜 밑에서 수학한다. 제1차 세계대전기에 귀국하여 루카치, 벨라 발지 등과 함께한 '일요 서클'에서 혁명적 문화주의의 영향을 받지만 1918년 결성된 공산당과는 거리를 둔다. 헝가리혁명 실패 후 독일로 망명, 알프레드 베버 등과 교류했다. 1929년 『이데올로기와 유토피아』(*Ideologie und Utopie*)에서 **지식의 존재 피구속성**(存在被拘束性)을 역설하고, 상대주의로부터의 탈출을 **자유로이 부유**(浮遊)**하는 지식인**의 인식에 의탁한 독특한 지식사회학을 확립하였다. 이로써 인정을 받은 만하임은 프랑크푸르트대학 교수로 초빙되었으나, 호르크하이머나 맑스주의자들로부터 비판의 표적이 되기도 했다. 나치가 정권을 장악하자 유태계였던 그는 곧 해고되어 영국으로 망명했고, 거기서 전투적 민주주의를 옹호하기 위한 교육과 사회계획의 필요성을 주장했다.

▣ 주요 저작

『변혁기의 인간과 사회』,『자유, 권력, 민주주의적 계획』

몬드리안 Piet Mondrian(1872~1944)

20세기의 가장 위대한 화가를 꼽는다고 할 때, 1872년에 네덜란드에서 태어난 몬드리안의 이름을 빼놓을 수 없을 것이다. 1911년 파리로 이주하여 **큐비즘**의 영향을 받아 이 무렵부터 선에 위한 추상 회화를 구성하기 시작하였다. 1917년경 이윽고 큐비즘을 완전히 탈피하고 수직과 수평으로 교차하는 검은 직선과 3원색만을 사용한 추상화로 표현양식을 바꾸었다. 이러한 몬드리안을 이해함에 있어서 그 자신이 말한 기계시대의 미학이라든가, 예술이 사회화되어 환경이 되면 소멸한다든가 하는 표현은 적절하지 않다. 네덜란드 시절 한때 그 자신도 일원으로 속했던 데 스틸(De Stijl) 그룹은 그 원리를 공간화하여 건축이나 가구에 응용하기도 했다. 그러나 그의 진정한 위대함은 큐비즘을 넘어 회화의 궁극적인 경지를 이룩한 점에 있다. 1944년 사망하기까지 뉴욕으로 이주하여 보낸 만년의 시기에 이전의 성과를 뛰어넘는 풍부한 걸작을 남겼다.

바슐라르 Gaston Bachelard(1884～1962)

바슐라르는 1884년 프랑스 상파뉴 지방 바르쉬르오브에서 태어났다. 체신부 직원으로 근무하면서 독학으로 수학 학사학위를 받고, 뒤에 소르본대학에서 문학 박사 학위를 취득하였다. 1940년 소르본느대학 교수를 역임하면서 과학사, 과학철학을 강의했다.

상대성 이론과 양자역학의 출현을 수용한 저작 『새로운 과학적 정신』(1934년)에서 **비환원형**(非還元型) **과학**을 제창하고, 『과학적 정신의 형성』(1938년)에서는 인식의 발전을 가로막는 장애물을 독자적인 정신분석적 방법론을 사용하여 밝혀내고 있다. 과학적 가설 형성과 시적 상상력은 그 뿌리가 같다고 인정하고 물, 불, 공기, 흙이라는 4대 원소에 대한 **물리적 상상력론**을 전개했다. 이로써 과학철학과 시론(詩論)을 통합시켰으며, 이에 관한 몇몇 저작은 문예비평의 고전으로 꼽히고 있다. 이같은 그의 문예비평론을 롤랑 바르트 등의 비평활동과 젊은 세대의 시(詩)에 신선한 영향을 주었으며, 훗날 깡길렘이나 푸코에게도 큰 영향을 미쳤다.

■ 주요 저작

『몽상의 시학』, 『부정의 철학』, 「공기와 꿈」

발레리 Paul Valéry(1871～1946)

프랑스의 시인, 수필가, 비평가. 문학, 미술, 건축, 수학에 몰두하여 청년기를 보내며 개아(個我)의 궁극적 완성을 이성(理性)과 형식의 조화 속에서 추구했다. 그의 주지적 태도와 방법은 치밀한 문체로 정신의 무한한 잠재력과 불완전할 수밖에 없는 행동의 결함을 대비시킨 작품 『레오나르드 다 빈치의 방법서설』(*Introduction à la metheode de Léonard de Vinci*, 1895)과 「테스트씨와의 저녁 시간」(*La Soireé avec Monsieur Teste*, 1896) 속에 잘 나타나 있다. 또한 말라르메, 랭보 등의 영향을 강하게 받아 상징주의 기법을 수용한 시작(詩作) 『젊은 파르크』(*La Jeune Pargue*, 1917), 『매혹』(*Charmes ou poèmes*, 1922) 등을 통하여 단정하고 고른 운율과 음악성이 풍부한 운문 형식을 정착시켰다. 제1차 세계대전기를 거치는 동안 프랑스의 대표적인 지성의 한 사람으로 떠오르며, 교육과 정치 및 문화의 가치 등에 대한 예리한 인식과 통찰력은 『바리에테』(*Varieté*, 5권 1924～44) 등에 수록된 다수의 문명론, 예술론에서 그대로 발휘되고 있다. 1925년 아카데미 프랑세즈 회원으로 선출되었으며, 1937년 이후에는 콜레쥬 드 프랑스에서 시학(詩學)을 강의했다. 뒤에 출판된 『노트』(*Cahiers*)에서는 그가 전생애에 걸쳐 몰두했던 과학적 방법론과 의식, 언어의 본질에 대한 묵상과 문학 이론이 다양하게 펼쳐지고 있다.

버크 Kenneth Burke(1897~1993)

미국의 비평가. 그의 저작은 문학, 철학, 종교학, 사회학, 수사학 등 여러 분야에서 다양한 영향을 미쳤다. 그리하여 그의 사상가로서의 전모(全貌)는 여전히 완결되지 않은 상태로 남아 있다. 문학이나 사회적 관점에서 파악되는 버크의 발상(發想)은 인간을 **상징**(Symbol)을 조작하는 동물로 보아 그 행위의 구조를 분석하고 있다는 점에서 구조주의적, 기호론적 사고의 선구를 이룬 것이었다. 그 발상의 유연함과 정치(精緻)함 속에서 탈구조적인 사고의 틀을 발견하는 사람도 있다. 다른 한편, 그는 인간의 커뮤니케이션 구조를 수사학적 관점에서 고찰하고 있는데, 특히 『동기의 문법』(*A Grammar of Motives*, 1945)에서는 인간의 상징행위를 행위, 장면, 행위자, 매체, 의도, 목적 등의 관점에서 기술하고 분석하는 방법을 제창하였다. 사회학에도 영향을 미친 이 방법론은 **드라마티즘**으로도 불리며, 버크라는 이름과 함께 기억되고 있다.

■ 주요 저작

『반대 진술』, 『문학 형식의 철학』, 『종교의 수사학』, 『상징행위로서의 언어』

베르그송 Henri Bergson(1859~1941)

1859년 파리에서 출생. 1878~81년 파리 고등사범학교에서 수학하고 졸업 후 바로 철학 교사로 출발하여 1900년부터 콜레쥬 드 프랑스의 교수를 역임한다. 1928년에는 노벨 문학상을 수상. 1941년 독일군 점령 하의 비시 프랑스에서 스스로 유태인으로 등록하고 죽음을 맞는다. 주요 저작으로는 『시간과 자유의 의지 : 의식의 집적 자료에 대한 소론』(*Essai sur les donneés immédiates de la conscience*, 1889), 『물질과 기억 : 육체와 정신의 관계에 대한 소론』(*Matiere et memoire ; Essai sur la reletion du corps à l'esprit*, 1896), 『창조적 진화』(*L'Evolution créatrice*, 1907), 『도덕과 종교의 두 원천』(*Les deux sources de la marale et de la religion*, 1932) 등이 있다. 공간화한 시간 개념을 거부하고 진정한 **시간**으로의 지속을 제창함으로써 서양 철학사에서 중요한 획을 긋게 된다. 지속이란 창조적 실체이며 사물의 가장 내적인 실체로서 자유의지의 근거가 되는 것이다. 베르그송은 그러한 지속이라는 직관에 의거하여 실증적인 여러 학문 사이의 총체성을 실현하고자 하였다. 특히 생물학과의 연관 속에서 생명 개념을 검토하고 진화에 대한 이전의 철학적 해석을 지속 개념의 중요성을 보지 못함으로써 생명의 독특성을 무시했다고 비판, **생(生)의 철학**의 대표적 존재가 된다. 베르그송학파가 형성되지는 않았으나, 그의 영향력은 상당한 것이어서 생존 당시부터 프랑스 철학자나 미국, 영국 등의 지성사에 큰 영향을 미쳤다.

브르통 André Breton(1896~1966)

프랑스의 시인, 수필가, 사상가. 초현실주의운동의 주창자. 의학도였던 그는 정신질환에 관심이 많았고, 지그문트 프로이트의 이론을 통해 무의식의 영역과 만나게 된다. 정신의학과 상징주의 시의 영향을 받아 다다이즘과 손을 잡고, 1919년 루이 아라공 및 필리프 수포와 함께 『리테라튀르』(*Litterature*)라는 평론 잡지를 창간했다. 수포와 그는 초현실주의 **자동 기술법**을 사용한 최초의 본보기인 「자기장」(Les Champs magnétique, 1920)을 이 잡지에 발표했다. 1924년 『초현실주의 선언』(*Manifeste du surréalisme*)에서 초현실주의를 '마음의 순수한 자동 현상'으로 정의하고, 문학, 예술, 사상을 망라하는 초현실주의운동을 주도한다. '세계의 변혁'(맑스)과 '생을 변화시키는 것'(랭보)의 융합을 토대로 하는 이 운동을 통해서 브르통이 추구한 것은 꿈과 현실, 이성과 광기, 객관성과 주관성, 일상과 혁명 등의 구별과 **대립을 지양한 '지고(至高)의 상태'**에 도달하는 것이었다. 초현실주의운동은 1930년대의 혼란 속에서 정치적인 개입을 하게 되었고, 그와 몇몇 동지들은 공산당에 입당하기도 한다. 1935년 공산당과 결별했지만 맑스주의적 이상에는 여전히 헌신적이었던 그는 1938년 멕시코에 있는 레온 트로츠키와 함께 「독자적 혁명 예술을 위하여」를 발간했다. 그러나 거기서 자기 실현의 장을 발견하지 못하고, 제2차 세계대전 이후에는 신비주의적 경향을 보이기도 했다.

■ 주요 저작

『나자』, 『연통관』(連通管), 『미친 사랑』

블로크 Marc Bloch(1886~1944)

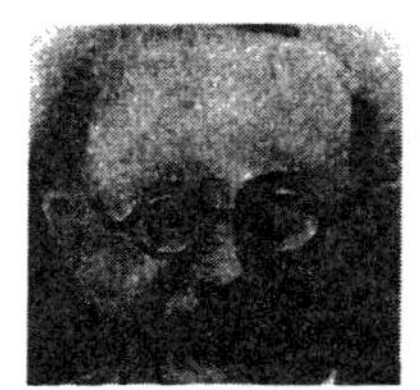

프랑스의 역사가. 역사 연구에 다른 학문 분야를 폭넓게 적용함으로써 20세기 역사 서술에 혁명을 가져왔다. 유태계 지식인 가정에서 태어난 그는 프랑스 고등사범학교에서 교육받고 라히프치히대학과 베를린대학에서 공부를 계속했다. 중세사 연구에서 종래의 법제사 중심의 연구방법을 탈피하고 역사학에서 전체성을 회복하기 위한 방법론적 혁신을 시도한다. 그 하나는 뒤르껭학파의 영향 하에 **민중의 집합의식**이라는 문제를 역사학에 도입한 것이었다. 또한 농촌사회의 기술 변천을 통하여 나타난 역사의 완만한 변화에 주목하고, 나아가 유럽 봉건제에 대한 전제들을 재검토함으로써 국민국가의 틀을 뛰어넘을 **비교사적 방법론**을 개척했다. 이러한 블로크의 연구는 명저 『봉건사회』(*La sociéte féodale*, 1939)에서 결실을 맺기에 이른다. 다른 한편, 1929년 동료인 뤼시앵 페브르와 함께 평론지 「경제사회사 연보」(*Annales d' histoire économique et sociale*)를 창간하여 그가 개인적으로 추구해 온 역사학의 혁신을 조직적으로 전개하는 길을 열기도 했다. 2차대전 중 레지스탕스에 가담했고, 1944년 독일군에 체포되어 총살형을 받았다.

▣ 주요 저작

『프랑스 농촌사』, 『역사가를 위한 변명』

블로흐 Ernst Bloch(1885～1977)

블로흐의 사상에는 서구 맑스주의와 기독교적 신비주의가 혼합되어 있다. 1918년에 펴낸 『유토피아의 정신』(*Vom Geist der Utopie*)에서는 고딕양식에 나타난 유기적-종교적 초월과 표현주의의 공존을 발견하고, 모든 개인이나 존재에 잠재되어 있는 유토피아의 지향이 어떻게 '출애굽'을 이룰 수 있었는가를 밝히고 있다. 1933년 미국으로 망명했다가 전후 1948년에 구(舊)동독으로 귀국한다. 라이프치히대학 교수로 있었으나 동독 체제에 적응하지 못하고 1961년 서독으로 옮겨와 튀빙겐대학 교수를 역임한다. 미국 망명 시절의 주요 저술인 『희망의 원리』(*Das Prinzip Hoffnung*, 1954～59)에서는 한낮의 꿈에도 숨어 있는 '곧 오고야 말 것'을 선취하고자 하는 유토피아적 지향을 분석하고 인간의 심오한 꿈이 자연, 우주와의 신비한 합일을 통해 실현될 수 있음을 역설하고 있다. 좌익 자유주의 지식인인 블로흐의 한 친구는 블로흐의 장례식 때 읽은 조사(弔辭)에서 그를 가리켜 "모든 전선과 진영 사이에 있는 사람"이라고 말했다.

사르트르 Jean-Paul Sartre(1905 ~ 80)

전후 프랑스의 **'행동하는 지식인'** 의 상징적 존재라고 할 수 있는 사상가. 훗설과 하이데거의 영향을 받아 '지향성', '무'(無), '자기 부정', '초월' 등의 개념을 이용한 현상학적 방법으로 『상상력』(L' Imagination, 1936), 『감정 이론 개요』(Esquisse d' une theorie des emotion, 1939), 『상상적인 것 : 상상력에 관한 현상학적 연구』(L' Imaginaire ; Psychologie phénoménologique de l' imagination, 1940)와 『존재와 무』(L' Être et le néant, 1943)를 저술하여 현상학자로서 출발했다. 동시에 『구토』(La Nausée, 1938)로 대표되는 소설을 발표하여 실존주의 작가로서 주목을 받았다. 그후 레이몽 아롱, 모리스 메를로-퐁티 등과 함께 잡지 「현대」(Les Temps Modernes)의 발간을 주도하여 자유와 반(反)권력의 사상가로서 **앙가쥬망**을 제창하고 전후 사회적 현실에 적극적으로 참여한다. 60년대에 **실존주의**와 맑스주의의 화해를 시도하며 『변증법적 이성 비판』(*Critique de la raison dialectique,* 1960) 등을 저술한다. 1968년 5월혁명 이후 좌파 운동이 퇴조하면서 신좌파 기관지의 편집장에 취임하였으나, 그의 주장은 점차 시대의 흐름과 멀어져갔다. '참여는 말이 아닌 행동' 이란 신념으로 '혁명' 을 촉진하는 여러 활동에 참여하기 위해 자주 거리로 뛰쳐 나갔다. 그러나 건강이 악화되어 가두활동이 어렵게 되자 방법의 전체화라는 이념 하에 방대한 분량의 플로베르론 『집안의 천치』(*L' Idiot de la famille*, 1972)를 집필하는 데 몰두했다.

사이드 Edward W. Said(1935~)

이스라엘에서 태어나 팔레스타인을 거쳐, 현재 미국 콜롬비아대학의 교수(비교문학)로 있다. 포스트구조주의적 관점에 입각하여 비평 활동을 하면서 팔레스타인 문제에 대해서도 적극적으로 발언하고 있다. 1978년에 출판한 『오리엔탈리즘』(*Orientalism*)으로 일약 세계적으로 유명해진다. 서양이 동양을 어떻게 왜곡하고 날조해왔는가를 문학적, 학술적, 정치적 측면에서 역사적으로 파헤친 이 저작은 서양에 의한 동양의 억압과 착취를 정당화하는 기제로서의 **오리엔탈리즘**을 이슬람 원리주의적 발상과는 분명한 선을 그어 비판, 해명함으로써 근래 확산되고 있는 포스트 콜로니얼 비평의 진원지가 되었다. 『오리엔탈리즘』의 속편이라고 할 수 있는 최근의 저작 『문화와 제국주의』(1993년)에서는 서양과 그밖의 여러 나라들 사이의 교류에 초점을 맞추고 있다.

■ 주요 저작

『권력과 지성인』

야스퍼스 Karl Jasprers(1883 ~ 1969)

정신의학자로 출발하여 하이델베르크대학에서 정신병리학을 강의했다. 그후 동대학 철학 교수로 옮기지만 나치에 의해 교단에서 추방당했다. 기계화와 대중화가 지배하는 현대 사회에서 인간은 개성을 상실한 채 균질화되고 사회의 기능 속에 환원됨으로써 자기 본래의 존재 상태와는 유리되어 무력감과 불안에 시달리고 있다. 야스퍼스는 그러한 시대 진단에서 출발하여 실존하는 인간 존재의 자유를 지향하는 철학을 전개한다. 그것은 실존이 실존(Ek-sistenz)을 스스로 자각해가는 행위이다. 이 과정에서 '한계 상황' 에 처한 자기 실존에 직면한 인간은 다른 자유로운 자기(Selbst)와의 의사소통 속에서 진실한 인간 존재와 만나게 된다. 이러한 사상을 그 자신은 실존 철학으로 부른다. 전후 하이델베르크대학에 복직하고 1948년부터는 바젤대학에서 강의한다.

▣ 주요 저작

『일반 정신병리학』, 『현대의 정신적 상황』, 『철학』, 『이성과 실존』

에릭슨 Erik Erikson(1902~94)

독일 태생의 미국 정신분석학자. 정신분석의 연구영역에 생리학적, 심리학적 과정과 사회 · 문화적 과정을 접합시켜 이 세 과정의 종합적 소산으로서의 인격을 8개의 발달단계로 나누어 설명한다. 각 단계마다 개인이 직면하게 되는 심리 사회적 요구가 있으며, 이 단계는 노년까지 계속된다. 에릭슨에 따르면, 성격 발달은 다음의 발달단계를 준비하면서 개인이 극복하고 내면화해야 하는 일련의 위기들을 통해 이루어진다. 이 발달과정을 그는 점진적 발달이라고 명명하고, 발달은 직선적 단계를 거치는 것이 아니라 라이프 사이클을 통해서 전단계가 존재하는 것이라고 생각했다. 그 가운데 청년기의 과제인 **자아 동일성**(Ego-Identity)과 그 반대 모습인 **동일성 확산**이라는 개념은 특히 세인의 관심을 불러일으켰다. 사회 · 문화적 요인과 개인의 관계에 대한 연구는 아메리카 인디언의 인류학적 연구와 마틴 루터, 간디, 히틀러 등에 대한 전기적 연구에서도 나타나고 있다.

▣ 주요 저작

『아동기와 사회』, 『청년 루터』, 『생을 마감하기 전에』

월러스틴 Immanuel Wallerstein(1930~)

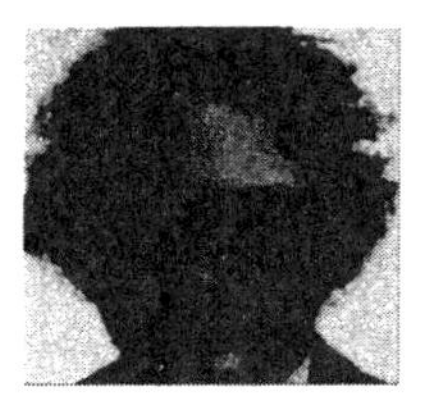

월러스틴이라는 이름은 **'근대 세계체제론'** 과 함께 기억되고 있다. 그에 의하면, 지리상의 발견 이후에 성립한 '유럽 세계경제' 는 그 이전까지의 세계사에서 정치적 통합과 경제적 분업을 동일한 영역 내부에 겸비했던 '세계제국' 과는 달리 정치적 통합이 결여된 영역의 내부에서 분업이 전개되고 있다는 점에서 전혀 새로운 세계체제였다. 중심부, 반(半)주변부, 주변부라는 세 층으로 이루어진 이 체제에서는 반주변부나 주변부 체제에서 보여지는 일견 전근대적인 생산양식이나 노동형태도 그것이 체제의 일부를 이루는 한 자본주의라고 본다. 이러한 그의 이론은 종속이론을 발전시켰으며, 한편으로는 브로델의 '장기 지속' 이나 '변동국면' 등의 역사인식으로부터 일정한 시사를 받은 것이었다.

■ 주요 저작

『근대 세계체제론 Ⅰ, Ⅱ』, 『역사적 체제로서의 자본주의』, 『자유주의 이후』

윅스퀼 Jakob Johann von Uexküll(1864~1944)

에스토니아에서 출생한 독일의 생물학자, 비교심리학자. 도르파트대학을 거쳐 하이델베르크대학에서 동물학을 연구하고 그후 대학을 떠나 자유로운 신분이 되어 생체와 환경을 일체로 파악하는 독자적인 **환경세계** 이론을 수립한다. 1929년 함부르크대학 환경세계 연구소의 명예교수가 되었다.

윅스퀼은 인간 중심적인 당시의 기계론적이고 수동적인 생물학에 반대하여 동물은 저마다 그 종(種)별로 특유한 환경세계를 이루고 있다고 보았다. 즉 동물은 그 주위에 존재하는 것을 모두 평등하게 지각하지 않고 먹이나 천적(天敵) 등 스스로에게 의미있는 것만을 선택적으로 지각한다는 것이다. 이 같이 동물의 주체성을 중시하는 칸트적 입장을 로렌츠의 동물행동학이나 폴트만, 게랭 등의 생명론이나 인간론에도 영향을 미쳤다.

■ 주요 저작

『생물의 세계』

쥬네 Jean Genet(1910~86)

사생아로 태어나 어머니에게 버림받고 고아원에서 자란 그는 10세 때 도둑질로 소년원을 거쳐 프랑스를 비롯한 유럽 각지를 방랑한다. 이러한 경험을 통해 사회(그 법과 도덕, 관습)가 '악'이라는 낙인을 찍는 행위에 불가사의한 매력과 그 도덕 파괴적 의미를 깨닫고, 난폭하고 **타락한 에로티시즘**이야말로 선(善)과 미(美)의 '허'를 찌르는 힘을 갖고 있다고 확신한다. 고귀함이 그 저열함을 드러내고 치욕이 영광으로 바뀌는 '가치가 역전된' 세계(범죄자들의 세계, 형무소, 동성애적 매춘 상습자의 세계)의 언어로 표현된, '경험' 없는 사람은 쉽게 공감하기 어려운 매혹과 황홀함을 『꽃들의 성모 마리아』(*Notre-Dame des fleurs*, 1944), 『장미의 기적』(*Miracle de la rose*, 1945~46), 『도둑 일기』(*Journal de voleur*, 1949) 등의 소설에서 그려내고 있다. 한편 부조리극에서도 선도적인 역할을 한 극작가로서, 『하녀들』(*Les Bonnes*, 1947), 『병풍』(*Les Paravents*, 1961), 『흑인들』(*Les Nègres*) 등에서 외설과 도착(倒錯)의 세계를 풍부한 어휘와 자유자재한 문체로써 그려내고 있다. 노년에 들어서는 '흑인 해방운동', '팔레스타인 해방운동'에 강한 관심을 보이며 이를 지지하는 여러 활동을 하기도 했다.

지라르 René Girard(1923～)

프랑스 출신 미국의 문학 평론가. 프랑스 아비뇽에서 태어나 파리의 국립 고문서학교에서 수학한다. 미국에서 학위와 미국 국적을 취득한 후 미국 여러 대학에서 교편을 잡는다. 그의 문학비평 이론은 기본적으로는 처녀작인 『낭만주의의 허구와 소설의 진실』(*Mensonge Romantigue et verite romanesgue*, 1961) 속에 그대로 나타나 있다. 인간관계는 '형이상학적 욕망', 즉 **모방 욕망**으로 이루어진다. 인간은 어떤 대상에 대한 타인의 욕망을 모방하면서 **본보기로서 타인**과 대등한 위치에 서려고 노력하다가, 마침내는 그 **타인의 죽음**까지도 원망(怨望)하기에 이른다. 이것이 욕망의 삼각형이다. 이 모방 욕망론은 문학 분석의 개념으로서 구상되었으나 사회 이론으로서도 일반화된다. 이로부터 폭력과 성스러움에 관한 유명한 논의가 시작되는 것이다.

▣ 주요 저작

『폭력과 성스러움』, 『도스토예프스키』

촘스키 Noam Chomsky(1928~)

유태계 미국인 놈 촘스키는 **생성문법**의 창시자이다. 소쉬르 이래의 **구조언어학**이 언어를 기호체계로 파악하는 기호론적 언어학인 데 반해, 생성문법은 문장의 분석, 즉 **통사론**(統辭論)을 중심으로 한다. 그 배후에는 언어를 논리로 환원하는 논리주의가 숨어 있다. 논리란 반드시 명제=문장이라는 모습을 취한다. 모든 언어의 근저에 있는 보편적인 논리형식은 **심층 구조**로 불리며, 문법이란 심층구 조에서 표층 구조(실제로 드러난 문장)로의 변형 규칙의 총체가 되는 것이다. 이러한 언어 이론은 **이념적인 화자**(話者)=**청취자**, 즉 대화자 없는 모놀로그 인간을 기초로 하고 있다.

▣ 주요 저작

『언어학과 철학』, 『문법의 구조』, 『변형 생성문법 이론』

카뮈 Albert Camus(1913~60)

프랑스의 소설가, 극작가. 알제리에서 태어나 현지의 대학에서 철학을 전공했다. 결핵에 걸려 교직을 그만두고 알제리와 파리에서 저널리스트로 활약한다. 2차대전 중에는 반(反)나치 레지스탕스운동에 참여하고 『콤바』(*Combat*)지의 주필을 맡기도 했다. 1942년 『이방인』(*L'Étranger*)에서 현대 사회의 비합리성을 드러낸 인간(뫼르소)의 **부조리**를 꾸밈없는 독특한 문체로 묘사하여 주목을 받았다. 1947년 『페스트』(*La Peste*)에서는 이 부조리를 존재의 조건으로 받아들이고, 나아가 생의 가능성을 최후까지 추구하는 인간(리우)을 등장시켜 인간적 저항의 극한을 보여주었다. 이러한 카뮈의 사상은 1951년 『반항적 인간』(*L'homme revolte*)에서 **"우리는 반항한다. 그러므로 우리는 존재한다"**라는 명제 속에 압축되어 나타난다. 그의 전체주의 비판은 사르트르의 반발을 불러일으키고 '반항인가 혁명인가'라는 논쟁으로 발전되었다. 1960년 자동차 사고로 사망(1957년 노벨 문학상 수상).

카시러 Ernst Cassirer(1874~1945)

신칸트학파 철학자. 부유한 유태계 상인의 아들로 태어나 베를린대학 등에서 수학하고, 1899년 데카르트 연구로 학위를 취득했다. 1919년 함부르크대학의 철학과 정교수로 취임하여 거기서 바르브르크(Warburg) 문고와 조우한 것은 그에게 결정적인 체험이었고, 훗날 『심볼형식의 철학』(*The Phlisophy of Symbolic Forms*, 1955) 전3권을 구성하는 계기가 되었다. 이 저작은 칸트의 '이성 비판'을 언어, 신화, 종교, 예술, 과학 등의 문화적 영역으로 확장하는 일련의 시도로서, 그 해박한 지식과 식견은 가히 경탄할 만하다. 1933년 나치의 정권 장악과 함께 망명길에 올라 마지막으로 미국에 건너가서 예일대학과 콜럼비아대학에서 교편을 잡았다. 그의 **심볼 형식**이라는 개념은 20세기 철학에 큰 영향을 미쳤으며, 날로 신선함을 잃어가는 신칸트학파 중에서도 그의 저작만큼은 오늘날에도 사상적 생명을 지속하고 있다.

▣ 주요 저작

『인간론』

켈젠 Hans Kelsen(1881～1973)

오스트리아의 법사상가. 프라하에서 태어나 빈에서 수학한다. 부친의 파산으로 생활이 어렵게 되자 『국법학의 주요 문제』(*Hauptprobleme der Staatsre chtslehre*, 1911)로 교수자격을 얻은 후 무역학교에서 교편을 잡기도 한다. 1차대전 참전 중에 우연히 알게 된 육군 대장의 법률고문이 되어 헝가리와의 연합 유지를 주요 내용으로 하는 전후 처리에 전력한다. 1917년 빈대학 교수를 역임하고, 공화제 헌법을 기초, 헌법재판소 제도를 도입한다. 법을 도덕과 구별되는 독립된 규범체계로 파악하고, 국제법과 국내법, 공법과 사법 등의 전통적인 이원론을 비판하는 한편, 국가 · 권리 등의 개념이 갖는 의인적(擬人的) · 실제적 성격을 비판하고, 이를 '법 명제' 속에 해소시켰다. 또한 자연법론을 형이상학적 사고라고 비판하고 자유에의 욕구와 **가치상대주의**로부터 민주제의 기호를 찾아냈으며, 맑스주의의 실천에 대하여는 절대적 가치를 상장한 절대주의적 지배라고 비판했다. 1930년 반유태주의를 피해 독일 쾰른대학으로 옮긴다. 1933년 나치 정권을 피해 스위스, 체코 등지로 옮겨 다니다가 1939년 미국으로 건너가 캘리포니아대학 버클리 분교의 교수를 역임한다.

크라카우어 Siegfried Kracauer(1889 ~ 1966)

프랑크푸르트 태생. 건축을 공부한 후 짐멜에게서 사회학을 배운다. 1921년부터 『프랑크푸르트 신문』 학예부에서 근무하며 훗날 『대중의 장식』에서 발견되는 문장을 포함한 문학 · 영화 비평을 통해 문화란의 질을 높이고, 벤야민, 블로흐 등과도 교류한다. 또한 자전적 소설 『긴스터』(1928년)에서 1차대전 전후의 분위기를 그려내고, 『샐러리맨』(1930년)에서는 동시대 독일 대중사회의 상황을 묘사하고 있다. 나치의 정권 장악 후 파리를 거쳐 뉴욕으로 망명, 전후에도 계속 이곳에 머문다. 미국에서는 영화를 사회학적으로 분석하는 작업을 통하여 평가를 얻었으며, 나치 영화의 분석, 사회심리학적 측면에서 바라본 독일 영화사, 영화 이론 등의 저작을 펴내기도 한다. 그가 만년에 들어서 몰두했던 역사론은 사후 출판되었다.

▣ 주요 저작

『칼리가리에서 히틀러까지』, 『역사』

크레 Paul Klee(1879~1940)

1879년에 태어나 1940년에 사망한 크레는 누구에게나 익숙하고 직관적으로 이해하기 쉬운 화가로 여겨지고 있다. 신비한 몽상, 자유로운 몽상, 선에 의해 표현되는 실로 미묘한 이미지의 탐구, 상형문자와도 같은 추상적인 선과 색의 어우러짐, 그 모두가 어린아이처럼 신선한 감성으로 바라본 세계이다. 그러나 크레는 그리 쉽게 이해할 수 있는 화가가 아니다. 바우하우스에서의 교육의 영향으로 일면 이지적이고 회의적인 화가로서 조형(造形) 사고를 추구하는가 하면, 다른 한편으로는 헤어날 길 없는 모순의 세계에 살고 있던 고뇌의 화가이기도 하다. 그의 회화에는 색은 있지만 어디서도 빛이 스며들지 않는다. 아마도 감각이 빠른 사람이라면 그가 어둠 속에 갇힌 채 선을 통해서만 자신이 숨쉴 수 있는 세계를 찾아내고 있다는 것을 느낄 것이다. 크레는 대화가는 아닐지 모른다. 오히려 지나치게 게르만적인 작가였는지도 모른다. 그 자신은 직접 표현하려 하지는 않았으나 금세기 전반 그의 존재 자체가 시대의 심층을 드러내고 있다 할 것이다.

크립키 Saul Kripke(1940~)

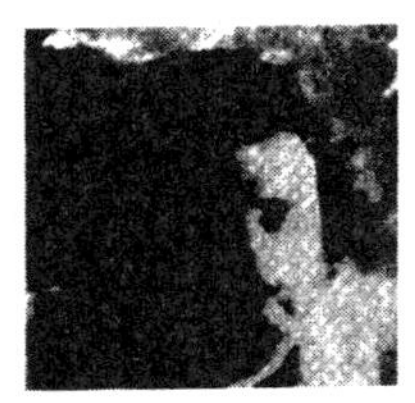

미국의 철학자, 논리학자. 1940년 베이쇼어의 유태계 가정에서 태어나 1962년 하버드대학을 졸업한다. 현재 프린스턴대학 교수. 크립키라는 이름을 일약 유명하게 만든 것은 그가 18세의 나이에 발표한 양상 논리(樣相論理)의 완전성에 대한 증명이었다. 그후 그는 이른바 '크립키 모델'로 불리는 가능세계 개념을 구사한 **양상 논리의 의미론**을 전개하고, 이를 토대로 1972년 간행한 논문 『이름과 필연』(*Naming and Necessity*)을 통해 철학자로서의 명성을 굳혔다. '동일성 명제와 필연성', '고유 명칭의 고정 지시성', '지시의 인과성' 등의 주제를 내용으로 하는 이 논문은 **분석철학**의 흐름을 바꾸어놓았고, 언어분석의 방법론적 발전에도 크게 공헌했다. 또한 1981년에 발표한 『비트겐슈타인의 패러독스』에서는 '규칙에 따른다'라는 개념을 둘러싸고 독창적인 고찰을 전개함으로써 비트겐슈타인 연구에 새 국면을 열어놓았다.

클로소프스키 Pieere Klossowski(1905~)

파리에서 태어남. 화가 발티우스와 형제 사이. 양친이 릴케와 친구(릴케 자신이 아버지라는 소문도 있다)여서 그의 주선으로 10대에 지드 밑에서 교육을 받았다. 신학을 연구하면서 바타이유 등에 의해 창설된 전전(戰前)의 아방가르드 사상운동의 일원으로 활동한다. 사회학 연구회에도 참여하고, 또한 횔터린, 카프카, 니체, 하이데거, 비트겐슈타인을 불역(佛譯)하기도 했다. 주요 저작으로 신학과 포르노그라피의 희한한 통합으로 평가되고 있는 『환대하는 관례』(이른바 로베르토 3부작, 1953), 『바포메트』(1965년), 『니체와 악순환』(1969년), 평론집 『내 이웃 사드』(1947년), 『그토록 불길한 욕망』(1963년) 등이 있다. 들뢰즈나 푸코 등 현대의 포스트구조주의자들에게 깊은 영향을 주었다. 1970년대 이후에는 주로 화가로서의 활동에 주력하고 있다.

트로츠키 Lev Davidovich Trotskii(1879~1940)

라이나에서 유태인 농민의 아들로 태어났다. 18세의 나이로 노동운동을 조직하고 국외로 망명. 1903년 제2회 러시아 사회민주당 대회에서 레닌의 당 조직론을 비판하지만, 조직적으로는 중간파의 입장을 취했다. 1905년 혁명 당시 페테르부르크 소비에트를 지도하며 혁명을 총괄하는 과정에서 후진국 러시아에서의 혁명이 세계혁명의 서곡이라고 본 **영구혁명론**을 발전시켰다. 1917년 2월혁명 직후 귀국하여 볼셰비키에 입당, 레닌과 함께 10월혁명을 지도한다. 혁명 후 외무인민위원과 군사인민위원을 지냈으나, 레닌 사후 당내 투쟁에서 패하여 1929년 스탈린에 의해 국외로 추방당한다. 그후 스탈린주의에 반대하여 소련 사회를 분석 · 비판하고 숙청 재판의 기만성을 반박하는 작업을 계속하던 중 1940년 멕시코에서 암살되었다.

▣ 주요 저작

『러시아혁명사』, 『문학과 혁명』

파이어아벤트 Paul Karl Feyerabend(1924～)

파이어아벤트는 1924년 빈에서 출생하여 빈대학, 런던대학에서 수학한 후, 1958년 캘리포니아대학 버클리 분교의 교수로 부임한다. 과학철학 이외에 음악이나 연극에 대해서도 폭넓은 안목을 갖고 있다.

과학철학자로서의 파이어아벤트는 쿤의 **패러다임**을 **상대주의**의 측면에서 철저하게 파헤친 **'인식의 아나키즘'** 이라는 입장에 서 있다. 여기서 중요한 개념은 두 개의 틀 사이의 **'공약 불가능성'** 이다. 그의 극단적인 주장은 다양한 논의를 불러일으켰으나, 그후 달라진 **'전통'** 과 그 사이의 **'대화'** 라는 형태로 과학에 한정되지 않는 다원주의를 둘러싼 일반적인 문제로까지 논의를 넓혀가고 있다.

▣ 주요 저작

『방법에의 도전 : 새로운 과학관과 인식론적 아나키즘』, 『자유인을 위한 인식』, 『이성이여, 안녕』

연표 101인의 사상가

연도	사상
1900	훗설 『논리학 연구』/프로이트 『꿈의 해석』/짐멜 『화폐의 철학』 딜타이 『해석학의 성립』/베르그송 『웃음』
1901	타르드 『여론과 군중』/마하 『감각의 분석』/프로이트 『일상생활과 병리』 레비-브륄 『미개사회에서의 정신 기능』/셰스토프 『도스토예프스키와 니체』
1902	푸앵카레 『과학과 가설』/모스 『주술론』/융 『심령 현상의 심리와 병리』 제임스 『다양한 종교 체험』
1903	무어 『윤리학 원리』/러셀 『수학의 원리』/레비-브륄 『윤리학과 도덕과학』 바이닝어 『성과 도덕』/베버 『로셔와 크리스』/짐멜 『칸트』
1904	볼린스키 『도스토예프스키』 보아스 『인류학사』
1905	딜타이 『체험과 창작』/프로이트 『성 이론에 대한 3가지 기고』/베버 『프로테스탄티즘의 윤리와 자본주의 정신』/아인슈타인 『특수 상대성 원리』
1906	프랭크 『열복사론 강의』/듀엠 『물리학 이론』 바르부르그 『프란체스코 사세티』
1907	베르그송 『창조적 신화』/융 『조기 치매증의 심리학』/딜타이 『철학의 본질』 제임스 『프래그머티즘』
1908	레닌 『유물론과 경험비판론』/슘페터 『이론경제학의 본질과 주요 내용』 볼링거 『추상과 감정이입』/짐멜 『사회학』
1909	반 체네프 『통과 의례』/크로체 『논리학』/푸앵카레 『과학의 방법』 윅스퀄 『동물의 환경세계와 내적 세계』/프랭크 『물리학적 세계상의 통일』
1910	러셀 · 화이트헤드 『수학의 원리』/레비-브륄 『미개사회에서의 사유』 루카치 『혼과 형식』/카시러 『실체 개념과 함수 개념』
1911	제임스 『근본적 경험론』/보어즈 『원시인의 마음』 켈젠 『국법학의 주요 문제』
1912	프로이트 『토템과 타부』/뒤르껭 『종교생활의 원시적 형태』 슘페터 『경제발전의 이론』/플레하노프 『예술과 사회생활』

문학 · 예술	사건
릴케 『신들의 이야기』/콘라드 『로드이 짐』 로댕 『생각하는 사람』/르나르 『홍당무』	중국, 의화단의 난
체홉 『세 자매』/만 『부덴부로크가(家)의 사람들』 스트린드베리 『죽음의 춤』	
지드 『배덕자』/릴케 『형상 시집』/호프만스탈 『찬드스 경(卿)의 서한』/드뷔시 『펠레아스와 멜리장드』	영일동맹
키싱 『헨리 래이크로프트의 수기』 베데킨트 『판도라의 상자』/쇼 『사람과 초인』	라이트 형제의 비행기 발명 파나마 운하 착공
헤세 『향수』/체홉 『벚꽃동산』 싱 『바다로 달리는 사람들』/롤랑 『장 크리스토프』	러일전쟁
포스터 『천사가 두려워하는 곳』 드뷔시 『바다』	러시아, 피의 일요일 사건
무질 『젊은 퇴를레스의 미혹』 런던 『흰 엄니』(*White Fang*)	
코코슈가 『꿈꾸는 소년들』/아이치버셰프 『써닝』 피카소 『아비뇽의 아가씨들』	3국 협상
바르뷔스 『지옥』 말러 『대지의 노래』	
지드 『좁은 문』/메테를링크 『파랑새』/맬리네티 『미래파 선언』/디아길레프, 러시아 발레단 결성	아문젠 남극 도달
릴케 『말테의 수기』/클로델 『5대 송가』 스트라빈스키 『불새』	멕시코혁명 일본, 한국병합
호프만스탈 『잘츠부르크 세계극장』 비어스 『악마의 사전』/쉰베르크 『화성악』	중국, 신해혁명
롤랑 『장 크리스토프』/만 『베니스에서 죽다』 프랑스 『신들은 목마르다』	중화민국 성립 제1차 발칸전쟁

1913	훗설 『순수 현상학과 현상학적 철학의 이념들』/야스퍼스 『정신병리학 원론』 룩셈부르크 『자본축적론』 쉘러 『윤리학에서의 형식주의와 실질적 가치윤리학』/보어 『원자구조론』
1914	오르테가 『돈키호테에 대한 사색』/프로이트 『정신분석운동사』
1915	아인슈타인 『일반상대성 이론』
1916	소쉬르 『일반언어학 강의』/프로이트 『정신분석학 입문』 카시러 『자유와 형식』
1917	크로체 『역사 서술의 이론과 역사』/짐멜 『사회학의 근본 문제』 오토『성스러움』/시클로프스키 『방법으로서의 예술』
1918	슈펭글러 『서구의 몰락』/블로흐 『유토피아의 정신』/힐베르트 『공리적 사고』 부버 『하시디즘의 길』/만 『비정치적 인간의 고찰』
1919	야스퍼스 『세계관의 심리학』/칼 바르트 『로마서』/호이징거 『중세의 가을』 러셀 『수리철학 서설』/화이트헤드 『자연 인식의 원리』 슈미트 『정치적 낭만주의』
1920	듀이 『철학의 개조』/프로이트 『쾌락 원칙의 피안』/벤야민 『폭력비판론』 융 『심리학적 유형』
1921	쉘러 『인간에게서 영원한 것』/프로이트 『집단심리학과 자아의 분석』 케인즈 『확률론』/라스키 『주권의 기초』/사피어 『언어』 베르트하이머 『형태심리학 연구』
1922	비트겐슈타인 『논리철학 논고』/듀이 『인간성과 행위』 클레치머 『의학적 심리학』/말리노프스키 『서태평양의 원양 항해자』 래드클리프-브라운 『안다만섬 주민들』
1923	카시러 『심볼 형식의 철학 1 : 언어』/피아제 『아동의 자기 중심성』/루카치 『역사와 계급의식』/부버 『나와 너』/클라인 『유아 분석』/힐베르트 『수학의 기초』
1924	뒤르껭 『사회학과 철학』/마이네케 『근대사에서의 국가 이성의 개념』 모스 『증여론』/호이징거 『에라스무스』
1925	화이트헤드 『과학과 근대 세계』/히틀러 『나의 투쟁』/라스키 『정치학 대강』 켈젠 『일반 국가학』/엥겔스 『자연변증법』(유고)

프루스트 『잃어버린 시간을 찾아서』 아폴리네르 『큐비즘의 화가들』 스트라빈스키 『봄의 제전』	
트라클 『꿈의 세바스찬』/조이스 『더블린 사람들』 지드 『교황청의 지하도』	제1차 세계대전
마야코프스키 『바지를 입은 구름』/뒤샹 『거대한 유리, 또는 독신 남자들이 발가벗은 신부, 그조차도』 모옴 『인간의 굴레』/놀레 『매장』	
카프카 『변신』/바르뷔스 『포화』/아폴리네르 『학살당한 시인』/프로코피에프 『고전 교향곡』	
엘리어트 『프루프록 및 기타의 관찰』 발리제 『젊은 파르크』/사티 『발라드』/게링 『해적』	러시아혁명 레닌, 정권 장악
아폴리네르 『칼리그람』/스트라빈스키 『병사의 이야기』/미요 『남자와 그 욕망』/블로크 『12』	
모옴 『달과 6펜스』/헤세 『데미안』 클라우스 『인류 최후의 날』 비네 『칼리가리 박사』	베르사이유 평화조약 조인 독일, 바이말헌법 제정 중국, 5 · 4운동 발발
로렌스 『사랑하는 여인』/노신 『광인 일기』 차페크 『로보트』/발레리 『해변의 무덤』	국제연맹 설립
피란델로 『작자를 찾는 6인의 등장인물』 브르통 · 수포 『자기장』	워싱턴 군축회의 소련, NEP 시작 중국 공산당 결성
엘리어트 『황무지』/조이스 『율리 시즈』 마르탱 뒤 가르 『티보가(家)의 사람들』 로렌츠 『무의식의 환생』	소비에트 사회주의 공화국 연방 설립
릴케 『두이노의 비가』/콜레트 『푸른 보리』 쇤베르크 『세레나데』	
만 『마의 산』/로스카 『노래』/브르통 『초현실주의 선언』/오닐 『느릅나무 그늘의 욕망』	중국, 5 · 30사건
아르트 『신경체계』/카프카 『심판』/피츠제랄드 『위대한 개츠비』/에이젠슈타인 『전함 포템킨』	스탈린 정권 장악 트로츠키 실각

1926	카시러 『심볼 형식의 철학 2 : 신화적 사고』/맥키버 『근대 국가론』 말리노프스키 『미개사회에서의 범죄와 관습』/볼트만 『예수』 A. 드. 만 『사회주의의 심리학을 위하여』
1927	하이데거 『존재와 시간』/말리노프스키 『미개사회에서의 성과 억압』 라이히 『오르가즘의 기능』/벤야민 『파사쥬론』/프로이트 『환상의 미래』 하이젠베르크 『불확정성의 원리』
1928	카르납 『세계의 논리적 구성』/벤야민 『독일 비극의 기원』/미드 『사모아의 사춘기』/옐름슬레우 『일반문법의 원리』/훗설 『내적 시간의식의 현상학』
1929	만하임 『이데올로기와 유토피아』/카시러 『심볼 형식의 철학 3 : 인식의 현상론』/훗설 『형식논리학과 선험적 논리학』/쾰러 『형태심리학』 화이트헤드 『과정과 실재』/바흐친 『도스토예프스키의 창작의 문제』
1930	오르테가 『대중의 반역』/케인즈 『화폐론』/엠슨 『의미의 다양성의 일곱 유형』 하이젠베르크 『양자론의 물리적 기초』/빈스방거 『꿈과 실존』
1931	야스퍼스 『현대의 정신적 상황』/맥키버 『사회 —— 구조와 변동』 괴델 『불완전성 원리』/뢰비트 『베버와 맑스』
1932	베르그송 『도덕과 종교의 두 원천』/블룸필드 『언어』/칼 바르트 『교회 교의학』/맑스 『경제학 · 철학 초고』(유고)/슈츠 『사회적 세계의 의미 구성』
1933	라이히 『파시즘의 대중심리』/로빈슨 『불완전 경쟁의 경제학』/라스키 『위기에선 민주주의』/마르셀 『존재적 비의(秘儀)의 제기와 그 구체적 접근』 하이에크 『화폐 이론과 경기순환』
1934	포퍼 『과학적 발견의 논리』/켈젠 『순수법학』/토인비 『역사의 연구』/윅스퀼 『동물과 인간의 환경세계로의 산책』/G. H. 미드 『정신, 자아, 사회』/베네딕트 『문화의 형태』/맨포드 『기술과 문명』/바슐라르 『새로운 과학적 정신』
1935	코프카 『형태심리학의 원리』/만하임 『변혁기의 인간과 사회』 쟈네 『지능의 발견』/레비-브륄 『원자신화학』/마르셀 『실존과 소유』 야스퍼스 『이성과 실존』
1936	벤야민 『기술모방시대의 예술』/케인즈 『고용, 이자 및 화폐의 일반이론』 훗설 『유럽 학문의 위기와 초월론적 현상학』/아인슈타인 『물리학과 실재』 * 라캉 『거울 이미지 단계』
1937	파슨즈 『사회적 행위의 구조』 모택동 『실천론, 모순론』

카프카『성』/지드『사전꾼들』 헤밍웨이『태양은 다시 떠오른다』 거슈윈『랩소디 인 블루』	
로렌스『채털리 부인의 사랑』 레오노프『도둑』/울프『등대로』 브레히트『사내는 사내』	장개석, 상해 쿠데타(국공 분열) 국민정부 수립 린드버그, 대서양 횡단
브레히트『서푼짜리 오페라』/브르통『나자』/숄로호프『고요한 돈강』/예이츠『탑』/샤갈『수탉과 아를르칸』	소련, 제1차 5개년계획
콕토『무서운 아이들』 헤밍웨이『무기여 잘있거라』 달리 · 부뉴엘『안달루시아의 개』	세계 경제공황 트로츠키 국외 추방
엘리어트『성탄 수요일』/말로『왕도』 브레히트 · 아이슬러『처치』	
칼터『모빌』/버크『대지』/쇤베르크『모세와 아론』 오닐『상복이 어울리는 엘렉트라』	스페인혁명 만주사변
브르통『연통관』/로만『선의의 사람들』 헉슬리『훌륭한 신세계』/셀린『밤의 끝으로의 여행』	상해사변
말로『인간의 조건』/무질『특성 없는 사나이』 예이츠『나선 계단』 로스카『피의 결혼식』	독일, 히틀러 내각 성립 미국, 뉴딜 정책 독일, 국제연맹 탈퇴
밀러『북회귀선』 야콥슨『시란 무엇인가』 바르톡『제5현악 4중주곡』	소련, 국제연맹 가입 중국, 대장정
지로드『트로이전쟁은 일어나지 않으리』 말로『모욕의 시대』/세페리스『신화』 거슈윈『포기와 베스』	
오든『보라, 나그네여』/밀러『어두운 봄』 포그너『압살롬, 압살롬』 셀린『저당잡힌 죽음』	스페인 내전 프랑스 인민전선 내각
J. 도스 파소스『U. S. A』/브레히트『제3제국의 공포와 비참』/말로『희망』/피카소『게르니카』	이탈리아, 국제연맹 탈퇴

1938	듀이 『논리학 ── 탐구의 이론』/바슐라르 『불의 정신분석』, 『과학적 정신의 형성』/아롱 『역사철학 입문』/호이징거 『호모 루덴스』
1939	트루베츠코이 『음운론 원리』/바노프스키 『이코놀로지 연구』/코이레 『갈릴레이 연구』/슘페터 『경기순환론』/엘리아스 『문명화의 과정』/블로크 『봉건사회』 훗설 『경험과 판단』/프로이트 『모세와 일신교』/벤야민 『보들레르』
1940	웍스퀼 『의미의 이론』/바슐라르 『부정의 철학』/케레니이 『신화와 고대 종교』 에반스-프리처드 『아프리카의 정치체계』
1941	마르쿠제 『이성과 혁명』/랭거 『상징의 철학』/와론 『아동의 심리적 발달』 뢰비트 『헤겔에서 니체로』/케리니이 『미궁과 신화』/프롬 『자유로부터의 도피』/버크 『문학형식의 철학』/야콥슨 『실어증과 언어학』
1942	메를로-퐁티 『행동의 구조』/폰 노이만 『비히모스』/카뮈『시지프스의 신화』 슘페터 『자본주의, 사회주의, 민주주의』/벤야민 『역사철학 테제』 바슐라르 『물과 꿈』
1943	사르트르 『존재와 무』/바타이유 『내적 체험』/옐름슬레우 『언어 이론의 기초에 대하여』/할 『행동의 기본』/라스키 『현대 혁명의 고찰』
1944	빈스방거 『정신분열증』/바타이유 『유죄(有罪)자』/말리노프스키 『문화의 과학적 이론』/폴라니 『대전환』/카시러 『인간』/슐레징거 『생명이란 무엇인가』 폰 노이만 · 모겐슈테른 『게임 이론과 경제행동』/만하임 『현대의 진단』
1945	메를로-퐁티 『지각의 현상학』/포퍼 『열린 사회와 그 적들』 버크 『동기의 문법』/바타이유 『니체』/라이히 『성과 문화의 혁명』
1946	사르트르 『유물론과 혁명』/아라공 『공산주의적 인간』 마이네케 『독일의 비극』/아우어바흐 『미메시스』
1947	루카치 『실존주의인가 맑스주의인가』, 괴테와 그 시대』/그람시 『옥중수고』 코제브 『헤겔 독해 입문』/호르크하이머 · 아도르노 『계몽의 변증법』 프랭클 『밤과 안개』/카르납 『의미와 필연성』 프리드만 『산업기계화에 따른 인간의 문제』
1948	메를로-퐁티 『의미와 무의미』/뷔너 『사이버네틱스』/루카치 『청년 헤겔』 클루티우스 『유럽 문학과 라틴 중세』/토인비 『시련에 선 문명』 불트만 『신약성서 신학』
1949	레비-스트로스 『친족의 기본 구조』/베르더란피 『자연과학에서 생명의 위치』 보봐르 『제3의 성』/엘리아데 『영원회귀의 신화』/바타이유 『저주받은 부분』

사르트르 『구토』/베케트 『머피』/아르토 『연극과 그 형이상학』/케이지 『프리페어 드 피아노』	뮌헨회담 독일, 오스트리아 병합
조이스 『피네건스 웨이크』 클로델 『화형대 위의 잔다르크』 스타인백 『분노의 포도』	독소 불가침조약 제2차 세계대전
G. 그린 『권력과 영광』 헤밍웨이 『누구를 위하여 종을 울리나』	독 · 이 · 일 3국 군사동맹 체결 트로츠키 암살
블랑쇼 『아미나답』 브레히트 『배짱좋은 어미와 그 아이들』 O. 웰즈 『시민 케인』	태평양전쟁 발발 독소전쟁 발발 대서양 헌장
카뮈 『이방인』/클로델 『비단구두』 생-텍쥐베리 『싸우는 조종사』 쇤베르크 『피아노 협주곡』	스탈린그라드의 전투
브레히트 『갈릴레이의 생애』 아라공 『엘자의 눈동자』/사로얀 『인간 희곡』	뭇솔리니 실각 이탈리아 무조건 항복
발레리 『바리에테』 쥬네 『꽃들의 성모마리아』 엘리어트 『네개의 4중주곡』	
카뮈 『페스트』/사르트르 『자유로의 길』 블로흐 『베르질리우스의 죽음』/포트리에 『인질』	태평양전쟁 종결
토마스 『죽음과 인구』/레마르크 『개선문』 쇤베르크 『현악 3중주곡』	NATO 결성
카뮈 『페스트』 만 『파우스트 박사』 T. 윌리엄스 『욕망이라는 이름의 전차』 채플린 『살인광 시대』	인도 독립
파운드 『피자』 사르트르 『더러운 죽음』 메일러 『벌거벗은 자와 죽은 자』	
H. 밀러 『섹서스』/쥬네 『도둑 일기』 A. 밀러 『세일즈맨의 죽음』	독일, 동서 분리

브로델 『필리페 2세 시대의 지중해와 지중해세계』/로렌츠 『솔로몬의 반지』

1950 리스만 『고독한 군중』/모스 『사회학과 인류학』/피아제 『발생적 인식론 서설』
힉스 『경기순환론』/에릭슨 『유아기와 사회』/아도르노 『권위주의적 퍼스낼리티』

1951 아렌트 『전체주의의 기원』/융 · 케레니이 『신화학 입문』/카뮈 『반항적 인간』
아도르노 『미니어 모라이어』/파슨즈 『사회체계론』/바타이유 『에로티시즘』
에반스-프리차드 『사회인류학』

1952 엘리아데 『이미지와 심볼』/블로크 『역사를 위한 변명』/비트겐슈타인 『철학
탐구』/래드클리프-브라운 『미개사회에서의 구조와 기능』

1953 페브르 『역사를 위한 투쟁』/왓슨 · 클릭 『데옥실 핵산의 구조』
R. 바르트 『영도의 에크리츄』/크윈 『논리학적 관점에서』
하이데거 『형이상학 입문』/파슨즈 『행위 이론 작업논집』

1954 니담 『중국의 과학과 문명』/클루티우스 『유럽 문학 평론집』
블로흐 『희망의 원리』/루카치 『이성의 파괴』/굿맨 『사실, 허구, 예언』

1955 데이얼 드 샤르댕 『현상으로서의 인간』/메를로-퐁티 『변증법의 모험』
마르쿠제 『에로스적 문명』/프롬 『건전한 사회』/레비-스트로스 『슬픈 열대』
블랑쇼 『문학공간』/아도르노 『프리즘』

1956 프리드만 『세분화된 노동』/밀즈 『파워 엘리트』/파슨즈 『경제와 사회』
융 『신비한 결합』

1957 엘리아데 『성과 속』/코이레 『닫힌 세계에서 무한 우주로』/촘스키 『문법의 구
조』/보스 『정신분석과 현존재 분석』/바타이유 『문학과 악』/쿤 『코페르니쿠스
혁명』/포퍼 『역사주의의 빈곤』/R. 바르트 『신화작용』/숄렘 『유태 신비주의』

1958 레비-스트로스 『구조인류학』/스탈로빈스키 『투명과 장애』
아렌트 『인간의 조건』/갈브레이스 『풍요한 사회』/에릭슨 『청년 루터』
폰 노이만 『전자계산기와 두뇌』/마르쿠제 『소비에트 맑스주의』

1959 스노우 『두 개의 문화와 과학혁명』/에릭슨 『아이덴티티와 라이프 사이클』
고프만 『행위와 연기』/옐름슬레우 『언어학 시론』/르페브르 『총화와 잉여』

1960 사르트르 『변증법적 유물론』/가다머 『진리와 방법』
벨 『이데올로기의 종언』/린치 『도시의 이미지』
야콥슨 『언어학과 시학』/카네티 『군중과 권력』

1961 하이데거 『니체』/푸코 『광기의 역사』/뷔너 『과학과 사회』
리치 『인류학 재고』/얀 코트 『셰익스피어는 우리의 동시대인』

오웰 『1984』	
블랑쇼 『의혹의 사나이 토마』/파베이제 『달과 화톳불』/이오네스코 『대머리 여가수』	한국전쟁 발발
샐린저 『호밀밭의 파수꾼』 브레이즈 『폴리호니 —— X』 클레망 『금지된 장난』	미일 안보조약 체결
헤밍웨이 『노인과 바다』 케이지 『4분 33초』	미국, 최초의 수폭 실험
로브 그리예 『지우개』 베케트 『이름 없는 자』, 『고도를 기다리며』 윌리엄스 『패터슨』	
만 『사기꾼 펠릭스 클루루의 고백』/엘렌브룩 『해빙』 토마스 『마르크숲 아래서』	제네바회담
나프코프 『롤리타』/케리악 『노상에서』 G. 그린 『정숙한 미국인』 윌리엄스 『뜨거운 양철지붕 위의 고양이』	바르샤바조약
뷰트르 『시간 나누기』/긴즈버그 『울부짖음』 볼드윈 『조반니의 방』	헝가리사건 수에즈전쟁
로브-그리예 『춘희』 샬롯 『낯선 남자의 초상』 뷰트르 『변심』/클레 『일기』	소련, 세계 최초의 인공위성 발사
실리드 『토요일 밤과 일요일 아침』 케이지 『아리아』 와이더 『재(災)와 다이아몬드』	
바로우즈 『벌거벗은 런치』/그라스 『양철북』 팅겔 『자동데생기』	쿠바혁명, 카스트로 정권 수립
이오네스크 『코뿔소』/모라이어 『권태』 업다이크 『달리는 토끼』/펠리니 『달콤한 생활』 케이지 『극장 작품』	
머독 『잘라진 머리』/소렐스 『공원』 샐린저 『플라니와 조이』	세계 최초의 유인 인공위성 발사

	카 『역사란 무엇인가』/바슐라르 『촛불의 미학』
1962	레비-스토로스 『야성의 사고』, 『오늘날의 토테미즘』/들뢰즈 『니체와 철학』 르 고프 『중세』/쿤 『과학혁명의 구조』/맥루언 『구텐베르크의 은하계』/에코 『열린 작품』/아도르노 『음악사회학 서설』/하버마스 『공공성의 구조전환』
1963	푸코 『임상의학의 탄생』/하버마스 『이론과 실천』/로렌츠 『공격, 악의 자연지』 야콥슨 『일반언어학, 불어판』/아렌트 『혁명에 대하여』/고프만 『낙인의 사회 학』/클로소프스키 『그토록 불길한 욕망』/무냐 치코 『늦은 레포트』
1964	마르쿠제 『1차원적 인간』/메를로-퐁티 『보이는 것과 보이지 않는 것』 에센스 베르거 『정치와 범죄』/R. 바르트 『에세 크릭틱』 리스먼 『누구를 위한 풍요함인가』
1965	알튀세르 『자본을 읽는다』, 『맑스를 위하여』/로렌츠 『동물행동학』 바흐친 『프랑소와 라블레의 작품과 중세 르네상스의 민중문화』 리크르 『프로이트를 읽는다』/아렌트 『예루살렘의 아이히만』
1966	푸코 『말과 사물』/더글라스 『오욕과 금기』/라캉 『에크리』/손태그 『반(反)해 석』/반베니스트 『일반언어학의 문제』/촘스키 『데카르트파 언어학』 아도르노 『부정의 변증법』/폴라니 『경제와 문명』
1967	데리다 『그라마톨로지에 대하여』, 『소리와 현상』/가펀클 『에스노메소돌로지 연구』/갈브레이스 『새로운 산업국가』/바르트 『모드의 체계』
1968	들뢰즈 『차이와 반복』/르페브르 『현대 세계에서의 일상생활』 하버마스 『인식과 관심』/, 『이데올로기로서의 기술과 과학』 보드리야르 『사물의 체계』/케니스톤 『영 레디칼즈』/휴즈 『막다른 길』
1969	푸코 『지식의 고고학』/니담 『문명의 적정(適定)』/사르 『언어행위』 뚜렌 『탈공업화 사회』/알튀세르 『레닌과 철학』 모랭 『오를레앙의 소문』/반베니스트 『인도 · 유럽어 제도 어휘집』
1970	모노 『우연과 필연』/크리스테바 『세메이오티케』/뮈르달 『빈곤으로부터의 도 전』/머튼 『과학, 기술 및 사회』/마노니 『반(反)정신의학과 정신분석』 굴드너 『사회학의 재생을 위하여』/P. 드 만 『사각(死角)과 명찰(明察)』
1971	파슨즈 『근대 사회의 체계』/하버마스 · 루만 『비판 이론과 사회체계론』 료타르 『디스클 피큐어』/롤즈 『정의론』/케니스톤 『청년의 이의제기』 로제스크 레겡 『엔트로피 법칙과 경제과정』
1972	들뢰즈 『안티 오이디푸스』/크립키 『지명과 필연성』/루만 『법사회학』

로브 그리예 『지난해 마리앵바드에서』	
솔제니친 『이반데니소비치의 하루』 올비 『누가 버지니아 울프를 두려워하랴』	알제리 독립 쿠바 위기
르 클레지오 『조서』(調書)/그라스 『개들의 시절』 바르가스 롯사 『도시와 개들』/펠리니 『8과 1/2』 베르이먼 『침묵』	케네디 암살
바이스 『사드/마이러』 골딩 『첨탑』 벨로우 『Herzag』	소비에트, 후르시초프 실각
소렐스 『드라마』/르 클레지오 『발열』 로브 그리예 『쾌락의 저택』 바이스 『추구』	미국, 베트남 북폭 개시
카보티 『냉혈』/르 클레지오 『대홍수』 불가코프 『저장과 말가리타』 바르가스 롯사 『푸른 집』	중국, 문화대혁명
시몽 『역사』/손태그 『죽음의 장신구』 만디아르그 『여백의 거리』/펭데스 『성역』, 『탈피』	EC 발족
업다이크 『커플즈』 솔제니친 『갱 병동』 바이스 『베트남 토론』	프랑스 5월혁명 체코사건
파솔리니 『왕녀 메디아』 펠리니 『사데리콘』 호퍼 『이지 라이더』	아폴로 11호 달 착륙
레잉 『우울』/뒤르니에 『마왕』 볼헤스 『블로디의 보고서』 헤밍웨이 『해류 속의 섬들』	
플러스 『흐름을 넘어서』/바흐만 『맬리나』 비스콘티 『베니스에서 죽다』 보르헤스 『호랑이들의 황금』	제3차 인도 · 파키스탄 전쟁
나보코프 『투명한 사물』	미중 공동성명 발표

	지라르 『폭력과 성스러움』/베이트슨 『정신의 생태학』/긴즈버그 『베낭단디』 데리다 『철학의 여백』/토드롭 『산문의 시학』/포퍼 『객관적 지식』
1973	롤랑 바르트 『텍스트의 쾌락』/화이트 『메타 역사』/거츠 『문화의 해석학』 르 로와 라뒤 『새로운 역사 —— 역사인류학으로의 길』/아펠 『철학의 변화』 토도로프 『산물의 시학』
1974	료타르 『리비도 —— 경제』/크리스테바 『시적 언어의 혁명』/토도로프 『소설의 기호학』/노직 『아나키, 국가, 유토피아』/월러스틴 『근대 세계체제론』/레비나스 『존재하는 것과는 다른 본질의 저편에』/루만 『법체계의 법해석학』
1975	푸코 『감옥의 탄생』/리크르 『살아있는 은유』/퍼트남 『마음, 언어, 실재』 파이어아벤트 『방법에 대한 도전』/일리치 『탈병원화 사회』 홀 『문화를 넘어서』
1976	보드리야르 『상징교환과 죽음』/긴즈버그 『치즈와 구더기』/푸코 『성의 역사』 에코 『기호론』/라카트쉬 『수학적 발견의 논리』/이글튼 『문학 비평과 이데올로기』/호렌슈타인 『언어학, 기호학, 해석학』/드킨스 『생물-생존기계론』
1977	굴드 『고체 발생과 계통 발생』/아펠 『초월론적 수행론의 관점에서 본 설명 —— 이해전쟁』/드워킨 『권리론』/폴라니 『인간의 경제』 벨로우 『사회주의의 새로운 전망』/하임즈 『말의 민속지』 포퍼 · 에클즈 『자아와 뇌』/크리스테바 『폴리로그』
1978	사이드 『오리엔탈리즘』/손태그 『은유롯의 병』/카스트리아디스 『미궁의 십자론』/화이트 『디스클의 문체학』/더메트 『심리라는 수수께끼』 리델 『이론이냐 설명이냐』/래커트슈 『방법의 옹호』 르 고프 『또하나의 중세를 위하여』/로스토우 『21세기로의 출발』
1979	부르디외 『구별짓기』/브로델 『물질세계, 경제, 자본주의, 15~18세기』 월러스틴 『자본주의 세계경제』/료타르 『포스트모던의 조건』/프리고친 『혼돈 속의 질서』/퍼트남 『의미와 정신과학』/롯티 『철학과 자연의 거울』
1980	크리스테바 『공포의 권력』/부르디외 『실천감각』/들뢰즈 · 가타리 『천개의 고원』/쇼스키 『세기말 비인』/거츠 『누가라 —— 19세기풍의 극장국가』 봄 『전체성과 내부 질서』/세르토 『문화의 정치학』, 『이상적 실천의 포이에틱』
1981	하버마스 『커뮤니케이션적인 행위의 이론』/이글턴 『발터 벤야민』 보드리야르 『시뮬레이션과 시뮬러클』/데이비드슨 『행위와 사건』 르 고프 『연옥의 탄생』/들뢰즈 『프란시스 베이컨』/일리치 『쉐도우 워크』

브뉴엘 『부르주아지의 은밀한 즐거움』	중일 국교 정상화
핀촌 『중력의 무지개』/엔데 『모모』 솔제니친 『수용소 군도』 맥시모프 『검역』	베트남 평화협정 조인 제4차 중동전쟁 제1차 오일쇼크
나보코프 『어릿광대들을 보라』 미체너 『센티니얼』	워터게이트 사건
독트로 『래그 타임』/바쎄르미 『죽은 아버지』 바이스 『저항의 미학』 엔체스베르그 『영묘』	베트남전쟁 종결 랑비에서 제1회 서방 7개국 정상회담 개최
바쎄미르 『아마추어들』 에실드 『바벨의 집』	천안문사건 베트남 통일
그라스 『넙치』 임기 『피의 화초』 코르타살 『지나간 사내』 티버 『파르고나』	
어빙 『거프의 세계』 모디아노 『어두운 부턱길』 싱어 『쇼셔』 드노스 『별장』	켐프 데이비드 합의 중일 평화우호조약 체결
칼비너 『겨울밤 한 나그네가』 칼벤디엘 『하프와 그림자』 스타이론 『소피의 선택』	중미 국교 회복 소련, 아프카니스탄 침공
에코 『장미의 이름』 골딜 『통과 의례』 아이트머돕 『세기보다 긴 하루』	이란 · 이라크전쟁 폴란드 '연대' 성립
바르가스 롯사 『세계종말전쟁』 가르시아 마르케스 『예고된 살인의 기록』 어빙 『호텔 뉴 햄프셔』	폴란드 계엄령 사다트 대통령 암살

1982	료타르 『싸움』/로시 『구조주의 사회학』/만델브로 『프락탈 기하학』 크립키 『비트겐슈타인의 패러독스』/롯티 『프래그머티즘의 귀결』 들뢰즈 『영화 1 —— 운동이미지』/P. 드 만 『낭만주의의 수사학』/셀 『생성』
1983	월러스틴 『역사적 체제로서의 자본주의』/봐이스 · 페리 『상황과 태도』 하켄 『협동 현상의 수리(數理)』/베이유 『수론』
1984	게이 『부르주아지의 경험』/코크스 『세속도시의 종교』 일리거라이 『성적 차이의 에티크』 이글턴 『문학이란 무엇인가』, 『비평의 기능』
1985	하버마스 『근대의 철학적 탐구』/들뢰즈 『영화 2 —— 시간이미지』 에코 『거울론 등』/드워킨 『법의 제국』/르 고프 『중세적 상상의 세계』
1986	드 만 『이론에 대한 저항』 들뢰즈 『푸코』
1987	베이트슨 『천사의 두려움』/파리어스 『하이데거와 나치즘』 블룸 『아메리칸 마인드의 종언』/화이트 『형식의 내용』
1988	들뢰즈 『벽 —— 라이프니츠와 바로크』/산체스 『일시적인 상황』
1989	노직 『생(生) 안의 나선』

1990	보드리야르 『투명한 악(惡)』
1991	데리다 『다른 곶(岬)』/들뢰즈 · 가타리 『철학이란 무엇인가』 보드리야르 『페르시아만전쟁은 일어나지 않았다』
1992	하버마스 『진실성과 타당성』 보드리야르 『막내린 환상』
1993	에코 『유럽 문화에서 완전 언어 탐구』 사이드 『문화와 제국주의』

페르난데스 『천사의 손 안에서』 워커 『칼라 퍼플』 말라매트 『콘의 고도』	포클랜드 분쟁
소렐스 『여자들』 볼프 『카산드라』	KAL기 격추 사건
듀라스 『애인』 맥나니 『브라이트 라이츠빅 시티』 발라드 『태양의 제국』	아프리카 기아 심각 인도 간디 수상 암살
케어리 『사기꾼』/바루저 『파도』/엘리스 『레스 장 제로』/가르시아 마르케스 『콜레라시대의 사랑』	
오스트 『밥의 하인』/아이머돕 『처형대』 심프슨 『여기는 어디쯤인가』/마이노트 『몰키즈』	체르노빌 원자력발전소 사고
만디아르그 『모든 것은 사라진다』/브루크너 『잉글랜드에서 온 친구』/루이바코프 『아르바트가의 아이들』	INF 전폐조약 조인
에코 『푸코의 추』/오르세나 『식민지 전람회』	아프카니스탄 소련군 철수
크리스테바 『자기 안의 타인』 워커 『내 귀여운 신전』 가르시아 마르케스 『미로 속의 장군』	천안문 피의 일요일 동구 각국에서 사회주의 체제 붕괴
	이라크군 쿠웨이트 침공 통일독일 탄생
	소련 붕괴 페르시아만전쟁
	마스트리히트조약(유럽연합조약)조인 한중 국교 수립

【찾아보기—인명】

(ㅁ)

(ㅎ)

【찾아보기ㅡ용어】